교육이 무기다

교육이 무기다
김은미 교수 은퇴기념논문집

지은이 김만형 편저
펴낸이 한미애
펴낸곳 도서출판 에듀넥스트

등록 제 321-2008-00123호(2008. 9. 23)
주소 서울시 관악구 행운1길 84, 2층 203호
전화 02)583-9138
팩스 02)877-3765

인쇄 2018년 5월 21일
발행 2018년 5월 25일

ISBN 978-89-961685-4-6 (93230)

값 18,000원

교육이 무기다

김은미 교수
은퇴기념논문집

김은미 박사

경희대학교 가정학과(B.S.), 합동신학대학원대학교(M.Div.),
Trinity Evangelical Divinity School(Th.M., Ph.D.)

발 간 사

　바울은 크리스천은 병사로 부름을 받았다고 표현합니다. 그래서 병사로 부른 자를 기쁘게 하기를 힘쓰라고 합니다. 병사로서 병사로 부른 자를 기쁘게 하기 위해서는 전쟁을 위해 잘 훈련된 병사가 되어야 합니다. 전쟁을 위해서는 잘 훈련된 병사가 가장 중요하기 때문입니다. 그 병사는 전쟁을 수행하기 위해 좋은 병기로 준비되어야 합니다.
　교육은 사람을 준비하는 과정입니다. 많은 교육학자들은 교육을 일상의 삶을 위해 준비하는 과정이라고 합니다. 사실 교육에 따라서 사람이 다듬어진다는 것을 부인할 수 없습니다. 물론 사람이 교육으로 바뀌지 않는 부분도 있습니다. 그럼에도 불구하고 사람이 교육을 통해서 만들어지는 것은 사실입니다. 이런 면에서 교육은 사람을 만드는 일을 하는 것입니다.

　"교육이 무기다"는 것은 교육을 하는 사람이 바로 그 무기를 가지고 있는 사람이요, 교육을 받는 사람은 교육을 통해서 무기를 가진 사람으로 만들어지는 것을 전제로 합니다.
　교육자가 어떤 무기(철학)를 가지고 교육에 접근하느냐 하는 것은 배우는 사람이 갖출 무기의 본질을 결정하는데 가장 중요한 요소로 작용하게 됩니다. 교육은 절대 객관적일 수 없습니다. 모든 교육자는 다 주관적인 관점을 가질 수밖에 없습니다. 크리스천은 크리스천의 교육철학을 가지고 크리스천 병사를 만들어 낼 수밖에 없습니다. 다른 사람들은 그들의 철학으로 그들의 병사를 만들어 낼 것입니다.
　크리스천은 전쟁을 하는 사람들입니다. 영적 전쟁입니다. 가치관 전쟁입니다. 문화전쟁입니다. 이 전쟁을 위해서 잘 준비된 사람을 키워내는 일은 모든 사역자들의 사명입니다.

이 책은 그 일환을 위해 준비되었습니다. 특히 김은미 교수님의 은퇴를 기념하면서, 사람을 교육하는 데 있어서 핵심적인 이슈들을 정리한 열두 분 교수님들의 글을 한 권의 책으로 묶어서 낼 수 있게 된 것을 진심으로 감사하게 생각합니다.

이 책은 모든 행동을 결정하는 철학적인 이슈로부터 시작해서 삶의 이슈, 교육이론과 실제의 여러 이슈를 다루고 있습니다. 기독교교육 사역을 감당하는 모든 분들에게 많은 통찰력을 주리라고 생각합니다.

김은미 교수님을 사랑하는 마음으로 함께 글을 모아주신 교수님들께 감사를 드립니다. 우리의 인생에서 교수님을 알고 함께 일할 수 있었던 것은 큰 축복이라고 생각합니다. 교수님의 가르침과 좋은 모범이 제자들과 동료 교수들을 통해서 오고 오는 세대에 좋은 열매들로 많이 나타날 것입니다.

좋으신 우리 하나님의 동행과 축복을 두 손 모아 기도합니다.

김만형 교수(합동신학대학원대학교, 기독교교육학)

차 례

발간사   6

교육에서의 철학적 이슈와 기독교교육철학실제   10
    김만형 합동신학대학원대학교

일반은총에 대한 목회적인 연구   43
    방선기 합동신학대학원대학교

교사로서의 삼위일체 하나님   96
    김웅기 한국성서대학교

성경 교수-학습의 중핵: 전개 단계를 중심으로   120
    박종석 서울신학대학교

전환학습이론에 대한 비판적 성찰 및 기독교세계관 형성에 관한 논의   146
    유은희 총신대학교

제자훈련에 대한 반성과 대안   183
    김명호 합동신학대학원대학교

맞춤교육과 신앙진단　　　　　　　　　　　　　　202
　　　이순근 합동신학대학원대학교

개혁주의 기독교교육의 관점에서 말틴 루터의 교육론 조명　228
　　　장화선 안양대학교

현대 한국민족주의운동에 대응한 기독교교육의 과제　　255
　　　조성국 고신대학교

다문화사회와 기독교상담　　　　　　　　　　　　284
　　　강용원 고신대학교

음악의 치유기능에 대한 고찰　　　　　　　　　　316
　　　유명복 백석대학교

한국교회의 나아갈 길: 복음주의 기독교교육의 관점에서　341
　　　한춘기 총신대학교

교육에서의 철학적 이슈와 기독교교육철학실제[1]

김 만 형
합동신학대학원대학교 교수

Ⅰ. 문제제기

　수년 전에 유행했던 총동원 전도주일이라는 프로그램이 있다. 지금도 이 프로그램을 실시하는 교회들이 있는데 전도도 하고 전도를 훈련하기도 하는 프로그램이다. 이 프로그램을 생각하면 마음에 떠오르는 것이 있다. 엄청난 상품이다. 텔레비전, 냉장고부터 시작해서 어느 교회는 소형 자동차까지 부상으로 건다. 요즘은 그렇게까지는 못하지만 비슷한 모습으로 성지순례 여행권이라든지, 금과 같은 것으로 전도에 대한 상품을 준다. 이렇게 해서 전도를 많이 하면 모두 다 만족한다. 그리고 전도도 잘 가르쳤다고 생각한다. 질문은 이것이다. 전도가 제대로 가르쳐진 것인가? 이런 가르침이 성경적인가?
　어렸을 때 교회생활을 하면서 들은 이야기가 있다. 담임목사님께서 학교 선생님 직업을 가진 분들에게 교회에서 교사로서 자원봉사할 것을 독려하면서 하는 말이다. '학교에서 썩어 없어지는 것들 가르치지 말고 교회에 와서 주일학교에서 성경을 가르치십시오.' 이 말은 오랫동안 머리에 남아 생각을 지배했다. 그리고 잘못된 생각을 하게 했다. 곧 학교에서 가르치는 공부는 썩어 없어질 필요 없는 것으로 여기게 된 것이다. 왜 공부를 해야 하는지에 대해서 분명한 목적의식을 갖지

---

[1] 이 글은 『신학정론』, 제30권 2호(2012.11)에 실렸던 글이다.

못했다. 학교공부는 학교를 졸업하기 위해 거쳐야 하는 과정이다. 학교공부에 대한 이런 생각은 세상을 보는 데 있어서 제한된 안목을 갖게 만들었다. 자연이나 과학, 사회, 그리고 역사 등에 대해서 더 많은 것을 배우거나, 그 방면에 대한 경험의 폭을 넓히지 못하게 된 것이다. 이런 경험을 한 사람은 많이 있을 것이다. 학교에서 가르치는 여러 학과목에 대한 담임목사님의 인식은 결과적으로 자라나는 학생들에게 제한된 경험밖에 못하게 하고 말았다. 학교에서 가르치는 것은 다 썩어 없어질 것이라고 가르치는 것이 성경적인가?

전도를 가르치고 교회봉사를 가르치는 이런 교육행동을 생각해 본다. 어떻게 그런 행동을 하게 되었을까? 무엇이 그런 행동을 하게 했을까?

II. 교육에서의 철학적 이슈와 교육행동

유명한 선교학자이며 인류학자인 폴 히버트(Paul Hiebert)박사는 여러 민족의 생활 양태를 연구한 후에 모든 사람에게는 그들의 행동을 가능케 하는 어떤 구조(structure)가 그들 마음에 자리 잡고 있다는 것을 발견했다. 사람들의 행동 배경에는 늘 그 행동을 만들어 내는 체계가 있다는 말이다.

그는 우선 사람들의 행동에 직접 영향을 미치는 것은 세계관이라는 사실을 발견했다. 그 사람이 어떤 세계관을 갖고 세상을 바라보는가, 이것이 행동을 결정하는 가장 중요한 요소라는 것이다. 그리고 그 세계관을 형성하는 것은 그들이 가지고 있는 신앙체계라고 했다. 사람들의 신앙에 따라 세계관이 지배를 받는다는 것이다. 많은 사람이 신앙이 없다고 하지만 사실상 신앙이 있든 없든 신앙적인 요소에 의해서 영향을 받는 것을 발견했다. 그리고 그 신앙체계는 나름대로 정리된 이론이라는 것을 통해서 형성되고, 그 이론은 일반적인 삶 속에서 반복되는 것을 확인하는 과정을 통해 발전되는 것임을 알게 되었다.(Hiebert, 1985)

어떤 사람이라도 이 구조에 비추어 보면 자신의 모든 행동이 해석될 수 있을 것이다. 다만 한 가지 크리스천은 다른 부분이 있다. 그것은 믿음체계가 삶에서부터 형성된 것이 아니라 외부에서 들어온 것이다.

사람의 행동을 보면 그 사람의 세계관을 알 수 있고, 또한 그 사람이 어떤 세계관을 가졌는지는 그 사람이 살아온 삶의 배경과 경험, 믿음체계를 보면 알 수 있다. 이런 관점에서 본다면 사람의 교육행동도 마찬가지다. 사람의 교육행동도 그 사람의 세계관이 무엇이냐에 따라서 달라지는 것이다. 이런 측면에서 본다면 서론에서 언급한 두 가지 케이스는 바로 세계관에 대한 문제에서 비롯된 것이라고 할 수 있을 것이다.

교육행동을 잘 하기 위해서는 세계관을 바로 세워야 한다. 아무리 교육행동을 잘 하라고 가르쳐도 세계관이 바르게 정립되지 않으면 기대하는 교육행동을 얻을 수 없는 것이다. 그러므로 바른 세계관을 정립하는 것이 교육과 관계된 가장 중요한 이슈이다.

사람의 행동에 바로 영향을 미치는 것이 세계관인데, 그것을 다른 말로 표현하면 철학이라고 할 수 있다. 물론 여기에 다른 견해를 가진 사람들도 있을 것이다. 그러나 세계관과 철학은 같은 맥락에서 긴밀히 연결되어 있다고 보는 것이 타당할 것이다. 왜냐하면 세계관은 철학적인 훈련을 통해서 개발되기 때문이다.(Pazmino, 1997)

내쉬는 "세계관은 많은 요소들이 본질적으로 철학적이기 때문에 크리스천은 철학의 중요성에 대해서 인식하는 것이 중요하다"고 한다.(Ronald H. Nash, 1992)

세계관을 정리해 가는 글들을 보면 한 가지 틀이 있는 것을 발견한다. 그것은 바로 철학적인 이슈를 따라서 정리한다는 것이다. 이것은 세계관과 철학적 이슈는 서로 분리할 수 없는 것임을 보여준다.(이승구, 2011)

1. 교육철학이 교육을 결정한다

샬롯 메슨(1953)은 '홈스쿨 교육'(Home School Education)이라는 글에서 이런 모습을 이렇게 표현했다. "물줄기가 물의 근원보다 높을 수 없듯이 어떤 교육적인 노력도 그것을 가능케 하는 사상의 체계보다 앞설 수 없다." 이 말은 교육목표를 정하고 교육 방향을 정하는 데에는 그 근저에 목표를 좌우하는 사상체계가 반드시 있다는 말이다. 그 사상체계는 그들이 세상을 보는 눈이기도 한데, 그리스도인에게는 이 사상이 신학적인 요소일 수도 있고, 일반 세상 사람들에게는 어려서부터 배우고 형성해온 나름대로의 사고체계일 수도 있다. 그것이 윤리적인 것이든, 아니면 도덕적인 것이든, 불교적인 것이든, 유교적인 것이든 어떤 사상이 머릿속에 들어 있다는 뜻이다. 이런 관점에서 교육에 가장 큰 영향을 미치는 요소를 꼽으라면 그 사람이 가지고 있는 교육철학이라고 말할 수 있다.

교육철학이 어떤 역할을 하는가? 보편적으로 알려져 있는 몇 가지 요소가 있다. 첫째, 모든 가르치는 것, 교육상황, 그리고 교육활동을 통제한다. 둘째, 교육과정을 효과적으로 진행하기 위한 지침을 제공하는 면이 있다. 셋째, 교육적 노력을 위한 여러 수단을 효과적으로 사용하도록 한다. 마지막으로, 교육목표와 결과를 평가하기 위한 명백한 기준을 제공한다.(김만형, 2008)

기독교교육 사역을 하는 사람에게 있어서 교육철학을 정립하는 작업은 자신을 기독교교육자로 새롭게 세우는 것이 될 것이다. 왜냐하면 기독교교육자로서 자신의 모습을 돌아보면서 다른 일반교육자들과 비교해 어떻게 다른가를 분명하게 정리할 수 있도록 도와주기 때문이다. 기독교교육자로서 기독교교육과 일반교육의 차이점에 대해 진지하게 생각하고 있는 사람들은 그리 많지 않다. 경험으로 볼 때 교회에서나 다른 기독교 기관에서 교육활동에 참여하고 있는 사람들 중에 일반 교육자와 비교할 때 어떤 차별성도 보이지 못하는 이들이 많다. 기독교교육자는 이 교육철학을 정립하는 일을 통해 기독교교육자로서의 특별함을 분명히 나타내 보일 수 있어야 한다.

2. 교육에서의 철학적 이슈들

철학은 다음의 세 가지를 질문하는 것이다. 실존하는 것이 무엇인가? 진리란 무엇인가? 절대가치는 무엇인가? 모든 철학자의 글들을 정리해 보면 이 세 가지를 질문하고 답하는 것이다. 이 세 가지 영역을 학문적인 용어로 정리한다면, 실존에 대한 학문을 형이상학(metaphysics)이라 하고, 진리에 대한 학문을 인식론(epistemology)이라 하고, 가치에 대한 학문을 가치론(axiology)이라 한다.

실체에 대한 궁극적인 연구를 주제로 삼는 철학의 한 분야인 형이상학은 이 세상의 실체를 탐구하는 학문, 곧 "본질이 무엇인가?", "존재의 기본 전제가 무엇인가?"라고 질문하는 학문이다. 주로 우주론적이고 종교적인 측면, 인류학적이며 근원적인 측면에서의 질문이 여기에 포함된다.

모든 교육은 이 형이상학의 영역을 벗어날 수 없다. 궁극적 실체에 대해 연구하는 형이상학이야말로 교육개념을 잡는 데 중심역할을 하기 때문이다. 즉, 다양한 교육적 실체들은 어떤 환상이나 환영, 어떤 상상에 기초하기보다는 오히려 사실과 현실, 실제에 기초하기 때문에 형이상학적인 믿음체계가 다르면 교육적 접근의 방향성도 달라지고 심지어는 교육체계가 달리 형성되기도 한다.

형이상학적인 질문을 해볼 때 우리는 어떤 특정한 전제 없이 대답하기가 어렵다는 것을 쉽게 알 수 있다. 즉 신학적인 전제가 없이는 정확히 대답할 수 없다는 것이다. 중요한 것은 신학적인 전제가 형이상학의 질문의 답을 가능케 한다는 것이다. 그러므로 형이상학의 발전은 신학적 전제에 기초한 것을 알 수 있다.

그렇다면 그리스도인들이 갖고 있는 신학적 전제는 무엇인가? 그리스도인들은 성경의 기초 위에서 형이상학적 믿음을 갖는다. 즉, 하나님께서 세상을 창조하셨다는 '창조신학'(Creation Theology)을 가지는 것이다. 창조신학은 모든 것을 하나님과의 관계 속에서 파악하는 관점이다. 이 땅 위에 존재하는 모든 것들은 하나님과의 관계 속에 존재하므로 인생의 모든 사건들을 하나님과의 관계에서 이해하고 연구해야 한다는 것이다.

조지 나이트는 기독교 형이상학의 윤곽을 다음과 같이 말하고 있다. 첫째, 살아계신 하나님은 창조주로 존재하신다. 둘째, 하나님은 완전한 세계와 우주를 창조하셨다. 셋째, 인간은 하나님의 형상대로 지음 받았다. 넷째, 자신의 피조성을 잊고 자신을 하나님의 위치에 올려놓으려던 루시퍼로 인해 죄가 들어왔다. 다섯째, 죄로 인해 하나님의 형상을 부분적으로 상실했고, 인간이 타락하게 되었다. 여섯째, 유전된 죄를 극복하고 상실된 하나님의 형상을 회복함에 있어서 인간은 전혀 무능하다. 하나님의 도움을 필요로 한다. 일곱째, 예수님의 성육신, 생애, 죽으심, 부활을 통해 인간을 구원하고 원상대로 회복시키는 데 있어서 하나님이 주도적으로 일하셨다. 여덟째, 하나님은 신앙공동체인 교회를 통해 일하시고, 성령을 통해 타락한 인간에게 하나님의 형상을 회복시킨다. 아홉째, 세상 역사의 종말에 예수 그리스도가 재림하신다. 열째, 세상은 종국적으로 회복되고 에덴동산과 같은 상태로 복귀한다.(Knight, 1980)

또한 진리에 대한 궁극적인 연구를 주제로 삼는 철학의 한 분야인 인식론은 진정한 진리가 무엇인가, 진리를 어떻게 알 수 있는가에 대해서 연구하는 학문이다.

그리스도인들은 성경의 기초 위에서 인식론의 본질을 갖는다. 즉 하나님이 진리요, 하나님이 그 진리를 계시라는 과정을 통해 드러내 보이시므로 말미암아 사람들이 진리를 발견할 수 있게 되었다는 것이다. 그 하나님은 인식론의 일차적 원천으로 성경을 주셨고, 또한 자연을 통해서도 진리를 알게 하셨다. 아울러 이성을 사용해 진리를 깨닫게도 하신다.

기독교인식론에 대한 논점으로 언급되는 것이 있다. 첫째, 성경의 견해는 모든 진리는 하나님의 진리라는 것이다. 그러므로 진리에 있어서 세속적인 것과 거룩한 것을 구분하는 것은 이원론적 사고이다. 둘째, 기독교의 진리는 우주에 실재적으로 존재하는 것에 대한 진리이기도 하다는 것이다. 그러므로 기독교인은 두려움 없이 진리를 추구할 수 있는 것이다. 셋째, 자연계의 선악 간에도 거대한 긴장이 있는 것처럼 인식론에 있어서도 성경을 왜곡시키고 이성을 왜곡시켜 타락한 인간을 의지하게 만드는 것이 있다는 사실이다. 넷째, 하나님의 진리는 늘 일상생활에 적용할 수 있도록 삶과 연관된 것으로 본다는 것이다. 다섯째, 기독교인에게 있어서 유용하고 다양한 지식의 근원들은 상호보완성을 지닌다. 그러므로 기독교인은 모든 근원들을 사용할 수 있으며 사용해야만 한다는 것이다. 여섯째, 기독교인식론과 형이상학은 믿음에 의한 선택이며 삶의 방식에 전폭적으로 사용해야 한다는 것이다.(Knight, 1980)

철학의 마지막 분야인 가치론은 모든 사람이 따라야 할 절대가치에 대해서 연구한다. 도덕적 원칙과 실천에 관한 것을 다루는 윤리적인 부분과 아름다움과 삶의 창조적인 면을 다루는 미학적인 부분이 여기에 포함된다.

그리스도인들은 각자가 가지고 있는 실존과 진리(형이상학과 인식론)

에 대한 성경적인 신학의 바탕 위에서 가치에 대한 원리들을 정리한다. 이 말은 기독교인들은 가치에 대한 원리들을 성경으로부터 찾는다는 뜻이다. 성경에는 가치체계의 본질이 있다. 하나님의 성품이 그것이다. 또한 산상수훈은 성경 속에서도 가장 급진적인 가치체계에 대해 기술한 부분이다. 이런 내용들이 기독교교육에서 가장 중요한 과제 중의 하나인 그리스도를 닮아가는 삶을 살도록 하는데 도움을 준다. 기독교교육자들은 이런 가치체계의 본질을 잘 드러내므로 학생들에게 그들의 삶 속에서 적절하고 올바른 가치판단을 내릴 수 있도록 도와주게 되는 것이다.

III. 교육에서의 철학적 이슈와 신학

앞서 제기한 철학적 이슈들에 대한 언급에서 볼 수 있는 것처럼 철학적 이슈에 대한 질문을 어떻게 풀어갈 수 있을까? 그것은 신학적 문제인 것을 발견한다. 히버트(1985)는 이것을 사람으로 행동을 가능케 하는 구조라는 틀을 소개하면서 믿음체계(Belief system)라고 했다.

넬슨(Nelson)은 "신학은 성경해석의 기초를 제공하고, 세계관이나 윤리적인 표준을 제공하며, 악과 죽음과 일반적인 삶의 여건에 대해 설명해주는 생의 철학을 제공한다."고 말했다.(김만형, 2008) 이 말은 신학이 차지하는 위치를 확인시켜준다. 넬슨의 말을 교육활동과 연계해서 본다면, 사실상 세계관이나 철학에 기초한 모든 교육활동은 신학으로부터 말미암는다는 의미가 된다. 이 말은 신학이야말로 모든 교육 실제에서도 가장 중요한 기초를 구성한다는 사실을 확인시켜준다는 것이다.

유명한 신학자이면서 교육학자인 노마 탐슨(Norma H. Thompson, 1982)은 "신학은 교육이론의 배경을 형성하며, 교육이론의 기초를 이루어왔다."고 말했는데, 넬슨의 주장을 잘 지원해주는 표현이라고 할 수 있다. 결국 이런 사람들이 주장하는 바의 핵심은 교육을 하는 데 가장 중요한 것이 신학이라는 얘기다.

신학이 교육의 큰 줄기를 결정한다는 사실의 구체적인 예로 희랍 신화의 경우를 생각해 볼 수 있다. 희랍인들의 사고의 특징은 이원론이다. 이들은 모든 세계를 물질적인 것과 영적인 것의 두 가지로 나누어 보았다. 물질적인 세계는 일시적인 것이어서 없어지고 파괴되고 부패될 것이며, 영적인 세계는 영원하고 순수하고 신선한 것이기에 영적인 것만 소중하다고 여겼다. 따라서 인간은 물질적인 것과 관련된 활동에 관여하기보다 영적인 활동에 집중해야 한다고 보았다. 그들은 교육체계를 만들 때에도 영원한 것에만 투자해야 한다고 보고 모든 커리큘럼 상에서 육체적인 것을 무시해버리고 영적인 것만 추구하도록 했다. 희랍인들의 신학적 입장이 교육 실제에서는 어떻게 나타나는가를 잘 보여주는 대목이다.

랜돌프 크럼프 밀러(Randolph Crump Miller)는 "오늘날 교육체계에서 한 가지 놓치고 있는 중요한 주제가 있는데 그것은 바로 신학이다. 가장 적절하게 해석된 신학 안에 오늘날 교육상의 모든 문제에 대한 최상의 대답이 놓여져 있다."고 말했다.(김만형, 2008)

역사적인 관점에서 보아도 신학은 그것이 자유주의 신학이든 아니면 보수주의 신학이든 그 자체가 교육과 교육의 실제에 긴밀하게 연결되어져 있음을 알 수 있다. 그러므로 신학과 교육의 관계는 불가분의 관계라고 할 수 있다.

오늘날 신학과 관련된 큰 이슈가 있다. 그것은 그 신학이 좋은 신학이냐, 나쁜 신학이냐 하는 문제이다. 이 문제가 이슈가 되는 까닭은 현대에는 신학적 입장이 너무나 다양하게 나타나고 있기 때문이다. 이 시대를 가리켜서 혼합주의가 팽배한 시대라고들 한다. 다양한 신학적 요소들이 현 시대의 사상체계 속에 들어와 있을 뿐 아니라, 복합적인 사회 속에 여러 종류의 신학들이 공존한다. 이 말은 다양한 형태로 공존하는 신학적 입장들 가운데서 어떤 신학을 갖고 있는지, 또한 그 신학이 좋은 신학인지 나쁜 신학인지에 따라 교육체계가 완전히 달라진다는 뜻이기도 한다.

그런 점에서 오늘날은 좋은 신학을 갖는 것이 매우 중요한 시대가 되었다. 「크리스챠니티 투데이(Christianity Today)」지의 편집장이었던 케네스 칸쩌(Kenneth Kantzer)는 "이 시대는 신학이 없는 시대가 아니라 어떤 신학을 가져야 되느냐를 물어야 하는 시대다."라고 이야기했다.(김만형, 2008)

건강한 신학이 건강한 철학을 낳고 건강한 철학이 건강한 행위를 낳는다. 건강한 교육행동은 바로 건강한 신학에 기초한 철학에서 가능하다. 그러므로 교육자는 무엇보다 건강한 신학에 기초한 분명한 교육철학을 정립해야 한다. 그리고 그 위에 든든히 서서 흔들리지 않도록 해야 한다.

교육자들의 문제는 그 철학이 쉽게 흔들린다는 것이다. 또한 주위의 환경에 의해 갖고 있는 철학이 위협을 받는다는 것이다. 그래서 때에 따라 타협하기 시작한다는 것이다. 왜 이런 현상이 일어날까? 그것은 철학이 약하기 때문이다. 철학이 약하다는 것은 신학이 약하다는 말과도 같다. 교육행위가 흔들릴 때는 늘 다시 교육철학으로 돌아가야 한다. 그리고 철학을 점검하면서 내가 하고 있는 행동들이 분명한 것이라는 사실을 확인해야 한다.

Ⅳ. 기독교교육철학의 실제

바른 교육을 위해 선행되어야 할 것이 있다면 그것은 교육철학의 정립이다. 왜냐하면 교육철학은 모든 교육활동을 조절하기 때문이다.

기독교교육을 함에 있어서 기독교교육철학을 정립하는 것은 아무리 강조해도 지나치지 않을 것이다.

교육철학을 정립함에 있어서 우리가 고려해야 할 부분들이 많이 있다. 우선적으로는 진리에 대한 입장을 정하는 것이다. 그것이 교육의 본질과 가르치는 내용을 결정하기 때문이다. 또한 가르치는 것과 배우는 것은 무엇인가, 교사는 무엇인가, 교사의 태도는 무엇인가, 학생을 어떻게 볼 것인가, 교육의 목표는 무엇인가, 성령의 역할은 무엇인가 등이다. 교육철학과 연관되어 제기되는 이런 이슈들은 많은 학자들에게서 공통적으로 보이고 있다.(Knight, 1980; Pazmino, 1997; Kienel, 1995) 이런 주제들은 사실 교육과 연관된 중요한 주제들이다. 이제 이런 주제들을 중심으로 우리가 가지고 있는 신학에 기초해 하나씩 교육철학을 세워야 할 것이다.

1. 진리는 무엇이며, 진리를 어떻게 가르쳐야 하는가?

하나님은 일반계시와 특별계시를 통해 진리 되신 자기를 계시하셨다. 우리는 진리 되신 하나님을 가르친다. 아울러 일반계시와 특별계시에서 발견된 하나님의 진리를 가르친다. 그러나 진리를 가르치는 과정에서 사용되는 모든 자료는 성경적인 관점에서 해석하여 가르친다.

기독교교육철학과 관계해서 정리해야 할 가장 중요한 부분은 건강한 신학에 기초를 둔 기독교 인식론이다. 인식론에 대한 입장은 교육과 연관해 가장 중요한 것이다. 왜냐하면 가르치는 내용과 교육방향에 대한 입장을 제공하기 때문이다.

기독교 인식론은 진리 되신 하나님에게서부터 출발한다. 진리는 하나님 자신이고, 사람이 진리를 발견할 수 있게 된 것은 진리 되신 하나님이 자신을 계시하면서부터 가능하다. 하나님은 사람들이 진리를 발견할 수 있도록 하기 위해 진리 되신 자신을 드러내 보이셨다. 진리 되신 하나님께서 당신 자신을 나타내 보이신 것, 이것을 우리는 계시(감춰진 것을 드러내는 것)라고 하는데 바로 일반계시와 특별계시가 그것이다. 이 두 가지는 하나님께서 우리에게 주신 계시요, 진리를 알아갈 수 있는 유일한 도구이다. 일반계시는 다른 말로 하면 '자연'을 가리키고 특별계시는 기록된 하나님의 말씀인 '성경'을 가리킨다. 우리는 이 두 가지 계시를 통해서만이 진리를 발견할 수 있고, 이를 벗어나서는 진리를 발견할 수 없다. 왜냐하면 하나님은 이것들 외에 진리를 알기 위한 다른 것들을 주지 않았기 때문이다.

그런데 이 계시를 이용할 때, 사람들은 주로 일반계시를 통해서 진리를 발견해나가는 일을 하기 시작했다. 여러 학문 영역을 통해 진리를 발견해가는 것이다. 그 학문들의 리스트에는 철학, 생물학, 사회학, 심리학 등이 있을 수 있다. 그런 학문을 하는 사람들은 자신의 영역에서 하나님께서 보여주시는 진리를 좇아가고 있는 사람들이다. 이 사람들을 통해 하나님께서 아직도 여전히 자연계시를 매개로 진리를 드러내 보이고 계신다는 사실을 알 수 있다. 진리가 과학이나 생물학을 통해서 발견되는 것이다. 또 사회학을 통해서도 발견된다. 그런데 여기서 한 가지 사실을 명심해야 할 것이다. 이 모든 진리들을 어디서 발견했느냐 하는 점이다. 바로 하나님께서 주신 자연계시 속에서 진리를 얻었다는 것이다. 그런 점에서 계시의 범위 안에서 발견되는 모든 진리는 '하나님의 진리'(All truth is God's truth)라고 불린다. 이 말은 어거스틴으로부터 시작된 말인데 최근에 와서는 프랭크 게버라인(Frank Gabelein)이 우리에게 다시 상기시켜 주었다. 이 땅에서 발견되는 어떤 진리도 하나님과 관계없는 것이 없다는 뜻이다. 즉, 자연이나 성경 안에서 발견되는 진리를 보며 "모든 진리는 하나님의 진리다."(All truth is God's truth)라고 말할 수 있다는 것이다.(Anthony, Benson. 2003)

계시와 연관해서 분명히 해야 할 것이 있다. 그것은 특별계시와 일반계시의 연관성이다. 하나님은 본래 일반계시를 통해서 진리를 발견하도록 하셨다. 그런데 인간이 타락하므로 말미암아 일반계시가 오염된 것이다. 그래서 일반계시 속에서 진리가 발견이 되어도 온전하지 못한 것이다. 그러므로 하나님은 그 일반계시 속에서 발견된 진리를 재해석하도록 하기 위해 특별계시를 주신 것이다. 특별계시를 통해서 모든 것을 다시 해석하도록 한 것이다. 이런 면에서 특별계시는 일반계시를 잘 이해하도록 하는 가이드라인과 같은 것이다.

이상의 전제를 중심으로 기독교 인식론의 핵심은 다음과 같이 정리될 수 있다. 먼저, 그리스도인은 성경을 기독교 인식론의 가장 우선적인 근원(primary source)으로 여겨야만 한다. 이는 모든 지식의 뼈대와 평가기준을 제공하는 성경의 위치와 권위를 인정한다는 뜻으로, 기독교교육의 가장 핵심적인 자리에 성경을 둔다는 것을 의미한다.

둘째로 그리스도인에게 있어 중요한 지식의 근원은 매일의 생활에서 접하는 자연과 과학적인 연구를 통해서 얻어지는 것들임을 알아야 한다. 우리 주변의 자연이나 세계는 하나님의 계시, 곧 창조자 하나님께서 당신을 계시하시는 하나의 방편이다. 이것을 가리켜서 우리는 일반계시라고 부른다. 다만, 여기서 우리는 과학의 발견이나 우리들의 삶의 경험이 타락으로 인해 제약이 생겼다는 것, 그래서 세상의 모든 것들은 특별계시인 성경의 조명 아래서 재해석되어야 한다는 점을 주의해야 한다. 이 말은 이런 점만 유의한다면 일반계시적인 측면들도 기독교 인식론 형성에 매우 중요하다는 뜻이다. 그렇다면 일반계시도 하나님께서 우리에게 주신 계시의 범주 속에 들어가므로 모든 그리스도인들은 이것을 연구하고 탐구해서 진리를 발견해 내는 일을 해야 한다. 진리를 발견하기 위해 노력하는 일이야말로 하나님의 일이기 때문이다.

마지막으로 그리스도인에게 지식을 갖게 해주는 또 하나의 요소는 이성, 즉 합리성이다. 비록 인간이 타락으로 인해 이성의 능력이 줄어들어 그 역할을 제대로 수행하지 못한다 할지라도 이성이 완전히 파괴된 것은 아니다. 하나님께서는 인간에서 자비를 베푸시고, 인간이 당한 어려운 환경에 대해서 또 그들이 당면한 문제의 해결을 위해서 함께 생각하고 함께 해결해가기를 아직도 원하고 계신다(사 1:18). 그러나 그리스도인들은 합리론자가 아님을 알아야 한다. 어떤 경우에도 그리스도인은 하나님 외에 또 다른 어떤 법이나 논리를 앞세워서는 안 되기 때문이다. 합리성과 관련해서 우리는 이성이 곧 모든 권위의 근원이 아님을 명심해야 하는 것이다. 오히려 진리를 이해하고 진리를 깨닫는 하나의 방편 정도로 삼아야 한다.(Knight, 1980)

이제 기독교 인식론에 기초한 기독교교육을 정리해 본다. 기독교교육이란 무엇인가? 기독교교육을 결정하는 요소는 무엇인가? 사람들은 기독교 교육을 함에 있어서 성경을 가르쳐야 하고, 성경만을 가르치는 것이 기독교 교육이라고 한다. 그런데 성경만을 가르치는 것이 진정 기독교 교육인가? 성경을 가르치면서도 비기독교적일 수 있는가?

분명한 사실은 기독교교육에 있어서는 성경을 우선적으로 가르쳐야 한다는 것이다. 그런데 성경만을 가르치는 것이 기독교적이라고 할 수 없다는 것이다. 성경을 가르치면서도 비기독교적일 수 있기 때문이다. 이단과 같은 부류들이 그런 사람들이다. 우리는 가르치는 내용을 가지고 기독교교육이다 아니다 이야기 할 수 없다. 우리는 하나님의 진리인 일반계시와 특별계시를 모두 다 교육의 내용으로 사용할 수 있다. 가르치는 내용을 무엇으로 하느냐가 기독교교육을 결정하는 것은 아니다. 기독교교육을 결정하는 중요한 요소는 성경으로 모든 지식을 재해석하는 성경적 관점이다. 가르치는 내용을 성경이 말하는 관점에서 이해하고 있는가이다. 예를 든다면, 심리학의 학파 중 하나인 행동주의학파가 있다. 그 학파가 발견한 것은 "사람은 환경에 의해서 영향을 받는다."는 것이다.(Ormrod, 2009) 이것은 일반심리학에서 발견된 진리이다. 그렇다면 크리스천 교사가 기독교교육을 하면서 이 진리를 어떻게 받아들여야 할 것인가? 사람들은 이 주장을 진리로 받는다. 그리고 그것을 적용한다. 칭찬은 고래도 춤추게 한다는 책에서 고래를 훈련시키는 모습이 나오는데 바로 이 원리를 적용하는 것이다.(Blanchard, 2002) 이 주장은 동물에게서 많이 사용되는데 사람들에게도 많이 사용되고 있다. 교회도 이 원리를 사용하고 있다. 어린이들을 교회로 인도할 때 선물을 주는 것이다. 또한 주어진 일을 잘 하는 아이에게 달란트를 선물로 주는 것이다. 어른들에게 있어서는 전도를 많이 하도록 선물을 걸고, 선물을 주는 것이다. 이것은 사실 행동주의학파의 이론을 사용하는 것이다. 이런 것에 대해서 기독교교육자는 어떻게 생각해야 할 것인가?

사람들은 환경의 영향을 많이 받는 것은 사실이다. 그것은 일반계시에서 발견된 진리다. 그러나 이 말이 성경적인 진리인가? 성경적인 관점으로 다시 살펴보면 행동주의 이론이 완전한 진리가 아닌 것을 볼 수 있다. 사람에게는 내면의 사람을 움직이는 또 다른 요소가 있기 때문이다. 또한 사람에게는 환경을 극복할 능력이 있기 때문이다. 쌍둥이의 경우는 거의 같은 환경에서 자라지만 다르다. 또한 초대교회에서 사도바울이 성도들에게 복음을 전하라고 권면할 때 그 어디에서도 상품을 제시했다고 하지 않았다. 그냥 사람들의 내면의 동기에 도전한 것이다.

정리한다면 일반교육과 구별되는 기독교교육의 궁극적인 차이점은 성경을 다루느냐, 일반계시에 기초한 학문을 다루느냐에 있는 것이 아니라 모든 진리를 성경적인 관점으로 보느냐 그렇지 않느냐에 있다는 것이다. 이 말은 기독교교육자는 가르치는 모든 내용에 대해서 성경에 기초한 관점(Biblical perspective)을 가져야 할 것을 강조하는 것이다.

우리는 보통 미션스쿨을 '기독교교육을 행하는 학교'로 알고 있다. 그러나 미션스쿨에서 과연 모든 과목을 성경적인 관점으로 바라보며 가르치고 있을까? 이런 모습은 미션스쿨에서만 나타나는 것이 아니다. 교회교육에서도 마찬가지다.

우리는 성경을 가르치면서도 잘못하면 세속적인 관점에서 가르칠 수 있다. 성공에 대해서 가르친다고 가정해 보라. 세상에서 성공의 개념은 무엇인가? 크고, 높고, 많은 것. 사람들은 크고 높고 많은 것을 성공으로 생각한다. 교회는 어떤가? 교회에서 성공을 가르치면서 세상에서 이야기하는 성공의 관점과 많이 다른가? 거의 똑같지 않은가? 오히려 성경구절의 증거를 대 가면서 세상적인 관점의 성공을 교육하고 있지 않는가? 성경적인 관점에서 성공은 그런 개념이 아니다. 하나님과 동행하는 것이 성공의 중요한 부분인 것을 볼 수 있다.(창 39:2) 그럼에도 불구하고 이런 성경적인 관점에서 성공을 가르치는 경우는 드물다.

공부에 대한 것도 그렇다. 공부해야 할 이유를 어떻게 설명하고 있는가? 단순히 좋은 학교에 가기 위한 것이 아니다. 성경적인 관점에서 본다면 하나님의 진리를 발견하고 그것을 통해서 많은 사람을 유익하게 하기 위함인 것이다.

따라서 가르치는 자는 단순히 성경의 내용을 가르치는 것으로 만족하지 말고, 성경적인 관점을 갖고 성경의 가치관을 가르치는 것이 더 중요하다는 사실을 알아야 한다. 기독교교육의 독특함은 여기에 있는 것이다.

기독교교육자들에게는 무엇보다 성경적인 '관점'을 확립하는 노력이 필요하다. 기독교교육자들은 "이 세상을 어떻게 볼 것인가? 이 세상의 궁극적인 목적은 무엇인가? 직업관은 어떻게 가져야 할 것인가? 가정에 대한 생각을 어떻게 가질 것인가? 부부관계, 부자관계를 어떻게 볼 것인가? 사회생활에서 동료와의 관계나 우정, 섹스, 바른 삶에 대해 우리는 어떤 시각을 가져야 할 것인가?"에 대해 성경적인 '관'을 가져야 하는 것이다.

2. 기독교교육에서 가르치고 배우는 것은 무엇인가?

우리는 가르치고 배우는 일을 단순히 지식이나 정보를 주고받는 것으로 이해하지 않는다. 교회라는 틀 속에서 거듭난 사람들이 예수님을 닮아가는 과정을 밟아 가는데 그 과정에서 발생한 영적성장의 차이를 채워주는 일로 본다. 영적으로 성장한 사람이 덜 성장한 사람을 도와주는 것이 가르치는 것이고 영적으로 덜 성장한 사람이 더 성장한 사람을 본받아 따라가는 것이 배우는 것이다.

일반적으로 가르치는 것을 어떻게 정의하는가? 우리는 학교에서 익숙한 방식으로 가르치는 것을 이해한다. 사회에서 통념적으로 받아들이는 가르친다는 것은 객관적 지식이나 정보를 전문인인 교사가 받아 동의하던지 동의하지 않던지 관계없이 학생들에게 전달해 주는 것이다.

그런데 문제는 이런 정의가 그대로 교회 안에도 있다는 것이다. 기독교교육을 한다고 하면서도 세상에서 익숙한 가르치는 개념을 가지고 그대로 사용하는 것이다. 진정 성경은 가르치는 것에 대해서 그렇게 말하고 있는가?

우리의 신학적인 입장에 의해서 가르치는 것을 다시 한 번 정의해야 한다. 기독교교육에 있어서 가르친다는 것은 무엇을 말하는 것일까? 그것은 교회에 대한 인식에서부터 시작된다. 교회란 무엇인가? 여러 가지 측면에서 말할 수 있지만 교회는 구원받은 성도들의 모임으로 유기적인 관계를 갖는 것이라고 할 수 있다. 이것을 다른 말로 표현한다면 이렇게 말할 수 있을 것이다. 모든 그리스도인들은 하나님 나라라는 큰 테두리 속에서 중생의 과정을 통해서 교회에 들어온다.

이후 그들은 모두 다 성장의 과정을 거친다. 그리고 궁극적으로는 예수님을 닮아가는 것이다.

  교회 안에 있는 사람들은 남녀노소 없이 누구나 중생한 이후부터 성장의 과정을 거쳐 가고 있다. 그런데 교회 안에 있는 사람들의 성장의 정도는 각각 다르다. 영적으로 성장한 사람이 있는가 하면 영적으로 덜 성장한 사람이 있다. 바로 이런 차이가 가르치는 것과 배우는 것을 필요하게 한다. 교회 안에서 가르치는 자와 배우는 자의 관계는 바로 이 성장의 차이 때문에 생겨난다는 것이다.

  교회라는 곳은 성도 한 사람을 기준으로 놓고 볼 때 많은 사람들이 그 한 사람 둘레에 모여 있는 곳이다. 그리고 그렇게 각각 모인 사람들은 서로 간에 영적 성장의 차이를 보인다. 어떤 사람은 나보다 영적으로 성장했고 어떤 사람은 나보다 덜 성장했다. 이것은 마치 연필통에 모여 있는 연필의 크기가 각각 달라 높고 낮음의 차이를 보이는 것과 같다. 그런데 이슈는 교회 안에 있는 사람들끼리 서로 서로 영향을 주고받는다는 것이다. 교회 안에 있는 사람들은 서로 영향을 주면서 영적성장에 필요한 영양분을 공급하는 것이다. 이것이 바로 유기적이라는 의미이다. 그러므로 교회는 공동체로서 모든 구성원이 자기의 영적성장의 위치에서 영적으로 덜 성장한 사람에게는 가르치는 일로 영적으로 더 성장한 사람에게는 배우는 일로 자기의 역할을 해야 하는 것이다.

3. 기독교교육에서 교사는 무엇인가?

  기독교교육에서 가르치는 일은 교회의 유기체 안에서 영적성장을 도와주는 일이므로 모든 크리스천은 가르치는 일을 선택이 아니라 마땅히 해야 할 의무로 받는다. 또한 크리스천 교사는 가르치는 것을 지적인 측면만이 아니라 전인적인 측면에서 이해하고 적용한다.

교육을 교회라는 유기체 안에서 성도들 간의 영적 성장을 도와주는 일로 보았을 때 교사와 연관해서 두 가지 중요한 사실을 명심해야 한다. 첫째, 교사의 자아 정체감은 유기체적인 교회의 지체라는 관점에서 가르치는 일은 성도의 의무라는 입장에서 출발해야 한다는 것이다. 교회라는 유기체가 건강하기 위해서는 모든 지체들이 아름답게 성장해야 한다. 어느 누구도 그 대열에서 뒤로 쳐지면 안 된다. 그런데 이 성장의 과정을 도와주는 사람이 곧 자신보다 좀 더 성장한 사람이다. 중생 한 후 영적으로 좀 더 성숙한 사람으로서 덜 성숙한 사람을 도와 그들로 성숙한 크리스쳔으로 자라도록 도와주는 것이다. 이런 면에서 볼 때 교회 안에 속한 사람은 그 누구도 가르치는 일에서 제외될 수 없다.

성경에서는 교사로서의 가르치는 역할에 대해는 언급하지만, 공동체 안에서의 교사의 기능에 대해서는 별도로 언급하고 있지 않다. 그것은 마치 성경에서는 따로 교사가 있다고 보기보다는 모든 그리스도인을 가리켜서 '가르치는 자'라고 말하는 듯하다. "너희가 모든 지혜로 피차 가르치며."라는 말씀이 골로새서(3:16)에 있는데, 이는 피차 가르치는 일은 교회 구성원이 모두가 해야 할 일이라는 것을 뜻한다.

그러므로 크리스쳔 교사는 "하나님의 은혜로 내가 이 만큼 성숙했으니 나보다 덜 성숙한 사람을 도와 좀 더 성숙한 수준으로까지 끌어올릴 책임과 의무가 내게 있다"는 생각을 갖고 가르치는 사역에 임해야 한다. 우리가 교사로서 섬긴다는 것은 누군가의 부탁 때문이라거나, 아니면 선의를 베풀려는 마음, 혹은 아이들을 좋아하는 마음 때문에 하는 것이 아니다. 내가 먼저 믿어 예수님을 알고 하나님의 은혜를 입은 자로서 그 은혜에 감사하는 마음으로, 곧 빚을 진 자의 심정으로 섬기는 것이다. 하나님 앞에 빚진 자의 심정으로 이 일을 감당하는 것이 크리스쳔 교사의 정체감이 되어야 한다.

둘째, 교사는 가르치는 일을 단순히 지적으로만 생각하지 않고 전인적으로 이해해야 한다는 것이다. 가르치는 일을 영적성장의 측면에서 이해한다면 인간의 모든 측면을 골고루 발전시켜 주는 것을 간과해서는 안 된다. 심리학자들은 사람의 인격을 이야기 할 때 신체적, 지적, 감성적, 도덕적, 사회적, 영적인 측면이 있다고 한다. 그런데 이 모든 측면들은 서로 긴밀히 연결되어 있다. 신체적인 부분이 문제가 생기면 영적인 부분이 영향을 받는다. 감성적으로 약하면 영적으로도 약해진다. 그러나 영적으로 강하면 다시 신체적으로나 감성적으로 강해지는 것을 본다. 그런 측면에서 영적인 부분이 가장 중요하지만, 그럼에도 불구하고 모든 측면들은 서로 긴밀히 연결되어 있다.

이렇게 보았을 때 건강한 영적성장은 전인적인 측면에서 이루어져야 하는 것이다. 기독교교육자는 바로 이 부분을 염두에 두어야 한다. 그런데 많은 경우 기독교교육자임에도 불구하고 교육을 단순히 지적인 부분으로만 여긴다. 가르치는 교사의 일을 해 달라고 부탁할 때 사람들은 사양한다. 그러면서 하는 말이 자기는 잘 모른다고 한다. 이 사람의 문제는 무엇인가? 기독교교육을 단순히 지적인 면만을 생각하는 것이다. 우리가 일반 교육을 하는 사람이라면 지적으로 많이 아는 것이 중요할 것이다. 그러나 사실 가르치는 사람들을 볼 때 지적으로는 잘 가르칠지 모르지만 감성적으로 안정적이지 못한 사람도 많이 있지 않는가? 또 사회적으로도 원만하지 못한 사람도 많지 않는가? 그러나 나이가 들어서 지적인 능력은 좀 떨어지지만 다른 부분, 곧 감성적 안정이라든지, 사회적 원만함을 가지고 가르칠 수 있는 사람도 있는 것이다. 크리스천은 지적으로 좀 약해도 감성적인 측면이나 사회적인 측면에서 강하다면 그 부분을 가지고 다른 사람을 도울 수 있다. 그리고 또 다른 신체적인 측면이나 도덕적인 측면들은 그 부분에서 영적으로 성장한 사람이 도우면 되는 것이다. 이렇게 보았을 때 교사들은 자기의 강점과 약점을 인식하면서 배우는 사람들을 영적으로 성장하는 일을 위해 서로 협력하는 것이다. 그러므로 크리스천은 어떤 측면에서든지 학생들의 영적성장에 도움을 줄 수 있는 부분이 있다는 사실을 인정하고 가르치는 일에 참여해야 할 것이다.

4. 크리스천 교사의 태도는 어떠해야 하는가?

우리는 가르치는 일에 있어서 가장 중요한 것은 교사의 태도라고 본다. 크리스천 교사의 태도는 성육신 하신 주님을 본받는 것이다. 그것은 예수님의 마음으로 권리를 포기하고, 제약을 수용하고, 자기를 희생하는 것이다.

성경은 기독교교육을 행할 때 가르치는 자가 취해야 할 태도에 대해 명확한 입장을 보여준다. 성경이 우리에게 보여주는 태도는 성육신(incarnation)하신 예수님의 모습이다. 예수님은 이미 가르치는 자가 어떤 태도를 가져야 할 것인가를 친히 보여주셨다. 빌 2:5 이하의 말씀이 그 내용을 잘 설명하고 있는데, 그것을 가리켜 예수님의 마음이라고 한다. 성육신의 정신의 핵심은 권리포기, 제약수용, 자기희생이다. 예수님이 하나님으로서의 권리를 포기하고 사람이 되신 정신이다. 하나님으로서 어떤 것에도 제약을 받으실 분이 아니지만 사람이 되고 종이 되므로 스스로 제약을 받아들인 정신이다. 나중에는 십자가에서 죽기까지 자기를 희생하는 정신이다. 그러므로 크리스천 교사는 늘 이런 질문을 해야 할 것이다. 나는 기독 교사로서 다른 교사들과 무엇이 다른가? 나는 학생들을 위해 어떤 권리를 포기했는가? 어떤 제약을 수용했는가? 어떤 불편함을 감수했는가? 무엇을 희생했는가?

그러나 사실, 우리의 문제는 이런 모범이나 신학을 가지고 있지 못해서가 아니다. 다만, 그 신학을 구현하지 못하는 것이 문제이다. 좋은 신학을 가지고 있으면서도 그 신학대로 적용하고 그대로 살아가지 못하는 것은 참으로 부끄러운 일이다.

기독교교육자가 일반교육자와 다른 점이 무엇인가? 우리가 알고 있는 성경에 대한 쥐꼬리만 한 지식을 가르친다고 해서 학생들에게 권위를 내세우거나 무게를 잡는 것이 기독교교육자의 바른 자세인가? 아니다. 학생들의 입장으로 내려가서 그들을 이해해주고 그들을 격려하고 그들을 붙들어서 공부를 시켜야 한다. 이런 면에서 크리스천 교사는 좀 더 낮아져야 한다. 이런 태도가 구현되지 않으면 진정한 기독교교육은 이루어지지 않는다. 학생들이 일반학교 선생님과 교회 선생님 간에 어떤 차이점을 못 느낀다면 그들에게 어떤 영향도 줄 수 없는 것이다.

사람들은 이렇게 예수님의 마음으로 성육신 하는 자세로 가르치면 학생들이 우습게 여긴다고 한다. 분명한 것은 이런 정신으로 행하면 결국 한없이 낮아질 것만 같은데 그렇지 않다. 하나님은 예수님을 모든 이름 위에 뛰어난 이름으로 세우셨다. 크리스천 교사들에게도 그런 영광이 주어질 것이다.

오늘날 교육은 교사의 태도에 달려 있다고 해도 과언이 아닐 것이다. 한국사회의 교육문제는 곧 교사의 태도 문제라고 본다. Ted Ward 컨설테이션에 참석한 적이 있었다. 주제는 '미국의 기독교 학교, 무엇이 다른가'였다. 2박 3일의 발표와 토론을 마친 후, 한 단어로 정리를 했다. 그것은 '섬김(service)'이었다. 미국의 기독교 학교의 문제는 섬김이 없다는 것이다. 그러면서 나눈 이야기는 학교에서 섬김을 받아 보지 못한 학생이 어떻게 사회에 나와서 사회에 봉사할 수 있는 사람이 될 수 있겠느냐는 것이었다. 사랑도 받아 본 사람이 한다고 하지 않는가? 섬김을 받아보지 못한 사람은 섬길 수 없는 것이다.

크리스천 교사와 일반 교사, 무엇이 다른가? 그것은 주님의 마음을 보이는데 있다. 곧 성육신하는 섬김이다. 권리를 포기하고, 제약을 수용하면서, 자기희생을 아끼지 않는 것이다. 우리 예수님이 우리에게 그런 모습을 보여주셨다면 우리도 다른 사람들에게 그렇게 해야 할 것이다.

5. 기독교교육에서 학생이란 무엇인가?

우리는 학생들을 예수님을 통해 하나님과 관계를 맺어야 할 존재라고 인식한다. 그래서 하나님과의 관계를 맺도록 도와주는 일에 모든 것을 집중한다. 아울러 학생들을 하나님 나라에 이바지할 잠재력을 가진 자로 인식한다. 그래서 그 잠재력을 개발할 수 있도록 환경을 만들고 기회를 제공하는 일에 최선을 다한다.

기독교교육자가 학생을 이해하는 데 있어서 세 가지의 관점을 갖는다. 첫째는 '모든 학생은 하나님의 자녀가 될 수 있는 가능성이 있는 존재다'는 것이다. 이 관점은 인간이 타락되어 죄인이고 하나님과의 관계가 끊어졌다는 것을 전제로 한다. 이것을 바꾸어서 보면, 모든 학생은 하나님의 자녀가 되어야만 하고 또 될 수 있다는 가능성을 시사해 주는 것이다. 둘째는 '학생들은 개인적으로 예수 그리스도를 구주로 알아야 할 필요가 있는 존재'라는 것이다. 이것은 학생들이 하나님과 관계를 맺고 그의 자녀가 되기 위해서는 오직 예수 그리스도와 관계를 맺고 그를 구주로 영접해야 한다는 의미이다. 마지막으로 '학생들은 하나님이 그들에게 주신 각각의 달란트를 사용하여 하나님께 영광을 돌릴 수 있는 존재다'는 관점이다. 이것은 학생들이 비록 죄로 인해 타락했지만 하나님의 형상을 따라 지음 받았기 때문에 하나님께서 주신 달란트를 사용하여 무엇인가 할 수 있는 잠재력을 가진 존재라는 것이다.

기독교교육자는 누구나 학생들을 대하면서 이 세 가지 관점을 가져야 한다. 너무나 평이한 이야기이지만 모든 기독교교육자가 이런 관점을 갖고 학생들을 대하지는 않는 것 같다. 특히 마지막 관점이 약한 것으로 보인다. 일반적으로 기독교 교육자가 첫째와 둘째 관점에서 강한 것에 비해 셋째 관점에 덜 유념하는 것 같아 보인다. 우리가 가르치는 대상을 어떤 관점에서 바라볼 것인가를 유의할 필요가 있는데, 학생들을 단순히 하나님과 관계를 맺고 그리스도 안에서 구원받을 자로만 보고 끝나지 말고, 그들이 하나님께로부터 받은 달란트와 은사를 사용해 하나님께 영광을 돌릴 수 있도록 도와야 한다. 이런 관점을 갖고 학생들을 지도하는 사람들은 그들을 위해 다양한 은사활용의 기회를 제공하여 학생들의 달란트가 드러나도록 여건을 만들고, 또한 은사가 발견되면 부모들과 상의하여 그런 은사를 계속 개발할 수 있도록 노력할 것이다. 성경은 엡 4:16에서 기독교교육자인 교사의 역할에 대해 '하나님의 사람으로 온전케 하며 모든 선한 일을 행하기에 온전케 한다'고 말한다. 학생들이 인격적으로 온전할 뿐 만 아니라 그들이 행하는 일까지 온전해지도록 돕기 위해 세움을 받은 사람이 곧 교사라는 뜻이다. 이런 의미에서 크리스천 교사는 학습자의 인격과 함께 그 학생이 할 수 있는 일까지도 도와주어야 한다.

크리스천 교사는 학생들을 바라보는 관점을 좀 달리해야 한다. 학생들이 하나님 앞에서 구원받아야 될, 그리고 하나님과 관계를 맺어야 될 존재인 것을 잊지 말아야 한다. 그래서 무엇보다도 학생들을 하나님과 바른 관계를 맺도록 돕는데 우선권을 두어야 한다. 그러나 동시에 '하나님께서 그 아이 안에 무엇을 담아놓으셨고, 그것을 계발해서 하나님나라에 어떻게 이바지하도록 하셨을까?' 하는 눈을 가지고 볼 수 있어야 한다.

크리스천 부모들도 자녀들을 대할 때 이런 관점을 가져야 한다. 내가 그려놓은 그림을 가지고 자녀들을 끌어가선 안 된다. 그들 안에 내재된 잠재력들을 보면서 그것을 키워주기 위한 안목을 갖고 접근해야 한다.

6. 기독교교육의 교육목표는 무엇인가?

우리는 균형 잡힌 영적 성장을 교육목표로 삼고, 지적으로 알아야 하는 부분과 감성적으로 느껴야 하는 부분, 행동으로 실천해야 하는 부분이 균형 있게 가르쳐지도록 모든 프로그램을 기획하고 운영한다.

모든 교육은 목표에 의해서 영향을 받는다. 교육의 목표를 무엇으로 하느냐에 따라서 교육의 모든 과정들이 달라진다. 기독교 교육은 도대체 무엇을 목표로 하는가? 기독교교육의 목표에 대한 이해가 필요하다. 이를 위해서는 세 개의 중요한 성경구절을 이해할 필요가 있다. 엡 4:13과 골 1:28, 딤후 3:16-17이다. 에베소서 말씀은 하나님께서 우리 교회 안에 목사와 교사와 복음 전하는 자의 여러 가지 직분을 둔 이유를 설명하면서 하나님의 사람으로 온전케 하며 모든 봉사의 일을 행하기에 온전케 하려 함이라고 한다. 즉 가르치는 자의 목표에 대해서 말해주고 있다. 골로새서는 가르치고 권하는 모든 교육행위의 궁극적인 목적을 말해 준다. 그것은 각 사람을 완전한 자로 세우는 것이라고 한다. 디모데후서는 가르치는 데 있어서 주로 사용하는 도구인 성경의 목표에 대해서 말하고 있다. 성경은 교훈과 책망과 바르게 함과 의로 교육하는 기능을 통해 사람을 온전케 하는데 목적이 있다고 한다.

위의 성경 구절을 정리해 보면 교회 안에서 가르치는 일의 궁극적인 목표는 온전한 자, 완전한 자를 만드는 것이다. 이 완전한 자는 곧 영적으로 성숙한 자를 의미한다. 다른 말로는 영성이 있는 사람이라고 한다. 그럼 영성이라는 것이 무엇인가? 좀 더 구체적인 개념 정리가 되어야 교육의 방향이 선명할 것이다.

영적 성숙이나 영성에 대한 정의는 역사적으로 시대마다 각각 다르게 이해했다. 어떤 시대는 영적으로 성숙한 사람을 성경 지식이 많은 사람이라고 생각했다.(Chafer, 1967) 어떤 시대에는 하나님을 직접 만나는 신비적 체험이나 경험이 있으면 그 사람을 영적으로 성숙한 사람으로 보았다.(Nouwen, 1986) 또 어떤 시대에는 영적으로 성숙한 사람은 사회 정의를 위해서 봉사의 삶을 사는 사람이라고 인식했다.(Dorr, 1990) 그런데 최근에 와서는 이 세 가지의 다른 정의가 전부 다 동시에 존재하는 것을 볼 수 있다. 과거와는 달리 교단이나 교파별 그룹을 통해서 각각의 다른 영성에 대한 이해를 갖고 있는 것이다.

먼저는 영적으로 성숙한 사람을, 성경을 많이 아는 사람이 영적으로 성숙하다고 생각하면서 영성을 지적인 면(성령에 관한 성경 지식)에서 생각하는 사람들이 있다. 이런 그룹에서는 성경을 얼마나 아느냐가 영성을 재는 척도가 된다.

다른 그룹은 신비적인 체험과 경험을 많이 해야만 영적으로 성숙한 자라고 주장한다. 이런 그룹에서는 내가 기도 중에 하나님의 음성을 들었다든지 아니면 꿈에 하나님을 보았다는 것이 영적 성숙의 척도로 사용된다.

다음에는 사회정의를 위해 행동하지 않으면 영적으로 성숙한 자가 아니라고 보는 것이다. 이 입장은 과거 사회 복음주의를 주창하던 사람들에게서 많이 지지를 받았는데 아직도 존재한다. 이런 그룹에서는 실제로 봉사의 현장에 가서 자기희생을 통해 일하는 사람이 존경을 받는다.

중요한 사실은 세 입장이 다 성경에 있다는 것이다. 어떤 것 하나도 성경은 소홀히 여기지 않는다는 사실이다. 이 말은 곧 성경에서 말하는 영성은 이 세 가지 개념을 다 포함한다는 의미이다. 성경에서 말하는 영적인 성숙은 무엇인가? 언급된 세 가지의 영역이 잘 균형을 이루는 것을 말한다. 그러므로 한 쪽으로 치우쳐서 영성을 강조했던 사람들은 균형 잡힌 영성을 갖출 수 있도록 자신의 영성의 약한 부분을 보완해야 한다. 아울러 교육 현장에 있는 교사들은 학생들에게서 이 영성의 세 가지 측면이 균형 있게 잘 개발될 수 있도록 노력해야 한다. 배우는 자로 하여금 하나님과 그의 뜻을 잘 알 뿐만이 아니라 하나님을 만나고 체험하며 느낄 수 있도록 도와주고, 또한 머리에만 머무르지 않고 구체적으로 하나님의 뜻을 행하면서 이웃을 부요하게 할 수 있도록 해야 한다.

기독교 교육자로서 우리가 교육을 디자인 할 때는 어떤 교육 여건에서든지 늘 학생들이 알아야 할 부분과 느껴야 할 부분, 행해야 할 부분을 염두에 두면서 교육할 것을 생각해야 한다. 예배를 디자인함에 있어서도 마찬가지이다. 예배를 우리의 입장으로 볼 때는 하나님 앞에 드리는 의식이지만, 하나님 편에서 보시는 예배는 우리를 만나시며 우리에게 당신의 뜻을 보여주시는 교육의 장이기 때문이다.

7. 기독교교육의 교육방법론에 대한 입장은 무엇인가?

기독교교육에서는 예수님이 보여주신 교육방법론을 우선적으로 사용한다. 동시에 일반계시를 통해서 발견된 교육방법론도 하나님의 진리 안에서 발견된 것으로 받고 성경적 관점으로 재해석한 후 적극적으로 사용한다.

방법론에 있어서 가장 우선적인 것은 예수님이 사용한 방법론을 익히는 것이다. 또한 기독교교육자는 하나님께서 성경 안에서 보여주신 다른 교육방법과 동시에 일반 자연계시 속에서 발견된 교육방법에 대해서도 적극적으로 연구하여 그것들을 효과적으로 사용할 수 있어야 한다. 방법론에 대한 연구를 무시하는 경향은 참으로 위험한 생각이다. 왜냐하면 이는 곧 하나님께서 우리에게 주신 일반계시를 무시하는 결과가 되기 때문이다. 사실 교육방법과 관련된 많은 것들은 일반계시를 통해 발견되는 경우가 많다. 일반계시를 통해 우리는 사람을 이해할 수 있고, 동시에 자연을 통해 우리에게 주신 하나님의 진리를 찾을 수 있다. 성경의 조명 아래 일반계시를 잘 연구함으로써 하나님께서 보여주신 진리를 발견하고 이를 가르치는 현장에 잘 이용하는 것이 중요하다. 이런 면에서 교육지도자는 성경을 신학적 기초로 하고, 동시에 교육학적 사회학적인 입장에서도 통합해서 볼 수 있는 안목을 가질 필요가 있다.

아울러 기독교교육자는 잘 가르치기 위해서 어떤 교육환경에 있든지 늘 성령의 조명과 인도하심에 민감해야 하며, 아울러 늘 그에게 의탁하고 도우심을 구해야 한다. 아무리 탁월한 은사를 가진 사역자라 할지라도 겸손히 성령께 의지함으로써 성령의 역사를 통해 사람들이 하나님의 말씀을 깨닫고 결단하여 변화된 삶을 살도록 기도해야 한다.

방법론과 연관해서 주의할 부분이 있다. 가르치는 일에서 균형 있게 접근하지 못하는 경우가 많다는 것이다. 성령의 도우심을 의지한다면서 더 이상의 노력을 기울이지 않으려 한다는 것이다. 모든 교육과정에서 하나님께서 일하시도록 의탁하는 데는 익숙하지만, 하나님께서 주신 성령의 조명을 따라 학습자가 어떻게 하면 좀 더 잘 배울 수 있고 어떻게 하면 그들에게 좀 더 효과적으로 접근할 수 있을지에 대해서는 별로 의식이 없는 것이다. 더군다나 이를 위해 연구하는 일에는 전혀 열심을 내지 않는다.

가르치고 깨닫게 하며 사람을 변화시키는 것은 하나님께서 성령을 통해 일하실 때에 가능하다는 말은 물론 옳은 지적이다. 그러나 잊지 말아야 할 중요한 사실이 있다. 하나님께서 사람을 변화시킬 때는 성령을 통해 사람들이 연구하고 발견한 좋은 교육적 접근 방법들도 함께 사용하신다는 사실이다. 따라서 우리는 좀 더 잘 가르치기 위한 접근 방법들을 연구해야 한다.

8. 성령의 역할은 무엇인가?

기독교교육이 다른 어떤 교육행위와 다른 것은 성령의 역할에 대한 이해에 있다. 성령은 진리의 영으로, 가르치는 영으로 기독교교육사역에서 밀접하게 관계하고 있다. 그러므로 크리스천 교사는 가르치는 일에 있어서 잘 준비했다고 교만하지 말고 겸손하게 성령의 도움을 구하여야 할 것이다. 또한 크리스천 교사는 부족하다고 여겨질지라도 성령의 도우심을 믿고 담대하게 맡겨진 사역을 감당해야 할 것이다.

마지막으로 기독교교육철학을 정립하는 데 있어서 중요한 것은 성령에 대한 이해이다. 성경은 성령을 '가르치는 영'이라고 한다. 기독교교육의 독특성은 바로 이 가르치는 영이신 성령의 사역에 있다. 하나님의 말씀을 통해서 일하시는 성령은 그리스도인의 삶에서 영적인 역동성을 일으키는 존재이다. 또한 성령은 교육현장에서 부름 받은 하나님의 사람과 함께 일하신다. 만약 성령이 교사나 하나님의 말씀을 통해서 일하시지 않는다면 기독교교육은 아무런 효율성이 없어지고 세속적인 가르침과 별반 다를 바가 없을 것이다.

성경은 성령을 '교사'로 표현한다. 교사로서 성령은 하나님의 사람을 현명하게 만들고, 조명을 통해 말씀을 이해하도록 해주며, 상담을 해주고, 강하게도 하며, 지식과 진리를 제공한다. 또 모든 학습 상황에서 도움을 주고, 영적인 지혜를 제공해주며, 하나님과 관련된 지식을 깨닫도록 한다. 또한 성령은 도움을 주는 자로서, 하나님의 사람들이 모든 상황 속에서 그리스도인답게 살아갈 수 있도록 도전을 주며 격려해준다. 그러므로 기독교교육자들은 날마다 교육의 실제 현장 속에서 성령께서 일하실 수 있도록 그분의 인도하심에 늘 민감해야 하고 또 겸손해야 한다. 이 말은 곧 기독교교육자가 시행하는 교육의 모든 부분에서 문제가 생기지 않도록 모든 준비를 다 해야 하지만, 결국은 늘 하나님 앞에 엎드려야 된다는 사실을 뜻한다.

오늘도 주님은 성령을 통해 일하신다. 성령께서는 아주 작은 것을 가지고도 사람을 바꾸시는 놀라운 일을 하시는 분이다. 성령의 사역을 신뢰하고 늘 성령께 의지하며 겸손하게 준비하는 사람들이 되어야 한다. 또한 가르치는 일에 있어서 좀 부족하다 할지라도 성령께서 일하시기 때문에 염려하지 말아야 한다. 하나님께서 좋은 열매를 거두게 해 주실 것이다.

V. 결 론

크리스천은 늘 하나님 앞에서 바로 서야 한다. 하나님 앞에 바로 살아가는 삶을 위해서는 계속적인 성장을 도모해야 한다. 그 성장은 분명한 신앙에 기초한 바른 철학과 세계관 그에 따른 바른 가치관을 가지고 살아갈 때 가능한 것이다.

크리스천은 또한 다른 사람과의 관계 속에서 좋은 영향을 끼치며 살아야 한다. 예수님을 아는 지식에서 계속 자라고 예수님이 우리에게 보여주신 지식과 삶의 가치관을 다른 사람에게 전해야 한다.

철학을 세우는 훈련은 크리스천으로 하여금 하나님과 사람 앞에서 바르게 살아가도록 돕는 기초적인 과정이다. 크리스천은 누구나 이 과정을 거쳐야 한다. 이 과정에서 완전한 것이란 없다. 계속해서 더 나은 것을 만들어 가야 할 것이다.

건강한 교육철학을 갖는 것은 모든 사역자에게 가장 우선적인 일이다. 그 철학이 우리의 교육행동을 결정하기 때문이다. 이제 논의된 철학적 이슈와 함께, 제시된 기독교교육철학의 실례를 가지고 자신의 철학을 세워보아야 할 것이다. 건강한 기독교교육철학을 가진 사역자들이 많이 일어나 기독교교육이 일반교육과 어떻게 다른가를 보여줄 수 있기를 기대한다.

| 참고 문헌 |

김만형. 2008. 『New SS 혁신보고서』. 에듀넥스트:서울.

이승구. 2011. 『기독교 세계관이란 무엇인가?』. 개정판. SFC:서울.

Jeanne Ellis Ormrod. 2009. 『인간의 학습』. 제5판. 시그마프레스:서울.

Ken Blanchard. 2002. 『칭찬은 고래도 춤추게 한다』. 21세기북스:서울.

조지 R. 나이트. 박영철 역. 1987. 『철학과 기독교교육』. 침례교신학대학출판부:대전.

Anthony, Michael J and Benson, Warren S. 2003. *Exploring The History and Philosophy of Christian Education: Principles for the 21st Century*. Grand Rapids, MI: Kregel.

Chafer, Lewis Sperry. 1967. *He that is Spiritual*. Grand Rapids Michigan :Zondervan.

Dorr, Donal. 1990. *Spirituality and Justice*. Maryknoll, NY : Orbis Books.

Hiebert, Paul G. 1985. "The Missiological Implications of an Epistemological Shift" Theological Students Fellowship. 8(5) : 12-18.

Kienel, Paul A. Gibbs, Ollie E. and Berry Sharon R. 1995. *Philosophy of Christian School Education*. Colorado Springs, CO: Association of Christian School International.

Knight, George R. 1980. *Philosophy and Education*. Berrien Springs, Michigan : Andrew University Press.

Lovelace, Richard F. 1988. "Evangelical Spirituality : A Church Historical Perspective" Journal of the Evangelical Theological Society. Vol.31, No.1, 25-35.

Nouwen, Henri J. M. 1986. *Reaching Out* : Double day. NY.

Pazmino, Robert W. 1988. *Foundational Issues in Christian Education : An*

Introduction in Evangelical Perspective. Grand Rapids, Michigan : Baker Book House.

Roberts, Robert C. 1983, "What is Spirituality?" The Reformed Journal. Aug, 14-18.

Ronald H. Nash. 1992. *Worldviews in Conflict.* Zondervan Publishing House: Grand Rapids.

Thompson, Norma H. 1982. *Religious Education and Theology.* Birmingham, Alabama : Religious Education Press.

Waltke, Bruce. 1988. "Evangelical Spirituality : A Biblical Scholar's Perspective" Journal of the Evangelical Theological Society. Vol.31, No.1, 9-24.

Yount, William R. 1999. *Called to Teach: An Introduction to the Ministry of Teaching.* Nashville, TN: Broadman & Holman.

Zuck, Roy B. 1998. *Sprit-Filled Teaching: The Power of the Holy Spirit in your Ministry.* Nashville, TN: Word Publishing.

일반은총에 대한 목회적인 연구

방 선 기
합동신학대학원대학교 교수

I. 들어가며

종교개혁의 3대 정신은 "오직 은혜(Sola Gratia)", "오직 믿음(Sola Fide)", "오직 성경(Sola Scriptura)"이다. 이 세 가지 구호가 중세 가톨릭과 개신교를 구분 짓는 중요한 정신이었다. 이 중에서도 "오직 은혜"는 기독교 신앙을 다른 종교와도 구분 짓는 결정적인 요소가 아닌가 생각한다. 종교심은 물론 믿음조차도 사람에게서 나와서 하나님에게로 향하는 데 비해 은혜는 절대적으로 하나님에게서 나와서 사람과 세상을 향한다. 그러므로 하나님의 은혜가 세상 모든 것의 시작이라 할 수 있다.

1. 하나님이 주시는 은총

이에 대해서는 에베소서 2장 8-9절이 잘 설명하고 있다. 여기서 바울은 구원은 사람의 행위로 말미암지 않고 믿음으로 말미암는다고 했다. 그러면서 그 믿음도 사람에게서 나오는 것이 아니라 하나님의 은혜라고 했다. 우리가 구원을 받기 위해서는 분명히 예수님을 믿어야 한다. 우리에게 믿음이 있어야 한다는 말이다. 그런데 그 믿음 자체가 하나님의 은혜의 결과라는 말이다. 결국 우리의 구원은 하나님의 은혜 덕분이라는 것이다.

그 은혜는 사람의 조건과 무관하게 전적으로 하나님이 주시는 것이므로 선물이라고 했다. 그렇지만 그 은혜는 모든 사람에게 주어지지는 않는다. 그것은 특별한 사람들에게만 주어진 것이다. 그래서 신학자들은 그 은혜를 "특별은총"이라고 명명했다(신학에서 사용하는 '은총'의 용어로 통일해서 하나님의 은혜를 언급한다). 성경에는 "특별은총"이라는 용어는 없지만, 하나님이 선택한 사람에게만 주어지는 은총이기 때문에 특별은총으로 개념 정리를 한 것이다.

그렇다면 이런 반문을 할 수 있다. 하나님은 택하여 구원하신 사람들에게만 은총을 베푸시는가? 하나님의 은총은 그렇게 편협한가? 하나님의 은총을 구원과만 연계한다면 이 질문에 대해서 그렇다고 답할 수밖에 없다. 그런데 성경에는 하나님이 베푸시는 은총의 다른 모습이 소개된다.

"이는 하나님이 그 해를 악인과 선인에게 비추시며 비를 의로운 자와 불의한 자에게 내려주심이라"(마 5:45하). 여기서 예수님은 은혜(은총)라는 표현은 사용하지 않았지만 해와 비를 하나님이 사람들의 조건과 무관하게 다 주시는 은혜라고 표현하셨다. 자연의 혜택은 모든 사람에게 주시는 하나님의 선물이며 그렇기 때문에 그것들도 하나님의 은총의 산물이다. 이 은총은 하나님이 택한 특별한 사람들에게만 주시는 것이 아니라 모든 사람에게 주시는 것이기 때문에 특별은총과 대조되는 "일반은총"이라고 정의한다. 이 용어 역시 성경 안에 존재하지 않는다. 그러나 이 용어는 하나님이 모든 사람에게 선물로 주신 것을 표현하는 단어로 적절하다고 생각한다.

비슷한 맥락에서 일반은총에 속하는 것을 소개하는 말씀들이 많이 있다. 하나님은 만민에게 생명과 호흡과 만물을 친히 주시는 분이다(행 17:25). 여기서 모든 사람에게 주시는 생명, 호흡, 만물이 바로 하나님의 일반은총이다. 하나님은 모든 것을 선대하시고 모든 피조물에게 긍휼을 베푸신다(시 145:9). 여기서 하나님이 베푸신 선함과 긍휼이 바로 하나님의 일반은총이다. 온갖 좋은 은사와 온전한 선물이 다 위로부터 빛들의 아버지께로부터 내려온다(약 1:17). 여기서 하나님이 보내신 좋은 은사와 온전한 선물이 바로 일반은총이다. 이 모든 것들은 예수를 믿어 구원받은 사람들에게만 주신 것이 아니라 하나님의 형상으로 창조된 모든 사람에게 주신 것이다.

물론 이런 용어는 물론 개념까지도 하나님을 믿지 않는 사람들에게는 아무 의미가 없다. 실제로 특별은총을 받지 못한 사람들도 일반은총을 받고 있지만, 그들은 하나님을 모르기 때문에 자신들이 받아서 누리는 것이 하나님의 은총인지 알지 못한다. 그러나 하나님을 믿는 사람들은 자기가 특별은총을 받아서 구원을 받게 된 것을 알 뿐 아니라 자신이 특별은총과 함께 일반은총을 받았다는 것과 다른 모든 사람이 그 일반은총을 공유한다는 것도 알아야 한다. 동시에 이 둘은 다 똑같이 하나님이 베푸신 은총이라는 것을 알아야 하지만 이 둘을 혼동해서는 안 된다. 하나님의 은총을 제대로 알기 위해서는 바로 이 두 은총을 제대로 구별할 줄 알아야 한다.

2. 일반은총이란 무엇인가?

하나님의 일반은총은 우리를 구원하시는 특별은총과는 분명히 구별된다. 일반은총은 아직 하나님을 믿지 않는 사람들에게도 주시는 것으로서 하나님의 주권적인 섭리에 따라 주어진다. 하나님은 사람들에게 특별은총을 주심으로 구원하는 한편 일반은총을 주어 이 세상을 친히 통치하신다. 세상에서는 하나님의 은총이 적어도 세 가지 영역에서 분명히 나타난다.

첫째는 사람들에게서 발견할 수 있는 자연적인 은사이다. 어떤 사람이 예술적인 재능을 가졌다고 할 때 그가 믿는 사람이든 믿지 않는 사람이든 그 재능은 하나님의 일반은총이다. 믿는 사람들이 그 재능을 어떻게 사용하느냐에 따라 영적인 가치가 달라질 수 있지만, 재능 자체는 똑같은 하나님의 은총으로서 누구의 것이 더 가치 있다고 말할 수 없다. 경우에 따라서 하나님은 믿지 않는 사람들에게 더 많은 일반은총을 주실 수도 있다. 현실적으로 그런 사례가 많이 있다.

둘째, 하나님은 모든 사람에게 영향을 미쳐서 죄를 억제하고 계신다. 죄 때문에 인간은 그들이 이를 수 있는 수준에 이르도록 선하지 못하다. 그러나 그들은 죄 때문에 더 악하게 될 수 있지만, 하나님이 주시는 일반은총 덕분에 최악의 상태까지 가지 않을 수 있다. 불신자들에게 발견하는 좋은 성품들-인내, 용기, 동정심 등-을 그들 자신은 깨닫지 못하지만, 하나님이 주신 은총이 분명하다. 경우에 따라서 불신자가 신자보다 더 나은 행동을 하는 것은 불신자에게 주어진 일반은총이 풍성하기 때문이다. 물론 불신자에게 주신 그런 좋은 성품 때문에 구원을 얻지는 못한다.

셋째, 하나님은 이 세상을 다스리는데 필요한 사람들이 사회적으로 유익이 되는 긍정적인 행동이나 활동을 하게 하신다. 이들 중에 불신자들은 자신이 하는 일의 영적인 의미를 모르지만 사회에 질서가 유지되고 정의가 이루어지도록 노력한다. 이들의 이런 마음은 하나님이 은총으로 주신 것이다. 특별은총은 죄를 제거하고 죄의 결과들을 완전히 소멸하는 반면, 일반은총은 단지 죄의 작용을 억제하고 방지하는 기능을 갖는다. 일반은총은 죄와 악으로 상처 입고 왜곡된 사회가 전적으로 해체되는 것을 방지하는 것이다.

이 두 가지를 쉽게 구별하는 방법이 있다. 일반은총은 하나님의 창조와 관련된 은총이고 특별은총은 하나님의 구원과 관련된 은총으로 보는 것이다. 조금 더 상세하게 설명한다면 이렇게 할 수 있다. 일반은총은 자연계의 창조, 유지, 보호, 사람의 창조와 섭리(육체의 건강, 양심 등) 등이다. 사회 전반(정치 권력, 사회법, 문화, 예술 등)에 걸쳐서 하나님이 세상을 주관하시는 은총이다. 특별은총은 죄로 타락한 세상을 구원하기 위해서 예수님을 보내셔서 대속의 죽음을 당하게 하신 은총이다. 하나님은 성령을 보내서 사람들이 예수님을 믿게 하셨다(고전 12:3). 예수를 믿어서 구원받고 하나님의 자녀가 되고 영생을 얻게 하셨다(요 1:12, 3:16).

3. 특별은총과 일반은총의 관계

특별은총과 일반은총은 구별될 뿐 아니라 대조가 된다. 특별은총을 받지 못한 사람도 일반은총은 얼마든지 누릴 수 있다. 그러나 일반은총은 그것이 아무리 가치가 있어 보여도 사람을 구원에 이르게 하지는 못한다. 그러므로 일반은총은 아무리 좋아도 특별은총을 대체할 수 없다. 일반은총은 특별은총을 보완하는 역할을 한다. 그렇게 생각하면 일반은총이 특별은총보다 덜 중요하다고 생각하기 쉬운데 일반은총에 대한 신학적 논의에 지대한 영향을 미친 아브라함 카이퍼 박사는 일반은총과 특별은총이 나름의 가치가 있다고 말하며 두 은총 관계의 상호작용에 대해서 이렇게 정리한다(《개혁논총》 제 31권, 2014년, 159-185쪽에 실린 총신대학교 신학대학원 박태현 교수의 글 "아브라함 카이퍼의 일반은총론 소고", 176-179쪽).

1) 일반은총 없이는 특별은총이 존재하지 않는다

사람에게 생명이라는 일반은총이 없으면 영생이라는 특별은총이 존재할 수가 없다. 특별은총은 일반은총을 전제한다는 말이다. 일반은총 없이 특별은총은 그 기능을 할 수 없다는 것이 카이퍼의 주장이다. 그렇다면 일반은총은 오로지 선택받은 자들의 구원만 가능하도록 봉사하는 역할을 하는가? 그렇지는 않다. 카이퍼는 특별은총과 일반은총 사이의 연관성을 바르게 이해하기 위해서는 우리 자신의 구원이 아니라 하나님의 영광을 추구해야 한다고 주장한다.

인류가 타락한 후 사람들이 살아가는 세상에는 "뚜렷하게 구별된 두 영역"이 있다. 그것이 바로 일반은총과 특별은총의 영역들인데, 이 둘 사이에는 부정할 수 없는 근본적인 차이가 있다. 비록 이 두 영역은 구별되는 것은 분명하지만 결코 분리되어서는 안 된다. 카이퍼는 이렇게 말한다. "일시적 삶과 영원한 삶, 이 세상에서의 우리의 삶과 교회에서의 우리의 삶, 종교와 시민의 삶, 교회와 국가, 그리고 더 많은 것들은 분리되어서는 안 된다."

2) 특별은총 없이는 일반은총이 꽃을 피우지 못한다

특별은총의 요인을 상실한 곳 어디서나 일반은총은 시들고 단지 불완전한 결과를 낳을 뿐이다. 카이퍼는 이 모든 것을 그리스도 중심적 역사관으로 세상을 바라보고 이해한다. 그리스도의 교회가 세상 역사의 중심을 형성한다는 확신이 여기에 담겨 있다. 특별은총을 받은 사람들, 즉 성도들이 그리스도 중심의 질서를 일반은총의 영역인 세상에 제대로 심어야 한다는 주장이다. 그리스도를 통해 만물이 존재하고, 그리스도를 통해 우리가 존재하기 때문에 특별은총을 받은 크리스천들이 세상에 일반은총의 꽃을 피우게 해야 한다는 것이다.

3) 특별은총은 일반은총에 긍정적인 영향을 미친다

특별은총의 요인이 일반은총에 영향을 미치는 곳 어디서나 그리고 더 강력하고 더 친밀하게 영향을 미치는 것에 따라, 일반은총은 완전하고도 풍성하게 발전한다. 카이퍼는 일반은총의 올바른 이해를 위해 치우친 입장을 반박하며 지적한다. 그리스도께서 단지 영혼의 구원에만 치중하셨다고 생각하면서 전인적인 삶의 영역을 도외시하면, 즉 특별은총만 중시하고 일반은총을 무시하면 그것은 재세례파의 입장이라는 것이다. 이것은 이원론적 사고방식으로 경계해야 할 잘못된 사고방식이다. 은총과 자연은 서로 기름과 물처럼 분리된 것이 아니라, 상호 밀접하게 연관되어 있다는 것이 성경적 세계관의 관점이다.

카이퍼는 일반은총과 특별은총과의 관계를 설명하기 위해 '자연'과 '은총'의 대조보다는 '창조'와 '재창조'의 대조를 선호했다. 그는 이렇게 말한다. "일반은총은 타락 후 시작된 저주의 치명적인 결과들을 방지하고, 본래의 창조로부터 나온 것이 비록 저지될지라도, 계속 존속 가능하며 존속되게 하였다. 그와 정반대 쪽에 있는 것은 재창조로부터 나온 것이며, 이것들 모두는 함께 특별은총의 영역을 결정짓는다." 즉 특별은총은 일반은총에 영향을 미쳐서 일반은총이 풍성하게 발전하도록 해야 한다는 것이다. 그래야 전인적 구원을 통해 하나님의 영광을 추구할 수 있다.

4. 두 은총에 대한 다양한 신학적 이해

대부분의 크리스천은 카이퍼의 견해에 전적으로 동의하지는 않더라도 하나님의 은총이 특별은총과 일반은총으로 나뉘는 것을 인정한다. 그러나 신학적인 입장에 따라 둘 사이의 관계나 두 은총이 우리 신앙에서 차지하는 비중을 다르게 해석한다. 반대로 말하면, 특별은총과 일반은총을 받아들이는 견해에 따라 신학적 입장을 가늠해볼 수 있다고 해도 지나치지 않다.

예를 들어, 복음주의자들 중에서 지나치게 편협하고 비타협적이어서 비판을 받는 근본주의자들은 특별은총을 과도하게 강조한다. 그들에게는 특별은총이 하나님 은총의 거의 전부라고 해도 과언이 아니다. 그들이 일반은총을 부정하지는 않을지 모르지만, 일반은총의 가치를 무시하는 경향이 있다. 그들은 세상을 선과 악으로만 파악한다. 즉, 교회와 세상, 신자와 불신자, 그리고 하나님의 영역과 사탄의 영역으로 양분한다. 그들은 세상의 모든 문화 뒤편에는 사탄이 역사한다고 믿고, 모든 세속문화는 반기독교적이라고 본다. 그래서 불신자들이 관여하는 모든 영역에 참여하지 않거나 혹 참여한다면 부정적인 관점으로 대한다. 불신자들이 하나님의 일반은총을 받아서 이 세상에서 선한 일을 할 수 있다는 것을 인정하기 힘들어한다.

그들은 예수를 믿지 않는 사람은 구원이 필요한 사람이므로 전도의 대상으로만 이해한다. 비신앙인이 죄인임에도 불구하고 여전히 하나님의 형상을 유지하고 있으며 하나님은 그들에게 여전히 일반은총을 베푸시고 있다는 것을 모르거나 인정하려고 하지 않는다.

그러나 칼뱅은 정부를 모세의 정치체계에 따라 조직해야 한다고 믿는 것을 잘못된 믿음으로 간주하고, 오히려 정부는 나라들의 일반적인 법으로 다스려야 한다고 했다. 현재 하나님이 창조하신 세상에는 특별은총과 구별되는 일반은총의 영역이 있다는 것과 크리스천은 그것을 인정해야 할 것을 가르쳐 준다. 성경에 분명히 예수를 믿는 사람은 구원을 얻고 믿지 않는 사람은 멸망당한다는 말씀이 있지만 '구원과 멸망'이 성경에 나타난 유일한 범주는 아니다. 성경은 신자나 불신자가 공통으로 경험하는 영역 즉 일반은총의 영역이 있다는 것을 분명하게 말하고 있다.

반면에 자유주의자는 세상을 하나님이 창조하신 축복받은 공동체로만 이해한다. 그들에게는 의와 죄의 개념이 희미하고, 교회와 세상은 구별되지 않는다. 그들은 하나님이 세상을 창조하셨기 때문에 모든 것은 거룩하며, 하나님이 친히 창조하신 세상을 심판하실 리가 없다고 주장한다.

그들의 주장이 모두 틀린 것은 아니지만 죄의 영향력을 지나치게 간과한다. 죄가 얼마나 사람을 타락시켰는지를 제대로 알지 못하고, 죄 문제를 해결하기 위해서는 인간의 힘을 넘어서는 힘이 필요한 것을 잘 깨닫지 못한다. 자유주의자들은 아무런 차별 없이 모두에게 주시는 것으로 하나님의 일반은총의 개념을 확대해서 구원론적으로 적용하는 바람에 특별은총이 설 자리가 별로 없다. 특별은총을 전적으로 부인하지는 않을지 모르지만, 그 은총이 특별할 것이 없다고 생각한다. 그들이 말하는 구원은 특별은총을 받은 사람만이 누리는 영원한 축복이 아니라 일반은총을 통해서 이 세상에서 얻을 수 있는 것이다.

그러나 자유주의자들은 '공통적 범주, 즉 일반은총'이 특별은총과는 다르게, 마지막 날에 심판을 막을 수 없다는 점을 분명히 알아야 한다. 하나님의 일반은총은 사람들이 이 세상을 살아가는 동안에 필요해서 주신 것이지 사람들의 영생을 얻는 데는 결정적 역할을 하지 못한다.

이런 양극단을 사이에 두고 일반은총을 어느 정도 받아들이느냐에 따라서 신앙의 색깔이 결정된다고 해도 크게 틀리지 않는다. 아무래도 보수적인 크리스천은 특별은총을 더 강조하게 마련이고 자유주의적인 크리스천들은 일반은총을 더 강조하게 된다. 바람직한 신앙은 이 둘을 성경이 가르치는 대로 균형 있게 이해하고 적용하는 신앙이다. 이들의 생각을 그림으로 표현해보면 다음과 같다.

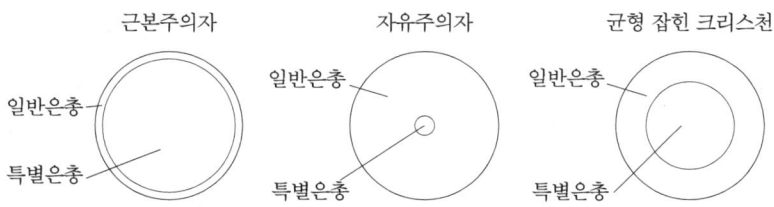

5. 생활 속에서 체험하는 일반은총

특별은총과 일반은총을 바로 아는 것은 신학적인 이해를 위해서도 필요하지만, 현실 생활에서 느끼는 딜레마를 해결하는 데도 도움이 된다. 특별은총을 받아서 예수를 믿어 구원받은 사람은 그렇지 않은 사람보다 영적으로 분명히 더 복을 많이 받은 사람이다. 그런데 현실 생활에서 비신자들이 신자들보다 여러 영역에 더 나은 모습을 보게 된다. 그럴 때마다 특별은총의 가치에 대해서 의문을 갖게 된다. 이 문제를 풀기 위해서는 특별은총과 일반은총이 현실에서 어떻게 적용되는지를 구체적으로 살펴보고 또 비교해보아야 한다.

1) 도덕적인 인격

예수를 믿게 되면서 인격의 변화가 일어난다. 그런 사람들을 보고, "역시 믿는 사람은 다르다"라는 치하를 할 수 있다. 그러면서 우리는 특별은총으로 얻게 된 믿음은 자연스럽게 그 사람의 인격과 성품에 영향을 미칠 것을 기대한다. 특별은총이 일반은총을 풍성하게 만드는 것이다. 그런 사람들이 있고 또한 바람직하기도 하다. 반면에 하나님을 잘 믿는다면서 이런저런 실수로 구설에 오르는 사람들이 있다. 요즘 우리 사회를 떠들썩하게 하는 목회자들 가운데도 그런 사람들이 있다. 이런 사람들을 보고 '저런 사람도 구원을 받을까?'라고 따질 수 있지만, 그들이 정말 예수를 믿는다면 구원을 받는다. 구원은 행위로 말미암지 않고 믿음으로 말미암는다고 했으니 반론의 여지가 없다. 그런데 그들은 하나님의 특별은총을 받아서 구원을 받지만, 일반은총은 충분하지 않아서 세상으로부터 비난을 피할 수 없게 된다.

이와 정반대의 경우가 있다. 우리 주변에 믿음은 없지만, 매우 존경받는 사람들이 있다. 물론 그들의 인격이 완전하지는 않겠지만 본이 되는 삶을 살아서 사람들에게 칭찬을 듣는다. 그러나 신앙에 관한 한 분명하게 거부 의사를 밝히는 사람들도 있다. 그들도 성경적으로 보면 죄인이고 죄 때문에 심판을 받고 멸망 받을 수밖에 없다. 이들은 하나님이 주시는 일반은총은 풍성하게 받았다. 그러나 그 은총이 그들을 구원에 이르게 하지는 못한다. 이들은 하나님의 특별은총을 받지 못했으므로 선하게 살았음에도 불구하고 구원에 이르지 못한다.

2) 물질적인 풍요

비신자인데 물질적으로 풍요롭게 건강한 생활을 하는 사람들이 있다. 그는 하나님의 특별은총은 받지 못했다. 그런데도 풍요와 건강을 누리는 것은 그가 하나님이 주신 일반은총을 풍성하게 받았기 때문이다.

누가복음 12장에 소개되는 부자 농부의 예를 보면 쉽게 알 수 있다(눅 12:13-21). 그는 누구보다도 많은 일반은총을 받았다. 농사를 잘 지어서 소출이 풍성했다. 그 곡식을 보관하기 위해서 더 큰 창고를 지으려고 했다. 그리고 인생을 즐기려고 했다. 혹자는 그의 행동을 부정적으로 평가하려고 할지 모르지만, 그의 행동이 문제 될 것은 없다. 그가 구원받지 못한 것은 이런 행동 때문이 아니었다. 그는 하나님이 주신 일반은총을 풍성하게 누린 사람이다. 그가 부를 누린 것은 자신이 수고했기 때문으로 생각했겠지만, 그것도 하나님이 주신 일반은총의 하나였다. 그러나 그는 하나님의 특별한 은총을 받지 못했기 때문에 구원을 받지 못했다. 그래서 "하나님께 대하여 부요하지 못한 자"라는 평가를 받았다(눅 12:21).

나사로의 비유에 나오는 부자의 경우도 비슷하다(눅 16:19-31). 시편 73편에 소개되는 '악인'도 마찬가지이다. 시인은 악인이 형통하고 소득이 많으며 항상 평안하고 재물은 더욱 불어나는 것을 보고 이해할 수 없었다(3-11절). 그들은 하나님의 특별은총을 받지 못했지만, 부와 평안으로 표현되는 일반은총을 풍성하게 받은 것이다.

반대로 고난을 받은 욥의 경우는 궁극적으로 특별은총을 받은 사람이지만 그의 생애 중 오랫동안 엄청난 고난을 당했다. 그 당시 그의 친구들의 눈에 그는 하나님의 은총을 받지 못한 사람으로 보였다. 그들의 평가는 얼핏 그럴듯하게 보이지만 정확하지 않았다. 아마도 그들은 특별은총과 일반은총을 잘 구별하지 못해서 그런 실수를 한 것으로 볼 수 있다. 욥은 여전히 하나님의 특별은총을 누리고 있었다. 다만 세상의 많은 사람이 보편적으로 누릴 수 있었던 일반은총을 빼앗겼던 셈이다. 그러나 그것을 보고 친구들이 하나님의 은총을 받지 못했다고 말하는 것은 잘못이다. 그는 여전히 하나님의 특별은총을 받은 사람이었다. 물론 역설적으로 욥이 당한 고난 자체도 하나님의 은총이라고 말할 수도 있겠다.

3) 육체적으로 건강한 생활

예수를 믿으면 건강하게 살 수 있다고 말하는 것은 정말 비성경적인 말이다. 예수를 믿지 않아도 건강하게 사는 사람들이 얼마든지 있고, 예수를 정말 잘 믿는 데도 질병 때문에 고통을 당하는 사람들이 많이 있기 때문이다. 신앙이 없는데도 건강한 것은 유전적으로 건강한 몸을 가지고 태어났든 개인적으로 자신이 건강관리를 잘 했든 모두 하나님의 은총이다. 물론 모든 사람에게 보편적으로 주시는 일반은총이다. 예수를 믿지 않는다고 하나님이 덜 주시거나 빼앗지 않는다. 물론 죄에 대한 징계로 질병에 걸리는 사람이 있겠지만 기본적으로 육체적인 건강은 일반은총의 영역에 속한다. 그것은 예수를 믿거나 안 믿거나 관계없이 모든 사람에게 주어지는 축복이다. 심지어는 예수님이 병자들을 고치신 것도 엄밀한 의미에서 일반은총에 해당한다. 병 고침을 받은 사람 중에 예수를 믿어 구원을 받은 사람들은 특별은총도 함께 받은 것이지만 그렇지 않았다면 그가 받은 은총은 일반은총에 해당한다.

반대로 바울처럼 구원을 받았을 뿐 아니라 하나님의 특별한 은총으로 신비한 체험까지 했던 사람이 계속 질병에 시달렸다는 것은 아무리 특별은총을 받은 사람도 건강의 은총을 받지 못할 수 있음을 잘 보여준다. 그는 특별은총을 받았지만, 건강에 관한 한 하나님의 일반은총은 충분히 받지 못했다고 할 수 있다.

4) 탁월한 능력과 재능

예전에 많은 사람이 서울대학교 의과대학을 수석으로 졸업하고 의사고시에도 수석으로 합격한 사람의 간증을 들었다. 예수를 잘 믿는 사람이 공부를 잘해서 탁월함을 드러낸 것은 감사한 일이다. 그러나 혹시라도 그가 예수를 잘 믿었기 때문에 그런 능력을 갖추게 되었다고 생각한다면 그것은 오해다. 그가 예수를 잘 믿은 것도 공부를 뛰어나게 한 것도 다 하나님의 은총이지만 그의 믿음은 하나님의 특별은총이고 공부를 뛰어나게 할 수 있는 능력은 하나님의 일반은총이다. 물론 믿음이 있기 때문에 성실하게 공부해서 좋은 성적을 얻을 수 있기는 하지만 엄밀히 말해서 그의 믿음과 그의 재능은 별개의 문제다.

예수를 잘 믿는 사람이 성실하게 공부했음에도 불구하고 좋은 성적을 내지 못할 수 있다. 지적인 능력이 부족하면 어쩔 수 없다. 그런 사람은 하나님의 특별은총을 받았지만, 일반은총은 남들만큼 충분히 받지 못한 셈이다. 반대로 신앙은 없지만 다양한 재능을 가진 사람들이 있다. 역사적으로 위대한 업적을 남긴 사람들 중에 하나님을 모르는 사람들이 태반이다. 그들은 하나님이 주신 일반은총을 넘치게 받았기 때문에 그런 업적을 남길 수 있었다. 그러나 그 은총이 그들을 구원에 이르게 하지는 못했다. 그런 사람들은 특별은총을 받지 못했기 때문이다.

심지어는 성경에 소개되는 솔로몬의 지혜도 하나님이 주신 것이지만 그것은 일반은총에 속하는 것이다. "하나님이 솔로몬에게 지혜와 총명을 심히 많이 주시고 또 넓은 마음을 주시되 바닷가의 모래같이 하시니, 그가 잠언 삼천 가지를 말하였고 그의 노래는 천다섯 편이며 그가 또 초목에 대하여 말하되 레바논의 백향목으로부터 담에 나는 우슬초까지 하고 그가 또 짐승과 새와 기어 다니는 것과 물고기에 대하여 말한지라"(왕상 4:29, 32-33). 이런 놀라운 지혜가 분명히 하나님이 주신 것이지만 이 지혜는 구원을 얻게 하는 하나님의 지혜와는 무관한 지혜였다. 그가 하나님이 주신 일반은총은 풍성하게 받은 것은 확신 있게 말할 수 있지만, 그가 구원에 이르는 특별은총을 받았는지는 알 수가 없다.

이상의 설명을 도표로 만들어 보면 다음과 같이 정리할 수 있다.

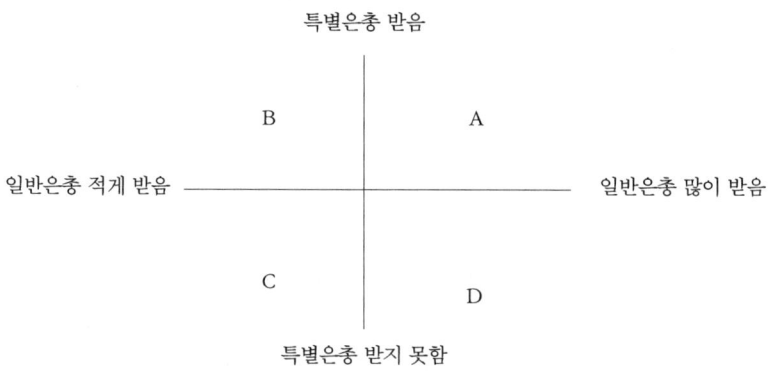

이 평면 좌표에서 A는 예수를 믿는 사람으로서 일반은총의 여러 영역에서 많은 것을 누리는 사람이다. B는 똑같이 예수를 믿어 영생의 복을 누리지만 일반은총의 영역에서는 상대적으로 누리지 못하는 사람이다. C는 비신자 중에서 누리지 못하는 사람이고, D는 비신자이지만 여러 영역에서 상대적으로 많은 것을 누리는 사람이다.

전통적으로 세상에서 복을 많이 받았다고 하면 주로 일반은총을 많이 받은 것을 의미한다. 그런데 크리스천 중에도 그렇게 생각하는 사람들이 있다. 성경이 가르치는 복은 기본적으로 특별은총을 의미한다. 특별은총을 받은 사람 중에서 일반은총을 많이 받은 사람과 그렇지 못한 사람이 구별될 수 있지만, 그것으로 복의 여부를 말하는 것은 잘못된 것이다.

두 은총의 속성상, 특별은총은 받은 사람과 받지 못한 사람으로 구별될 수 있다. 구원받은 사람들을 등급을 매길 수 있다면 특별은총을 많이 받았다, 또는 적게 받았다고 말할 수 있겠지만 예수를 믿어 구원받은 사람들 사이에 영적인 차별이 없다면, 특별은총을 받았느냐 안 받았느냐의 구별만이 있을 뿐이다.

일반은총은 온 인류가 받았기 때문에 받은 사람, 안 받은 사람으로 구별할 수 없다. 객관적으로 관찰해보면 신자든 비신자든 일반은총을 많이 받았다거나 상대적으로 그렇지 못하다는 평가를 해볼 수 있다.

5) 현실 속의 딜레마

큰 사고를 당해서 많은 사람이 죽거나 다쳤는데 크리스천이 무사히 살아나서 하나님의 은총에 감사했다. 얼마든지 있을 수 있는 일이다. 이때 그가 감사했던 하나님의 은총은 특별은총인가 일반은총인가? 이 경우에 신자들은 하나님의 특별한 은총으로 생각하기 쉽다. 그러나 그것은 당연히 일반은총이다. 그 사고에서 죽은 사람들이 많이 있었을 텐데 그들 중에 예수를 믿어 구원을 받은 사람들도 당연히 있었을 것이다. 그렇다면 그들은 특별은총은 받았지만, 일반은총을 받지 못했다고 할 수 있다. 반대로 살아난 사람들 중에 믿지 않는 사람들이 있었을 텐데 그들은 아직 특별은총을 받지는 못했지만, 일반은총은 받은 셈이다.

사고에서 살아난 신자는 특별은총을 받은 사람으로서 사고 속에서 죽음을 피하게 하시는 일반은총까지 받은 것이다. 물론 역설적으로 죽음 자체를 은총으로 생각한다면, 죽은 사람 중에도 하나님의 일반은총을 받은 사람들이 있다고 말해도 틀리지는 않을 것이다.

이와 비슷한 현실의 딜레마들이 있다. 공부를 잘못하던 크리스천 학생이 수련회에서 은혜를 체험하고 나서 공부를 열심히 해서 좋은 성적을 나타냈다. 그래서 그 학생이 하나님의 은혜에 감사한다고 할 때 그 은혜는 특별은총인가 일반은총인가? 이에 대한 대답은 분명하다. 수련회에서 영적인 체험을 했다면 그것은 특별은총이다. 좋은 성적을 얻었다면 그것은 일반은총이다. 그 과정에서 그가 공부를 열심히 했다면 그것 역시 일반은총에 속한다. 그 학생의 이전 상태와 현재 상태가 아무리 많이 변했어도 공부나 성적의 변화는 일반은총의 범주를 벗어날 수는 없다.

질병에 걸린 사람이 하나님께 기도했는데 하나님이 낫게 해주셨다. 그 과정에서 의료진의 도움을 받았을 경우와 그러지 않았을 경우를 나누어서 생각해볼 필요가 있다. 의료진의 도움을 통해서 나았다면 당연히 일반은총이다. 그러나 기도를 통해서 초자연적인 역사를 통해서 나은 경우는 어떤가? 그것은 특별은총이 아닌가? 그러나 그 경우도 마찬가지이다. 이런 치유의 역사가 믿는 사람에게만 일어나는 것이 아니고 믿지 않는 사람들에게도 나타날 수 있다. 또한, 타종교에서도 초월적 치유를 볼 수 있다. 그리고 이 치유는 영혼의 구원과 직접 연관이 없기 때문에 일반은총이라고 말할 수밖에 없다.

바울은 질병이 낫기 위해서 기도했지만, 그 기도가 응답되지 않았다. 여전히 질병 가운데 있을 때 하나님은 "내 은혜가 네게 족하도다"라고 하셨다(고후 12:9). 병이 낫지 않은 것도 은총이라고 한 셈인데 이때 하나님이 말씀하신 은총은 당연히 일반은총에 해당하는 것이다.

6. 성경 속의 은총

하나님은 모든 사람을 사랑하지만 모든 사람을 똑같이 대하지는 않으신다. 구약에서는 이스라엘 백성을 특별하게 대하셨다. 하나님은 그들을 특별한 민족으로 부르신 것을 이렇게 말씀하셨다. "세계가 다 내게 속하였나니 너희가 내 말을 잘 듣고 내 언약을 지키면 너희는 모든 민족 중에서 내 소유가 되겠고 너희가 내게 대하여 제사장 나라가 되며 거룩한 백성이 되리라 너는 이 말을 이스라엘 자손에게 전할지니라"(출 19:5-6). 하나님은 온 세계의 소유주이지만 이스라엘 민족을 특별히 아끼는 소유로 삼으셨다. 하나님은 온 세상의 소유주로서 온 세상에 은총을 베푸시지만 택한 이스라엘 민족에게는 그런 은총과 구별되는 특별한 은총을 베푸신 것이다. 이것이 하나님의 특별은총이다. 이 특별은총을 받은 이스라엘 백성들은 겸손하게 하나님을 섬기며 특별은총을 받지 못한 이방인들에게 제사장 나라가 되었어야 하는데 그렇게 하지 못했다.

그래서 하나님은 이스라엘 민족에게만 주었던 특별은총을 모든 민족을 향해 베푸셨다. 하나님은 세상을 사랑하기 때문에 모두에게 은총을 베푸시기를 원했다. 그러나 자기를 대적한 사람들에게 다 똑같은 은총을 베풀지 않으셨다. 저주받아야 할 죄인에게 은총을 베풀 수는 없었다. 그래서 하나님은 사람들을 죄의 저주에서 풀어내기 위해서 예수를 사람들이 사는 땅으로 보내셨고, 그 예수를 믿는 사람들은 영생을 얻게 하셨다(요 3:16). 바로 이것이 하나님의 은총인데 이 은총은 모든 사람에게 주어지는 것이 아니라 예수를 믿는 사람에게만 주어지는 것이므로 특별은총이 된다. 이 특별은총은 구약의 경우와 달리 민족의 차별이 없다. "예수 그리스도를 믿음으로 말미암아 모든 믿는 자에게 미치는 하나님의 의니 차별이 없느니라"(롬 3:22). 그러나 여전히 모든 사람에게 똑같이 베푸시는 일반은총과는 구별이 된다.

구약에서는 율법으로 특별은총이 구별되었는데 신약에서는 복음으로 특별은총이 구별되었다. 지금 우리에게 주어진 특별은총은 예수 그리스도를 믿어 구원을 얻는 것으로 나타난다. 그것이 하나님의 은총 중의 은총이다. 이 은총은 고기를 잡던 어부들을 다 버려두고 예수님을 따르게 했고, 이 은총은 예수님을 대적해서 성도들을 핍박했던 사울을 변화시켰고, 이 은총은 율법의 기준으로는 도저히 하나님의 백성이 될 수 없는 수많은 이방인이 주님 앞으로 나아오게 했다. 또한,

율법을 지켜야만 하나님의 의에 도달할 수 있다고 생각한 유대인들이 율법을 내려놓고 주님 앞에 나아오게 했다.

이 은총은 이방 선교의 비전을 가진 수많은 선교사들을 통해 온 세계에 흩어진 사람들에게 전달되어 그들이 예수를 믿어 구원을 얻게 했다. 특별은총을 통해 구원을 얻은 모든 사람은 하나님의 특별은총이 온 천하에 확대되도록 할 책임이 있다. 우리가 사람들에게 특별은총을 전달할 수는 없다. 우리는 은총의 수혜자이지 수여자가 될 수 없다. 다만 하나님이 많은 사람에게 특별은총을 주시도록 기도하고 사람들에게 그 은총을 받도록 준비시킬 수는 있다. 그것이 바로 전도의 사명이다.

그 과정에서 하나님이 모두에게 이미 허락하신 일반은총을 사용할 수 있다. 초대교회 성도들은 하나님의 특별은총을 전하기 위해서 헬라 민족에게 주신 헬라어라는 언어와 로마제국에 주신 전 세계를 잇는 도로망을 이용했다. 하나님의 일반은총을 특별은총을 전하는데 사용한 중요한 예이다. 세속사회의 다양한 문화는 하나님의 일반은총에 속한다. 이 문화가 때로는 복음을 전하는데 장애가 될 때가 있다. 그럴 때는 문화를 예수 그리스도의 십자가로 변혁시키는 일에 앞장서면서 우리는 문화라는 일반은총을 통해 특별은총을 전하는 기회를 모색하고 실천해야 하겠다.

7. 성경 속에 나타난 일반은총

성경의 계시의 중심에는 하나님이 인류를 구원하시기 위해서 예수 그리스도를 보내시고 구속의 죽음을 죽게 하시는 역사, 즉 구속사가 기록되어 있다. 그래서 성경을 제대로 이해하기 위해서는 구속사의 관점에서 볼 필요가 있다. 성경을 구속사의 관점으로 보면 성경이 우리에게 가르치는 하나님의 특별은총에 관해서 깊이 이해할 수 있을 것이다. 그러나 성경을 구속사로만 제한해서 보게 되면 자칫 하나님이 모든 사람에게 주신 일반은총을 놓칠 수 있다. 성경은 하나님이 사람에게 주신 은총으로 가득 차 있다. 그 중에 모든 사람들에게 주어진 일반은총을 찾아보면 하나님의 은총을 새로운 눈으로 보게 될 것이다.

1) 자연을 통한 일반은총

하나님은 해와 비를 악인과 선인에게 똑같이 내려주신다(마 5:45). 이 말씀은 성경이 가르치는 일반은총을 상징적으로 보여주는 말씀이다. 하나님을 믿지 않는 사람들에게는 이것은 하나님과 무관한 자연현상에 불과하다. 그러나 하나님을 믿는 사람에게는 이런 자연현상도 하나님의 은총이다. 다만 이 은총은 하나님을 믿는 사람이거나 믿지 않는 사람이거나 모든 사람에게 주어지는 은총이기 때문에 일반은총이라고 하는 것이다. 하나님을 믿는 사람은 하늘에서 내리는 비를 보면서도 하나님의 은총을 느낄 수 있다. 그래서 다윗은 비가 내리는 소리를 들으면서 '여호와의 소리'라고 말할 수 있었다(시 29:3-10). 그는 특별은총을 통해서 하나님을 체험할 뿐 아니라 다른 사람은 자연현상으로 여기는 일반은총을 통해서도 하나님을 체험했다. 자연을 통한 영적인 체험을 한 것이다.

하나님이 허용하시는 자연적인 재앙도 일반은총과 같은 맥락에서 이해하면 좋을 것 같다. 예수님이 실로암의 망대가 무너져서 죽은 사람들을 거론하면서 그들이 그런 사고를 당하지 않은 사람보다 더 죄가 있기 때문이 아니라고 하셨다(눅 13:4-5). 하나님은 그런 재난을 통해서 사람들을 징계하실 수 있지만 모든 재난이 특정한 죄인들을 향한 징계가 아님을 예수님은 분명히 지적하셨다. 이런 사고나 재난은 믿는 사람이나 믿지 않는 사람들이나 혹은 죄를 많이 지은 사람이나 그렇지 않은 사람에게나 공통으로 일어날 수 있는 일이다. 하나님이 자기를 믿지 않는 사람에게 영원한 형벌을 내리시는데 이것은 특별은총을 받은 사람에게는 임하지 않을 것이 분명하다. 그러나 모든 사람에게 일어날 수 있는 재난은 특별은총을 받았는지와 무관하게 모든 사람에게 임할 수 있다. 그런 의미에서 자연적인 재앙은 하나님이 내리시는 일반은총의 어두운 부분으로 이해할 수도 있겠다. 이사야 45장 7절 말씀이 이 둘을 잘 설명한다. "나는 빛도 짓고 어두움도 창조하며 나는 평안도 짓고 환난도 창조하나니 나는 여호와라 이 모든 일들을 행하는 자니라 하였노라."

2) 양심을 통한 일반은총

하나님은 모든 사람의 마음속에 양심을 주셨다. 이 양심도 죄로 오염이 되어서 원래의 모습대로 작동하지는 않지만, 여전히 사람들의 삶의 기준을 잡는 데 중요한 역할을 한다. 그래서 사도 바울은 모든 사람이 죄를 범했으며 의인은 하나도 없다고 선언하면서도(롬 3:10) 율법이 없는 이방인들에게는 그들의 양심이 율법의 역할을 할 수 있다고 했다(롬 2:14-15). 여기서 바울이 말하는 사람의 양심은 믿는 사람에게만 주어지는 것이 아니라 믿지 않는 사람들에게도 주어진 것이므로 일반은총의 좋은 예가 된다. 하나님을 믿는 사람들은 특별한 은총으로 주어진 하나님의 말씀에 따라 행동해야 한다. 그러나 일반은총으로 주어진 양심에 따라서 행동하기도 한다. 예를 들어, 바울은 법정에서 자기를 변호하면서 "하나님과 사람에 대하여 항상 양심에 거리낌이 없기를" 힘쓴다고 했다(행 24:16). 사람의 양심은 하나님의 일반은총으로서 이 세상 사람들의 악을 억제하는 중요한 기능을 담당하고 있다.

물론 그런 사람의 양심의 소리도 하나님의 말씀에 맞지 않을 때는 그 역할이 제한될 수밖에 없다. 그렇지만 하나님이 일반은총으로 양심을 주셨기 때문에 구원을 얻지 못하는 사람 중에도 상대적으로 깨끗한 양심을 가지고 있으면서 그 양심에 따라 비교적 선한 삶을 사는 사람이 얼마든지 있을 수 있다. 이런 사람들을 보고 세상에서는 그 사람 자체가 도덕적이라고 평할 것이다. 하지만 성경적 기준으로 말하면 그들 역시 하나님의 일반은총을 받았기 때문에 상대적으로 도덕적인 삶을 살 수 있는 것이다. 믿지 않는 사람의 양심적인 행동도 그 근원은 하나님의 은총임을 인정해야 한다. 다만 그 은총은 한계가 있어서 죄인을 구원하는 데까지 이르게 하지는 못할 뿐이다. 일반은총이기 때문이다.

3) 종교성을 통한 일반은총

예수 그리스도만이 유일한 구원의 길이며 이 세상에 구원 얻을만한 다른 이름이 없기 때문에(행 4:12) 구원에 관한 한 어떤 다른 종교도 인정할 수 없다. 그래서 다른 종교를 부인하다 보면 인간의 종교심 자체도 부정하기 쉽다. 사람이 가지고 있는 종교심은 구원 얻게 하는 믿음과는 당연히 구별된다. 그러므로 종교심이 하나님의 특별은총에 속하지 않지만 그렇다고 하나님과 완전히 무관하지는 않다. 사람의 종교심은 모든 사람에게 허락하신 하나님의 일반은총에 속한다.

바울은 모든 사람에게 하나님을 알만한 것이 보인다고 했다(롬 1:19). 그리고 아덴에서 헬라인들이 섬기는 우상들을 보고 분노했지만 결국 그들의 종교심 자체는 인정했다(행 17:22). 여기서 바울이 말한 종교심은 하나님이 사람에게 주신 일반은총에 속한다. 이 종교심으로 구원을 얻을 수는 없다. 그러나 종교심은 인간이 살아가는 데 유익하다. 종교심이 구원 얻는 신앙으로 발전할 수도 있기 때문이다. 혹 그렇지 않더라도 종교적인 사람들이 이 세상에 미치는 유익이 있기에 그 종교심을 무시할 수는 없기 때문이다.

물론 하나님이 일반은총으로 허락하신 모든 것이 오염되었기 때문에 종교도 죄의 오염으로부터 면제되지 않는다. 때로 어떤 종교는 심하게 오염되어서 사탄의 도구가 되어서 하나님의 특별은총의 역사를 방해하기도 한다. 성경에 소개되는 각종 우상 종교들이 그런 예가 된다. 심지어는 교회가 타락했을 때에 교회 내에서 나타나는 우상 종교가 그런 모습을 나타내기도 했다.

그러나 어떤 종교는 오염이 덜 되어서 마치 율법이 복음으로 인도하는 가정교사가 된 것처럼 특별은총에 속한 구원을 얻는데 간접적인 역할도 할 수 있다. 모든 종교가 같은 하나님을 섬기는 다양한 길이며 결국 다 천국에 이르게 한다는 사상인 종교다원주의는 성경적으로 받아들일 수 없다. 예수 그리스도만이 하나님께 가는 길이요, 진리이고(요 14:6) 천하 인간에 구원을 얻을만한 다른 이름을 주시지 않았기 때문이다(행 4:12).

그러므로 예수 그리스도 외의 어느 종교도 특별은총의 통로가 될 수 없다. 그러나 문화적인 산물인 종교는 하나님의 일반은총의 열매다. 그러므로 다양한 종교의 가르침을 받은 사람들이 공동선을 행한다면 그것은 하나님의 일반은총의 열매가 될 수 있다. 그렇기 때문에 다른 종교를 구원의 길로 받아들일 수는 없지만, 이 땅에 존재하는 종교 자체를 부정해서는 안 된다. 그리고 그런 종교를 하나님의 일반은총으로 이해한다면 크리스천들은 구원이 없다는 이유로 다른 종교에 대해서 무례한 태도를 가져서는 안 될 것이다.

4) 미덕을 통한 일반은총

하나님을 믿지 않는 사람 중에서 덕을 갖춘 사람들이 있다. 그런 사람들을 보고 믿는 사람들과 비교해보면 때로 하나님을 믿는 우리 자신이 부끄러워질 때가 있다. 그런데 그런 사람들의 미덕이 아무리 뛰어나도 그 미덕 때문에 구원받지는 못한다. 하지만 그런 미덕이 구원을 얻게 하는 데는 가치가 없지만, 그 미덕이 믿지 않는 사람들에게 있는 것이라고 해서 무가치한 것은 아니다. 그들이 가진 미덕도 하나님이 주신 일반은총에 속하기 때문이다. 바울은 사람들이 기리는 덕목을 나열하면서 그것들을 생각하라고 했다. "끝으로 형제들아 무엇에든지 참되며 무엇에든지 경건하며 무엇에든지 옳으며 무엇에든지 정결하며 무엇에든지 사랑받을 만하며 무엇에든지 칭찬받을 만하며 무슨 덕이 있든지 무슨 기림이 있든지 이것들을 생각하라"고 했다(빌 4:8). 이런 덕목은 하나님을 믿지 않는 사람들도 공통으로 추구하는 것으로서 하나님의 일반은총의 한 부분이다.

성령의 열매로 알고 있는 사랑, 희락, 화평, 오래 참음, 자비, 양선, 충성, 온유, 절제는 성도들의 삶에서 나타나야 할 성품이다(갈 5:22-23). 그런데 이 열매들은 하나님을 믿는 사람들의 삶에만 나타나는 것으로 생각하지만 믿지 않는 사람들에게도 이런 성품을 얼마든지 볼 수 있다. 믿는 이들이 사랑하고 기뻐하고 화평을 이루고 오래 참을 수 있다. 그럴 때 그것은 성령의 역사로 인해 나타나는 열매이다. 그렇다고 성령을 받지 못한 사람들에게서는 사랑이나 희락이나 화평이나 오래 참는 모습을 도무지 볼 수 없는 것은 아니다. 정도의 차이가 있을지 몰라도 얼마든지 그런 성품을 믿지 않는 사람들에게서도 볼 수 있다. 그것이 바로 하나님의 일반은총이다.

성령의 열매는 사람들의 미덕이나 성품과 공통이 되는 부분이 있지만, 성령의 은사들은 대체로 특별은총에 속한다고 여겨진다. 무엇보다도 성령의 역사로 예수를 믿게 되는 것은 그야말로 특별은총이다(고전 12:3). 그런 사람들이 방언의 은사나 예언의 은사, 병 고치는 은사를 받기도 한다. 그럴 때 이 은사들은 당연히 특별은총에 속한다고 볼 수 있다.

그러나 신비한 은사를 행하고 이적을 행한다고 해서 다 특별은총을 받았다고 할 수는 없다. 마지막 날에 어떤 사람들이 "주여 주여 우리가 주의 이름으로 선지자 노릇 하며 주의 이름으로 귀신을 쫓아내며 주의 이름으로 많은 권능을 행하지 아니하였나이까"(마 7:22)라고 말할 때 주님은 그들을 도무지 알지 못한다면서 불법을 행하는 자들은 떠나가라고 하신다고 했다(마 7:23). 그들은 신비한 능력은 갖췄는지 모르지만, 하나님의 특별은총은 받지 못한 사람들이다. 그러므로 그들이 행한 초자연적인 기적 역시 특별은총에 속하지 않는다. 그것은 바로왕의 요술쟁이들이 행했던 요술이나 다를 것이 없다(출 8:7).

5) 의식주를 통한 일반은총

사람들이 살아가는 데 기본적으로 필요한 것이 의식주이다. 먹는 것, 입는 것 그리고 사는 공간은 삶에 있어 필수적인 요소이다. 하나님은 이것을 믿는 사람과 믿지 않는 사람 모두에게 베풀어주신다. 물론 하나님을 믿지 않는 사람들은 자기가 노력해서 그것을 얻는다고 하겠지만 하나님을 믿는 사람들은 궁극적으로 하나님이 은혜로 주신다는 것을 안다. 하나님은 사람에게만 아니라 동식물의 생존에 필요한 것들도 채워주신다. 예수님은 공중에 나는 새와 들의 백합화가 생존할 수 있는 것은 결국 하나님이 먹이시기 때문이라고 하셨다(마 6:26-28). 하나님의 일반은총이 다른 피조물에게까지 미치는 것을 보여준다.

시편 기자는 이런 일반은총을 이렇게 묘사했다. "여호와께서 샘을 골짜기에서 솟아나게 하시고 산 사이에 흐르게 하사 각종 들짐승에게 마시게 하시니 들나귀들도 해갈하며 공중의 새들도 그 가에서 깃들이며 나뭇가지 사이에서 지저귀는도다 그가 그의 누각에서부터 산에 물을 부어 주시니 주께서 하시는 일의 결실이 땅을 만족시켜 주는도다 그가 가축을 위한 풀과 사람을 위한 채소를 자라게 하시며 땅에서 먹을 것이 나게 하셔서 사람의 마음을 기쁘게 하는 포도주와 사람의 얼굴을 윤택하게 하는 기름과 사람의 마음을 힘 있게 하는 양식을 주셨도다"(시 104:10-15). 이것은 하나님이 믿는 사람이나 믿지 않는 사람에게나 공통적으로 주시는 일반은총이며 그 은총은 사람만이 아니라 다른 피조물에게도 허락하신다.

전도서 기자는 같은 맥락에서 일반은총에 속한 것들을 소개하면서 그것을 누리라고 했다. "너는 가서 기쁨으로 네 음식물을 먹고 즐거운 마음으로 네 포도주를 마실지어다 이는 하나님이 네가 하는 일들을 벌써 기쁘게 받으셨음이니라 네 의복을 항상 희게 하며 네 머리에 향기름을 그치지 아니하도록 할지니라"(전 9:7-8). 이 모든 것들은 모든 사람이 일상의 삶에서 공통으로 누리는 것이기 때문에 종교적인 것과는 무관할 수 있다. 그렇지만 하나님을 믿는 사람들에게는 이 모든 것들 역시 일반은총의 선물이다.

6) 결혼생활을 통한 일반은총

남자와 여자가 결혼해서 가정을 이루는 것은 하나님의 창조원리를 따르는 것이다. 하나님은 사람이 죄짓기 전에 결혼이란 제도를 만들어서 남자와 여자가 부부가 되게 하셨고 그들을 통해 생육하고 번성하고 땅에 충만하라고 창조명령을 주셨다(창 1:28). 이 창조 원리는 아담이 죄를 지은 후에도 그대로 이루어졌다. 물론 죄로 인해 결혼이 깨어지기도 하고, 가정이 붕괴되기도 하지만 결혼과 가정은 하나님이 모든 사람에게 베푸신 은총의 결과이다.

물론 하나님을 믿지 않는 사람들은 자기들이 마음에 맞는 사람끼리 만나서 결혼하고 부부가 성관계를 통해서 자녀를 낳는다고 생각한다. 그러나 하나님을 믿는 우리는 이것이 다 하나님이 모든 사람에게 베푸신 일반은총이라는 것을 안다. 전도서 기자는 이런 신앙을 이렇게 표현한다. "네 헛된 평생의 모든 날 곧 하나님이 해 아래에서 네게 주신 모든 헛된 날에 네가 사랑하는 아내와 함께 즐겁게 살지어다 그것이 네가 평생에 해 아래에서 수고하고 얻은 네 몫이니라"(전 9:9).

결혼한 부부에게 허락하신 자녀들에 대한 이해도 마찬가지이다. 세상의 부모들은 자녀들을 자기들이 낳은 생명체라고 생각한다. 개중에는 잘못 생각해서 자녀들을 자기들의 소유물로 착각하기도 한다. 그러나 하나님을 믿는 사람들에게는 자녀들이 하나님이 은총으로 주신 선물이다. 하나님은 이 선물을 주시면서 부모에게 양육을 부탁하셨다. 믿는 사람들의 자녀만 아니라 모든 자녀는 하나님의 일반은총의 선물이다. "보라 자식들은 여호와의 기업이요 태의 열매는 그의 상급이로다"(시 127:3).

하나님을 믿는 사람은 하나님이 은총으로 주신 가정에 대한 책임도 다해야 한다. 사도 바울은 이 책임을 제대로 감당하지 않는 사람들을 책망했다. "누구든지 자기 친족 특히 자기 가족을 돌보지 아니하면 믿음을 배반한 자요 불신자보다 더 악한 자니라"(딤전 5:8). 구원의 특별은총을 받은 사람이 일반은총으로 주신 가정을 소홀히 대하면 특별은총을 받지 못한 사람보다도 더 악한 자라고 한 것이다. 가정은 믿는 사람의 가정이나 믿지 않는 사람의 가정이나 하나님의 일반은총에 속한 것이기 때문에 소중한 것이다.

반면에 예수님은 제자들에게 "무릇 내게 오는 자가 자기 부모와 처자와 형제와 자매와 더욱이 자기 목숨까지 미워하지 아니하면 능히 내 제자가 되지 못"(눅 14:26)한다는 파격적인 말씀을 하셨다. 예수님을 따르는 사람은 가정을 포기할 수 있어야 한다는 말씀이다. 이것은 상식적으로도 받아들이기 어렵고 성경 전체에 흐르는 가정에 대한 하나님의 생각과 다르게 느껴진다. 종종 종교단체들이 이런 말씀으로 추종자들에게 가정을 버리게 만들어서 물의를 일으키곤 한다.

이 말씀은 하나님을 믿는 사람들을 향해 가정을 버리라고 명령하는 것이 아니다. 다만 특별은총을 받은 사람이라면 어떤 상황에서 하나님이 일반은총으로 주신 것들, 그 중에서도 가장 중요한 가정을 포기하거나 가정에서 누릴 특권을 유보할 수 있어야 함을 가르치는 것이다. 여기서 어떤 상황이란 특별은총을 유지하기 위해서 일반은총을 포기해야 하는 상황을 말한다. 쉬운 말로 신앙을 지키기 위해서 필요하다면 가족을 떠나거나 버릴 수 있다는 말이다. 그래서 독신을 허용하면서 예수님은 "천국을 위하여 스스로 된 고자도 있"다고 말씀하셨다(마 19:12). 특별은총을 받은 이들 중에 어떤 이들은 일반은총으로 주신 가정을 포기할 수 있음을 보여주는 것이다.

7) 일과 노동을 통한 일반은총

대부분의 사람이 일을 한다. 일을 통해서 돈을 버는 사람도 있지만 그렇지 않은 사람도 역시 일을 한다. 그것을 통해서 각자가 경제생활을 하고 그 결과로 이 세상이 돌아간다. 이것은 하나님이 사람이 죄를 짓기 전에 주신 창조 원리를 따르는 것이다. "생육하고 번성하여 땅에 충만하라, 땅을 정복하라, 바다의 물고기와 하늘의 새와 땅에 움직이는 모든 생물을 다스리라"(창 1:28). 이 명령은 하나님을 믿는 사람에게만 주신 것이 아니라 세상의 모든 사람에게 적용된다. 다만 보통 사람들은 하나님과 무관하게 일을 하지만 하나님을 믿는 사람들은 일하는 것 자체가 하나님의 은총인 것을 인정한다. 물론 일에 따르는 고통 때문에 일하는 것을 하나님의 은총으로 여기지 않는 사람들이 있다. 하지만 일에 따르는 고통은 사람이 죄를 지은 후에 나타난 결과일 뿐. 일의 고통이 일의 가치를 약화시키지 않는다.

하나님을 믿는 사람들은 우리가 일할 수 있는 것은 다른 피조물과 구별되는 사람에게만 주어진 은총인 것을 안다. 시편 기자가 노래한다. 짐승들은 "해가 돋으면 물러가서 그들의 굴속에 눕고 사람은 나와서 일하며 저녁까지 수고하는도다"(시 104:22-23). 전도서 기자 역시 일의 가치에 대해서 분명하게 언급했다. "네 손이 일을 얻는 대로 힘을 다하여 할지어다 네가 장차 들어갈 스올에는 일도 없고 계획도 없고 지식도 없고 지혜도 없음이니라"(전 9:10).

요즈음 전 세계적으로 심각한 문제가 일자리의 부족이다. 그런 상황을 고려한다면 해야 할 일이 있다는 것, 하고 싶은 일이 있다는 것은 정말 하나님의 크신 은총이라고 아니할 수 없다. 그렇게 생각하면 우리가 일할 수 있다는 것은 하나님이 주신 가장 귀중한 일반은총이라고 할 수 있다. 물론 이 일반은총도 죄로 오염되었기 때문에 얼마든지 죄의 도구가 될 수 있다. 현대 사회에서 많은 사람이 일 중독에 빠지는 것은 하나님이 주신 은총이 죄의 통로가 되어버리는 안타까운 현상이라고 하겠다.

하나님을 믿는 사람들은 맡겨진 일을 하나님의 은총으로 받아들이고 주께 하듯 하는 한편, 그 일을 주신 하나님보다 일 자체를 더 중요하게 여기지 않도록 조심해야 한다. 하나님이 주신 일반은총 때문에 믿는 자에게만 주시는 특별은총의 축복을 훼손하는 일이 없도록 해야 할 것이다.

8) 재물을 통한 은총

사람들이 살아가는데 돈은 필수적이다. 전도서 기자는 돈은 범사에 이용된다고 했다(전 10:19하). 이 세상을 살아가는 데 돈이 필요 없는 사람은 없다. 의식주 생활을 하기 위해서는 돈이 필요하다. 이런 필요에는 하나님을 믿는 사람도, 주님께 삶을 헌신했다고 하는 사람도 결코 예외가 아니다. 보통 사람들은 자기가 일해서 돈을 벌고 그 돈을 사용한다고 생각하지만 사실 돈도 하나님이 우리의 삶을 위해 주시는 은총의 한 부분이다.

다윗은 그 사실을 이렇게 고백했다. "부와 귀가 주께로 말미암고 또 주는 만물의 주재가 되사 손에 권세와 능력이 있사오니 모든 사람을 크게 하심과 강하게 하심이 주의 손에 있나이다"(대상 29:12). 이스라엘 백성이 작은 나라이지만 부강하게 살게 된 것은 하나님이 주신 은총 때문이었다. 모세는 신명기에서 돈을 벌 수 있는 능력을 주시는 분이 하나님이라고 명시적으로 표현했다. "네 하나님 여호와를 기억하라 그가 네게 재물 얻을 능력을 주셨음이라"(신 8:18상).

그리고 아굴은 하나님께 재물에 관한 문제를 가지고 기도했다. "나를 가난하게도 마옵시고 부하게도 마옵시고 오직 필요한 양식으로 나를 먹이시옵소서"(잠 30:8하). 세상에는 돈을 많이 가지고 있지만, 하나님을 모르는 부자들이 많이 있다. 그들 중에는 죄악 된 방법으로 돈을 번 사람들도 있지만 그렇지 않은 사람들도 있다. 이들은 부가 세습된 것이든 자기들이 번 것이든 자기의 것으로 생각하지만, 이것 역시 하나님이 그들에게 베푸신 은총에 속한다. 바로 하나님의 일반은총에 속한다.

성경 속의 예를 들어본다면 더욱 분명해진다. 부자 농부에게 소출이 풍성한 것은 하나님의 일반은총에 속한다(눅 12:17). 그는 하나님을 모르는 사람이기 때문에 하나님의 특별은총을 받지는 못했다. 그러나 일반은총은 누구보다도 풍성하게 받았다. 여기서 그가 부를 축적한 것 자체는 잘못된 것이 아니다. 다만 하나님의 특별은총을 받지 못했기 때문에 자기가 소유한 재물이 하나님이 주신 것임을 알지 못했다. 결국, 그의 재물이 그의 영혼에 아무런 유익도 주지 못했다. 일반은총은 풍성했지만, 특별은총을 받지 못했기 때문에 결국 그는 불행한 죽음을 당하고 말았다.

반면에 이 땅에서 하나님을 믿지만 가난한 삶을 사는 사람들이 있다. 세상에서는 그런 사람을 복을 받지 못했다고 말할지 모르지만, 성경은 여전히 그들을 복을 받은 사람이라고 말한다. 평지복음을 통해 예수님이 말씀하셨다. "너희 가난한 자는 복이 있나니 하나님의 나라가 너희 것임이요"(눅 6:20하). 가난한 자들은 당연히 재물로 표현되는 일반은총은 풍성하게 누리지 못했지만, 구원을 주시는 특별은총을 받았기에 하나님의 나라가 그들의 것이다. 그렇기에 어느 누구보다도 복을 받은 사람이라고 할 수 있다.

재물도 하나님의 은총이지만 그 재물을 나누는 마음도 하나님의 은총이다. 바울은 마게도냐 교회가 경제적인 어려움 가운데서도 유대인들을 위해서 연보한 것을 소개하면서 그것을 하나님의 은총이라고 했다. "형제들아 하나님께서 마게도냐 교회들에게 주신 은혜를 우리가 너희에게 알리노니"(고후 8:1). 그러고 나서 고린도 교회 성도들에게 권면했다. "오직 너희는 믿음과 말과 지식과 모든 간절함과 우리를 사랑하는 이 모든 일에 풍성한 것 같이 이 은혜에도 풍성하게 할지니라"(고후 8:7). 이들이 가난한 이웃을 위해 재물을 나눌 마음을 가진 것은 사람들 안에 있는 긍휼함과 자비함의 표현이지만 결국 하나님이 사람에게 주신 일반 은총에 속하는 것이다.

9) 과학 기술을 통한 일반은총

인류 문명의 발전은 과학 기술의 발전에 기인한다고 해도 크게 틀린 말은 아닐 것이다. 그런데 보통 이 과학 기술은 사람들이 개발한 것으로 생각해서 하나님과 무관한 것으로 생각하거나 때에 따라서는 하나님을 대적하는 것으로 생각하기 쉽다. 과학 기술은 사람들이 개발한 것이지만 그 원천은 하나님께 있다. 하나님의 일반은총에 속하는 것이다.

이사야 선지자는 당대의 첨단기술인 농업 기술에 대해서 말하면서 이렇게 감탄했다. "이는 그의 하나님이 그에게 적당한 방법을 보이사 가르치셨음이며 소회향은 도리깨로 떨지 아니하며 대회향에는 수레바퀴를 굴리지 아니하고 소회향은 작대기로 떨고 대회향은 막대기로 떨며 곡식은 부수는가, 아니라 늘 떨기만 하지 아니하고 그것에 수레바퀴를 굴리고 그것을 말굽으로 밟게 할지라도 부수지는 아니하나니 이도 만군의 여호와께로부터 난 것이라 그의 경영은 기묘하며 지혜는 광대하니라"(사 28:26-29).

과학 기술 역시 하나님과 무관한 것이 아니라 하나님의 일반은총에 속한다. 그래서 하나님을 믿지 않거나 심지어는 하나님을 대적하는 사람들을 통해서도 과학 기술이 발전된다. 그것은 하나님이 모든 사람에게 베푸시는 일반은총에 속하기 때문이다. 그런 예는 가인의 자손들에게서 발견된다. 가인의 아들 야발은 "가축을 치는 자의 조상"이 되었고 그의 이복형제인 두발가인은 "구리와 쇠로 여러 기구를 만드는 자"가 되었다(창 4:20-22). 하나님의 특별한 은총을 받은 셋의 자손이 아니라 동생 아벨을 죽인 가인의 자손들에게 그런 능력과 지혜를 주신 것을 보면 과학 기술은 모든 사람에게 베푸시는 하나님의 일반은총임을 알 수 있다.

하나님을 믿는 사람들도 과학 기술을 하나님의 일반은총으로 받아서 그것을 발전시키는데 헌신해야 한다. "여호와께서 행하시는 일이 크시오니 이를 즐거워하는 자들이 다 기리는도다"(시 111:2). 다만 과학 기술도 죄에 오염되었기 때문에 얼마든지 죄의 도구로 사용될 수 있음을 간과하면 안 된다.

10) 철학사상을 통한 은총

기독교 초기의 교부였던 터툴리안(주후 155년경~230년경)은 "아테네와 예루살렘이 무슨 상관이 있느냐?"라는 말로 헬라의 철학을 부정했다고 한다. 헬라 철학의 많은 부분이 하나님의 말씀에 위배된다고 말하는 것은 맞는 말이다. 그래서 바울 사도는 종종 세상 철학에 대해서 부정적으로 말하곤 했다. "누가 철학과 헛된 속임수로 너희를 사로잡을까 주의하라 이것은 사람의 전통과 세상의 초등학문을 따름이요 그리스도를 따름이 아니니라"(골 2:8).

그러나 헬라 철학은 하나님과 무관하게 생긴 것이 아니다. 철학자들의 사유에서 나온 철학사상도 결국은 하나님의 은총의 산물이다. 사도 바울은 아덴에서 헬라의 철학자들과 변론을 했다(행 17:17-18). 이들의 철학 사상들 중에는 복음에 위배되는 내용도 있었던 것 같다. 그러나 어떤 것은 복음을 전하는데 매개 역할을 하는 내용도 있었다. 예를 들면 바울은 헬라의 한 시인의 말을 인용해서 전도를 했다. "너희 시인 중 어떤 사람들의 말과 같이 우리가 그의 소생이라 하니 이와 같이 하나님의 소생이 되었은즉 하나님을 금이나 은이나 돌에다 사람의 기술과 고안으로 새긴 것들과 같이 여길 것이 아니라"(행 17:28-29). 이때 사용된 헬라 시인의 시는 결국 하나님의 일반은총의 산물이 아닐 수 없다. 바울은 그것을 효과적으로 활용해 전도하고 있다. 다만 하나님의 일반은총으로 주어진 사상들이지만 모든 사상들이 죄로 인해 오염되었기 때문에 때로 하나님을 거스를 수 있다. 그래서 사도 바울은 "모든 생각을 사로잡아 그리스도에게 복종하게"(고후 10:5) 할 필요가 있다고 했다.

언젠가 한국교회 원로였던 방지일 목사가 목회자들이 물의를 일으키는 것을 보고 목회자들에게 『명심보감』을 읽게 해야 한다고 한탄한 적이 있다. 성경을 잘 알고 그것을 가르치는 목회자들에게 명심보감을 읽으라고 하는 것은 좀 어색하게 들렸다. 그러나 『명심보감』의 교훈이 목회자들의 언행을 바로 잡는 데 도움이 된다면 얼마든지 그럴 수 있다고 생각한 것이다. 그렇게 본다면 『명심보감』은 성령으로 감동된 하나님의 말씀은 아니지만, 하나님의 일반은총으로 기록된 책인 것을 부인할 수 없다. 『명심보감』과 성경의 내용, 특히 잠언이나 전도서 같은 성경을 비교하면 공통되는 내용을 많이 발견할 수 있을 것이다.

11) 예술을 통한 일반은총

초대교회 때부터 미술과 음악으로 대표되는 예술은 기독교 신앙을 표현하거나 소개하는 데 자주 사용되었다. 그것을 기독교 예술이라고 말할 수 있겠다. 그런데 후대에 미술이나 음악이 종교의 범주를 벗어나면서 세속화되었다. 그렇게 되면서 세속 예술은 하나님과 무관한 것처럼 여겨지게 되었다.

그런데 예술은 기독교의 진리를 표현하는데 사용되는 것만 아니라 우리의 삶을 표현하는데 사용된 것을 포함해서 다 하나님이 은총으로 주신 것이다. 가인은 하나님께 징계를 받은 사람이지만 그들의 자손 중에서 수금과 퉁소 잡는 자, 즉 음악가들의 조상이 나왔다(창 4:20). 그들이 예술의 영역을 발전시킬 수 있었던 것도 하나님의 은총이었다. 그들은 아마도 특별은총은 받지 못한 것 같다. 그러나 그들에게 주어진 예술의 재능은 하나님이 주신 일반은총인 것이다.

음악이나 미술이 하나님의 특별계시를 전달할 때만 가치가 있는 것은 아니다. 음악 자체가 사람들의 마음에 주는 선한 영향은 그것이 다 하나님의 일반은총임을 나타낸다. "하나님께서 부리시는 악령이 사울에게 이를 때에 다윗이 수금을 들고 와서 손으로 탄즉 사울이 상쾌하여 낫고 악령이 그에게서 떠나더라."(삼상 16:23). 요즘 식으로 말하면 일종의 '음악 치료'라고 할 수 있는 것인데, 이것은 종교적인 신앙과 무관하게 모든 사람에게 주신 하나님의 일반은총이라 할 수 있다. 비슷한 일이 엘리사에게도 일어났다. "거문고 타는 자가 거문고를 탈 때에 여호와의 손이 엘리사의 위에 있더니"(왕하 3:15).

물론 모든 예술이 다 하나님의 일반은총의 산물이라고 할 수는 없다. 어떤 예술은 사람들의 마음을 안 좋게 만들기도 하고 사람들을 죄의 유혹에 무디게 만들기도 한다. 그것조차도 일반은총의 산물이기는 하지만 너무나 죄로 많이 오염되었기 때문에 하나님을 믿는 사람들은 취사선택을 잘해야 한다. "모든 것이 가하나 모든 것이 유익한 것은 아니요 모든 것이 가하나 모든 것이 덕을 세우는 것은 아니니"(고전 9:23). 하나님의 일반은총으로 주신 것은 기본적으로 우리가 누릴 수 있다. 그러나 개인에게 유익되지 않거나 공동체에 덕이 되지 않는 것들은 피하거나 금하는 것이 바람직하다.

12) 스포츠를 통한 일반은총

현대인의 삶에 있어서 스포츠가 차지하는 비중은 막대하다. 크리스천들의 삶에도 스포츠는 여전히 중요하다. 그러나 초대교회의 교부터툴리안은 크리스천이 경기장에 가는 것을 금했고 레슬링 같은 운동은 마귀들의 운동으로 폄하했다고 한다. 그러나 성경에는 운동장에서 경기하는 것을 객관적으로 묘사한 것을 보면 그의 견해가 반드시 성경적이라고 할 수는 없다. 바울은 운동장에서 경기하는 사람들을 보면서, 달리는 사람은 여럿이 있어도 우승하는 사람은 한 사람뿐인 것을 언급하며 상을 얻기 위해 자기 몸을 절제해야 하며 열심히 달음질하는 인생을 살라고 교훈했다(고전 9:24-25). 이 경주는 하나님의 일반은총의 영역이므로 경주의 원리는 믿는 사람이나 믿지 않는 사람이나 똑같이 적용된다. 믿음이 좋다고 경주를 잘할 수 있는 것이 아니며 불신자라도 훈련을 잘하고 열심히 달리면 얼마든지 우승할 수 있다.

운동 경기에 참여하면서 자신의 우승을 위해서 기도할 수 있고, 운동 경기를 보면서 특정한 사람이나 팀을 위해서 기도할 수 있다. 특별히 기독교의 이름을 가진 팀을 위해서 기도할 수 있다. 그러나 하나님은 사람의 믿음을 기준으로 그 사람에게 일반은총을 베풀지 않는다. 기도를 많이 한 사람보다 훈련을 많이 한 사람이 우승할 가능성이 훨씬 높은 것은 바로 스포츠가 하나님이 주신 일반은총에 속하는 것이기 때문이다.

여기서 육체의 훈련의 가치도 생각해 볼 필요가 있다. 육체의 건강을 위해서는 육체의 훈련을 해야 한다. 건강을 위해서 기도하는 사람이 육체의 훈련을 게을리한다면 건강을 얻기 어렵다. 하나님이 사람에게 주시는 건강은 믿음과 무관하게 베푸시는 일반은총이기 때문이다. 그래서 사도 바울은 육체의 훈련이 약간의 유익이 있다고 했다(딤전 4:8).

운동경기에는 규칙이 있다. 운동을 하는 사람은 누구나 이 규칙을 지켜야 한다. 그렇지 않으면 운동을 할 수 없다. 믿는 사람도 이 규칙에서 면제되지 않는다. 경기하는 자가 법대로 경기하지 않으면 승리의 관을 얻지 못한다(딤후 2:5). 운동 경기는 물론 그 안의 규칙도 일반은총의 영역에 속한다.

또한, 일반은총에 속한 스포츠나 운동이 특별은총을 가르치는데 좋은 도구가 되기도 한다. 경기장에서 우승한 사람이 승리의 관을 얻는 것은 이미 말한 대로 일반은총이다. 그런데 일반은총에 속한 승리의 관은 일시적으로 가치가 있다. 사도 바울은 이 승리의 관을 썩지 않을 영원한 관과 대조해서 그것을 사모하라고 했다(고전 9:25). 일반은총으로 주신 것을 통해서 특별은총에 속한 축복을 소개한 것이다. 요즘 선교계에서 많이 말하는 스포츠 선교도 따지고 보면 일반은총에 속한 것으로 특별은총을 전하는 통로로 삼는 것이라 할 수 있다.

13) 비즈니스를 통한 일반은총

전통적으로 크리스천 사업가들은 자기가 하는 사업의 의미를 영적인 일에 재정적 기여를 하는 것으로 생각하는 경우가 많았다. 사업 자체는 하나님과 무관하지만, 사업을 통해서 번 돈을 헌금할 때 하나님의 일이 된다는 것이다. 사업 자체가 의미를 갖기 위해서는 그 안에서 복음을 전하는 영적인 역사가 있어야만 했다. 이 두 가지를 빼면 사업 자체는 영적인 가치가 없다고 생각했다. 그러나 성경은 사업 자체의 가치에 대해서 분명히 가르친다. 사업은 일반은총의 중요한 영역 중의 하나이다.

예수님은 달란트 비유에서 종들이 장사해서 이익을 남기는 비유를 말씀하셨다(마 25:14-30). 이 비유에서 예수님은 장사해서 돈을 남긴 종들에게 "착하고 충성된 종"이라고 칭찬하셨다. 장사를 해서 돈을 버는 일 자체가 구원에 이르게 하지는 못한다. 그래서 그런 일은 하나님 보시기에 영적인 가치가 없는 것으로 생각하기 쉽다. 그러나 이것도 하나님의 은총에 속하는 영역이다. 그러니까 야고보 사도도 어느 도시에 가서 장사를 해서 이익을 보려고 하는 사람들에게 그 일은 쓸데없는 일이라고 금하지 않았다. 그 대신 생명이 유한한 것을 기억하고 주의 뜻대로 장사하기를 권면했다(약 4:13-15). 장사하는 일에 빠져서 영생을 누리지 못하게 된다면 정말 안타까운 일이다. 그러나 그렇기 때문에 장사하는 일 자체가 죄악이거나 무익한 일인 것은 아니라는 말이다.

모세는 매사에 하나님의 명령을 따라 행했던 사람이다. 그런데 조직 관리에 관해서는 장인 이드로의 조언을 듣고 따랐다(출 18:24-26). 이때 장인의 조언은 하나님의 일반은총의 좋은 사례가 된다. 이런 조언은 비즈니스를 하는 데도 꼭 필요한 것이다. 그러므로 비즈니스를 하는 사람들은 성경 말씀을 통해서 조언을 얻기도 하지만 하나님이 일반은총으로 주신 경영에 필요한 조언을 귀담아들을 필요가 있다. 물론 세상이 가르치는 조언들 중에는 하나님의 뜻에 어긋나는 것들이 있기 때문에 항상 그것들을 제대로 판단하여 그리스도에게 복종시키도록 해야 한다(고후 10:5).

14) 정치 권력을 통한 일반은총

기독교에 우호적인 정치 권력이 있는가 하면 기독교 신앙을 강하게 핍박하는 정치 권력도 있다. 우리는 쉽게 전자는 하나님의 은총이고 후자는 하나님과 무관하거나 사탄에게 속했다고 생각하기 쉽다. 그런데 바울은 성도들에게 초대교회를 핍박했던 로마의 정치 권력에 복종하라고 가르쳤다. "각 사람은 위에 있는 권세들에게 복종하라. 권세는 하나님으로부터 나지 않음이 없나니 모든 권세는 다 하나님께서 정하신 바라"(롬 13:1). 베드로 역시 같은 교훈을 남겼다. "뭇사람을 공경하며 형제를 사랑하며 하나님을 두려워하며 왕을 존대하라"(벧전 2:17). 위에 있는 권세나 왕들이 특별은총을 받은 사람이 아닐 수 있다. 얼마든지 있을 수 있는 상황이다. 그럼에도 불구하고 그들을 그 자리에 있게 하신 분은 하나님이다. 정치 권력도 역시 하나님의 일반은총에 속한다.

심지어 이사야 선지자는 고레스 왕과 같은 페르시아 왕국의 왕에 대해서 "여호와의 기름 부음을 받은 고레스"라고 부르기도 했다(사 45:1). 그 뿐 아니라 이스라엘을 멸망시킨 앗수르 제국을 '하나님의 막대기'라 부르기도 한다. "앗수르 사람은 화 있을진저 그는 내 진노의 막대기요 그 손의 몽둥이는 내 분노라"(사 10:5). 세상의 정치 권력은 때로는 하나님의 심판의 도구가 되기도 하고 징계의 도구가 되기도 한다. 이 세상의 질서를 유지하기 위해서 하나님이 그것을 사용하신다면 그것 역시 하나님의 은총, 즉 일반은총이 된다.

그러나 그 권력이 하나님을 거스를 때는 얼마든지 권세에 불순종할 수 있다. 사도들은 종교권력자들이 복음을 전하지 못하게 하자 하나님 앞에서 너희 말을 듣는 것이 옳은지 판단하라고 하면서 그들의 강압에 거부를 분명하게 표현했다(행 4:19). 모든 권력은 하나님의 은총의 산물이지만 그 권력이 하나님을 대적할 때는 죄악의 도구가 된다. 그런 경우에는 악을 대적하듯이 대적해야 한다. 다만 현실에 있어서 이 두 가지는 정말 구별하기가 어렵다.

15) 법과 제도를 통한 일반은총

세상을 살아가는데 법과 제도는 없어서는 안 될 필수적인 요소이다. 법이 없어지면 인간욕심을 통제하는 최소한의 힘이 없어지기 때문에 금방 무질서하게 된다. 교통 신호등이 사라지면 금방 차량 통행이 무질서해지는 것을 보면 법이 필요하다는 것을 실감한다. 그 법은 물론 사람들이 사회의 필요를 따라 만들지만, 하나님이 은총으로 주신 것이다. 그렇기 때문에 법과 관련해서 일하는 것은 하나님의 일이 된다. "너희가 조세를 바치는 것도 이로 말미암음이라 그들이 하나님의 일꾼이 되어 바로 이 일에 항상 힘쓰느니라"(롬 13:6). 마찬가지로 이런 법과 제도를 따르는 것도 하나님을 믿는 사람들이 마땅히 해야 할 일이다(롬 13:7).

종종 구원을 받은 성도들이 재정적으로 손해 보지 않으려고 믿음의 형제들을 고소하는 경우가 있다. 사도 바울은 그것을 책망하면서 "너희가 피차 고발함으로 너희 가운데 이미 뚜렷한 허물이 있나니 차라리 불의를 당하는 것이 낫지 아니하며 차라리 속는 것이 낫지 아니하냐"(고전 6:7)고 했다. 물론 이것은 믿는 형제들을 세상 법정에 고소하는 것이 덕이 되지 않는 것을 가르치는 것이지 법정에 고소하는 것 자체를 부정하는 것이 아니다. 잘못을 저지른 사람들은 세상의 일반은총을 통해서도 징계를 받아야 마땅하다. 그렇지만 요즈음 특별은총을 받은 성도들이 교회 안에서 일어나는 문제를 교회 안에서 해결하지 못하고 세상 법정에 끌고 가는 것은 안타깝기도 하고 좀 부끄럽기도 하다.

물론 그런 경우에 세상의 법정이 결정한 것은 하나님의 일반은총으로 받아들여야 한다. 이 땅에서 공의와 질서를 유지하기 위해서 하나님이 법을 주셨으므로 법에 따른 재판을 하는 것 자체는 하나님의 은총에 속한다. 이것으로 세상의 죄 문제를 해결할 수는 없지만, 세상의 죄악을 훨씬 감소시킬 수 있다. 하나님의 특별은총은 죄 문제를 해결하는데 비해 일반은총은 죄악을 감소시키는데 유용할 뿐이다.

8. 크리스천이 일반은총에 대해서 가져야할 기본자세

1) 하나님이 주신 일반은총을 감사하며 누리라

크리스천들은 일반은총으로 주신 모든 것을 하나님께 감사하면서 누릴 수 있다. 물론 그것도 과도하게 사용하거나 중독이 되지 않도록 해야 한다. 영성 신학자 게리 토마스는 그의 책『쾌락』(CUP 펴냄)에서 이 부분을 자세하게 다루었다. 전통적으로 사람이 누리는 쾌락이나 즐거움은 기독교에서 대체로 부정적으로 다루었다. 거의 대부분 쾌락이나 즐거움은 하나님의 특별은총과 반대되는 세속적인 요소로 이해했다. 그런데 일반은총을 바로 이해한다면 사람들이 누리는 쾌락, 즉 즐거움이 바로 하나님이 주신 일반은총일 수 있음을 깨닫게 된다. 게리 토마스는 쾌락을 주제로 다루면서 그것을 통해 일반은총을 대하는 자세를 가르쳐 준다.

우리 크리스천들은 기도와 교제를 통해서 삶의 가장 풍성한 쾌락을 누릴 수 있다. 하지만 거기서 그치지 말고 예술이나 고결한 성취를 추구하는 것, 좋은 식사나 풍성한 관계, 영혼을 정화시키는 웃음 등으로도 쾌락을 채울 수 있다. 이것이 바로 하나님을 그런 기발한 발명품들을 지어내신 최고의 창조자로 인정하는 태도라는 것이다(43쪽). 우정, 좋은 음식과 음료, 웃음, 성, 가정생활 등이 다 하나님이 창조하신 것인데 감사와 찬양으로 받아 누리면 그것이 구속되어 여러 긍정적인 방식으로 우리의 삶과 신앙에 활력소가 될 수 있다고 게리 토마스는 말한다(73쪽).

삶에서 누릴 수 있는 즐거움을 소개하는데 이것은 신자나 불신자나 관계없이 모두가 경험할 수 있는 것이다. 이것들이 바로 하나님의 일반은총에 해당된다. 이것은 크리스천들이 얼마든지 부담 없이 누릴 수 있다. 이런 생각은 하나님의 창조에 대한 사도바울의 이해를 보면 충분히 받아들일 수 있다. "하나님께서 지으신 모든 것이 선하매 감사함으로 받으면 버릴 것이 없나니 하나님의 말씀과 기도로 거룩하여짐이라"(딤전 4:4-5).

그러나 모든 것의 지나침이 문제가 되듯이 쾌락에도 지나침이 문제가 될 수 있다. 예를 들면, 쾌락에 중독되는 것이다. 토마스는 이 문제에 대해서 아주 구체적인 사례를 가지고 말한다. "통증이 있을 때 진통제를 먹는 것은 좋지만 고통이 없는데도 단지 도취감을 얻고자 진통제를 먹는다면 그것은 미련한 중독을 낳는다"(105쪽). 이렇듯 쾌락에는 긍정적인 면과 부정적인 면의 양면성이 있는데 바로 이것이 일반은총에 속한 모든 것들이 가지는 속성이다. 이에 대해 토마스는 이렇게 말한다. "이 땅의 쾌락은 우리의 영혼에 감사가 넘치게 하고 우리를 예배와 영적인 건강의 샘으로 이끌어줄 수도 있지만, 삶의 다른 시기에는, 또는 다른 사람의 삶에는 오히려 걸림돌이 되어 하나님과 그분의 아름다운 나라를 보지 못하게 할 수도 있다"(118쪽).

아울러 쾌락의 부정적인 면은 일반은총을 잘못 사용할 때이다. 백합이 썩으면 잡초보다 훨씬 냄새가 지독하듯이 우리는 각자 자신에게 진정 즐거움을 주는 것이 무엇인지도 알아야 하지만 아울러 자신의 본분과 책임도 분명하게 알아야 한다. 삶의 시기에 따라서나 주변 사람들의 더 큰 유익을 위해 나 자신의 욕구를 양보해야 할 때가 있음을 깨달아야 한다. 쾌락이 중요하기는 해도 가장 중요한 것은 아니라는 말이다(201쪽).

구체적인 예로 술 문제를 들 수 있다. 아직도 한국교회에서는 음주 문제가 중요한 쟁점이 되고 있다. 이에 대해서 일반은총의 관점을 가지고 보면 훨씬 쉽게 정리할 수가 있다. 술을 마시는 여부가 구원과는 무관하다는 것은 다 아는 사실이다. 그러나 크리스천이 술을 절제해야 하는 것도 부정할 수 없는 사실이다. 이에 대해서 게리 토마스의 제안은 이렇다. 술을 적당히 절제하며 마실 수 없는 사람들은 아예 마시지 말아야 한다고 조언한다. 술을 절대적으로 금하는 것은 성경적인 자세가 아니라 문화적인 자세임은 분명하다. 다만 술이 없으면 비참해진다면 그때는 마시면 안 된다. 술이 없어도 행복할 때 그때 마시라고 한다. 술이 없으면 안 되기 때문에 마시면 그것은 죽음과 지옥에 이르는 길이다. 술이 필요 없기 때문에 마시는 것이야말로 예로부터 건강에 이로운 길이라고 게리 토마스는 지적하고 있다(224, 226, 229쪽).

술뿐 아니라 세속적인 책을 즐기는 문제도 해당된다. 크리스천은 성경책만 읽거나 경건 서적만 읽어야 하는 것은 아니다. 세속적인 책들을 얼마든지 읽을 수 있다. 금세기 위대한 신학자 중의 한 사람인

제임스 패커는 "그냥 예리한 사고력을 잃지 않으려고" 추리 소설을 즐겨 읽는 자신의 취미를 극구 변호했다. 포도주나 맥주를 한잔하면서 자신이 좋아하는 모차르트 음악을 듣는 것을 삶의 활력소로 삼았다고 한다. 과한 상태가 잘못이라고 해서 알맞은 상태까지 무조건 해로운 것은 아님을 보여주었다(141쪽).

2) 일반은총에서 죄로 오염된 것은 분별하라

인간의 죄로 인해 인간의 삶의 모든 영역이 죄로 오염되었다. 범죄한 아담과 하와, 그의 후손들이 죄인이 되었을 뿐 아니라 하나님이 창조한 우주 만물이 죄로 오염되었다. 하나님이 창조하고 보시기에 좋았던 세상이 죄악으로 오염된 세상이 되어 버렸다. 인간의 죄악은 하나님의 일반은총으로 주신 선물에도 영향을 미쳤다. 자연, 양심, 법, 과학 기술 등, 이 모든 것들이 죄에 오염되지 않은 것이 하나도 없게 되어버렸다. 그것이 오늘 우리가 직면하는 현실이다.

그러면 하나님을 믿는 사람들은 죄에 오염된 모든 것을 부정하거나 포기해야만 하는가? 죄에 오염되었지만, 하나님의 일반은총의 선물이니까 여전히 수용해야 하는가? 일상생활에서 이런 질문을 자주 하게 된다. 그런데 이 질문에 대한 대답은 그렇게 단순하지 않다. 이에 대해서 고기와 과일의 비유가 도움이 될 것 같다. 만물이 죄로 오염되었다는 것을 썩은 것에 비유할 수 있다. 이때 고기가 썩은 것과 과일이 썩은 것을 비교해보면 좋을 것이다. 두 경우 다 썩었다는 면에서 똑같다고 볼 수 있다. 그러나 썩은 것을 대하는 방식은 다를 수 있다.

예를 들어, 소고기나 돼지고기가 상했다고 했을 경우에 어떻게 하는가? 일부가 상했으니까 그 부분만 제거하고 나머지 부분을 먹는가? 그렇지 않다. 일부가 상했더라도 전체에 좋지 않은 영향을 미치기 때문에 전체를 버리는 게 타당하다. 마찬가지로 일반은총의 선물 중에 죄로 오염된 것은 전체를 다 포기할 필요가 있는 것들이 있다. 반면에

과일의 경우는 일부가 상했다고 다 버릴 필요는 없다. 상한 부분을 도려내고 나머지 부분을 얼마든지 먹을 수 있다. 마찬가지로 일반은총의 선물이 죄로 오염이 되었더라도 그 부분만 도려낸 나머지는 얼마든지 사용하고 누릴 수 있는 것들도 있다. 그러면 이 둘을 어떻게 구별할 수 있는가?

예를 들어, 현대사회에 새롭게 나타나는 다양한 미디어를 생각해본다. 인터넷을 비롯한 스마트폰 같은 매체를 통한 죄의 오염을 피할 수가 없다. 그런 이유로 이런 매체 자체를 부정하는 것은 어리석은 것이다. 오염된 부분을 제거하고 나머지 부분을 하나님의 뜻에 맞게 사용하도록 해야 한다. 오히려 하나님의 선교나 사역에 유익하게 활용하는 기회가 되기도 한다. 이것이 죄로 오염된 하나님의 일반은총을 대할 때 필요한 자세이다. 그러나 도박성이 있는 게임은 어떤가? 그 안에서 도무지 취할 것이 없다. 크리스천으로서 그런 것에 대해서는 썩은 고기를 다 버리듯 버리는 것이 마땅한 태도이다.

이 둘을 구별하는 것 역시 단순하지 않다. 문화적인 배경이나 개인적인 기질에 따라서 판단 기준이 다를 수 있다. 그렇지만 "범사에 헤아려 좋은 것을 취하고 악은 어떤 모양이라도 버리라"(살전 5:21-22)는 말씀대로 쉽게 타협하거나 동화되지 않도록 하나님의 말씀에 더욱 매달려야 할 것 같다.

9. 일반은총과 특별은총의 연계

1) 일반은총을 통해 특별은총을 이해한다

하나님의 일반은총과 특별은총은 분명히 구별된다. 그러나 이 둘이 완전히 무관한 것은 아니다. 우리가 바라보는 자연은 일반은총으로서 우리의 구원에는 아무 영향도 미치지 못한다. 그렇지만 자연을 통해서 하나님을 더듬어서 알 수는 있다. "창세로부터 그의 보이지 아니하는 것들 곧 그의 영원하신 능력과 신성이 그가 만드신 만물에 분명히 보여 알려졌나니 그러므로 그들이 핑계하지 못할지니라."(롬 1:20). 우리가 보고 즐기는 자연이 우리를 예수 믿고 구원을 얻게 하는 결정적 역할을 하지는 못한다. 그러나 일반은총을 통해서 하나님을 짐작하게 되면서 하나님께로 나오는 계기를 만들어 줄 수 있다. 그런 사람에게 특별은총이 주어지면 예수를 믿고 구원을 얻게 된다. 이때 그 계기를 마련해 주는 자연은 일반은총에 속한다.

  예수님은 특별은총이 있어야만 이해할 수 있는 하나님의 나라의 진리를 가르칠 때 일반은총에 속한 것들을 사용하셨다. 예수님이 하신 대부분의 비유는 하나님을 믿지 않는 사람들에게도 주어진 일반은총에 속한 것들이다. 예를 들어 마태복음 13장에는 씨 뿌리는 비유가 나온다. 이 이야기는 모든 사람이 듣고 이해할 수 있는 내용이다. 하나님의 일반은총으로 충분히 이해할 수 있다. 그런데 주님은 이 이야기를 통해서 하나님 나라를 소개하시면서 제자들에게 "천국의 비밀을 아는 것이 너희에게는 허락되었으나 그들에게는 아니되었"(마 13:11)다고 말씀하셨다. 특별은총을 받은 사람만이 하나님 나라의 비밀을 이해할 수 있다는 것이다.

  물론 그렇더라도 일반은총을 통한 예수님의 가르침은 천국의 비밀을 이해하는 통로가 될 수 있었다. 이후에 나오는 모든 비유가 그렇다. 겨자씨 이야기나 가루 서 말 속의 누룩 이야기, 밭에 감추어진 보화 이야기, 진주 상인 이야기 등이 그렇다. 하나님의 일반은총을 이용해서 구원을 얻게 할 수는 없다. 구원을 얻기 위해서는 특별은총이 필수적이다. 다만 일반은총을 사용해서 특별은총에 속한 진리를 설명할 수 있다.

  믿지 않는 사람들에게 하나님의 말씀을 전할 때 직접 그들의 죄악을 지적하는 것이 필요할 때도 있지만 때로는 그들과 공통되는 내용을 가지고 접근하는 것이 효과적인 경우가 있다. 공통되는 내용이 일반은총에 속한 것들이다. 바울이 아덴에서 복음을 전할 때 그렇게 했다. 헬라 사람들의 종교성을 인정해주었고(행 17:22), 그들의 시인의 글을 인용하면서(행 17:28) 궁극적으로 창조주 하나님을 전했다. 그것이 바울의 선교전략이었다. "약한 자들에게 내가 약한 자와 같이 된 것은 약한 자들을 얻고자 함이요 내가 여러 사람에게 여러 모습이 된 것은 아무쪼록 몇 사람이라도 구원하고자 함이니"(고전 9:22).

이 전략을 실천하는데 일반은총이 중요한 도구가 된다. 톰 넬슨은 이렇게 말했다. "우리가 일반은총의 눈으로 타인을 바라보게 되면 서로의 공통분모를 찾게 되고 배제의 벽이 아닌 포용의 다리를 놓게 된다."(톰 넬슨,『주일 신앙이 평일로 이어질 때』, 아바서원 펴냄, 181쪽). 구원은 특별은총을 받은 사람만이 받을 수 있기 때문에 배타적일 수밖에 없다. 그러나 구원의 복음을 전하는 과정 전체가 배타적이 되어서는 안 된다. 배타적 방법만으로 접근하면 전도를 할 수 없는 상황에 처할 수 있다. 일반은총이 우리가 복음을 전하는 과정에서 배타적이 되지 않도록 도와준다.

복음을 전할 때 예수님의 성육신과 십자가의 구속 사역을 직접 전달할 수도 있지만, 일반은총에 속한 내용으로 시작할 수도 있다. 예를 들어, 바울은 빌립보서에서 비신자들도 공감할 수 있는 겸손에 관한 교훈을 먼저 전했다. "아무 일에든지 다툼이나 허영으로 하지 말고 오직 겸손한 마음으로 각각 자기보다 남을 낫게 여기고 각각 자기 일을 돌볼뿐더러 또한 각각 다른 사람들의 일을 돌보아 나의 기쁨을 충만하게 하라"(빌 2:3-4). 그러고 나서 겸손의 모델로 예수 그리스도를 소개했는데 그것이 바로 성육신하신 예수님의 십자가 복음의 내용이었다(빌 2:5-11). 바울은 일반은총에 속한 겸손이라는 덕으로 접근해서 구원의 복음, 즉 특별은총을 전한 것이다.

특히 복음에 대해서 거리가 멀어진 다음 세대에게 복음을 전하기 위해서는 그들과 공통적 언어인 일반은총을 이용하는 것이 필수적이다. 짐 벨처는 이런 문제를 심각하게 느끼는 사람으로서 이렇게 말했다. "문제는 학생들과 불신자를 연결하는 공통언어가 없다는 것이었다. …… 교수들은 학생들에게 공적 영역에서 성경 진리를 전달하는 문제와 관련해 일반은총 시각을 제시하지 않았다. 하나님 나라의 언어는 효과가 없다. 불신자는 이 언어를 이해하지 못하며 이 언어의 근원인 성경의 권위를 받아들이지 않기 때문이다. 따라서 일반은총의 언어가 필요하다"(짐 벨처, 『깊이 있는 교회』, 포이에마 펴냄, 269쪽).

언젠가 J. I. 패커 교수가 '구원(Salvation)'이라는 말이 너무 종교적이기 때문에 사람들에게 와 닿지 않는다고 하면 '구조(Rescue)'라는 단어로 대체하는 것을 말한 적이 있다. 그때 나도 공감했다. '구원'은 특별은총을 받은 사람에게만 주어지는 축복이므로 일반인들에게 친숙하지 않다. 그러나 그것을 설명하는데 '구조'라는 단어를 사용한다면 일반인들이 쉽게 이해할 수 있을 것이다. '구조'(Rescue)라는 단어는 일간신문에서도 쉽게 발견할 수 있는 일반은총에 속한 언어이기 때문이다.

2) 일반은총과 특별은총을 비교/대조해서 가르친다

일반은총에 속한 이야기를 통해 그것과 대조되는 특별은총이 얼마나 귀한지를 알 수 있다. 바울이 제시한 이야기로 예를 들어 보자. 바울은 운동 경기 장면을 보고 경기에서 우승자가 하나뿐이므로 우승을 위해서 노력할 것과 훈련할 것을 가르친다(고전 9:24-26). 여기서 경기에서 우승하려는 일이 무의미하다거나 우승하기 위해서는 기도를 해야 한다고 바울은 가르치지 않았다. 이 세상에서 살면서 운동 경기를 하게 되는 것은 하나님의 일반은총에 속한다. 운동경기에서 우승하기 위해서는 열심히 훈련하고 또 달려야 하며 가장 좋은 성적을 낸 사람이 우승하게 된다. 하나님의 특별은총을 받았다고 더 잘 달리는 것도 아니고 우승하는 것이 아니다. 일반은총의 영역에서는 일반은총을 많이 받은 사람이 더 유리하다. 바울은 운동장에서 열심히 달리듯이 신앙의 경주를 열심히 할 것을 권면했다. 일반은총의 영역에 속한 것으로 특별은총에 속한 것을 가르쳤던 것이다. 여기까지는 예수님이 하신 비유와 비슷한 셈이다.

그런데 그 후에 중요한 대조가 등장한다. 경기에서 우승하면 면류관을 얻게 된다. 요즈음으로 말하면 금메달을 따게 되는 것이다. 그런데 이 면류관은 이 세상에 있는 동안에만 가치가 있는 일시적인 것이다. 그런데 특별은총을 받은 사람들이 하늘나라에서 받게 되는 면류관은 영원한 것이다. 바로 주 안에서 누리는 영생이다. 일반은총을 통해서 특별은총에 속한 진리를 가르치고 나서 일반은총은 특별은총과 비교될 수 없는 제한적 은총임을 바울은 분명히 대조적으로 언급했다. 이렇듯 일반은총은 특별은총을 특별한 은총이 되게 하는데 필요한 진리이다.

또 한 가지, 바울은 육체의 연습과 경건의 연습에 대해서 지적했다 (딤전 4:8). 바울은 경건의 훈련에 대해서 가르치기 전에 육체의 연습이 유익이 있다고 했다. 일반인들이 다 공감하듯이 육체의 건강을 위해서 육체의 연습을 해야 한다. 여기서도 바울은 육체의 연습은 육에 속한 것이기 때문에 무의미하다고 하지 않았다. 또 건강을 위해서는 육체의 연습보다 기도를 더 해야 한다고 가르치지도 않았다. 육체의 훈련은 건강을 유지하는데 필수적이라는 것은 누구나 공감하는 교훈이다. 일반은총에 속한 교훈이다. 그런데 이 교훈을 영적인 훈련과 연결했다. 육체의 연습과 경건의 연습은 분명히 다르지만 둘 다 연습이 필요하고 그것이 유익한 결과를 낳는다는 공통점을 찾은 것이다.

그렇지만 육체의 연습의 유익은 현재 이 세상의 삶으로 제한이 된다. 바로 일반은총의 한계이다. 그러나 경건의 훈련은 그 유익이 내세까지 지속되는 특별은총의 영역에 속한다. 이 대조를 통해서 하나님의 특별은총이 귀중한 것임을 강조했다. 이런 사례들은 하나님의 일반은총에 속한 것들이 특별은총에 속한 진리를 가르치는데 좋은 도구가 되지만 동시에 특별은총과는 완전히 구별되는 것을 보여준다.

3) 특별은총 때문에 일반은총에 속한 것을 포기할 수도 있다

하나님은 성도들에게 모든 사람과 같이 누릴 수 있는 일반은총을 주셨다. 그런데 때때로 하나님이 주신 특별은총을 지키기 위해서 일반은총을 포기할 수도 있다. 예수님이 제자들에게 극단적인 요구를 하셨다. 가족들을 미워하라고 하셨고 자신과 소유를 버리라고 하셨다(눅 14:26-27, 33). 그런데 가족이나 소유물이 죄악 자체이기 때문에 그렇게 말씀하신 것이 아니다. 성경 다른 곳에서는 가족들을 돌보고 소유를 잘 관리하라고 하셨다. 그것들이 우리에게 주신 일반은총이기 때문이다. 그런데 이것을 포기하라고 하신 것은 하나님이 우리에게 허락하신 특별은총을 지키기 위함이었다.

비슷한 맥락에서 사도 바울이 자기에게 유익이 되던 것을 해로 여겼고 모든 것을 배설물로 여겼다고 고백했다(빌 3:7-8). 그런데 바울은 하나님이 만드신 모든 것이 선하니 감사함으로 받으면 버릴 것이 없으며 하나님의 말씀과 기도로 거룩해진다고 가르쳤다(딤전 4:4-5). 그렇다면 나중에 선교에도 도움이 되는 자신의 학벌이나 이력을 굳이 배설물로 여길 필요는 없었을 것이다. 그런데 이런 결단을 강조한 것은 예수 그리스도를 아는 것의 고상함 때문이라고 했다(빌 3:8). 하나님이 주신 특별은총이 너무 귀하기 때문에 그것과 비교할 때 일반은총은 포기할 수 있다는 것을 이렇게 표현한 것이다.

바울이 우상에 바쳐진 음식에 대해서 이야기할 때도 비슷한 자세를 가졌다. 그는 우상에게 바쳐진 음식도 얼마든지 먹을 수 있다고 생각했다. 그것도 일종의 일반은총에 속하는 것이기 때문이다. 그런데 그는 고기와 포도주를 포기하고 만다. "고기도 먹지 아니하고 포도주도 마시지 아니하고 무엇이든지 네 형제로 거리끼게 하는 일을 아니함이 아름다우니라"(롬 14:21). "그러므로 만일 음식이 내 형제로 실족하게 한다면 나는 영원히 고기를 먹지 아니하여 내 형제를 실족하지 않게 하리라"(고전 8:13).

이 두 경우 다 하나님의 일반은총으로 주신 고기와 포도주를 포기하는 것이 하나님이 특별은총으로 구원받은 사람으로서 형제를 실족하게 하는 것이 옳지 않다고 생각했기 때문이다. 이것은 세속적인 금욕주의와 다른 결단이다.

이와 정반대가 되는 경우를 우리는 부자 관리에게서 찾을 수 있다. 그는 하나님의 일반은총을 많이 받았다. 그는 어릴 때부터 계명을 잘 지켰다고 했다. 물론 그가 도덕적인 삶을 산 것이지만 하나님의 일반은총의 열매였다. 그는 부유한 사람이었다. 그에게 주어진 재물 역시 하나님이 주신 일반은총이었다. 그는 상대적으로 하나님의 일반은총을 많이 받은 사람이었다. 그런데 주님이 그 재물을 가난한 사람에게 나눠주고 자기를 좇으라고 했을 때 심히 근심하면서 돌아갔다. 예수님은 여기서 예수 믿는 사람들은 모두 다 재산을 포기해야 한다는 것을 말씀하신 것이 아니다. 이 청년에게 하나님의 특별은총을 누리기 위해서 일반은총을 포기할 수 있는지를 시험하신 것인데 그 시험에서 실패하고 만 것이다. 결국, 그는 일반은총에 속한 것을 포기하지 못하는 바람에 하나님의 특별은총을 누리지 못하고 말았다. 사도바울의 경우와 대조가 된다.

하나님은 창조세계에서 우리가 누릴 수 있는 것들을 누리기를 원하신다. 그것이 일반은총이다. 그러나 어떤 상황에서 특별은총을 받아서 구원받은 사람으로서 그것들을 한시적으로 포기하거나 부인하기를 원하신다. 그런데 주님이 그것을 포기하라고 하셨을 때 그 부자 관리는 결단을 못했다. 결국, 그는 일반은총을 포기하지 못하는 바람에 하나님의 특별은총을 누릴 기회를 놓치고 말았다(눅 18:18-23).

4) 특별은총을 받은 사람이 일반은총에 속한 영역을 통해 세상에 영향을 미친다

사람은 율법의 행위나 선행으로 구원받지 못한다. 하나님의 은혜로 인한 믿음으로 말미암아 구원을 얻는데 여기서 은혜는 바로 하나님의 특별은총이다(엡 2:8-9). 이것이 구원에 관한 기본진리이다. 그런데 특별은총을 받아 구원받은 사람은 선한 일을 하기 위하여 지으심을 받은 것이다(엡 2:10). 구원을 받는 것은 하나님의 특별은총에 속하지만 구원받은 사람이 해야 할 선한 일은 일반은총에 속한 것이다. 특별은총을 받은 사람이 세상에 영향을 미칠 때는 직접 복음을 전하는 것과 같은 특별은총의 영역에도 영향을 미치지만 선한 일과 같은 일반은총의 영역에서도 영향을 미쳐야 한다. 예수님이 산상수훈에서 하신 말씀이 바로 그것을 강조한다. "이같이 너희 빛을 사람에게 비치게 하여 그들로 너희의 착한 행실을 보고 하늘에 계신 너희 아버지께 영광을 돌리게 하라"(마 5:16).

아무리 우리가 특별은총을 받아서 구원을 얻었을지라도 그 사실은 주변에 있는 사람에게 아무런 영향을 주지 못한다. 사람들에게 영향을 줄 수 있는 것은 구체적인 삶이고 그 삶은 일반은총의 영역에 속한다. 그런 의미에서 본다면, 특별은총이 귀하지만 일반은총이라는 통로를 통하지 않으면 사람들에게 전달되지 못하고 영향을 미치기도 어렵다. 톰 넬슨은 이 문제의 심각성을 이렇게 표현했다.

> "나는 그리스도를 좇는 자로서 일상생활에서 타인과 교류할 때 일반은총의 생활방식이 결여되어 있는 것은 아닌가? …… 나로서는 일반은총이 흘러넘치는 일관성 있는 생활방식이 중요하다는 것을 새삼 깨달았다. 나는 복음의 진리에 대해 열정적인 사람이고, 하나님은 그런 헌신에 의해 영광을 받으신다고 나는 믿는다. 하지만 타인을 향해 관대한 은총이 흘러넘치는 사람, 심지어는 내게 그토록 소중한 복음을 배척하는 자들에게도 그런 은총을 베푸는 사람도 되어야 한다. 예수님

은 진리와 은총의 화신이자 모델이셨고, 그의 견습생인 우리도 그런 인물이 되도록 부름을 받았다"(톰 넬슨, 위의 책, 172-173쪽).

5) 일반은총을 통해 믿지 않는 사람들과 함께 공동선을 추구할 수 있다

전통적으로 기독교는 다른 종교나 세상의 도덕적인 사람들에 대해서 배타적인 경향이 있다. 그것은 구원의 유일성 때문에 피할 수 없는 것이다. 그런데 종종 크리스천들은 세상에서 공동의 선을 추구할 때도 배타적이 되는 경향이 있다. 다른 종교나 불신세력과 무언가 함께 한다면 종교 다원주의로 오해받을 수 있기 때문이다. 이런 오해를 피하면서 그들과 공동선을 추구하기 위해서는 일반은총의 신학이 필요하다.

세상에서 구원을 얻을 수 있는 길은 예수님을 통하는 길밖에 없다. 다른 말로 하면 기독교 신앙만이 구원의 길인 것이다. 그러나 인류에게 유익을 끼칠 수 있는 선한 일은 기독교 신앙만이 독점하고 있지 않다. 다른 종교나 기독교 신앙과 일치하지 않는 생각을 하는 사람들도 얼마든지 선한 일을 할 수 있다. 그것이 하나님이 그들에게 허락하신 일반은총이다. 우리가 그들 속에 있는 일반은총을 인정하게 되면 그들이 비록 구원을 얻지는 못하지만, 이 땅에서 하나님 나라의 공동선을 위해서 함께 일할 수 있다.

이 주장에 공감하는 사람들이 많이 있다. 팀 켈러는 이런 주장에 적극적으로 공감한다.

> "그리스도 안에서 베풀어 주시는 하나님의 용서를 체험할 뿐만 아니라 일반은총의 개념을 온전히 깨닫고 받아들인다면 신앙은 다르지만, 주님이 크게 쓰시는 이들과 손을 맞잡고 한없이 유익한 일들을 이뤄 나갈 수 있을 것이다"(팀 켈러, 『팀 켈러의 일과 영성』, 두란노 펴냄, 238쪽).

짐 벨처는 좀 더 넓게 모든 불신자와 공동선을 추구할 것을 주장하기도 했다.

"교회의 목적은 신자들에게 일반은총의 언어를 훈련해 삶의 모든 부분과 성읍의 샬롬을 위해 불신자와 협력할 수 있게 하는 것이다."

"제도 교회의 구성원으로서 우리는 자신을 문화적 '외국인'으로 보며 급진적이고 대안적인 생활방식의 본을 보인다. 그러나 유기적 교회의 한 부분으로 우리는 세상에 살면서 이곳에 샬롬을 가져오기 위해 일반은총을 통해 다른 사람들과 협력하고 문화를 창조하는 '체류자'이다. 균형을 유지할 때 이러한 이중성은 교회와 문화에 강한 영향을 미친다"(짐 벨처, 『깊이 있는 교회』, 포이에마 펴냄, 274, 276쪽).

톰 넬슨도 우리 일터에서 공동선을 추구하는 것에 대해 이렇게 강조한다.

"우리가 공동선을 위한 일반은총을 받아들이면 일터에서 정의와 공평을 열심히 증진하게 된다. …… 공평한 일터는 모두에게 공평한 임금을 보장할 것이다. 그런 일터는 불공평한 임금 문제를 다룰 터이고, 회사와 근로자들의 복지를 희생시키면서 임원들에게 과도한 보상 패키지를 주는 일이 없을 것이다. …… 우리가 안전하고 공평하고 정의로운 근무 환경을 조성할 때에는 직원의 사기를 북돋우고 풍성한 삶을 촉진하게 된다"(톰 넬슨, 위의 책, 182-183쪽).

물론 이에 대해 반론이 있을 수 있다. "너희는 믿지 않는 자와 멍에를 함께 메지 말라 의와 불법이 어찌 함께하며 빛과 어둠이 어찌 사귀며 그리스도와 벨리알이 어찌 조화되며 믿는 자와 믿지 않는 자가 어찌 상관하며 하나님의 성전과 우상이 어찌 일치가 되리요"(고후 6:14-16상)라는 말씀을 들어서 이런 시도를 반대할 수 있다. 그렇기 때문에 함께 추구하는 공동선의 영역을 일반은총에 속한 영역으로 제한해야 한다. 그렇지 않으면 종교 다원주의에 빠질 수 있다. 그러므로 일반은총의 문제를 다룰 때는 정말 뱀같이 지혜롭고 비둘기같이 순결해지려는 노력이 필요하다(마 10:16).

II. 나가며

우리는 하나님의 은총이 만물의 근원임을 분명하게 알아야 하겠다. 특별은총을 받아 구원받은 사람인지 우리 자신을 확인해야 한다. 또한 특별은총만이 아니라 일반은총에 대해서 폭넓고 균형 잡힌 이해를 해야 한다. 하나님이 우리 인류에게 주신 선물인 일반은총을 누리고 감사할 수 있어야 한다. 또한 일반은총을 지키기 위해 노력해야 하겠다. 일반은총을 통해서 세상과 의사소통을 할 수 있어야 하고 세상 사람들과 함께 공동선을 추구하는 일에 게으르면 안 되겠다. 일반은총을 통해서 특별은총을 전하는 일도 우리의 중요한 숙제임을 꼭 기억하자.

| 참고문헌 |

게리 토마스, 『쾌락: 하나님이 주신 순전한 즐거움』(윤종석 옮김) (서울 : CUP, 2012)
짐 벨처, 『깊이 있는 교회』(전의우 옮김) (서울 : 포이에마, 2011)
톰 넬슨, 『주일 신앙이 평일로 이어질 때』(홍병룡 옮김) (서울 : 아바서원, 2015)
팀 켈러, 『팀 켈러의 일과 영성』(최종훈 옮김) (서울 : 두란노, 2013)
박태현, "아브라함 카이퍼의 일반은총론 소고" (in 〈개혁논총〉 제 31권, 2014, 159-185쪽)

교사로서의 삼위일체 하나님[1]

김 웅 기
한국성서대학교 교수

웨스트민스터 대·소요리 문답에 익숙한 장로교인이라면 누구나 사람이 살아가면서 추구해야 할 가장 중요한 목적이 하나님을 영화롭게 하는 것이라는 점을 잘 알 것이다. 웨스트민스터 대요리 문답과 소요리 문답이 모두 동일하게 제일 첫 번째 다루고 있는 질문이 인간의 최고의 목적이 무엇인가를 묻고 답하기 때문이다. 이러한 주장이 기독교교육과 연결되면서 웨스트민스터 대·소요리문답을 교리에 있어서 표준적인 문서로 여기고 있는 한국 장로교 토양에서 기독교교육의 최고의 목적은 하나님께 영광 돌리는 인간을 길러내는 것이 되는 것은 자연스러운 것이었다.

하지만 기독교교육 관련 서적을 읽어나가다 보면 많은 기독교교육 학자가 기독교교육의 목적은 "학생으로 하여금 예수 그리스도의 제자가 되게 하는 것"이라고 밝혀 놓는 것을 만나게 된다. 그러면 질문을 하게 된다. "기독교교육은 하나님께 영광 돌리는 인간을 양성하는 하나님 중심의 교육이 되어야 하는가, 아니면 예수 그리스도의 제자를

---

[1] 이 장은 김웅기, "교사로서의 삼위일체 하나님," 『기독교교육연구』 21(2012): 68-90에 실린 내용을 김은미 교수님의 정년퇴임을 기념하는 책에 담기 위해 상당 부분 수정한 것이다. 김은미 교수님이 한국복음주의 기독교교육학회 회장으로 섬기실 때 총무로서 교수님을 보좌한 적이 있다. 그 때 보여주신 리더십은 삼위일체 하나님의 세 위격 사이에서 이루어지는 긴밀한 의사소통과 협업의 리더십을 고스란히 보여주시는 것이었다. 이에 기독교교육이 반드시 염두에 두어야 할 신학적인 주제인 교사로서의 삼위일체 하나님을 교수님의 퇴임 기념 논문에 담아 기독교교육자로서의 방향성을 흔들리지 않고 추구하되 교수님이 보여주신 모범을 기억하며 나아가고자 하는 간절한 바람을 담아 보았다.

길러내는 예수님 중심의 교육이 되어야 하는가?" 이러한 질문은 가장 기본적으로 웨스트민스터 대·소요리 문답 1문에서 말하는 하나님을 삼위일체 하나님이 아니라 성부 하나님으로 제한하여 보고 있기 때문에 생긴 질문이라고 할 수 있다.

 기독교 교육은 그 시작에서부터 최종 단계까지 삼위일체 하나님의 협업으로 이루어진다. 그러하기에 기독교교육학자인 파즈미뇨(Pazmiño)는 『하나님 우리의 교사』(God Our Teacher)』라는 책을 통해 역사가 시작되는 시점에서부터 삼위일체 하나님은 우리를 가르치셨기에 우리의 궁극적인 교사(Our Ultimate Teacher)가 되신다고 담대하게 주장할 수 있었던 것이다(Pazmiño, 2001). 이에 이 글에서는 삼위일체 하나님의 각 위격들이 따로 떼어놓을 수 없을 정도로 긴밀하게 연합된 가운데 인간을 변화시키는 교사의 역할을 감당하시고 있음을 창조, 타락, 구속, 영화라는 틀을 가지고 살펴보고자 한다. 그러고 나서 삼위일체 하나님의 교육 사역 속에서 기독교교사들이 추구해야 할 핵심 가치와 그 가치를 실제화하는 방식에 대한 적용점을 찾아서 제안하려고 한다.

Ⅰ. 교육의 시작

 파즈미뇨에 따르면 역사가 시작되는 시점에서부터 삼위일체 하나님은 인간을 가르치셨기에 우리의 궁극적인 교사(Our Ultimate Teacher)가 되신다고 한다. 상기와 같은 그의 주장은 성경 신학적으로 고찰하여 볼 때 합당하기는 하지만 실상 그가 주장하는 것보다 교사로서의 하나님의 사역은 더 이른 시점에서부터 시작되었는지도 모른다. 만약 교사의 사역이 실제로 가르치는 순간부터 시작하는 것으로 보지 않고, 그가 가르칠 대상들을 염두에 두고 가르칠 것들을 준비하고 계획하는 순간부터 시작된다고 하면 말이다.

즉, 시간이라는 것이 존재하기 전, 창세 전에 이미 하나님은 그 분의 백성들을 택하시고 그 분 앞에서 거룩하고 흠이 없게 하려고 하셨다(엡 1:4). 하나님은 이처럼 역사가 시작되기 전 이미 그 분의 백성을 향한 목적이 분명한 교육의 계획을 가지고 앞으로 존재할 그 분의 백성들을 선택해 두셨던 것이다. 그러므로 삼위일체 하나님을 교사라고 할 수 있는 것은 그 분이 인간 변화를 위한 분명한 목적을 가지시고 역사 속에서 그것을 성취해 나간다는 점에서 그렇게 말할 수 있다. 뿐만 아니라 교사로서의 하나님의 사역은 역사가 시작되면서가 아니라 역사가 그 걸음을 떼기 전부터 시작되었다고 할 수 있다.

II. 구속사는 교육사

하나님의 교육의 시작은 이미 언급한 바와 같이 역사가 시작되기 전 하나님이 그 분의 백성을 선택하심에서부터 시작되었다고 할 수 있다(엡 1:4). 그리고 그 교육의 목적은 그리스도 안에서 택하사 하나님 앞에서 거룩하고 흠이 없게 하시며, 그의 은혜의 영광을 찬송하는 백성 되게 하려 하심이었다(엡 1:4-6). 이를 위해 죄인 된 하나님의 백성들이 예수 그리스도의 피로 말미암아 죄 사함을 받는 것은 반드시 거쳐야 할 과정이다(엡 1:7). 그리고 하나님의 백성들은 진리의 말씀, 곧 구원의 복음을 듣고 예수를 믿으며, 성령의 역사 가운데 궁극적으로는 예수 그리스도 안에서 하나님의 영광의 찬송이 되는 종국에 이를 것이다(엡 1:13-14).

그러므로 창세 전에 하나님의 백성을 택하시고, 죄로 인해 타락하고 하나님의 진노의 대상이 될 수밖에 없었던 그 백성들을 예수 그리스도의 피로 죄 사함 받게 하시고, 성령의 역사 안에서 하나님의 영광의 찬송이 되게 하시는 하나님의 구속의 역사는 다른 말로 교육사라고도 할 수 있다. 궁극적으로 삼위일체 하나님의 구속의 역사는 하나님이 목적하시는 최종적인 인간형이 되도록 하나님의 백성들을 변화시키는 과정이기도 하기 때문이다. 그리고 삼위일체 하나님은 창조주, 구속주이실 뿐 아니라 인간을 하나님의 영원하신 뜻 안에서 온전하게 변화시킨다는 면에서 교사장(the Master Teacher)이라고도 할 수 있다.

III. 하나님의 형상으로의 창조

인간은 어떤 존재인가? 성경이 인간에 대해 증거 하는 가장 기본적인 개념은 하나님에 의해, 하나님의 형상으로 창조되었다고 하는 것이다. 하나님의 형상으로 창조되었기에 삼중적 관계―하나님, 인간, 자연―과 거룩한 관계를 맺을 수 있는 존재이며, 하나님의 영광을 위해서 자연을 다스리는 존재가 될 수 있었던 것이다(창 1:26-28; 엡 4:24).

인간은 바로 이 삼중적 관계 속에서 내가 누구인지를 찾을 수 있다. 하나님과의 교통 가운데 자신의 본래적 가치를 알고, 다른 사람들을 섬기면서 은사와 재능을 발견하고, 자연을 연구하고 다스리면서 자신의 실력의 깊이와 너비를 더해갈 수 있다. 하지만 인간이 죄 가운데 빠지면서 삼중적 관계는 파괴되었고, 그로 인해서 일어나게 된 중요한 변화 가운데 하나는 자기 자신이 누구인지를 모르게 되었다고 하는 것이다.

오늘날 많은 청소년이 자신이 누구인지 모르는 삶을 살고 있다. 그것은 첫째, 하나님과의 관계가 제대로 형성되지 못하므로 자신이 하나님의 형상으로 지어진 존귀한 존재라는 것을 모르기 때문이다. 둘째, 그들이 예수 그리스도의 신실한 제자로서 다른 사람들을 여러 가지 환경에서 섬겨보고, 하나님이 지으신 세계에 대해서 연구하면서 자신의 은사와 재능을 발견해야 하는데, 그것이 이루어지지 않기 때문이다. 결국, 그들은 자신이 누구인지를 하나님과의 교통과 다른 사람을 섬김, 자연에 대한 연구 등을 통해 확인하지 않고, 그저 세상이 부여하는 가치관에 휩쓸려 세상 사람들이 바라고 꿈꾸는 것을 무분별하게 추종하곤 한다.

인간이 이 땅에서 누리는 관계가 삼중적이라고 하는 사람이 있는 반면에 사중적이라고 주장하는 사람들도 있다. 사중적인 관계는 인간이 누리는 삼중적인 관계―하나님, 사람, 자연―외에 자기 자신과의 관계를 하나 더 추가하는 것을 말한다. 그러나 관계라고 하는 것은 기본적으로 서로 다른 두 가지 실체가 있어야 가능한 것이기 때문에 자기 자신과의 관계는 가능하지 않다고 할 수 있다.

하지만 자기 자신과의 관계라고 하는 것이 존재할 수 없는 불가능한 것임에도 불구하고 여전히 회자되고 있는 것은 자기 자신과 삶에 대한 반성적 성찰을 통해서 인간은 상당한 정도로 자기 자신의 존재를 파악하고, 삶을 바르게 교정해 나갈 수가 있기 때문일 것이다. 그리고 그 영향력은 상당히 크기에 사중적 관계를 쉽사리 손에서 놓지 못하는 것이다.

인간이 자기 자신의 인격과 삶을 반성적으로 성찰하는 것은 분명한 긍정적인 효과를 가져온다. 하지만 다음과 같은 경우를 염두에 두고 조심해야 할 필요가 있다. 그것은 한 사람이 삼중적 관계 속에서 인격적으로 바르게 성장하지 않은 상태에서 자기 자신을 반성적으로 성찰하다 보면 오히려 자기 자신에 대한 회의와 부정적인 생각으로만 가득 차게 될 수 있다는 점이다. 실로 인간은 삼중적 관계 속에서 바르게 성장한 만큼만 자기 자신을 반성적으로 성찰하는 일이 의미 있어지는 것이다.

인간이 죄를 범한 후에 삼중적 관계가 파괴되면서 자신 자신이 누구인지를 알지 못하게 되었다고 하는 문제 외에 또 하나 제기되는 심각한 문제는 인간이 다른 인간이나 자연을 우상처럼 섬기거나, 아니면 그와 반대로 그것들을 무분별하게 파괴하고 있다는 점이다. 하나님의 영광을 위해 살기보다 자기 자신의 육신의 욕심과 마음의 정욕을 추구하면서 사는 것이 더 행복한 삶을 보장한다고 여기며, 다른 인간이나 자연에 대해 잘못된 관계를 형성해 나가게 된 것이다.

다른 인간이나 자연에 대한 잘못된 관계는 인간의 경우, 마치 자기 자신의 인생의 행복이 다른 어떤 사람의 손에 달린 것처럼 굴종적으로 행동하거나, 반대로 최고의 이윤과 가치를 창출하기 위해 착취하고 억압하는 방식으로 나타날 수 있다. 자연에 대해서도 마찬가지이다. 자연이 파괴되건 말건 최고의 생산성과 이윤을 창출하는 일에 몰두하거나, 다스려야 할 자연을 도리어 두려워하며 우상처럼 섬기는 일을 하게 되는 것이다.

다른 인간에 대해서건, 자연에 대해서건, 그 관계가 굴종적으로 나타나던, 혹은 무자비한 다스림으로 나타나건 그것이 하나님과의 관계가 바르지 못한 인간에게서 나타날 때, 그것은 하나님보다 하나님이 만드신 어떤 것에 더한 가치를 부여하고 그것을 추구하는 삶을 사는 것을 의미하는 것이다. 즉, 이 세상에 존재하는 인간은 하나님을 예배하는 삶을 살거나, 하나님이 만드신 어떤 것을 예배하는 삶을 사는 둘 중의 하나의 길을 걷게 되는 것이다.

인간은 하나님의 형상으로 지어졌다. 그러므로 하나님과의 바른 관계 속에서 다른 인간을 사랑하고 섬기며, 자연을 연구하고 다스릴 수 있는 것이다. 하지만 죄로 인해 하나님의 형상이 왜곡되면서 삼중적 관계는 비틀어지고 잘못된 방향으로 나아가게 되었다. 그러므로 하나님의 형상으로 창조된 인간이 죄로 인해 안게 되는 교육적으로 중요한 몇 가지 문제를 들라면, 인간은 바른 삼중적 관계 속에서 자기 자신이 누구인지를 알게 되는데, 그것을 알 수 없게 되었다는 것이다. 둘째는 하나님을 예배하기보다 하나님이 만드신 어떤 것을 추구하고 예배하는 삶을 살게 되었다는 것이다.

IV. 예수 그리스도 안에서 구속 받은 인간

인간이 범죄 한 이후 바로 하나님은 복음을 선포하셨다. 오늘날의 복음은 인간 전도자에 의해 선포된다. 하지만 인간이 범죄 한 이후 바로 선포된 복음의 전달자는 하나님 자신이셨다. 창세기 3장 15절은 원시 복음으로 불려 오고 있는데, 이것이 성경에서 최초로 구원하시는 메시아에 대해서 언급하고 있기 때문이다.

> 내가 너로 여자와 원수가 되게 하고 네 후손도 여자의 후손과 원수가 되게 하리니 여자의 후손은 네 머리를 상하게 할 것이요 너는 그의 발꿈치를 상하게 할 것이니라 하시고(창 3:15)

이 성경 구절에 나타난 "여자의 후손"은 궁극적으로 예수 그리스도를 가리키는 것이며, "뱀의 후손"은 사탄의 세력을 의미한다. "발꿈치를 상하게 할 것"이라는 것은 사탄의 세력이 메시야를 공격할 것이나 미미한 타격을 가할 것이며, 반면 "머리를 상하게 할 것"이라는 것은 메시야가 사탄의 세력에 회복 불가능한 치명적인 타격을 가할 것을 의미하는 것이다.[2]

---

[2] 창세기 3:14-15절을 원시 복음이라고 하여 메시야를 보내실 것에 대한 최초의 계시로 보는 사람이 있는 반면, 어떤 사람들은 단지 뱀과 사람 사이에 있을 적대감에 대해서 언급하는 구절로 본다. 후자의 견해로 보는 것이 전혀 불가능한 것은 아니지만, 그렇게 이해하게 되면 생기는 질문은 "인류의 역사에 결정적인 영향을 끼치는 엄청난 일이 일어난 후에 하나님이 인간을 만나 알게 하실 최초의 말씀, 계시치고는 너무 사소한 것을 다루는 것이 아닌가?"이다. 그런 점에서 이 구절은 인간의 종국적이고 영원한 변화를 항상 염두에 두시는 하나님에 의해

이 세상의 모든 사람은 남자의 몸에서 난 것과 여자의 몸에서 난 것의 결합으로 존재하게 되었다. 그리고 부모의 죄성을 그대로 물려받고 태어나게 된다. 하지만 예수님은 여자의 몸을 빌어 성령의 능력으로 잉태되셨다. 그리하여 죄성을 이어받지 않으셨다. 이와 같은 방식으로 태어난 사람은 그 분 외에 이 세상에 존재한 적이 없으며 앞으로 없을 것이다.

그뿐만 아니라 그 분은 이 땅에서 죄를 짓지 않으셨다. 그 분이 만약 죄를 지었다면 십자가에서의 죽음은 우리의 죄를 대신 지고 죽으신 것이 될 수 없다. 그 분은 죄 없으신 분으로 우리의 죄를 대신 지시고 십자가에서 죽으셨다. 죽음은 하나님에게는 존재하지 않는 것이다. 그러므로 우리 죄를 대신해서 죽으신 그리스도를 죽음이 가두어 둘 수 없었다. 그 분이 당하신 죽음은 그 분의 죄로 말미암은 것도 아니었다. 그러므로 그 분은 죽음을 이기고 부활하셨다.

이 예수 그리스도의 삶과 십자가에서의 죽으심으로 인해 두 가지 전가가 일어났다. 그것은 첫째, 하나님의 백성들의 죄가 십자가에서 죽으신 그 분에게 옮겨져서 해결된 것이고, 둘째, 하나님께 완벽하게 순종하시고 죄를 짓지 않으신 그 분의 의가 우리에게 전가된 것이다 (Allison, 2008, 209). 이 두 가지 전가가 자신의 것이 되는 것은 하나님의 은혜 가운데 주어지는 믿음으로 말미암는 것이다(엡 2:8).

많은 사람들은 인간이 누리는 삼중적 관계가 파괴되게 한 것이 죄이며, 그 죄의 문제가 예수 그리스도 안에서 해결되었고, 그리하여 죄 가운데 건짐을 받아 삼중적 관계가 온전하게 회복되기 시작하는 일이 예수 그리스도를 믿음으로 말미암는다는 것을 잘 믿지 못한다. 그 이유는 이 세상에는 그와 같은 거래가 존재하지 않기 때문이다. 이 세상

아담과 하와의 범죄 이후에 메시야가 오실 것과 사탄의 세력을 물리치실 것에 대한 언약이 선언된 원시 복음이라고 보는 것이 바람직하다.

에서는 어떤 한 사람에게 그의 인생이 송두리째 바뀌게 할 귀한 것을 그냥 주는 법이 없다. 인생을 확연하게 변화시킬 값진 것은 그 사람이 제공하는 어떤 노동이나 노력, 혹은 그에 상응하는 값진 모종의 것에 대한 보상, 혹은 교환으로 주게 되어 있다.

하지만 복음은 우리에게 무엇을 말하는가? 예수 그리스도로 말미암아 우리의 오늘의 삶만이 아니라 영원한 삶까지 송두리째 파괴하는 죄의 문제가 해결되었다는 것이며, 그 분을 믿기만 하면 구원을 받는다는 것이다. 그러니까 이 복음이 잘 안 믿어지는 것이다. 이와 같은 거래가 세상에는 존재하지 않기 때문이다.

하지만 이것은 복음의 진리이다. 예수 그리스도를 믿음으로 인간은 죄로부터 구원을 받는 것이다. 물론 이것이 믿음으로 구원받기 때문에 아무렇게 살아도 된다는 것을 말하지는 않는다. 구원받은 사람들은 구원받은 하나님의 백성답게 살아야 한다. 그러나 구원받기 위해 선행을 해야 하는 것은 아니다. 구원은 믿음으로 받는 것이며, 선행은 구원받기 위해서가 아니라 구원 받은 자로 그에 합당한 삶을 살기 위해, 그리고 구원에 감사하여 행하는 것일 뿐이다.

종종 이렇게 말하는 사람들을 만나곤 한다. "꼭 예수님을 믿어야 하나요?" 이 질문 안에 혹시 인간이 죄에서 구원받기 위해 다른 누군가가 아니라 반드시 예수님을 믿어야 하느냐는 의미가 내포되어 있다면, 그렇게 질문하는 사람들에게 이렇게 대답해 줄 수 있다. "그럼 누구를 믿어야 할까요?"

이 세상에 누가 동정녀의 몸을 빌어 성령의 능력으로 태어나서 부모의 죄성의 유전 없이 태어난 자가 있는가? 이 세상에서 누가 전혀 죄 없는 삶을 살았는가? 이 세상에 누가 죽음을 이기고 부활했는가? 이 세상에 누가 하나님의 선지자들이 메시야와 관련하여 예언한 그 장소에서 그 모습으로 태어나셨는가? 이 세상에 누가 하나님이기도 하시고, 인간이 되기도 하셔서 하나님과 인간 사이에 중보자로서 서

계실 수 있는가? 오직 예수만을 믿을 수밖에 없는 것이다.

　예수 그리스도의 구속을 심각하게 생각하고 강조하는 사람들의 경우 간혹 그 분이 하나님의 백성들을 죄에서 구속하셨을 뿐 아니라 구속 받은 하나님의 백성들이 어떻게 살아야 할지 보여주시는 삶의 모델이시기도 하다는 점을 놓치는 것 같다(Pearcey, 2004, 356). 그 분은 온전한 하나님의 형상으로(고후 4:4; 골 1:15; 히 1:3) 구원 받은 백성들이 어떻게 살아가야 할지를 보여주셨다.

　이제 인간의 변화와 관련하여 삼위일체 하나님이 하시는 일에 대해서 지금까지 제시했던 것을 요약하면 다음과 같다. 하나님이 창세 전에 그 분의 백성을 거룩하고 흠이 없게 하기 위해, 하나님의 영광의 찬송이 되게 하기 위해 선택하셨다. 그 인간으로 하여금 그 분이 목적하신 바에 합당하게 살 수 있도록 하나님의 형상으로 창조하셨다. 하지만 인간은 죄로 인해 하나님과의 관계가 깨어졌고, 다른 사람, 자연과의 관계도 왜곡되면서 결국 하나님의 형상으로 창조된 자기 자신의 정체성도 모르게 되었다.

　결국, 자기 자신의 정체성과 스스로가 추구해야 할 삶의 목적이 무엇인지도 모르고, 오직 육신의 욕심과 마음의 정욕을 쫓아 살아가는 사람들의 문제는 죄가 그들의 인생에 들어와 삼중적 관계를 왜곡시켜 놓았기 때문에 발생하는 것이다. 이 죄를 대신지시고 우리가 죄 사함 받을 수 있도록 하신 분이 예수 그리스도이시다. 그 분은 그리하여 하나님의 백성들이 자신의 정체성을 알고 바른 삶의 목적을 추구하는 일에 있어서 우리 스스로가 해결할 수 없었던 문제를 처리해 주신 것이다. 뿐만 아니라 그 분이 살아내셨던 삶 속에서의 삼중적 관계를 보게 되면 어떻게 살아가는 것이 하나님의 형상으로 살아가는 것인지도 알게 된다. 그 분은 그러므로 하나님의 백성들이 하나님의 온전한 형상으로 변화되어 가는 데 있어서 걸림돌이 되는 죄의 문제를 해결하셨고, 또 그들이 어떻게 변화되어야 하는 지에 대한 분명한 인간상을 제시해 주셨다.

V. 성령 하나님으로 말미암아 변화되는 인간

죄로 인해 영적으로 죽어 있는, 그리하여 하나님의 진노 아래에 있는 인생들이 예수 그리스도를 믿어 죄 사함 받고, 그 분을 닮아가는 일이 실제가 되게 하시는 분은 성령 하나님이시다. 성령 하나님이 이 일을 이루시기 위하여 하나님의 백성들의 삶 속에서 가장 먼저 하시는 일은 그들이 중생하게 하시는 일이다. 실상 성령님의 이와 같이 중생케 하시는 일이 없다면, 그들은 스스로 하나님을 찾으며 그 분을 기쁘시게 하는 일을 할 수 없는 것이다.

그렇다면 중생은 어떻게 발생하는가? 중생이 언제, 어디서 일어나는지는 감추어져 있다. 중생으로 인해 한 사람이 생명으로 이르게 하는 회개와 예수 그리스도를 구주로 믿는 일이 일어나지만, 그 중생이 언제 어디서 일어나는 것을 아는 일은 감추어져 있다는 말이다. 이 중생은 성령님이 인간 행동의 근원이 되는 마음에 생명을 불어 넣어줌으로 일어나는 것이다(Palmer, 1974, 79-82).

중생이 일어나면, 즉 성령님이 인간의 영혼을 만지시고, 생명을 불어넣어 주실 때는 무엇보다 마음이 변화된다. 마음은 인간 존재의 중심으로서 모든 생각, 의지, 감정, 외적인 행동들이 발생하게 하는 근원지인데, 성령님이 이 마음에 작용하셔서 죄에 대한 사랑을 하나님을 향한 사랑으로 바꾸시는 일이 일어나는 것이다(Palmer, 1974, 81).

이와 같은 일을 영국의 저명한 신학자요 설교가인 마틴 로이드 존스 목사는 간명하게 중생한 사람은 "새로운 경향성"을 갖게 된다고 말한다(Lloyd-Jones, 2003, 77-81). 즉, 중생이란 이전에 없던 새로운 재능이나 기술을 습득하게 해주는 것이 아니라 기존의 것들을 그대로 가지고 있되, 그 자신의 마음이 세상과 사탄을 향하던 것에서 하나님을 향하는 것으로 변화되는 것이다.

이 중생은 성령님이 전적으로 하시는 것으로서 인간의 의지와는 상관없이 일어나는 것이다. 바로 이 중생의 역사가 죄로 인해 죽어 있는 인간의 심령 속에 일어나야 그는 죄를 회개하고 예수를 구주로 영접하게 되는 것이다. 그러므로 인간은 예수를 믿어서 거듭나는 것이 아니라 거듭났으므로 죄를 각성하고 회개하여 예수를 믿게 되는 것이다. 이 중생의 역사에 있어서 인간은 전적으로 수동적이며, 성령 하나님이 주도적으로 역사 하신다(Palmer 1974, 82-84).

이렇게 성령 하나님에 의해 한 인간의 영혼 안에서 생명의 역사가 작동하게 되어 그가 죄를 회개하고 예수를 구주로 영접한 이후에 비로소 시작되는 것이 성화이다. 중생이 단번에 신비한 방식으로 이루어지는 것이라면, 성화는 성도의 삶 속에서 점진적으로 평생에 걸쳐 이루어지는 것이다. 또한, 이 성화는 전적으로 성령님이 주도적으로 일하셔서 일어나는 중생과는 달리 전적으로 성령님의 일이며, 또한 전적으로 인간의 일이기도 하다(Palmer, 1974, 93-96). 이것은 다른 말로 하면, 성화는 신인 협력의 과정으로서 삼위일체 하나님의 사역에서와 같이 온전한 연합이 성령님과 성도 사이에 형성될 때 가장 효과적으로 진행되는 것임을, 또한 그 성화의 사역을 성령님께서 인간 교사를 사용하여 이루어 가실 수 있음을 함의하는 것이다.

그렇다면 이렇게 평생을 거쳐 성도의 삶에서 성령 하나님과 인간의 동역으로 점진적으로 이루어지는 성화가 도달하고자 하는 목적지는 어디일까? 그것은 기독교교육이란 무엇인가에 대해 가장 적절한 은유 가운데 하나라고 할 수 있는 '회복'으로 설명될 수 있을 것이다(한춘기 2005, 34). 즉, 성화의 목적이나 기독교교육이 추구하는 바는 인간 안에 죄로 인해 파괴된 하나님의 형상이 회복되는 것이라는 점이다. 또한, 그 하나님의 형상이 가장 온전하게 예수 그리스도를 통해 보여졌기에 성화나 기독교 교육이 동일하게 목적으로 추구하는 인간상은 예수 그리스도를 닮아가는 것이라고 할 것이다(Allison, 2008, 217).

교사로서의 삼위일체 하나님의 사역을 지금까지의 논의에 기초해서 정리하면 다음과 같다. 하나님이 인간을 하나님의 형상으로 창조하셨다. 인간은 하나님의 영광을 위해 살고, 그 분의 영광을 드러내야 할 존재였다. 하지만 인간이 죄로 인해 타락하게 되고 하나님의 형상이 왜곡되었다. 그들은 자신의 정체성을 알지 못하고, 잘못된 삶의 목적을 추구하게 되었다.

예수 그리스도는 죄 가운데 죽어가는 그 분의 백성들의 죄를 대신 지고 죽으셨다. 죽음을 이기고 다시 살아나셔서 그 분의 죽음이 자신의 죄로 인함이 아닌 것을, 또한 그 분은 하나님이어서 죽음이 그 분을 가두어 둘 수 없음을 분명하게 보이셨다. 그뿐만 아니라 온전한 하나님의 형상이 무엇인지를 보이사 하나님의 백성들이 어떻게 변화되어가야 하는지에 대한 명확한 인간상을 보이셨다.

성령 하나님은 예수 그리스도께서 이루신 구원이 하나님의 백성들의 것이 되도록 하신다. 죄로 인해 죽어 있는 심령들 안에 생명을 불어넣으사 예수 그리스도를 바라고 믿게 하신다. 물론 인간은 하나님에 의해서 지어졌지만, 인격체이므로 죽어 있는 영혼 안에 성령님이 생명을 불어넣으시면 자신의 선택과 결단에 의해 예수 그리스도를 구주로 믿고 따라야 한다.

우리가 흔히 말하는 성화는 교육적인 용어로 설명하면, 온전한 하나님의 형상이신 예수 그리스도를 더욱 긴밀하게 닮아가는 과정이라고 말할 수 있다. 그뿐만 아니라 그 분을 닮아가는 것이 삶의 모든 영역으로 확대되어 가는 것이라고 할 수 있다. 교회나 가정만이 아니라 직장에서도 그 분을 더욱 닮아가는 삶을 살아내는 것이다. 즉, 성화는 예수 그리스도를 닮아가는 깊이와 너비가 평생을 거치면서 자라가는 것이다.

Ⅵ. 영화, 삼위일체 하나님의 교육 사역의 종점

삼위일체 하나님이 그 분의 백성들을 변화시키는 교사로서의 사역이 성화의 과정에서 종료되는 것은 아니다. 그것은 성화의 과정을 거쳐서만은 삼위일체 하나님이 그 분의 백성들을 변화시키는 일의 목적, 예수 그리스도를 온전하게 닮는 일이 성취되지 않기 때문이다. 그 일의 온전한 성취는 성화가 아니라 영화를 통해 이루어진다. 즉, 영화를 통해 성도들은 몸과 영혼이 모두 예수 그리스도를 온전하게 닮게 되는 것이다(Demarest, 1997, 474).

실상 그리스도인들은 이 땅에서 살아가는 동안 다양한 수준의 영적 성숙도를 나타낸다. 하지만 그들은 결코 도덕적으로, 영적으로 완벽함에 도달하지 못한다. 하지만 예수님이 다시 오실 때는 단번에, 몸과 영혼이 모두, 그리고 영원히 예수 그리스도를 온전히 닮게 되고, 그러한 상태로 하나님 나라에서 거할 수 있게 되는 것이다(Demarest, 1997, 472-74). 그러므로 삼위일체 하나님의 그 분의 백성을 향한 교육의 목적은 이 영화를 통해 온전히 성취된다고 할 것이다.

그렇다면 누군가는 질문을 제기할 수 있다. 영화를 통해서 예수 그리스도를 온전히 닮게 된다면, 최초의 하나님의 형상으로 지어진 아담은 "죄를 짓지 않을 수도 죽지 않을 수도 있었지만"(able not to sin and die) 영화롭게 된 성도들은 "죄를 지을 수도 없고 죽지도 않는"(not be able to sin and die) 상태가 된다면(Hoekema, 1986, 91-94), 기독교교육의 목적은 최초의 하나님 형상으로의 회복이 아니라 영화로운 상태의 도달이 되어야 할 것이 아닌가 하는 것이다.

여기에 대해서는 이렇게 말할 수 있다. 성도들이 영화롭게 되는 것은 기독교교육자들이 소망하는 것이지만, 그들이 노력한다고 도달할 수 있는 상태는 아니다. 그것은 온전히 예수 그리스도께서 다시 오셔야 이루어질 상태이다. 그러므로 이 땅에서 성령의 역사 가운데 그리스도인 교사들이 추구해야 할 인간 변화의 목적을 최초 인간이 가지고 있었던 하나님의 형상으로의 회복이라 하여도 큰 문제는 없다. 물론 그 상태도 기독교교사를 통해서 이 땅에서 완벽하게 이루어질 수 있는 것은 아니지만, 기독교교육이 이정표로 삼고 나아가야 할 더 구체적인 목적이라고 할 것이다.

Ⅶ. 삼위일체 하나님의 동역

우리는 지금까지 창조가 성부 하나님의 사역, 구속이 성자 하나님의 사역, 실제적인 구속의 적용(중생과 성화)과 성도의 변화가 성령 하나님의 사역이신 것임을 확인할 수 있었다. 하지만 이렇게 간략하게 도식화시켜서 말할 수 없는 면이 있다. 가령, 예를 들어 창조의 사역에 삼위일체 하나님이 모두 참여하신 것을 성경이 증거하기 때문이다. 즉, 창세기 1장 전반에 걸쳐 창조가 성부 하나님의 사역임을, 또한 요한복음 1장 3절은 그 창조가 성자 하나님으로 말미암아 이루어졌음을, 그리고 성경의 몇몇 구절들(창 1:2; 시 104:30; 욥 26:13)은 그 사역이 성령 하나님으로 인해 성취된 것으로 말씀하고 있다. 그러므로 창조의 사역에 삼위일체 하나님께서 다 같이 관여하셨다고 말할 수 있다(이승구, 2003, 113).

이 창조의 일에서와 마찬가지로 영화의 일에서도 삼위일체 하나님은 모두 참여하신다. 예를 들어, 로마서 8장 30절은 성부 하나님이, 빌립보서 3장 20절과 21절은 성자 하나님이, 로마서 8장 11절은 성령 하나님이 하나님의 백성들을 영화롭게 하심을 보여준다. 이것은 비록 삼위일체 하나님 가운데 창조와 구약 시대 이스라엘 백성들을 다룸에 있어서 성부 하나님이, 구속을 성취하는 일에 있어서 성자 하나님이, 그리고 성취하신 구속을 성도들의 삶에 적용시키고 그들이 성화를 거쳐 영화에 이르기까지 성령 하나님이 주된 역할을 하시긴 하지만(Palmer, 1974, 17), 역사의 시작이 되는 창조와 그 시간의 종점이 될 영화에 삼위일체 하나님이 모두 참여하시는 것은 인간의 창조에서 영화에 이르는 그 분의 백성의 구속의 과정, 다른 말로 하면 교육의 과정이 삼위일체 하나님의 역사임을 말해준다고 할 것이다.

VIII. 교사로서의 삼위일체 하나님의 사역의 교육적 적용점

성부 하나님은 이미 창세 전에 그 분의 백성을 택하셨고, 역사의 시작과 함께 그 분의 형상을 따라 인간을 창조하셨다. 그리고 때가 되매 죄로 인해 타락한 백성들을 구속하시기 위해 성자 하나님이 육신을 입고 이 땅에 오시어 하나님의 뜻과 계명에 온전히 순종하시므로 죄 없는 의로운 삶을 사셨고, 십자가에서 죄인을 대신하여 대속 제물이 되시어 구속을 성취하시었다. 이 구속을 성도들 각자에게 적용하시고, 그들을 하나님의 온전한 형상이신 예수 그리스도를 닮아가게 하시는 일을 성령 하나님이 감당하신다. 그리고 삼위일체 하나님은 최종적으로 영화의 과정을 통해 하나님의 백성들이 단번에, 온전하게, 그리고 영원토록 예수 그리스도를 닮게 하신다. 바로 이와 같은 하나님의 구속사는 교육의 목적, 예수 그리스도를 온전히 닮아가게 하는 것을 완벽하게 성취하는 과정이므로 교육사라고 보아야 무방할 것이며, 파즈미뇨가 담대하게 주장하는 바와 같이 삼위일체 하나님이 이 교육의 목적을 성취하시는 교사라고 할 것이다.

이처럼 교육의 목적을 성취하시는 교사로서의 삼위일체 하나님을 보게 될 때, 가장 먼저 기독교교육적으로 적용할 수 있는 점이 기독교교육은 인생 전반에 걸쳐 관심을 가져야 한다는 점이다. 만약 시간이라고 하는 것이 창조와 함께 존재하게 되었다면, 그리고 시간이라고 하는 것이 새 하늘과 새 땅이 임할 때 사라지는 것이라면, 창조 전에는 시간이 없었고 영원이 존재하였으며, 이후 영원한 하나님 나라에서도 시간이 사라지고 영원이 존재하게 될 것이다. 그렇다고 한다면 교사로서의 하나님은 이미 언급한 바와 같이 시작과 끝이 있는 역사 시대만이 아니라 영원에서 영원으로 이르는 시간대의 인간의 변화에 관심을 가지고 계신다고 할 것이다.

이에 기독교교육은 인간의 삶의 전영역대에 걸친 교육적 관심과 노력을 기울여야 할 것이다. 우리는 지금까지 너무나도 흔히 교육은 자라나는 세대의 것이며, 기성 교인은 상담이나 심방의 대상 정도로 생각해 왔다. 그렇지 않다. 장년 성도들도 계속해서 그리스도를 믿고 그분을 온전히 닮아가도록 교육받아야 한다. 그뿐만 아니라 오늘날과 같이 고령화가 급속도로 진행되는 상황에서 단순히 노년 성도들에게 친교와 휴식의 장을 교회가 마련하는 것만으로 만족하지 말고 그들이 계속해서 온전한 그리스도의 제자로 자라갈 수 있도록 교육 프로그램들을 제공해야 한다.

두 번째, 교사로서의 삼위일체 하나님이 교육 사역을 통해서 추구하시는 목적이 예수 그리스도를 믿어 구원받고 그 분을 온전하게 닮게 하는 것이며, 예수 그리스도를 닮아간다고 하는 것은 신앙의 영역만이 아니라 삶의 전체 영역에서 성취되어야 한다는 점이 강조될 필요가 있다는 점이다. 즉, 기독교 교육의 영역이 성경만을 교수하는 것이 아니라 하나님의 창조하신 세계 전체를 기독교적 세계관에 부합하게 가르쳐서 삶의 전 영역에서 예수 그리스도의 제자로 살아가는 다음 세대를 육성할 수 있도록 해야 한다는 점이다. 이는 기독교 교육의 영역이 교회에서만 머무르는 것이 아니라 삶의 전 영역으로 확대되어야 함을 말하며, 구체적으로는 하나님의 백성들이 기독교 학교 교육에 관심을 쏟아야 함을 함의하고 있다.

셋째로 삼위일체 하나님이 추구하시는 교육의 목적이 예수 그리스도를 닮아가는 것이며, 예수 그리스도를 닮아감이 삶 속에서 구체적으로 보여 질 수 있는 현장은 다른 어느 곳이 아니라 가정이며, 가정에서 그리스도인 부모들의 모습을 통해서 그 닮아감이 실제화되어 보여질 수 있기에 가정은 기독교교육 목적 성취에 있어서 가장 핵심적인 공동체라고 할 것이다.

교회에서 교사는 성경 말씀을 가르치고, 그 말씀을 따라 세상 속에서 어떻게 살아갈 것을 가르친다. 기독교 학교에서 교사는 성경 말씀에 부합하게 하나님이 지으신 세계에 대한 지식을 가르쳐서 이후 학생들이 하나님께 영광 돌리는 문화를 건설하는 일을 감당하도록 돕는다. 이 두 기관의 교사들의 주된 임무는 성경 지식이나 교과 지식 전달인 데 반하여, 부모들은 성경 말씀에 기초하여 어떻게 삶 속에서 하나님께 영광 돌리는 삶을 살 수 있는지를, 다시 말하면 세상 속에서 예수 그리스도를 닮아가는 삶이 어떠한 모습인지를 그들의 말과 행동으로 자녀들에게 보여줄 수 있다.

넷째, 기독교교육자는 기독교교육이 성령님과 기독교교사의 신인협력적인 작업이라는 사실을 알아야 한다(Pazmiño, 1997, 87). 죄로 인해 하나님의 영광이 아니라 마음의 정욕과 육신의 욕심을 쫓아 살아가는 사람들이 자신이 나아가는 방향을 바꾸어 하나님의 영광을 추구하게 되고, 더욱 하나님의 형상이 온전하게 회복되게 하는 일은 성령님이 하신다. 그 분이 죄로 인해 죽어 있는 영혼들을 거듭나게 하셔서 삼위일체 하나님의 실재를 깨닫게 하시고, 하나님의 영광을 위해 살고자 하는 소원을 다시금 회복시켜 주시는 것이다(Grudem, 1999, 300). 이에 기독교 교사들은 성령님의 도우심을 간구하는 가운데 가르치는 사역을 감당해야 하는 것이다.

그리고 기독교교육이 그 관심을 교회에만 둘 것이 아니라 하나님이 창조하신 세계를 기독교적 세계관으로 가르치는 학교 영역에도 관심을 쏟아 삶의 전 영역에서 하나님께 영광 돌리는 문화를 건설하는 학생을 길러내야 한다면, 국·영·수와 같은 일반 교과를 가르치는 일에 있어서 성령님의 역할에 대한 이해도 가져야 한다. 성령님은 중생한 하나님의 백성들이 세속 사상이나 이론을 통해 얻은 지식을 기독교 신앙에 합당하게 사용할 수 있도록 그들의 마음과 생각을 조명해 주신다(Holmes, 1977, 123).

이러한 관점에서 보자면, 기독교 교사들은 교과에 대한 지식만을 가지고 있는 사람이 아니라 그 지식을 소유한 사람이 어떻게 사는 것이 하나님께 영광 돌리는 것인가를 알고 그 지식을 삶에 적용하여 그대로 살아내는 사람이어야 한다. 즉, 그는 세속 사상 가운데서도 하나님의 실재를 인식하며, 하나님의 뜻에 합당하게 세속 사상이나 이론을 통해 얻은 지식을 삶에 적용하여 하나님께 영광 돌리는 문화를 건설하는 일에 참여하는 자인 것이다. 그는 그러므로 성령님의 조명하에서 세속 학문 가운데서도 하나님의 실재를 경험하기에 학문을 대하는 자세가 경건하며, 세속 학문에 대한 연구를 통해 깨달은 지식을 단순히 아는 차원에서 그치지 않고 배운 지식을 삶에서 적용하기에 그가 가르치는 교과는 단순한 지식의 조합이 아니라 다양한 삶의 경험과 실례들이 포함된 살아있는 지식이 될 것이다. 상기한 바를 기초하여 볼 때, 기독교 학교만이 아니라 기독교교육의 모든 현장에서 나타나는 하나님의 손길이 가장 구체적으로 보여지는 통로는 기독교교육자들이라고 할 것이다.

다섯째, 기독교교육자의 이 땅에서의 가장 큰 기대는 예수 그리스도의 재림이 되어야 한다는 점이다. 예수 그리스도의 재림을 통해 하나님의 백성들은 그리스도 안에서의 구원의 최종적 실현, 몸과 영혼이 영광스럽게 변화되어 온전히 예수 그리스도를 닮는 일이 일어나는 것이다(Demarest, 1997, 468). 즉, 예수 그리스도를 알게 하고, 그 분을 닮아가게 하는 것을 교육의 목적으로 하고 자신의 사역을 통해서 성령님의 임재가 나타나서 이 목적이 성취되길 간구하는 기독교교육자들은 그렇게 자신들이 추구하는 교육 목적이 예수 그리스도의 재림과 함께 이루어지기에 그 분의 재림을 대망하는 자여야 하는 것이다. 그 분의 재림을 통해 그 분의 백성들이 영화롭게 되며, 이후 삼위일체 하나님이 예비하신 모든 것을 누리게 될 때, 그들은 "눈으로 보지 못하고 귀로도 듣지 못하고 사람의 마음으로도 생각지 못"한 것들로 가득 찬 삶을 경험하게 될 것이다(고전 2:9).

여기에 더하여 예수 그리스도께서 다시 재림하시기까지 기독교교육자들의 소망과 기도는 그리스도께서 영으로 자신들의 가르치는 교육의 현장에 함께 하여 주시는 것이 되어야 한다. 인간 교사들이 성경 말씀을 전달하여 학생들이 지식적으로 그것을 알게 할 수는 있다. 하지만 그 지식이 심령 깊숙한 곳에 도달하여 믿음의 순종까지 이르게 하시는 것은 예수 그리스도의 영이신 성령님이 하시는 일이다. 인간 교사들이 성경적 세계관으로 하나님이 창조하신 세계를 그 분과의 관련 속에서 가르칠 수는 있다. 하지만 그 관계를 명확하게 보고 믿음으로 받아 하나님께 영광 돌리는 삶을 살기까지 성령님의 역사하심이 있어야 한다. 그러므로 인간의 온전한 하나님의 형상으로의 변화를 추구하는 기독교교사들의 소망은 예수 그리스도의 재림이 되어야 하며, 그 분이 육신으로 다시 오시기까지 그들의 소망과 기도는 그 분이 영으로 교육 현장에 강력하게 임하셔서 그 분을 더 잘 믿고, 온전하게 닮아가는 일이 효과적으로 일어나게 하시는 것이 되어야 한다.

교사로서의 삼위일체 하나님의 사역에서 찾을 수 있는 교육적 적용점 마지막은 팀 사역에 관한 것이다. 교사로서의 삼위일체 하나님은 팀으로 그 분의 백성들의 온전한 변화를 완벽하게 이루어 내신다(물론 그 완벽한 변화는 미래에 일어날 일이지만 우리는 믿음으로 그 분이 완벽하게 이루실 것을 지금 여기서 선언할 수 있다). 이 온전한 변화를 삼위일체 하나님은 팀을 이루어 달성해 가고 계신다. 이처럼 가정에서 교사가 되는 부모, 학교와 교회에서의 교사들은 서로 긴밀한 의사소통 속에서 자라나는 세대의 교육을 위해 지혜와 힘을 모아야 한다.

팀 사역과 관련하여 두 번째 적용점은 삼위일체 하나님의 세 위격은 서로의 사역에 협력하신다는 것이다. 삼위일체 하나님은 창조, 구속, 구속의 적용에 있어서 어떤 위격이 주관하시는지가 명확하게 드러난다. 하지만 세 위격은 서로의 사역에 협력·동참하면서 목적을 이루어 가신다. 이것은 명확하게 공유된 목적의 달성을 위해 주무부서(자)의 역할과 권위가 존중되면서 협업이 이루어질 수 있음을 보여주는 것이다.

팀 사역과 관련하여 세 번째 적용점은 팀 사역의 기본은 목적의 공유에 있다고 하는 것이다. 삼위일체 하나님은 분명한 역할 분담과 상호 협업의 적절한 조화 속에서 사역하신다. 그리고 그 사역을 통해 실현하고자 하는 목적에 조금의 이견도 없으셨기에 팀 사역에 있어서 갈등은 생길 수 없었다.

네 번째 적용점은 팀으로 일한다고 하는 것이 리더가 없어야 함을 의미하는 것은 아니라는 것이다. 예수님은 철저하게 성부 하나님께 순종하신다. 이것은 우리에게 팀 사역이라고 하는 것이 모두가 지도자가 되는 것이라고 받아들일 필요는 없다고 하는 점을 보여준다. 팀은 적절한 역할 분담과 그 역할에 대한 보상이 주어져야 한다. 그리고 팀을 효율적으로 이끌어갈 리더가 있어서 목적을 공유하고, 긴밀하게 의사소통하며, 분명하게 역할을 분담하고, 맡겨진 역할에 대한 적절한 권위와 보상이 주어질 때 사역의 효율성이 극대화된다. 그러한 팀 사역이 교육의 현장에서도 일어난다면, 그것이 가정이건, 교회이건, 기독교 학교이건, 어디가 되었던 소망하는 인간의 변화는 좀 더 효율적으로 일어나게 될 것이다.

IX. 나오는 말

기독교교육은 신학적 성찰을 통해 추구하는 목적을 찾는다. 그 목적을 성취하기 위해 계속 신학함으로 기독교교육의 근간이 되는 신념들을 형성해 나간다. 그런 면에서 기독교교육은 분명한 지향점을 신학적 성찰을 통해서 확인하고, 이것의 성취를 추구하는 실천신학이어야 한다고 할 수 있다.

기독교교육은 인간에서 출발한 실천신학이 아니라 하나님이 계획하시고 이루어 가시는 교육을 실제화하려는 실천신학이 되어야 한다. 감사하게도 하나님은 인간을 향한 교육의 목적이 분명하시며, 그 교육의 목적을 교사로서 성취하고 계시며, 또한 최종적으로 완성하실 것이다.

기독교교육에 있어서 교사는 바로 그 하나님의 교육 사역에 부름 받은 것, 그 사역에 동참하는 것을 영광스럽게 여기는 자이다. 또한, 그는 그의 가르치는 사역에 있어서 교과를 잘 이해하고 가르칠 뿐 아니라 성령 하나님의 도우심을 구하여 성령께서 그의 누추한 몸을 옷같이 입으시고 예수 그리스도를 닮은 교사로서의 모습을 나타낼 수 있도록 노력하여야 하는 자이다.

성자 하나님은 구속의 사역을 이루시고 승천하시기 전에 "모든 것을 가르쳐 지키게 하라"는 명령과 "세상 끝날까지 함께 하시겠다"는 약속을 주셨다(마 28:18-20). 이 교육의 명령과 동행의 약속은 성령 하나님의 이 땅에서의 사역으로 말미암아 성취되고 있다. 이러한 성령 하나님의 역사가 나타나는 교사는 학생들이 기독교교육의 목적을 머리로만 알게 하는 사람이 아니라 맛보아 알게 하는 자라 할 것이다.

| 참고문헌 |

이승구 (2010). 『기독교 세계관이란 무엇인가?(개정판)』. 서울: SFC 출판부
김웅기, "교육이 목적하는 인간상 중심의 교육 개념."「복음과 교육」6(2010): 80-104.
_____, "기독교교육과 신학의 통합."「기독교교육연구」21(2012): 48-66.
_____, "교사로서의 삼위일체 하나님."「기독교교육연구」21(2012): 68-90.
한춘기 (2005). 기독교 교육신학 [1]. 서울: 기독한교.
_____, "'하나님 형상'의 기독교교육적 함의에 대한 연구."「總神大論叢」제24호 (2004): 130-146.
Allison, Gregg R., 2008. Salvation and Christian Education. In *A theology for Christian education*. Estep, James R., Michael J. Anthony, and Gregg R. Allison, 200-231. Nashville, TN: B&H Publishing Group.
Demarest, Bruce. 1997. *The cross and salvation*. Wheaton, IL: Crossway Books.
Estep, James R., Michael J. Anthony, and Gregg R. Allison. 2008. *A theology for Christian education*. Nashville, TN: B&H Publishing Group.
Grudem, Wayne. 1994. *Systematic theology*. Leicester, England: Inter Varsity Press.
_____. 1999. *Bible doctrine: Essential teachings of the Christian faith*. Grand Rapids, MI: Zondervan.
Hoekema, Anthony A. 1986. *Created in God's image*. Grand Rapids, MI: Wm. B. Eerdmans Publishing Co.
Holmes, Arthur Frank. 1977. *All truth is God's truth*. Grand Rapids, MI: Wm. B. Eerdmans Publishing Co.
Lloyd-Jones, Martyn. 2003. *Great doctrines of the Bible: God the Father, God the Son, God the Holy Spirit, the Church and the last things*.

Wheaton, IL: Crossway Books.

Palmer, Edwin H. 1974. *The person and the ministry of the Holy Spirit.* Grand Rapids, MI: Baker Book House.

Pazmiño, Robert W. 1997. *Foundational issues in Christian education: An introduction in Evangelical perspective.* 2nd ed. Grand Rapids, MI: Baker Books.

_____. 2001. *God our Teacher: Theological Basics in Christian Education.* Grand Rapids, MI: Baker Academic.

Pearcey, Nancy R., 2004. *Total truth: Liberating Christianity from its cultural captivity.* Wheaton, IL: Crossway Books.

성경 교수-학습의 중핵
: 전개 단계를 중심으로

박 종 석
서울신학대학교 교수

I. 들어가는 글

한국교회가 위기라고 한다. 여러 가지 이유가 있을 것이다. 우선 인구가 줄었다. 교회에 나올 수 있는 사람들이 원천적으로 감소했다는 것이다. 교계에서는 그 원인을 내부에서 찾는다. 지도층이 문제라고 한다. 최근 한 조사에서는 그것을 구체적으로 목회자의 윤리 도덕성 문제로 보고 있다. 다시 말해 언행일치가 되지 않는다는 것이다.[1] 이것은 교인들의 경우도 예외는 아닐 것이다. 기독교윤리실천운동에 의한 한국교회의 사회적 신뢰도 여론조사가 그 같은 사실을 반증한다. 이에 따르면 2017년 현재 한국교회에 대한 전반적 신뢰도는 20.2%로 지난 10년간 조사에서 계속해서 20%대 이하의 낮은 수준에서 벗어나지 못하고 있다.[2]

한국 교회 침체에 대해서는 그 원인이 무엇인지에 대한 다양한 의견들이 제시되었다. 문제는 침체를 어떻게 극복해야 할 것인가인데, 이에 대해서는 만족할 만한 대답을 듣기 어렵다. 대부분의 극복 방안

---

1 대한예수교장로회 통합측 기관지인 〈한국기독공보〉의 2016년 총회 대의원 인식조사, 〈한국기독공보〉(2016.01.21.)
2 http://trusti.tistory.com/1349

은 형식적이고 원론적이다. 교회 침체의 원인이라고 지목되는 내용에 대한 깊은 반성이 없기 때문이다.

필자는 한국 교회 침체 원인의 근저에 있는 것은 바로 말씀에 대한 무지와 말씀에 대한 실천의 결여라고 생각한다. 목회자들이 윤리 의식이 부족하다는 것은 결국 말씀대로 살지 않는다는 것이며, 교회의 사회적 봉사 부족 역시 이웃 사랑이라는 말씀을 외면한 데 있다. 한국 교회가 회복되기 위해서 단 한 가지 할 일이 있다면 그것은 말씀으로 돌아가 그것을 행동으로 옮기는 것이다. 말씀의 회복은 구호를 외친다고 이루어지는 것은 아니다. 그것은 순종하는 마음은 물론, 많은 시간과 노력이 소요되는 일이다. 이와 같은 입장에서 이 글은 말씀으로 돌아가 그 소리를 듣기 위한 구체적 방안을 제시하고자 한다. 그 내용은 새로운 것이 아니다. 이미 기독교 교육학에서 다수 언급되는 내용들이다. 다만 여기서는 그것들을 종합해서 정리함으로써 가르치고 배우는 이들에게 유익을 주고자 한다. 그것도 일반적으로 교수-학습 단계로 여겨지는 도입-전개-정리에서 앞뒤를 제외하고 전개 부분에 집중하려고 한다. 말씀을 직접 다루는 전개 부분이 제대로 진행된다면 그에 걸맞은 도입과 정리는 자연스레 따라오리라는 생각 때문이다.

II. 성경 본문을 대면하는 전개 단계

성경 교수-학습 진행의 두 번째 단계는 전개이다. 전개는 실제 성경 교육이 진행되는 단계로 가장 중요한 단계이다. 교수-학습이 아무리 훌륭하게 진행된 것 같아도 성경의 내용을 다루는 이 부분이 소홀히 다루어졌다면, 교수-학습은 이루어지지 않았다고 해도 지나친 말은 아닐 것이다. 전개 단계가 효과를 거두기 위해서는 두 가지에 유념해야 한다. 첫째, 목표에 따라 성경의 내용을 재구성해야 한다. 성경 본문을 목표라는 관점에서 관련이 있는 내용만 남기고 직접 관련 없는 내용은 생략한다. 반면에 목표와 관계된 내용이라고 생각되면 그 부분을 확대한다. 이렇게 해서 목표를 이루기 위해 성경의 내용이 재구성될 수 있다. 둘째, 성경 본문을 직접 대면하도록 해 주어야 한다. 성경 교수-학습이 지나치다 싶을 정도로 교사의 일방적인 수업으로 진행되는 경우가 많은 듯하다. 그럴 경우, 학습자들이 할 일이라고는 그저 소위 예의 바른 태도로 조용히 듣는 것이 고작일 것이다. 그 결과 학습자들은 성경으로부터 직접 하나님의 말씀을 듣기보다는 교사에 의해 한 번 걸러진, 잘못 해석된 말씀까지도 받아들여야 하는 처지에 처하게 된다. 그러므로 교사는 학습자와 함께 본문을 읽어나가는 방식으로 수업을 진행해야 할 것이다.

성경 교수-학습의 두 번째 단계인 전개 단계는 사실상 소개라는 하나의 성격을 갖는 도입 부분과 달리 성경 본문을 상대하는 내용과 성경 본문을 학습자와 연관시키는 내용으로 구분된다. 그러니까 명목상의 단계는 하나지만 사실은 두 가지 단계로 보아야 한다.

1. 성경 가르치기

로렌스 O. 리처즈(Lawrence O. Richards)는 성경 교수를 낚싯바늘(Hook)-성경책(Book)-눈(Look)-손(Took)의 네 단계로 말한다.[3] 이 중에서 전개 단계에 해당하는 단계는 '성경책'의 단계이다. 이 단계에서는 학습의 주제가 탐구되고 설명된다. 기독교교육에서 수업의 목적은 하나님의 말씀인 성경을 가르치는 것이다. 성경은 교육의 내용으로서 모든 성경의 목적은 학습자를 그리스도께로 인도하는 데 있다. 학습

---

3 Lawrence O. Richards, Creative Bible Teaching, 권혁봉 역,『창조적인 성경교수법』(서울: 생명의말씀사, 1972), 126-132.

자에게 성경을 가르쳐 예수의 삶과 복음에 접붙여야 한다. 성경의 어느 부분을 교수하든 그것은 단순히 제시하는 것이 아니라 흥미롭게, 그리고 하나의 경험이 되게 해야 한다. 그러기 위해서는 학습자들의 연령 수준과 그 나이에 맞는 방법을 사용해야 한다. 성경의 장면으로 인도하기 위해 드라마 방법을 사용할 수 있으며, 말씀을 심어 진리 가운데 자라나도록 성경 암기도 권해야 한다.

이 단계는 예를 들어, 성경의 이야기를 목표에 맞추어 각색하여 교사가 학습자들에게 들려줄 수 있다. 두려울 때 예수를 신뢰하도록 하는 것이 수업 목표이기 때문에 "'예수님이 주무실 수 있다면, 이 정도의 광풍은 별것이 아니다. 그리고 예수님이 주무실 수 있다면, 우리는 아무 염려도 없겠구나'라고 생각해야 한다"거나 "예수님이 우리와 함께 계시니 겁낼 필요가 전혀 없다. 앞으로 두려울 때 안심하고 예수님을 의지하자"는 성격의 말을 한다. 또는 성경의 내용을 말해보라고 하는 등 이야기를 숙지시킨 후, 질문을 통해 수업 목표를 향해 나아갈 수 있다. 예를 들어, "예수님이 배 안에 계셨는데도, 그의 친구들은 두려워할 필요가 있었을까?" 등의 질문을 할 수 있다. 그럴 경우, 학습자들은 "두려워할 필요가 없었다. 왜냐하면, 광풍을 그치게 하실 수 있는 예수님, 그래서 그들을 보호하실 수 있는 예수님이 그들과 함께 계시기 때문이다." 등의 응답으로 이끈다.[4]

토마스 H. 그룸(Thomas H. Groome)은 성경 교수를 "하나님의 통치"(The Reign of God)라는 개념을 중심으로,[5] 초점을 맞추는 활동

---

4 Ibid., 227-229.
5 이에 대한 간략한 소개는 Thomas H. Groome, "Reign of God," Iris V. Cully and Kendig Brubaker Cully, eds., Harper's Encyclopedia of Religious Education (San Francisco: Harper & Row, 1990), 543-545 참고.

(Focusing Activity)-제1 무브먼트(Movement)⁶: '현재 프락시스'(praxis)⁷를 이름 붙이고 표현하기(Naming/Expressing 'Present Praxis')-제2 무브먼트: 현재 행위에 대한 비판적 성찰 (Critical Reflection on Present Action)-제3 무브먼트: 기독교 이야기와 비전(성경과 전통)에 접근하기(Making Accessible Christian Story and Vision)-제4 무브먼트: 변증법적 해석으로 기독교 이야기와 비전을 참여자의 이야기와 비전으로 삼기(Dialectical Hermeneutics to Appropriate Christian Story/ Vision to Participants' Stories and Visions)-제5 무브먼트: 실천적 신앙을 위한 결단/응답(Decision/ Response for Lived Christian Faith)의 단계로 나누고 있다.⁸

이상의 단계에서 전개 단계에 해당하는 단계는 기독교 공동체의 이야기와 그 비전을 다루는 단계이다. 이 단계는 교사가 지금 다루고 있는 성경 연구 주제에 관해 성경과 전통이 어떻게 말하는지를 학습자들에게 제시하는 시간이다. 기도에 대해서라면 성경에서 어떻게 기도하고 있는지, 그리고 기독교공동체는 전통적으로 어떻게 기도해 왔는지 등에 대해 가르쳐야 한다. 그러니까 여기서는 성경의 내용만을 다루는 것이 아니라 성경과 전통이 함께 녹아있는 신앙공동체의 가르침

---

6 'movement'라는 말이 가장 일반적으로 적용되는 것은 소나타·교향곡·협주곡·실내악곡 등의 음악 분야에서이다. 이 곡들은 보통 3, 4 또는 그 이상의 악장으로 구성된 '다악장형식'을 취한다. 그러나 이들 악곡이 악장의 명료한 끊임새를 갖지 않고 계속되는 경우는 특히 1악장형식이라고 부르기도 하는데, 그룹의 용법에도 그와 같은 뜻이 담겨 있는 것으로 보인다. 즉 '무브먼트'가 본래는 제각기 완결적인 독립성을 갖고 있는 부분이지만 그것이 물 흐르듯 자연스럽게 흘러 전체로서 하나를 이루어야 한다는 의미이다.

7 '프락시스'는 일종의 '실천'(practice)으로 자연이나 사회에 작용하여 그것들을 변혁시키려고 하는 인간의 의식적·능동적 활동이다. 그래서 일반적으로는 '이론' 또는 '인식'에 대응되는 말로 쓰이지만, 그룸에게 프락시스는 교육의 목적인 하나님의 통치를 향한 하나의 운동이라 할 수 있다.

8 그룸의 교수-학습이론은 인지적 요소를 크게 강조한다. 그것은 아마 그가 받은 영향 때문일 것이다. 그의 이론적 근거는 파울로 프레이리(Paulo Freire)의 의식화 교육과 아리스토텔레스(Aristotle)와 위르겐 하버마스(Jügen Harbermas)의 인식 방법론에 두고 있다. Thomas H. Groome, Christian Religious Education: Sharing Our Story and Vision, 이기문 역, 『기독교적 종교교육』(서울: 대한예수교장로회총회교육부, 1980), 176-177.

에 주목한다. 교사는 현안의 중심 주제에 관한 기독교 공동체의 이야기와 그것이 요청하는 신앙적 응답을 학습자들에게 제시한다.

제3 무브먼트는 기독교 이야기와 비전을 이미 위에서 정한 주제와 또는 상징들에 적용하는 단계이다. 기독교적 이야기란 성경과 전통과 예식 등과 같은 것을 통하여 과거에서부터 현재까지 전승되어 온 신앙공동체의 삶을 상징하는 것이다. 기독교적 비전이란 기독교적 이야기로부터 유래된 것으로, 그리스도인들이 하나님의 통치를 실현시키기 위해 어떻게 살아야 하는지를 요구하는 것과 하나님의 우리에 대한 약속을 반영하고 있다. 기독교적 비전은 우리가 하나님의 통치를 위해 살 수 있도록 권능을 부여하고 또 살아야 한다는 것을 말해준다.

제3 무브먼트에서는 교사의 역할이 중요하다. 교사 활동의 핵심은 기독교 이야기와 비전의 관점들을 설명하고 해석하는 일이다. 그것은 구체적으로 기독교 이야기와 비전으로부터 '무엇을' 끌어내어 '어떻게' 그것에 학습자들을 접근시킬 것인가가 교사의 최대 관건이 된다. 그룹은 이 '무엇'과 '어떻게'를 정하는 데 도움이 되는 아홉 가지 원리를 말한다. 처음 세 가지 원리는 기독교 이야기와 비전에 접근해 가면서 기억해야 할 선이해에 관한 것이고, 다음 세 가지는 실제 본문을 해석하는 행위에 관한 것이며, 마지막 세 가지는 설명과 적용을 안내하는 원리들이다.

① 하나님의 통치는 기독교 이야기와 비전을 해석하는 가장 으뜸되는 준거이다. ② 우리가 사는 이 시대의 관점을 기독교 이야기와 비전을 해석하는데 동원한다. ③ 참여자들의 이야기와 비전으로부터 해석에 동원될 것을 찾는다. ④ 본문이 지닌 기독교 진리와 가치를 회상하는 해석학이다. ⑤ 의심의 해석학: 기존의 지배적 해석에 대한 오류와 제약을 의문시하고 거부한다. ⑥ 창조와 결단의 해석학: 현재의 이해와 경험을 초월한 '의미와 윤리'의 새로운 지평을 구성하고 재형성한다. ⑦ 모든 특정 본문의 해석은 기독교 이야기와 비전이 지닌 진리

와 가치의 연속이다. ⑧ 본문 설명의 정통성은 하나님의 통치의 결과들을 증진시킨다. ⑨ 공동체는 기독교 이야기와 비전이 바르게 설명되도록 하는 지침이다.

2. 성경으로부터 듣기

리처즈와 그룸이 전개에서의 활동을 교사가 성경을 가르치는 것으로 보는 데 비하여 월터 윙크(Walter Wink)는 성경으로부터 듣는 것으로 보고 있다. 윙크의 성경 연구 방식은 흔히 "변증법적 성경 해석"으로 알려져 있다. 이는 종래의 성경 연구가 지적으로 치우쳤던 것을 비판하며 정서적 차원을 고려해서 전인을 회복해야 한다는 의미이다(변증법적 전인 모델).

윙크의 문제 제기는 어째서 성서신학이 교회의 현장에 영향을 미치지 못하느냐는 것이었다. 한술 더 떠서 교회 현장으로부터 성서신학이 교회 현장과는 관계없는 문제들을 다루고 있다는 비판이었다. 그렇더라고 해서 교회 현장은 신자의 삶과 연관된 성경연구를 하고 있느냐 하면 또 그렇지도 않다. 자신의 교회 현장과 신자들의 삶의 자리와는 다른 문맥에서 쓰인 교재를 따라 그저 진도를 나가고 있을 뿐이다. 그리고 무엇보다 성서학이나 교회 현장 어느 것도 신자들의 삶의 변화와는 무관했다는 점이다. 그래서 윙크는 성서학의 연구 성과와 교회 현장의 요구가 결합하여 신자들의 삶의 변화를 초래하는 성경연구는 없느냐 하는 문제를 제기했다.

그는 삶의 변화를 추구하는 성경연구의 단서를 심리학,[9] 특히 뇌 연

---

9 윙크는 성경에 대한 심리적 접근이 유용함에도 불구하고 심리학적 해석은 본문의 의미나 동기를 파악하는데 자료가 부족하거나, 본문의 의미나 동기를 본문 안으로 깊숙이 들어가 파악하거나, 심리적 해석 외에는 달리 방법이 없을 때로 제한한다. Walter Wink, Transforming Bible Study: A Leader's Guide, 이금만 역, 『영성 발달을 위한 창의적 성경교육 방법: 인도자

구로부터 가져왔다. 윙크는 기존의 성경연구가 인지적인 성격으로 경도되어 있다고 생각하고 그래서는 삶의 변화를 일으킬 수 없다고 생각했다. 변화는 인지적인 것을 포함해 전인적이어야 한다. 그래서 윙크가 착안한 것은 두뇌의 기능이었다. 두뇌는 크게 좌뇌와 우뇌로 구성되어 있는데, 좌뇌는 주로 사고, 선택, 그리고 이성과 관련되며, 우뇌는 주로 직관, 감정, 그리고 상상과 관련이 있다고 한다. 이제까지 성경연구는 주로 이성을 주관하는 좌뇌에 의존했기 때문에 불완전했지만, 감성을 주관하는 우뇌와 연결되어야 한다는 것이다. 그렇다고 해서 양 뇌가 독립적으로 기능하는 것은 아니다. 중진 과업을 수행하는 데 있어서 양 뇌는 서로 협력한다.[10] 과학자들은 일반적으로 두뇌가 좌뇌에서 우뇌로, 우뇌에서 다시 좌뇌로 순환하며, 부분적인 것에 대한 조망에서 전체적인 것에 대한 조망으로,[11] 전체적인 것에 대한 조망에서 다시 부분적인 것에 대한 조망 등으로 기능한다는 사실에 주목한다.

윙크는 성경연구에서 성경을 종래의 머리로 하는 인지적 인식을 넘어 몸으로 하는 전인적 인식을 해야 변화가 일어난다고 말하는 것이다. 그가 성경연구에 좌뇌와 우뇌가 협응하는 전인적 접근을 하고자 하는 다른 이유 하나는 우리의 성경이 좌뇌로 쓰인 것 이상이라는 것이다. 예컨대 성경에 흔히 등장하는 은유, 이야기, 비유 등은 우뇌에 의해 쓰인 것이라는 것이다. 그래서 우리가 성경을 온전히 깨달으려면 좌뇌와 우뇌가 협응해야 한다는 것이다. 즉 좌뇌가 본문의 각 절을 분석해 주면, 우뇌는 본문 전체에 대한 종합적인 모습을 이해할 수 있게 해준다는 것이다. 구체적으로 우뇌적 방식은 마임, 역할극, 그리기,

---

용 지침서』 (서울: 한국신학연구소, 2000), 197.

10 Kenneth R. Pelletier, Toward a Science of Consciousness (New York: Delacorte Press, 1978), 96.
11 Wink, Transforming Bible Study, 31.

몸동작 등이다.

윙크의 성경연구의 성격을 "변증법적"이라고 하는 것은 이처럼 좌·우뇌를 통합하는 전인을 추구한 데서 비롯된다. 윙크는 학습 참여자의 직관, 감정, 정서, 상상력, 사유 등을 최대한 포괄적으로 활용하는 '변증법적 해석학'을 성경 교수-학습 과정에 도입한다. 변증법적 해석학은 무비판적인 광적 신앙의 횡포를 극복하고 동시에 성경 비평학이 빠질 수 있는 지성주의의 폐해를 넘어선다. 그는 교수-학습 과정에서 감각을 십분 활용함으로써 참가자의 사유 지평을 넓혀주고 교수-학습 참가자간의 상호 의사소통을 촉진한다.

3. 성경본문 비평 단계(critical cases)

'변증법적 해석학'이 추구하는 교수-학습의 목표는 전인적인 삶의 갱신에 있다. 갱신과정은 세 단계이다. 섞임 부정과 거리둠 부정, 오고 감의 단계를 거친다. 이것은 교수-학습의 장에서 다음과 같은 세 단계로 이루어진다.[12] 첫째, 성경 본문 비평(critical cases)의 단계이다. 여러 가지 성경비평(문학, 역사, 자료, 양식, 편집 비평 등)을 이용하여 학습자의 질문을 유발하면서, 그들의 편견을 제거하는 단계이다. 융해의 상태를 객관화시키는 단계이다. 둘째, 성경 본문 확대(amplification)의 단계이다. 본문으로 깊이 들어가 그 소리를 듣게 되는 단계이다. 이때 상상력이 발휘되어야 한다. 셋째, 적용 실습(application exercises)의 단계이다. 본문이 우리의 삶 가운데서 깊이 활동할 수 있도록 하는 단계이다. 여기서 본문과 통합적으로 관계를 맺게 된다. 이 이론과 실천적 차원에서 대응하는 단계들을 함께 연관 지어 살펴보도록 하자.

첫째, '섞임 부정의 단계'란 해석자가 성경 구절을 편견 없이 있는

12　Ibid., 35-40.

그대로 객관적으로 바라보는 것을 뜻한다. '섞임'(Fusion)[13]은 객체성과 주체성이 혼합된 상태인데, 이것은 현재까지 전해져 내려오는 전통을 가리킨다. '섞임 부정의 단계'는 이것에 대해 물음을 던지는 단계이다.[14] 그것은 있는 그대로의 성경을 보려고 하는 것인데, 그것은 가능할까. 그것은 해석자가 성경을 '본다'는 입장에 있는 한 불가능할 것이다. 그렇기 때문에 우선 성경을 있는 그대로 본다는 입장을 버리고 성경이 있는 그대로 '드러나도록' 하는 입장에 서야 할 것이다. 그것은 성경이 스스로 '말하도록' 하는 입장이라고 할 것이다. 그러나 성경이 말하려고 해도 또 우리가 그 소리를 들으려고 해도 우리가 이미 우리 안에 지니고 있는 어떤 내용들이 성경의 발언을 못 듣게 할 수도 있다. 그 같은 것들에는 문화적 내면 심리적 이미지, 전이해 등이 있다. 편견이나 선입견으로 작용할 수 있는 이 같은 내용들을 일단 고려하지 말아야 한다. 즉 본문을 일정한 간격을 두고 관찰함으로써 선입견 없이 이해하는 것이다. 선입견 없는 본문 이해란 곧 교회역사와 신학, 신조와 교리의 울타리를 벗어나 객관적으로 본문 자체에 귀 기울이는 것을 말한다. 중요한 것은 이것들이 성경의 음성을 듣지 못하게 방해하도록 하지 못하게 하려면 이것들의 기능을 무력화시켜야 한다. 그것은 일종의 편견들이 판단하지 못하도록 하는 중지시키는 행위라고 할 수 있을 것이다.

윙크는 섞임 부정과 거리둠 부정, 오고감의 단계의 세 단계를 심화하여 성경 교수-학습에 적용한다. 성경 본문 비평 단계, 본문 확대 단

---

13 이것은 종종 두 가지 것 이상이 합쳐져 있거나 섞여 있는 상태를 의미하는 '융합', '융해' 등의 용어로 사용되기도 한다. 이정효, 『현대성경교육론』(서울: 성광문화사, 1996); 김청봉, 「성경교수-학습의 해석학적 패러다임: 월터 윙크(Walter Wink)의 변증법적해석학을 중심으로」 박사학위논문 (오산: 한신대학 신학대학원, 1992), 20.
14 Wink, Transforming Bible Study, 19-25.

계, 적용 활동 단계가 그것이다.[15] 이 '섞임 부정의 단계'는 성경 교수-학습에서는 '성경 본문 비평 단계'에 해당한다. '성경 본문 비평 단계'란 성경 구절이 뜻하는 본래의 의미를 찾고 본문을 비판적으로 관찰하여 토론 거리를 끌어내는 것을 말한다. 본문 비평 단계는 객관적 성격을 지닌다. 개인의 생각이나 의견을 주장해서는 안 된다. 오직 성경 본문이 말하는 것을 듣는 단계이다. 느낄 수 있는 마음이 아닌 생각하는 차가운 머리로 듣는 단계이다. 이때 문학비평, 역사비평, 자료비평, 양식비평, 편집비평 등을 참고로 한다. 이 단계가 실제 성경 교수-학습 상황에서 어떻게 진행되는지 보자.[16]

Leader: 여행자는 어디로 가는 중이었나? (예루살렘에서 여리고로 내려가고 있었다. 예루살렘은 해발 2,300피트에 위치해 있고, 여리고는 해발 1,300피트 아래에 위치해 있다. 두 곳의 차이는 무려 3,600피트나 된다. 여리고는 세계에서 가장 낮은 곳에 위치한 도시이다.)

L: 제사장은 어느 길로 가고 있었나? (아래로. 사람은 항상 예루살렘으로 올라가고, 그곳으로부터 내려오는데 그 이유는 예루살렘이 시온산 위에 있기 때문이다. 마 10:32)

L: 그런데 제사장의 여행 목적은 무엇이었나? (거기에 대해서 우리는 정확히 모른다. 왜냐하면, 이 이야기는 우화이지 신문 기사처럼 실제로 일어났던 일이 아니기 때문이다. 하지만 우리는 적어도 그가 성전으로 가는 길은 아니었다고 말할 수 있다. 왜냐하면, 그는 여리고로 향하고 있었기 때문이다. 그리고 그는 성전에서 직무를 수행하고 있었다고 말할 수 없으며, 혹은 중요한 종교적 임무를 수행하기 위해 가는 중이었다고 말할 수 없다. 성직자의 봉사는 24개의 단위로 나

---

15 Ibid., 44-50.
16 아래의 내용은 선한 사마리아인의 비유를 본문으로 윙크가 진행한 내용이다. Walter Wink, "The Parable of the Compassionate Samaritan: A Communal Exegesis Approach," Review and Expositor 76 (1979), 199-217.

뉘어 있어서, 거기에 속한 각각의 그룹은 일 년에 두 번, 7일 동안 성전에서 제사와 축제를 담당한다. 대부분의 제사장들은 여리고에 살았으며, 따라서 그는 아마도 그의 의무 기간이 끝나 집에 가는 중이었을 것이다.)

L: 강도 만난 사람은 거의 반쯤 죽어 가는 것으로 묘사되고 있다. 만약 그 사람이 제사장의 품에서 죽었다면 제사장에게는 어떤 결과가 일어났겠는가? [그는 시체를 만졌기 때문에 7일 동안 부정하다고 여겨졌을 것이다(레위기 19장). 하지만 레위 사람이나 사마리아 사람[17]도 마찬가지였을 것이다. 하지만 제사장은 특별한 의무를 갖고 있다.]

L: 레위기 21장 1-3절을 읽어보면 뭐라고 말하고 있는가? (제사장은 아내를 포함한 일가친척의 피를 제외하고는 어떠한 경우라도 죽은 사람의 시체를 만져서는 안됐다.) 고위직에 있는 제사장은 심지어 일가친척의 피조차도 만질 수 없었다(레 21:11). 만약 그렇게 한다면 그들은 평생 제사장 직분을 박탈당한다.

우리는 여기서 실제적인 말씀을 다시 풀어보자.
L: 제사장은 왜 딜레마에 빠졌는가?
Response: 당신이 처음에 말했던 것처럼 만약 제사장이 그가 지켜야 할 의무를 잊은 채 시체를 만졌다면 그것 때문에 그는 자기 직책을 잃어버릴 것이다. 그건 아주 심각한 문제다.
R: 처음 듣는 이야기다.
R: 이야기를 이해하는 데 도움이 좀 될 것이다.
R: 우리는 제사장을 너무 냉정하거나 혹은 무자비하다고 생각해 왔다. 그리고 이와 같은 그의 행동이 너무 감정적이라고 생각해왔다.
…
R: 그는 선택권이 없었기 때문에 우리가 뭐라고 할 수 없다. 그가 희

---

17   사마리아 사람도 마찬가지로 토라의 명령이나 혹은 모세오경의 법아래 있는 사람이었다.

생자를 도와주면 자기 직업을 잃을 수도 있다. 그를 나쁜 사람이라고 몰아세워서는 안 된다.

...

단기 성경연구에서는 성경비평을 간단히 할 수 있고, 다양한 주장들이 충돌하는 본문일 경우에는 피해갈 수도 있다. 그러나 장기 성경연구에서는 해당 본문에 대해 성경 비평학의 내용을 소개할 필요가 있다.[18]

4. 질문

이 단계에서 중요한 교수 방식은 질문이다. 질문을 통해 성경의 본문이 왜 그런 식으로 형성되었는지에 대해 탐구해 들어간다.

바른 질문, 좋은 질문은 무엇인가? 그것은 특정 정보를 습득하는 것과는 본질에서 다른 것이다. 그것은 학습자가 딛고 있는 굳건한 토대의 기반을 파내어 위협을 느끼게 하는 것이며, 마침내 그것이 쓸모없는 토대임을 스스로 깨닫고 다른 것을 찾도록 전향시키는 일에 비유될 수 있을 것이다.[19] 이처럼 하기 위해 교사는 학습자의 지식체계, 신념체계를 포함한 그의 전인적 구조에 대해 부족감, 불일치, 당혹감, 혼란 등의 느낌이 일어나도록 해야 한다. 이것은 학습자와 '적절한 거리'를 두는 것이며, '적정 수준의 불일치'를 조장하는 것이며, '거리를 두는 전략'인 것이다.[20] 이것은 다음의 말과도 통한다.

---

18 Wink, Transforming Bible Study, 121.
19 양미경, "질문의 생성을 촉진하는 교육적 조건연구," 「교육학연구」 33:1(1995), 101-102.
20 Ibid., 102.

" … 예수는 질문에 답하기 위해 온 것이 아니라, 오히려 질문을 던지고자 왔다. 그는 인간 영혼을 안주시키기 위해 온 것이 아니라, 그 영혼을 자극하여 각성하게 하려고 왔다."[21]

실제적인 질문의 기술은 다음과 같다. 질문을 자주 하여 학습자의 관심과 수업 참여를 유도한다. 질문에 답변을 못 하는 학습자가 있으면 잘 답변할 수 있도록 단서를 제시해주어 스스로 답변할 수 있게 한다. 이는 학습자들의 관심을 높이고 질문에 대한 이해의 폭을 넓히는 데 도움을 줄 것이다. "예", "아니오"로 답하는 질문보다는 "어떻게 하면 될까?"식의 열린 질문을 하여 학습자들이 다양한 답변을 생각할 수 있도록 질문한다. 학습자의 긍정적인 측면을 강조하고 그들의 질문이나 대답을 비판하지 말라. 학습자의 모든 질문에 정직하게 답변한다. 학습자가 질문에 대답을 잘하지 못하고 주저할 때는 생각할 시간을 더 주겠다고 하고 다른 학습자의 생각은 어떤지 묻는다.[22]

효과적인 의사소통을 위한 교육적 기술은 다음과 같다. ① 학습자의 이름을 불러줌으로써 학습자 개개인에 대한 관심을 두고 있음을 표명한다. ② 학습자의 잘못된 행동을 나무라기보다는 잘 한 행동을 칭찬하라. 학습자들을 비판하거나 비웃지 마라. ③ 질문과 발표는 잘 하는 학습자만을 시킬 것이 아니라 모든 학습자가 참여할 수 있도록 유도하라. ④ 학습자의 개인차를 존중하라. ⑤ 교사가 원하는 정확한 답변을 하지 못한 학습자가 있을 때에도 그들의 생각을 칭찬해주어

---

21 W. Pierson Merrill, Christian Internationalism (New York: Macmillan, 1919), 42-43.
22 로버트 영(Robert E. Young)은 질문을 교사가 가르쳐 준 것을 학생들이 아는지의 여부를 확인하는 재생산적 질문, 교사가 파악하고 있는 것을 학생이 생각해내고 거기에 합류하도록 하기 위한 귀납적 질문, 그리고 교사가 어떤 이유 때문에 학생에 대해 무엇인가를 알 필요에서 하는 파악하기 등으로 나눈다. 진정한 질문은 교사가 학생을 담론에 끌어들이려는 담론적 질문이다. Robert E. Young, Critical Theory and Classroom Talk, 이정화·이지헌 역,『하버마스의 비판이론과 담론 교실』(서울: 우리교육, 2003), 197, 215.

친구들 앞에서 창피해하지 않도록 하라. ⑥ 자신의 실제 경험과 연계할 수 있도록 생활의 예를 재미있게 들려주라.

5. 성경과의 대화

리처즈에게 전개 부분의 두 번째 단계는 '눈'의 단계이다. 이 단계에서는 주제에 대한 적용이 광범위하게 탐색 된다. 이 단계의 목적은 성경과 학습자의 삶 사이에 다리를 놓는 것이다. 성경의 지혜와 능력을 학습자들이 일상에서 직면하는 문제들에 적용하는 것이다. 이를 통해 학습자들은 그리스도께서 그들을 개인적으로 돌보시는 살아계신 주님이심을, 그리고 그리스도의 방식이 그들의 일상생활과 연관이 있음을 이해하게 될 것이다. 교사는 학습자들과 복음이 그의 삶을 어떻게 변화시켰는지에 대해 나누거나, 학습한 성구를 현재의 삶에 어떻게 연관시킬 수 있는지 그룹토의 등을 할 수 있다. 예를 들어, 낚싯바늘 단계에서 학습자들이 두려워한다고 했던 내용들에 대해 그와 같은 경우에 예수께서 함께해 주심에 대해 토의를 할 수 있다.[23]

그룹에게 전개 부분의 두 번째 단계는 제4 무브먼트로서 기독교의 이야기와 참가자들의 이야기들 사이의 변증법적 해석이 이루어지는 단계이다.[24] 학습자들은 앞선 단계에서의 성경 내용과 기독교 전통 내용들을 통해 자신의 행위를 반성하게 된다. 예를 들어, 늘 기도해야 한다는 것을 배운 학습자는 잠잘 때와 식사할 때만 하던 자신의 기도가 잘못되었음을 알게 될 것이다. 그리하여 그는 앞으로 기도를 어떻게 해야 하겠다는 방향을 정하게 될 것이다.

이 단계에서 기독교의 이야기와 학습자들의 이야기들 사이의 변증

---

23 Richards, Creative Bible Teaching, 236-37
24 Ibid., 249-264.

법적 해석이 가해지고, 기독교 이야기와 비전의 자기화가 이루어진다. 학습자들은 기독교의 이야기를 그들 자신의 이야기들과의 변증법 속에서 그들의 삶에 적용하기 위하여 초대된다.

이 단계에서는 학습자들은 자신의 현재의 삶/프락시스를 비판적으로 이해한 것을 기독교 이야기와 비전에 비추어 변증법적으로 해석할 것을 요구받는다. 여기서 변증법은 그 본질상 대립의 통일, 양과 질의 통일, 부정의 부정(negation of negation), 이론과 실천의 통일이다. 적절한 변증법적 해석을 위해서는 다음과 같은 세 가지 질문에 대한 쌍방적 질문이 구체화되어야 한다. 첫째, 이 기독교 신앙의 상징은 나의 현재의 프락시스 중에서 어떤 것을 확인시키며 어떻게 그것의 진리와 가치를 인식하도록 돕는가?(확인-긍정) 둘째, 나의 현재 프락시스 중에서 무엇을 문제시하고 있으며 어떤 것을 기독교 신앙으로 판단하도록 요구하는가?(의문-부정) 셋째, 이 기독교 신앙 이야기는 나로 하여금 어떻게 현재 프락시스를 초월하여 하나님의 통치적 비전속으로 들어가 살도록 부르고 있는가? 그런 후에 학습자들은 다시 자신의 현재 프락시스로부터 기독교 신앙 이야기와 비전으로 이동하여 다음과 같이 묻는다. 첫째, 이 기독교 신앙의 상징으로부터 우리가 깨닫는 진리와 가치는 무엇인가? 둘째, 그 속에서 우리가 문제성이 있다고 보고 거부할 수도 있는 것은 무엇인가? 셋째, 우리가 하나님의 비전속에서 더욱 신실하게 살아가기 위해서는 이 이야기에 대한 우리의 이해를 어떻게 재형성해야 하는가?

자신의 삶과 기독교 이야기와 비전이라는 두 자원 사이의 변증법적 해석이란 참여자가 자신의 삶, 역사적 상황에 기독교 이야기와 비전을 적용해 보는 단계로서 그 결과 그 이야기와 비전을 자기화할 수 있게 된다. 자기화란 어떤 것을 자기의 조건이나 상황에 맞게 수용하고 조절하여 자기의 것으로 적정화시키는 것을 말한다. 그러니까 기독교 이야기와 비전을 자기의 고유한 정체성에 맞게 통합시켜 자기의 것으로 만드는 것이다. 기독교 이야기와 비전의 자기화를 통하여 참여자들은 자신의 삶과 그들 시대의 역사 현실이 어떻게 형성되는지 이해하고 판단하고 알 수 있게 된다.

6. 말씀 소화하기: 본문 확대 단계(amplification)

윙크에게 전인적인 삶의 변화를 위한 성경 교수-학습의 전개 부분의 두 번째 단계는 "거리둠의 부정" 단계이다. '거리둠'(Distance)[25]은 섞임에서 형성된 객관성이 극복되는 단계로서 객관적인 사실과 해석자의 주체와의 사이에 관계를 설정하는 단계이다.[26] '거리부정 단계'란 해석자가 과거 판단의 기준인 현재에 대해서 질문함으로써 1단계에서 획득한 객관적 사실과 관계를 맺는 것이다. 이때 부정에 대한 부정이 일어나며, 객관성을 부정하는 두 번째 부정을 시도함으로써 의미 있는 해석이 가능해진다. 객관적 의심을 통해 전통을 비판하고, 주관적 의심을 통해 현재를 비판함으로써, "섞임 부정"에서 형성된 객관성을 극복하는 것이다. 그 결과 본문과 해석자 사이에 관계가 이루어진다. 즉 본문이 학습자에게 객관적 대상이 아니라 의미 있는 말씀이 되는 단계라 할 수 있다.

"거리둠의 부정" 단계는 성경 교수-학습에서 '본문 확대 단계'로 적용된다. '본문 확대 단계'란 본문 속으로 깊이 진입하여 그곳에 등장하는 인물의 생각과 감정을 학습자들이 직접 경험하고 느끼는 것이다. 초연하게 본문을 바라보는 객관성을 넘어서서 본문 속 인물과 본문 해석자가 관계를 맺는다. 본문이 현실감 있게 느껴질 때까지 본문

25　이 용어는 '격의', '간격'이란 말로도 사용된다. 이정효, 『현대성경교육론』; 김청봉, 「성경교수-학습의 해석학적 패러다임」, 26.
26　Wink, Transforming Bible Study, 34-64.

과 대화한다. 본문 안으로 들어가는 것은 본문에 등장하는 인물에게만 해당하지 않는다. 본문 안에 나오는 상징, 이미지, 혹은 은유조차도 그것이 무엇인지 생생하게 체험하는 단계이다. 그러기 위해 요구되는 것은 상상력이다. 이 단계가 실제 성경 교수-학습 단계에서 어떻게 전개되고 있는지 살펴보자.[27]

L: 그럼 레위인은 어떤 사람들이냐? 그리고 사마리아 사람은? 그들에 대해서 알고 있는 것은 무엇인가? (주석을 보라) 맞다. 그럼 지금부터 우리가 직접 등장인물이 되어 보는 거다. 눈을 감고 우리 자신을 성경 본문에 나온 인물들이라고 상상해보자. 그럼 제사장부터 시작해보자. 당신은 지금 집으로 돌아가기 위해 예루살렘에서 여리고로 내려오고 있는 중이다. 그리고 돌이 많은 골짜기를 지나다가 길가에서 매를 맞아, 피를 흘리고 있는 벌거벗은 한 남자를 발견한다.[28]

당신은 그 사람을 발견했을 때 _____ 라고 느낀다(한 단어 혹은 구문으로 된 반응). 그리고 그냥 못 본 척하고 지나칠 때 당신은 _____ 라고 느낀다. 다음으로 레위인이 되어 보고, 상처 입은 사람, 그리고 사마리아 사람이 되어 차례대로 그 느낌을 말해본다. (각각의 경우 Leader는 장면을 연상할 수 있는 시각자료를 제공한다. 만약 그룹이 이러한 역할 놀이에 큰 관심을 가졌다면 마음으로도 해 볼 수 있다. 예를 들어 걸어가기, 공격하기, 도움을 청하기 등. 그런 다음에 각각의 역할을 해 본 소감을 이야기하도록 한다. 이런 식의 접근을 하는 이유는 바로 등장인물과 관계를 맺기 위해서이다.)

---

27 Wink, "The Parable of the Compassionate Samaritan".
28 이것은 일종의 역할극이다. 역할극은 전인적 변화를 위해 우뇌를 강조하는 윙크에게는 중요한 교육 방법이다.

…

자, 그럼 왜 사마리아 사람은 선을 베풀었을까?

R: 그는 사람들로부터 배척을 당하던 사람이고, 더는 잃을 것이 없었던 사람이었다.

R: 아니, 그 사람이 여관 주인에게 치료비를 주고 떠난 점과 그가 당나귀를 가지고 있던 상인이었던 것으로 보아 그는 적어도 중류층 정도 되는 사람이었을 것이다.

R: 글쎄, 그것은 하나의 비유이지 실제로 일어난 일이 아니다. 그리고 예수님이 말씀하려고 했던 것은 사마리아 사람들까지 포함하는 폭넓은 이웃의 범위에 대해서였을 것이다.

L: 하지만 그런 상황이라면, 왜 그는 "한 사마리아 사람이 예루살렘으로부터 여리고로 내려가다가 도둑을 만나 쓰러졌고, 제사장과 레위인은 그 곁을 지나쳐 갔지만, 어떤 선한 유대 율법사가 멈춰 서서 그를 도와주었다"라는 식으로 비유를 들지 않았을까요? 이렇게 바꾸는 것이 더 좋지 않겠는가? 도대체 우리에게 무엇을 말하고자 하는지 모르겠다.

R: 도움이 필요한 사람에게 도움을 주기 위해 몸을 굽히는 것. 즉 온정주의를 말하려고 했던 것은 아닐까?

R: 겸손이 아닐까? 자신들보다 낮은 계층에 속한 사람에게 손을 내민다는 것은 겸손이 아니겠는가.

L: 맞다. 높은 신분에는 그에 따르는 의무가 있는 것이다. 한 마디로 전형적인 기독교적 '사랑'이다. 그것이 바로 이웃을 나 자신처럼 사랑해야 한다는 뜻이다. …

…

L: 그리고 이것을 듣는 사람들이 갖고 있을지도 모를 인종에 대한 편견에 이 이야기가 어떤 영향을 준다고 생각하나?

R: 그들은 사마리아 사람을 닮아가려고 할 것이다. 그리고 상처를

입은 사람의 모습에서 그들 자신을 보게 된다.

L: 그것이 바로 예수님께서 사마리아 사람을 선택한 이유라고 설명할 수 있다. 하지만 앞에서 생각한 질문으로 돌아가서, 과연 그는 무엇 때문에 동정심을 가질 수 있었을까? (주석을 본다.)

R: 일단 그는 바로 그 장소에 있었다. 사마리아 사람은 그 사람이 갑작스럽게 강도를 만났다는 점과 누군가 멈춰 서서 자기를 도와주길 바라고 있다는 것을 알고 있었다.

R: 맞다. 상처 입은 사람을 볼 수 있는 것은 바로 상처를 입은 사람이다.

R: 우리 뒤에는 우리 자신을 사랑하듯 해야 할 이웃이 있다. 그가 다른 사람이 입은 상처를 사랑할 수 있었던 것처럼, 자신이 입은 상처 또한 충분히 사랑하고 있는 것이다. 그래서 사마리아 사람은 그를 받아들이고 이해할 수 있었다.

L: '동정심'이라는 단어의 글자 그대로의 뜻은 무엇일까?

R: 함께 느끼는 것이다.

R: 함께 고통을 나누는 것이다.

L: 그렇다면, 동정심이라는 관점으로 보았을 때, 우리들 모임에서 제안할 수 있는 것은 어떤 것들이 있을까?

R: 당신이 입장을 바꿔 그들과 같은 처지에 서보고, 그들에 대해 이해하는 것이다.

R: 그렇다면 내가 동정심을 갖기 위해 그처럼 모든 고통을 당해야 하는 것을 의미하는가? 만약 그렇다면 나는 그것을 받아들일 수가 없다.

R: 아니, 그렇지만 이러한 고통은 우리에게 그것이 무엇과 같은지를 생각할 수 있도록 도와준다.

R: 이렇게 말할 수 있을 것 같다. 나는 전문적인 의학교육을 받았지만, 최근에 내가 수술을 받은 후에야 비로소 병원의 환자들을 어떻게

대해야 할지 알게 되었다.

  …

  L: 왜 우리는 다른 사람들에게 다가가는 것이 어려울까? …

  R: 우리는 다른 차원에서 접근할 수 있을 것 같다.

  L: 지금, 이 모두를 왜 "선한 사마리아사람의 비유"라고 부르는 것일까? 이것을 "동정심을 베푼 사마리아 사람의 비유"라고 불러야 하지 않을까? 우리가 그를 "선한"이라고 말할 때 어떤 일이 일어날까?

  R: 어, 그러면 그는 착한 사람이었기 때문에 멈춘 게 된다. 그리고 그는 다른 사마리아 사람들과도 다른 사람이다.

  R: 그래. 그는 '선한 흑인'이다.

  R: 악한 유대인과는 정반대의…

  L: 그래서 (선한 사마리아인이라고 하면-필자) … '사마리아인들은' 선하게 그리고 유대인들은 "나쁘게" … 이런 식으로 꼬리표들을 붙일 수 있다. 이렇게 물어보자. 사마리아인은 선하기 때문에 멈춰 섰나? 아니면 그가 멈추었기 때문에 그가 선하다고 볼 수 있나?

  R: 그는 선하였기 때문에 멈춰 섰다.

  R: 아니, 그가 멈추었기 때문에 그 사람을 선하다고 할 수 있다. (토론을 잠깐 계속한다.)

  L: 그래. 어느 쪽인가? 나는 이것이 정말로 중요한 질문이라고 생각한다. 왜냐하면, 교회 안에서 우리가 동정심에 대해 어떻게 배우는지 추측할 수 있기 때문이다.

  …

  L: 그런데 왜 우리는 선한 사마리아인이 되도록 노력해야 하나?

  R: 그렇게 하면 천국에 갈 수 있기 때문이다.

  R: 중요한 것을 찾았다.

  L: 좋다. 그렇지만 우리가 구원을 받기 위해 선한 노력을 하고 있다면, 우리는 "내가 어떻게 해야 영생을 얻을 수 있겠습니까?"하고 질문

을 던진 율법사가 아닐까? 그리고 만약 그 대답이 내가 영생을 얻기 위해 선해져야 한다는 것이라면, 우리의 모든 악행들, 어두운 면, 죄 그리고 용납할 수 없는 것들을 모두 어떻게 해야 할까?
…

L: … 우리들은 비유의 본래 의미를 영생을 얻기 위한 뜻으로 바꾸어버린다. … 이와 관련해 프린스턴대에서 한 연구가 있다. 연구원들은 신학생들에게 이 비유를 읽어 주고 한 명씩 맞은편 건물로 가서 들은 비유를 말하도록 했다. 그 건물로 건너오는 시간을 정확하게 지키도록 했다. … 연구원들은 건물 사이에 초라한 옷을 입은 사람이 쓰러져 있도록 했다. 당연히 이 실험의 의도는 몇 사람이나 방금 들은 비유대로 그 쓰러진 사람을 돕느냐 하는 것이었다. 이 시험의 결과가 어떻게 나왔을 것 같은가?

R: 틀림없이 매우 부정적일 것이다.

L: 그렇다. 맞다. 단지 약 40% 정도만이 그 사람을 돕기 위해 걸음을 멈췄다. … 선한 사마리아인의 비유를 통해 그 가치관에 동참하는 사람들이라도, 방금 들은 비유가 머리에 남아 있더라도 동정심을 유발하는 상황에서는 동일한 반응을 보이지 않는다. … 성직자와 레위인들 또한 이웃 사랑의 율법을 갖고 있었다. 레위기 19장 18절에 다친 사람을 도와야 한다고 분명히 나와 있다. … 자비를 베풀라는 명령은 기독교인이나 유대인에게 아무 도움이 되지 않는다. … 그래서 어떻게 동정심을 키울 수 있느냐? (가 문제다.-필자)

III. 나가는 글

우리는 이제까지 성경 교수-학습을 전개 단계를 중심으로 이 분야의 대표적인 학자로 여겨지는 리처즈, 그룸, 윙크 등을 중심으로 살펴보았다. 여기에서 누락된 사람을 구태여 말한다면 한스-루에디 웨버(Hans-Ruedi Weber)가 있을 것이다. 웨버의 성경 교수방법은 특정한 단계나 순서가 있는 것이 아니다. 핵심은 성경이 구텐베르크 이후 읽는 책이 되었으므로 문자로서의 성경을 다양한 통로를 통해서 해방시켜야 한다는 것이다. 거기에는 답이 있다는 식의 신학적 억압으로부터의 해방 역시 포함된다. 성경의 해방은 다양한 시청각 방법으로 가능하며 그러한 방법을 통하여 성경의 말씀을 내 것으로 소화할 수 있다는 것이다. 웨버의 성경 연구는 인도자에게 다룰 주제나 본문에 대한 신학적인 많은 준비를 요구한다. 본문보다는 주제 위주로 다루기 때문에 크고 넓은 문맥에서 본문을 다루기에 그렇다. WBC에서 성경연구를 수십 년간 진행해온 웨버에게나 가능한 일인 것 같다.[29]

성경 교수-학습에서 귀납법적 성경연구는 도움이 될 수 있다.[30] 문제가 있다면 관찰-해석-적용의 세 단계에서 전개에 해당하는 부분의 해석에서 학습자의 자의적 해석 가능성이 짙다는 것이다. 물론 해석을 위해 전후 문맥을 살피는 일이 필수적으로 권장되지만 그럼에도 불구하고 그 관련성에 의미를 부여하는 것 역시 학습자의 주관이다. 그러므로 귀납법적 성경연구에서는 권하지 않지만, 성경 교수-학습 단계에서 성서학자들의 건전한 주석들의 도움이 긴요하다. 물론 주석

---

29 웨버의 성경연구 방법에 대해서는 Hans Ruedi Weber, Experiments with Bible Study, 정명기 역, 『실험적 성경연구』(서울: 웨슬레, 1986); 월터 라이스, "한스 웨버의 성경연구 방법론"상, 「기독교사상」 174 (1972.11), 108-117; 월터 라이스, "한스 웨버의 성경연구 방법론"하, 「기독교사상」 175 (1972.12), 142-149; 한스 뤼디 웨버, 이우정 역, 『성경연구 지도지침: 성경공부는 왜하며 어떻게 해야 하나』(재단법인 크리스챤 아카데미, 1972); 문희석, "한스 웨버의 성경연구 방법론", 「기독교사상」 182 (1974.2) 136-143; 민영진, "구약성경의 교육적 사용", 「연세대학교 연신원 목회자 하기 신학세미나 강의집」(1987), 197-212.

30 Kay Arthur, How to Study Your Bible, 프리셉트 편역, 『귀납적 성경 연구 방법』(서울: 프리셉트, 2005); Hans Finzel, Unlocking the Scriptures, 이종록 역, 『귀납법적 성경연구 실제: 성경 해석의 새로운 접근방법』(서울: 두란노서원, 1987); David R. Bauer and Robert A. Traina, Inductive Bible Study: A Comprehensive Guide to the Practice of Hermeneutics, 『귀납법적 성경 연구』(서울: 기독교문서선교회, 2014) 참고.

이전에 스터디 바이블을 참고하는 단계를 거쳐야 한다. 그래서 성경 공부를 학습자와 '함께' 해나가기 위해서는 학습자가 활용할 수 있는 스터디 바이블, 성경 사전, 성경 지도 등, 성경연구 자료들이 구비되어야 한다.

 성경의 말씀은 그 자체로 살아있어서 학습자를 변화시킨다. 물론 일회적이거나 우연적이 아닌 지속적 성경연구가 이와 같은 효과를 일으키리라는 것은 당연하다. 침체되어 가는 한국 교회는 올바른 성경 연구의 실천으로만 근본적으로 회복될 수 있다.

| 참고문헌 |

김청봉. 「성경교수-학습의 해석학적 패러다임: 월터 윙크(Walter Wink)의 변증법적해석학을 중심으로」 박사학위논문. 오산: 한신대학 신학대학원, 1992.

라이스, 월터. "한스 웨버의 성경연구 방법론"상. 「기독교사상」 174 (1972.11): 108-117.

_____. "한스 웨버의 성경연구 방법론"하. 「기독교사상」 175 (1972.12): 142-149.

문희석. "한스 웨버의 성경연구 방법론". 「기독교사상」 182 (1974.2): 136-143.

민영진. "구약성경의 교육적 사용". 「연세대학교 연신원 목회자 하기 신학세미나 강의집」 1987: 197-212.

양미경. "질문의 생성을 촉진하는 교육적 조건연구." 「교육학연구」 33:1. 1995: 95-116.

웨버, 한스-뤼디. 이우정 역. 『성경연구 지도지침: 성경공부는 왜하며 어떻게 해야 하나』. 재단법인 크리스챤 아카데미, 1972.

이정효. 『현대성경교육론』. 서울: 성광문화사, 1996.

Arthur, Kay. *How to Study Your Bible*. 프리셉트 편역. 『귀납적 성경 연구 방법』. 서울: 프리셉트, 2005.

Bauer, David R. and Traina, Robert A. *Inductive Bible Study: A Comprehensive Guide to the Practice of Hermeneutics*. 『귀납법적 성경연구』. 서울: 기독교문서선교회, 2014.

Cully, Iris V. and Cully, Kendig Brubaker. Eds. *Harper's Encyclopedia of Religious Education*. San Francisco: Harper & Row, 1990.

Finzel, Hans. *Unlocking the Scriptures*. 이종록 역. 『귀납법적 성경연구 실제: 성경 해석의 새로운 접근방법』. 서울: 두란노서원, 1987.

Groome, Thomas H. *Christian Religious Education: Sharing Our Story and Vision*. 이기문 역.『기독교적 종교교육』. 서울: 대한예수교장로회총회교육부, 1980.

Merrill, W. Pierson. *Christian Internationalism*. New York: Macmillan, 1919.

Pelletier, Kenneth R. *Toward a Science of Consciousness*. New York: Delacorte Press, 1978.

Richards, Lawrence O. *Creative Bible Teaching*. 권혁봉 역.『창조적인 성경교수법』. 서울: 생명의말씀사, 1972.

Weber, Hans-Ruedi. *Experiments with Bible Study*. 정명기 역.『실험적 성경연구』. 서울: 웨슬레, 1986.

Wink, Walter. *Transforming Bible Study: A Leader's Guide*. 이금만 역.『영성 발달을 위한 창의적 성경교육 방법: 인도자용 지침서』. 서울: 한국신학연구소, 2000.

_____. "The Parable of the Compassionate Samaritan: A Communal Exegesis Approach." *Review and Expositor* 76 (1979): 199-217.

Young, Robert E. *Critical Theory and Classroom Talk*. 이정화·이지헌 역.『하버마스의 비판이론과 담론 교실』. 서울: 우리교육, 2003.

전환학습이론에 대한 비판적 성찰 및 기독교세계관 형성에 관한 논의[1]

유 은 희
총신대학교 교수

Jack Mezirow의 전환학습이론은 최근 성인교육 분야에서 가장 많이 연구된 이론 중 하나이다. 이 이론은 인간이 의미를 이해하고 해석하는 존재이며, 의미의 해석이 학습에서 중요한 본질을 차지함을 가정한다. 사람들은 자신의 경험을 당연하게 여겨지는 참조의 틀(taken for granted frames of reference)을 통해 이해하고 해석하는데, 이 이론은 그 참조의 틀이 어떻게 변화되는가를 설명하고자 한다. 이러한 관심사 때문에 전환학습은 기독교교육에 기여할 많은 여지를 갖는다. 전환학습이 추구하는 관점의 전환(perspective transformation)은 기독교교육의 주된 관심사와 일치한다. 기독교교육은 행동만이 아니라 세계관의 변화를 추구하고 사람들이 삼위일체 하나님의 실제와 성경에 계시된 창조, 타락, 구속과 완성이라고 하는 우주적 이야기에 걸맞은 방식으로 세상을 지각하고, 인간 경험을 이해하며, 그들의 과거와 정체성과 사건들을 해석할 수 있는 기독교적인 참조의 틀(frame of reference)을 가질 수 있도록 돕는다. 세계관의 변화와 성화의 과정은 성령의 역사이지만, 마음의 습관과 관점의 변화를 설명하는 이론을 통해 얻을 수 있는 교육적 통찰이 있다.

---

[1] 전환학습이론에 관한 내용은 Journal of Christian Education & Technology 24권에 실린 논문 "Theological reflection on Mezirow's Transformative learning theory"의 번역임.

더불어, 전 세계적으로 일어나는 인구 및 문화의 이동과 섞임, 기술의 발달과 4차 산업혁명과 인공지능을 비롯한 현대 사회의 복잡성들은 기독교교육자로 하여금 그러한 변화가 사람들이 세상과 문화, 가치, 자신과 타인의 정체성에 대해서 가진 암묵적 전제에 어떠한 변화를 일으키고 있는지에 주목할 것을 요청한다. 포스트모던 사람들은 유동적이고 협상된 정체성을 가지고 살아가며 의미가 결핍된 조각난 경험들 속에서 길을 찾아 살아간다. 그러나 인간의 본성은 실제에 관한 포괄적인 설명을 갈망하며, 그러한 설명이 그들의 파편화된 것과 같은 경험들에 일관성과 의미를 부여해주기를 기대한다(Hiebert, 2008). 세계는 지구화되고, 다문화주의는 많은 갈등과 반향을 겪으면서도 여전히 중요한 가치로 옹호되고 있고, 이와 더불어 자국의 문화와 종교 및 이익을 중시하는 근본주의가 다시 활력을 얻고 있다. 변화하는 사회문화적 컨텍스트와 그 안에 경쟁하는 미묘한 세계관들이 가진 인간의 정신과 마음에 영향을 미치는 형성적 힘(formative power)에 대한 인식은 성인학습의 성격과 목적이 단순한 정보나 기술의 습득이 아니라, 우리 사회와 문화, 학교, 가정의 양육으로 인해 자신도 모르게 무비판적으로 동화되어 온 자연스러운 전제에 대한 비판적 성찰과 그 전제의 변화를 포함해야 한다는 Mezirow의 주장에 어느 정도 동의하게 한다.

그러므로 이 글의 가정은 전환학습이론이 기독교교육에서 성인학습에 중요한 공헌을 할 수 있고, 특히 사람들이 실제를 이해하고, 세계와 그 안에서 자신의 경험을 지각하고 해석하는 데 전제가 되는 가정을 어떻게 변화시킬 수 있는가를 이해하는 데 도움을 줄 수 있다는 것이다. 그러한 전제 위에서 이 글은 크게 세 가지 목적을 갖는다. 첫째는, Mezirow에 의해 시작된 전환학습이론의 초기 형태를 소개하고, 이 이론이 발전해 감에 따라 학자들이 그 이론의 약점을 비판한 내용들을 분석하는 것이다. 둘째는, Mezirow가 이 이론을 세웠을 때 가졌던 전제에 대한 신학적 성찰을 통해 올바른 이해 속에서 이 이론이 기독교교육자들에 의해 활용될 수 있도록 돕는 것이다. 마지막으로, 전환학습과 그 비판에서 얻어진 통찰을 통해 기독교 세계관의 형성과 세계관으로의 변화를 위한 몇 가지 기독교 교육적 제안을 하고자 한다.

I. Mezirow의 전환학습이론

Mezirow에 의해서 처음 시작되었지만, 전환학습이론과 그 이론을 토대로 한 경험적 연구는 다양한 방향으로 발전하고 있다. 그럼에도 불구하고 전환학습이론의 원래의 형태를 고찰하고 그에 대한 비판들을 살펴보는 것은 Mezirow의 인식론적 전환학습이론이 기독교교육에 주는 통찰의 중요성과 전환학습이론의 후기발전의 양상과 전인적인 성격을 이해하기 위함이다.

전환학습이론에서 Mezirow는 사람들이 경험을 이해하고 의미를 부여하는 데 활용하는 렌즈와 같은 참조의 틀(frames of reference)에 관심을 갖는다. 참조의 틀은 문화, 역사, 사회적 규범, 개인적 배경, 경험, 성격, 학교 교육 등으로부터 무비판적으로 받아들여진 일련의 가정이나 기대로 구성된다. 이러한 가정과 기대들은 우리의 감각과 지각의 필터로 작용하여 사람들이 느끼고, 생각하고, 판단하고, 행동하는 방식을 형성하기도 하고 제한하기도 한다. 참조의 틀은 또한 인지적, 정서적, 의지적 측면을 포함한다. 구조에 있어서 참조의 틀은 두 개의 차원으로 구성되는데 그 하나는 의미 관점(meaning perspectives) 혹은 마음의 습관(habits of mind)이며, 다른 하나는 의미 체계(meaning schemes) 혹은 견해(the resulting points of view)이다(Mezirow, 2000, p. 17; 2009, p. 22). Mezirow는 여섯 가지 종류의 의미 관점을 구별한다. 사회-언어적, 도덕-윤리적, 인식론적, 철학적, 심리적 그리고 심미적 의미 관점이다(2000, p. 17). 각각의 의미 관점은 다수의 의미 체계로 구성된다. 의미 체계는 어떤 해석에 있어서 명료해지는 특정한 지식, 신념, 가치판단, 정서로서 규정된다. 곧 의미 관점들의 "구체적인 표현(concrete manifestations)"이라고 볼 수 있다(Mezirow, 1991, p. 44).

그렇다면 어떻게 사람들이 가진 참조의 틀이 변화될 수 있는가? '당연하게 받아들인(taken for granted)'이라는 표현에서 이미 드러나듯이 참조의 틀은 의식의 차원에서 작동하기보다는 전의식 단계에서 작용하는, 무비판적으로 받아들여진 전제이다. 그렇다면 사람들은 어떻게 현재 자신이 암묵적으로 가지고 있는 가정과 기대뿐만 아니라 다른 사람들의 그러한 암묵적 전제를 의식적 차원으로 끌어당겨 비판적으로 인식하고 평가할 수 있으며, 변화가 필요하다고 판단 될 경우 그들의 경험의 의미를 부여하고 행동을 안내할 수 있는 보다 나은 전제들을 탐색하고 발견할 수 있는가? 이것이 전환학습이론이 설명하고자 하는 질문이다. 전환학습은 그런 면에서 다음과 같이 정의된다. Mezirow의 전환학습은 우리가 이미 "당연하게 여기는 참조의 틀을 변화시켜 보다 포괄적이고, 식별력이 있고, 개방적이며, 변화에 정서적으로 적절히 반응할 수 있는 성찰적인 참조의 틀로 바꾸는 과정"이다(Mezirow, 2000, pp. 7-8).

1. 전환학습과정

Mezirow는 전환학습을 학습과 구분하여 설명한다. 그에 따르면 "일반적으로 우리가 무엇인가를 배운다고 할 때 학습은 새로운 경험에 낡은 의미를 부여하는 것이다. 반면에 전환학습은 낡은 경험(혹은 새로운 경험)을 새로운 일련의 가정을 통해 재해석하는 것이다"(1991, p. 11). 전환학습은 곧 기존의 인식 틀에 새로운 경험, 지식, 기술을 추가하는 과정이 아니라, 그러한 경험과 지식을 해석하는 이미 존재하는 의미의 틀, 참조의 틀을 바꾸는 과정이다. 성인학습은 참조의 틀을 구성하는 두 차원 곧 의미 관점과 의미 체계와 관련해서 네 가지 방식으로 일어난다. 기존의 의미 체계를 정교하게 함으로써 일어나거나, 새로운 의미 체계를 학습함으로써 일어나거나, 의미 체계를 변화시킴으로써 일어나거나, 마지막으로 의미 관점을 변화시킴으로써 일어난다(Mezirow, 2009, p. 22; 1991, pp. 93-94). 전환학습은 네 번째 방식의 학습으로서, 문제가 있거나 왜곡된 참조의 틀을 변화시켜 보다 옳고 정당화될 수 있는 방향으로 행동을 이끌 수 있는 신념이나 견해를 끌어 낼 수 있는 참조의 틀로 만드는 것을 의미한다(2009, p. 22).

전환학습은 극적이거나 큰 변화를 가져오는 일회성의 획기적인 사건을 통해 일어날 수도 있지만, 의미 체계의 일련의 변화를 통한 점진적이고 누적적인 과정을 통해 일어나기도 한다(Mezirow, 2000, p. 23). Mezirow는 오랜 학습 공백의 기간 후에 커뮤니티 단과대학에 재입학한 여성들의 경험에 대한 연구를 근거로, 관점의 변화에 이르는 열 단계 혹은 열 가지 국면이 있음을 제시했다. '혼란을 야기하는 딜레마', '자기 점검, 가정에 대한 비판적 평가', '자신의 불만족과 변화의 과정 사이에 연결점에 대한 인식', '선택 가능한 새로운 역할, 관계, 행동 찾기', '행동방침 계획하기', '그 계획을 실행할 수 있는 지식과 기술들을 섭렵하기', '잠정적인 새로운 역할을 시도하기', '새로운 역할과 관계 속에서 자신감과 역량 발전시키기', '새로운 관점에 의해 요구되는 조건들에 근거하여 자신의 삶에 재통합하기'가 그 내용이다.

앞선 열 단계에서 가장 본질적인 주된 요소들은 네 가지이다. 경험, 비판적 성찰, 성찰적 담화, 그리고 행동이다(Merriam et al., 2007, p. 134). 첫 번째 주된 요소는 변화의 기폭제가 되는 사건과 혼란을 야기하는 딜레마로서의 경험이다. 사람들은 어떤 참조의 틀을 가지고 있고 그것을 통해 보고, 느끼고, 판단한다. 그 의미 관점이 감각적 지각을 여과하고 의미를 해석하는 컨텍스트로서 작용한다. 대개 사람들은 그 참조의 틀이 무엇인지를 자각하지 못하고 살아가지만, 어떤 사건이나 경험이 혼란을 야기하는 딜레마를 일으킨다면 그동안 당연하게 받아들였던 자신의 참조의 틀을 자각하며 비판적으로 살펴보게 된다(Mezirow, 2009, p. 22). 그러한 인식적 정서적 불균형이나 딜레마를 야기하는 사건들의 예는, 사랑하는 사람의 죽음, 질병, 이혼, 자녀가 가정을 떠나는 것, 전쟁, 실패, 눈을 번쩍 뜨게 하는 책이나 시를 읽는 것, 그림 감상, 타문화 경험 등이다(Mezirow, 1991, p. 169)

두 번째 전환학습의 핵심적인 요소는 비판적 성찰이다. 기폭제가 되는 경험들은 깊은 질문이나 인식과 정서의 불균형(disequilibrium)을 일으킬 뿐 아니라, 사람들로 하여금 그동안 당연하게 여기던 가정들에 대해 질문하고 성찰하게 한다. Mezirow는 성찰에는 세 가지 종류가 있다고 말했다. 내용에 관한 성찰, 과정에 관한 성찰, 전제에 관한 성찰이다(1991; 2000). 그중에서 전제에 대한 성찰이 바로 전환학습의 본질적인 요소이면서 비판적 성찰이라 부르는 과정이다. 비판적 성찰이란 그동안 무비판적으로 수용했던 전제들 중 특히 왜곡된 가정들을 정당화했던 문화적 컨텍스트, 사회적 규범이나 코드에 대해서 질문하고 검토하는 활동이다.

세 번째는 이성적 담화로서, 비판적 성찰이 행동으로 옮겨지는 매개가 되는 것이 바로 합리적이고 성찰적인 담화에의 참여이다(Taylor, 2009, p. 9). 가정과 신념 그리고 가치에 대한 타당성의 비준과 대안적인 관점으로의 움직임은 모두 이성적인 담화에 참여함으로써 일어난다. 이러한 과정에서 성인학습자들이 충분히 그리고 자유롭게 이성적 담화에 참여할 수 있는 사회적 분위기를 촉진하는 것은 중요하다. Mezirow는 그러한 담화를 위한 이상적인 조건을 제시하고 있는데 예를 들면, '정확하고 완전한 정보'와 '강제나 왜곡된 자기기만으로부터의 자유'가 주어지고, '대안적인 관점에 대한 개방적인 태도와 다른 사람들이 어떻게 생각하고 느끼는가에 대한 공감과 관심', 그리고 '증거를 검토하고 논증을 객관적으로 평가하는 능력'이 있고, 자신과 다른 사람의 생각과 무비판적으로 당연하게 받아들여지는 전제의 컨텍스트에 대한 인식과 새로운 관점과 증거, 논증이 발견되고 더 나은 판단을 내릴 수 있다고 타당성이 보증되기까지 기꺼이 동의할 수 있는 잠정적인 판단을 함께 추구하고자 하는 자세와 같은 것을 포함한다(Mezirow, 1991, p. 198; 2000, p. 13; 2009, p. 20). Mezirow는 위에서 언급한 이상적인 조건들을 온전히 충족시키는 상황을 만들 수 없음을 인식하지만 학습자들이 책임감 있고 자율적인 사고를 하는 사람들로 그리고 해방된 사람들로서의 능력을 구비하기 위해서는 그러한 민주적인 환경의 조성이 중요함을 강조한다.

마지막으로는 행동과 재통합이다. 전환학습은 그 사람의 새로운 관점이 삶으로 통합되어 균형을 되찾기 전에는 완성되었다고 말할 수 없다. 전환학습은 단지 세계관 내에 어떤 인식론적인 전제가 변화된 것을 의미하지 않는다. 오히려 "존재론적 전환"을 포함한다(Taylor, 2008, p. 10). 변화된 전제나 관점과 조화되는 방식으로 행동하고 말하고 생각하게 될 때 전환학습이 이루어졌다고 할 수 있다(Cranton, 2002, p. 66).

2. Mezirow의 전환학습이론에 대한 초기 비판과 발전

Mezirow에 의해 발전된 초기 형태의 전환학습이론에 대한 대표적인 비판의 내용들은 몇 가지로 정리될 수 있다. 첫째로, Mezirow의 전환학습이론의 두드러진 한계로서 언급되는 것은 합리성에 대한 과도한 신뢰이다. 이성을 통한 앎 외에 다른 방식의 앎의 방식이 간과되고, 전환학습이 전인적이기보다는 이성적인 과정으로 진술하여 관계, 상상, 직관, 정서의 역할은 거의 언급되지 않고 있다(Cranton, 2006; Mezirow, 2009, p. 27). Mezirow의 전환학습이론을 활용한 여러 경험연구들을 검토한 후에 Taylor(2007)는 그의 이론이 지나치게 이성에 의존하고 정서적인 학습의 중요성, 곧 감정과 정서가 변화의 과정에서 하는 역할에는 관심을 갖지 않는다고 지적하면서, 신뢰, 우정, 지지와 같은 관계에 있어서의 주관적인 요소들은 효과적인 이성적 담화를 위한 필수적인 요소들일 뿐 아니라, 신뢰할만하고 지지해주는 관계는 관점전환의 어려운 과정을 겪고 있는 사람으로 하여금 새로운 관점에 맞는 행동을 취할 수 있는 힘을 부여해준다고 강조했다.

관점의 전환에 있어서 Mezirow의 인간 이성과 합리성에 대한 과도한 신뢰는 그의 이론으로 하여금 개인의 내면에서 무슨 일이 일어나는가를 기술하는 데 집중하게 했다. 이는 그의 이론의 뿌리가 하버마스에 의해 해석된 비판적 이론과 관련이 있음을 아는 사람들에게 실망을 안겨주게 되었는데, 비판적 이론은 심리-문화적 혹은 심리-비판적 차원보다는 성인학습의 사회적 차원에 관심을 갖기 때문이다(Merriam et al., 2007, p. 132). 즉, 하버마스의 인식과점이론이 강조하는 역사적, 사회문화적, 정치적 컨텍스트에 대한 비판적 성찰과 해방에 관한 관심이 부족하다는 지적이다(김경희, 1998, pp. 220-221). 그러한 측면에서 학업중단의 기간을 마치고 대학에 다시 들어온 여성들의 경험에 대한 Mezirow의 해석(1978)은 탈맥락적이라 비판을 받는다. 앞서 언급했던 전환학습 과정의 10단계도 그 여성들을 대학으로 돌아올 수 있게 자극을 주었던 당시 미국의 사회문화적인 상황에 대한 분석 없이, 전환학습을 개인 내부에서 일어나는 심리적 과정으로 묘사하였다는 비판이다. 곧, Clark과 Wilson은 Mezirow의 해석이 그의 연구가 이루어졌던 1960년대와 1970년대, 곧 미국인의 삶에 인종적, 정치적, 철학적 변화가 일어났던 역사적 컨텍스트에 대한 고려와 사회적 권력구조를 고려한 사회적 성에 대한 분석(gender analysis)이 간과되고 있음을 지적했다(1991, p. 71). Mezirow의 전환학습이론은 해방이론의 중요한 특징인 이데올로기적 비판과 사회적 집단적 행동이라는 요소가 결여된 것으로 보인다는 지적이다(Collad & Law, 1989; Tennant, 1993). 더 나아가서 이성적 담화를 위한 이상적 조건들 역시도 권력의 불균형이 사회 구조 안에 너무나 깊이 자리 잡고 있어서 사람들 간에 자유롭고 완전한 참여가 실제적으로는 불가능하다는 사실을 간파하지 못하고 있다고 Collard와 Law(1989)는 지적했다.

또 다른 비판은 Mezirow의 근대적 자아에 대한 전제와 관련된 것이다. 해방적 측면과 관련해서 전환학습의 목적은 성인학습자가 자율적이고 해방된 사람이 되도록 능력을 부여하는 데 있다. Siegal에 따르면, 해방된 사람은 정당화되지 않은 신념과 지지할 수 없는 태도, 자신의 삶을 책임질 수 있는 능력의 부재라고 하는 부당하고 바람직하지 못한 통제로부터 자유로운 사람을 말한다(Mezirow, 2000, p. 26). 비판가들에 의하면, 이러한 자율적 인간의 이미지는 사회문화적 컨텍스트와 상관없이 선택을 하고 그 선택에 따른 행동을 할 수 있는 "자아에 대한 상당히 결정주의적 모형"을 따르고 있다(Clark & Wilson, 1991, p. 79). 이는 사회문화적인 컨텍스트가 자아 정체성의 발달에 미치는 형성적인 영향을 간과한다는 면에서 문제가 있다고 Clark와 Wilson은 지적한다. 인간의 자아가 근대주의가 말하는 "통일되고 논란이 없는 자아(unified and uncontested self)"라기 보다는, "접전이 있는 주관성"(contested subjectivity)이라는 포스트모던적 자아 이해가 간과된 것이다(Clark & Wilson, 1991, p. 79).

상기한 문제들은 Mezirow의 이론 역시도 맥락을 초월한 전제에 근거하거나 상황을 초월한 이론이 아니라, 미국의 사회문화적 상황뿐 아니라 근대주의의 영향과 같은 컨텍스트에서 생성된 이론임을 보여준다. Clark과 Wilson은 Mezirow가 자신의 이론의 전제들인, "개인주의, 합리성, 자율성이라는 미국의 지배적 가치들"을 비판적으로 성찰하는 데 실패한 것 같다고 말했다(1991, p. 80). 물론, 학자들 중에는 Tennant와 같이 Mezirow 이론이 가지는 사회적 차원의 결핍과 개인의 관점과 삶을 형성하는 사회적 영향력에 대한 과소평가를 다른 관점으로 이해하려는 이들도 있다. 즉, Mezirow가 관심을 갖은 것은 "사회적인 것 그 자체(the social per se)"가 아니라 "개인 내면에서의 사회적 차원(the social within the individual)"으로서, 사회적인 것이 어떻게 역기능적 참조의 틀을 생성하여 개인의 자기와 실제에 대한 경험의 이해를 제한하고 왜곡시키는지를 탐구한 것으로 설명한다(Tennant, 1993, p. 36).

마지막 비판은 무엇이 전환학습을 구성하는지, 무엇이 전환학습을 가능하게 하는지를 명확히 규정하기가 어렵다는 사실이다. 전환학습은 강의, 토의, 사례연구, 일기 쓰기, 역할놀이와 같은 다양한 방법을 비판적 성찰을 촉진시키고 관점을 의미 관점의 전환을 일으키기 위해 사용한다. 그러나 Cranton이 지적하듯이 이러한 방법들은 단지 일반적으로 효과적인 교수를 위해 사용되는 수단들이며, 어떤 교수 방법도 관점의 전환을 보증할 수 없다(Cranton, 2002, p. 66). 보다 근본적으로 Newman(2012)이란 학자는 '전환학습'이라는 용어가 반드시 필요한 것은 아니며, 그저 '좋은 학습(good learning)'이라는 표현으로도 전환학습 학자들이 연구하고 묘사하는 현상을 충분히 설명할 수 있다고 주장했다.

비판에 대한 반응은 두 가지로 설명될 수 있다. 첫째는, 상기한 비판의 내용들에도 불구하고 Mezirow는 사회적 컨텍스트와 그것이 인간의 비판적 성찰과 성찰적 담화를 하는 이성적 능력에 미치는 형성적인 영향력을 과대평가하기를 주저하는 것으로 보인다. 그는, 물론, 권세, 이데올로기, 인종, 계층, 성, 차이, 우주론, 그리고 다른 관심들이 영향력이 있기는 하지만, 합리성은 그러한 영향들조차도 합리적으로 평가할 뿐 아니라, 합리성은 그러한 요인들에 의해 규정될 수는 없다고 말한다(2009, p. 23). 더 나아가서, Mezirow는 자신의 이론을 보편이론의 범주에 넣는다. 성이나 인종과 같은 구체적인 이데올로기적 분석의 부재는 Jean Piaget나 Kohlberg와 같은 재구성주의 이론들 사이에 나타나는 일반적인 특성으로서, 이와 같은 이론들은 구체적인 문화적 비평을 제공하기보다는 "보편적인 조건과 규칙들"을 설명하고 어떻게 성인 학습자들이 학습하는지에 관해 "일반적이고 추상적이며 이상적인 모형"을 세우고자 하는 데 목적이 있다고 한다(Mezirow, 2009, p. 19). 그런 면에서 Mezirow의 전환학습이론은 여전히 인지능력과 합리성을 강조한다.

전환학습이론 자체는 Mezirow의 초기 이론을 넘어서서, 다양한 비판을 수용하고 경험적 연구의 실험을 거치면서 다양한 방향으로 계속해서 발전하고 있다(Merriam et al, 2007). 현재 전환학습이론은 보다 "전인적 성향(holistic orientation)"과 "컨텍스트에 대한 인식"을 보여주고 있으며(Taylor, 2009, p. 4), Mezirow가 만든 개괄적인 틀은 공유하면서도 다양한 접근을 보여주는 세부 유형들로 전개되었다. Daloz의 심리발달 관점, Boyd의 심리분석 관점, Janik의 신경생물학적 관점, Freire의 사회-해방적 접근, Tisdell의 문화-영성적 관점, Sheared의 인종중심적 관점, O'Sullivan의 지구적 관점(Taylor 2008, pp. 7-10; Merriam 2007, pp. 131-132)이 포함된다. Mezirow의 이론은 전환학습을 비판적 성찰을 통한 "인지-합리적" 접근으로 설명하는 상기한 전환학습의 한 세부 유형이 되었다.

3. 전환학습 이론에 대한 신학적 성찰

전환학습이론이 비기독교인 학자로부터 빌려온 것이라 할지라도 기독교교육자들에게 공헌할 바가 많이 있다는 사실은 모든 진리가 하나님으로부터 온 것이라는 기독교의 일반적 전제로부터 논증할 수 있다. 그러나 인간 본성의 선함과 인간의 합리성과 자율성에 대한 신뢰, 구성주의와 같은 Mezirow의 전환학습이론의 바탕에 있는 두드러진 혹은 암묵적인 전제들은 여전히 신학적인 비판적 성찰이 필요하다.

Mezirow의 전환학습이론을 살펴보면, 인간의 해석능력의 오류와 부정확성에 대해서 인식한 부분이 발견되지만, 전반적인 이론에서는 인간의 본성과 합리성에 대한 신뢰가 드러난다(1991, p. 35). "비판적 성찰은 원리적인 사고이다. 이상적으로, 그것은 공정하며, 일관성 있고, 임의적이지 않다"(1998, p. 3). 인간의 합리성의 보편적 성격과 비판적 성찰의 능력에 대한 가정을 비판하는 포스트모더니스트들에게 그들도 일단 이성적 담화에 들어가게 되면 그것을 부인하던 가정을 멈추고 합리성이라고 하는 보편적인 원리들을 준수하는 데 동의하게 된다고 하며 반박했다(Mezirow, 1998, p. 3). 또한, King과 Kitchener의 유년기로부터 성인기로의 발달 단계에 관해서 언급하면서 Mezirow는 "상황이 허락하는 한, 우리는 이러한 특성을 가진 참조의 틀로 우리의 경험을 더 잘 이해할 수 있는 방향으로 자연스럽게 나아간다"라고 말했다(Mezirow, 1998, p. 4). 곧, 환경이 허락하는 한, 인간의 관점이 경험을 더욱 잘 이해할 수 있는 방향으로 그리고 더욱 포괄적이고, 분별력 있고, 유연하고, 비판적 성찰이 가능하고, 통합적인 방향으로 자연스럽게 나아간다는 것이다.

이러한 주장에 관해서 몇 가지 질문을 던질 수 있다. Mezirow가 인간의 생각의 합리성을 주장할 수 있는 근거는 무엇인가? 어떤 토대 위에서 그는 인간 이성의 합리성과 비판적 성찰이 공정하고 독단적이지 않게 이루어질 수 있다고 믿는가? 우리의 비판적 성찰이 다른 이데올로기나, 문화, 그것에 내재된 경쟁하는 참조의 틀로부터 영향받지 않을 수 있는가? 무엇이 비판적 성찰을 비판적이게 하는가? 비판적 성찰은 규범적인 진리 혹은 기준 없이 행해질 수 있는가? 의미를 이해하고 해석하는 과정에서 객관적인 실제의 역할은 무엇인가? 윤리적인 이슈들에 대한 보편적인 합의가 이상적인 조건 하에서의 합리적 담화를 통해 가능한가? 성인의 관점이 더욱 포괄적이고 식별력 있고, 유연하며, 통합적이고 공정한 관점으로 긍정적인 방향으로 변화되어 갈 것이라는 주장은 무엇에 근거하는가? 비판적 성찰을 통해 더욱 진보된 관점을 습득한 사람들이 다시금 이전의 관점으로 돌아가지 않는다는 주장 뒤에는 어떠한 신념이 있는가? 그의 이론이 근거한 전제들은 궁극적인 전제가 아니다. 그러나 그 전제가 근거하고 있는 궁극적인 가정 혹은 믿음이 어디서 왔는지에 대한 설명을 Mezirow에서 발견하기는 어렵다.

Mezirow의 이론에서 나타나는 두 번째 전제는 구성주의로서, 그의 실제에 대한 관점은 실제에 대한 성경적 관점과 차이가 있다. Mezirow의 전환학습이론은 구성주의, 비판적 이론, 해체주의의 반란과 인식 혁명이라는 컨텍스트에서 일어났다(1991, p. xiii). 그러한 인지 혁명은 사람들에게 무슨 일이 일어나는가에 대한 관심으로부터 사람들이 그들에게 일어난 일을 어떻게 해석하고 설명하는가에 대한 관심으로 주의를 전환시켰다(1991, p. xiii). 그의 이론의 전제는 하버마스의 인식론이 나오게 된 배경인 현대 실증주의 비판과 연결되어 있다. 지식의 역사적이고 사회적인 맥락과 이해(interest)에 대한 관심이 사람의 인식과 해석에 미치는 영향에 관심이 있다(Roderick, 1986). 중요한 것은 객관적인 실제나 경험의 객관적인 의미가 아니라, 자신의 실제를 자율적으로 해석하는 능력이다. Mezirow는 이 점을 분명히 한다(1991, p. 3).

> 자유롭기 위해서, 우리는 우리의 실제에 "이름을 부여"할 수 있어야 하고, 그 실제를 당연하게 여겨지는 전제로부터 분리하여 알 수 있는 능력이 있어야 하며, 우리의 목소리를 낼 수 있어야 한다. 그러므로 다른 사람들로부터 규정된 사회적 실제들을 수동적으로 받아들이는 대신에 개인 스스로 비판적이고 성찰적이며 합리적인 방식으로 의미와 목적, 가치를 협상하는 능력을 학습하는 것은 점점 더 중요해진다.

Mezirow의 글에서 객관적인 실제나 절대적인 진리를 부인하는 진술을 찾기는 어렵지만, 객관적인 실제나 절대적인 진리에 대한 고려의 부재 역시도 함의를 가질 수 있다. 예를 들어, 만일 객관적 실제가 고려되지 않는다면, 그의 표현대로 "고려되는 유일한 실제는 경험을 통해 지각되는 실제"이며, 의미는 우리 밖에 있지 않고 우리 내부에 있다(Mezirow, 1991, p. 21). 다른 말로 하면, 우리가 우리의 해석을 맞춰야 할 객관적인 의미나 실제란 것이 존재하지 않는다. 그렇다면 객관적인 실제를 만들고 인간의 경험에 본래의 의미를 부여하는 하나님도 고려할 필요가 없다. 비판적 성찰과 이성적 담화가 보편적인 원리라고 주장할 때, Mezirow가 의미하는 보편적 원리는 "변화하는 경험세계를 초월하는 실제의 질서에 관한 것"을 의미하지 않는다(1998, p. 3).

객관적인 실제와 경험에 본래의 의미를 부여하고 드러내는 하나님을 전제하거나 고려하지 않는다는 사실은 또 다른 함의를 가져오게 되는데, 그것은 우리의 관점이 따르고 맞춰가야 할 권위나 기준이 존재하지 않는다는 것이다. 그렇기 때문에 Mezirow가 말하는 보다 나은 혹은 진보된 관점에는 그것을 통해 우리의 경험을 여과하고 실제를 지각할 수 있는 관점의 구체적인 내용, 전제, 규범이 포함되어 있지 않다. 그 관점은 그저 보다 '포괄적이고, 식별력 있고, 개방적이며, 통합적'이라고 하는 성격을 가질 뿐이다. 이러한 성격은 사람들에게 능력을 부여하여 해방된, 자율적 사고를 하는 이들로 만들고자 한다는 전환학습이론의 목적과도 관련이 있다. 그러나 자기가 입안하는(self-authoring) 인식론적 해방은 기독교교육자가 추구하는 관점의 전환과 성격이 다르다.

성경적 관점에서, 성경은 객관적 실제를 분명히 인정한다. 하나님은 창조주로 묘사된다. 오직 하나님만이 모든 것을 있는 그대로 보신다. Mezirow가 언급한 바와 같이 우리는 실제에 이름을 부여하고 우리의 목소리를 내는 존재이지만, 그가 말하는 자율성과 달리 성경은 우리의 이해와 해석이 하나님이 어떻게 보시고 해석하시는가에 따라서 그에 맞게 이루어져야 한다고 명령한다. Van Til은 말하기를 기독교 유신론에 의하면, 생각에는 두 가지 수준이 존재하며, 하나는 절대적이고 다른 하나는 파생적이다. 하나님은 절대적으로 해석하시고 인간은 하나님의 그 본래적이고 절대적이고 포괄적인 해석을 따라서 파생적으로 생각한다(1967, pp. 47-48). Bahnsen(1998)은 인간의 이 세상과 역사에 대한 앎과 이해의 행위가 본래적인 앎의 주체가 되는 하나님의 본래적이고 구성적인 생각(original and constructive thinking)을 따라서 하는 파생적이고 재구성적인(derivative and reconstructive) 성격으로 이루어져야 한다는 Van Til의 주장을 재확인한다(p. 230). 곧, "사람은 그의 생각을 결코 궁극적이라고 할 수 없으며 인간의 생각의 의존성을 인식해야 한다. 모든 인간의 생각은 하나님이 먼저 그리고 본래적으로 생각하셨던 생각에 겸손히 복종함으로써 일어나야 한다"고 상술했다(Bahnsen, 1998, p. 230).

성경은 인간을 진리와 윤리의 최종적인 중재자 혹은 궁극적인 의미에서 실제의 건설자라고 서술하지 않는다. 근대성에서 인간 이성의 자율성은 결국 진리를 해치고 상대주의라는 바람직하지 못한 결과를 초래했다(Sire, 2004a, p. 42). 그러나 "우주의 의미와 그 의미를 결정하는 권위는 이론이 결론지을 수 있는 문제가 아니다. 왜냐하면, 그 모두가 하나님의 존재와 성품 안에 정해지기 때문이다. 그렇기 때문에 상대주의와 주관주의는 모두 배제 된다(Naugle, 2002, p. 262)." 성경은 최종적인 참조점(the final point of reference)은 하나님께 있다고 말한다(Van Til, 1954, p. 46). 기독교적 관점에서 보면, 자주적으로 생각하거나 자율적으로 행동하는 것이 어떤 사람을 해방된 사람으로 만들지 못한다. 오히려 진리가 사람을 해방시킨다(요 8:32). 하나님이 모든 사건과 실제에 궁극적인 의미를 부여하시는 분(the ultimate Giver of meaning)이기 때문에 실제에 대한 인간의 이해와 해석은 하나님이 보시고 해석하는 방식에 따라 이루어질 것이 요구된다.

마지막으로, Mezirow의 이론은 변화를 설명하지만, 초자연적 실제나 신비에 대한 언급은 없다. 그러나 전환학습이론을 연구하는 다른 학자인 Cranton(2002)은 변화를 경험하는 학습자 내면에서 무엇이 일어나고 있는지를 이해할 수 없는 인간의 무능과 변화와 관련된 신비를 인정한다.

> 전환학습을 보증하는 어떤 특정한 교수 방법도 존재하지 않는다. [...] 종종 교사인 우리 자신도 변화하는 학생도 그 과정을 무엇이 시작했고 지탱해 왔는지를 정확히 설명하지 못한다. 일어난 많은 일들은 학생 내면에서 일어났고, 교사는 그 학생의 생각 혹은 느낌에 연결될 수 있는 무엇인가를 그저 우연히 말하거나 행했을 뿐이다(Cranton, 2002, p. 66).

Taylor의 경우에도, Mezirow의 전환학습이론을 비판하면서 과연 교사가 학습자에게 변화하도록 도전할 권리가 있는지, 변화가 일어날 수 있는 환경을 조성하는 것이 과연 윤리적인지, 또한 교사가 그 학습자의 변화로 인한 결과가 가져올 상황들에 대해 책임들을 감당할 수 있는지를 묻는다(2001, p. 24). 전환학습이론에서 교사는 단지 변화를 일으킬 수 있는 능력이 없을 뿐 아니라, 전환학습에서 추구하는 관점의 변화의 방향과 성격이 옳은지에 대한 근본적인 질문에 대한 확실한 답을 하기에도 또한 그 변화가 학습자와 그 학습자를 둘러싼 사람들과 상황에 가져올 결과에 대한 책임을 감당하기에도 부족하다. 인간의 합리성과 합의를 넘어선 최종적 참조점이 없기 때문이다.

상기한 논의는 전환학습이론의 가치를 폄하하기 위한 것이 아니다. 전환학습이론이 성경적인 전제 위에서 더욱 합리적으로 설명될 수 있음을 주장하기 위함이다. 성경은 인간의 이성과 합리적으로 생각할 수 있는 능력을 인정한다. 하나님이 인간을 하나님 형상으로 만드시고, 하나님의 대리자로서 모든 만드신 것들을 다스리게 하셨다. 아담이 동물의 이름을 붙이는 행위는 하나님의 대리자로서 그가 가진 권위를 보여주기도 하지만 그의 지적인 능력을 통해 하나님이 만드신 피조물의 영역에 개념적인 질서를 부여하는, 하나님이 하시는 일을 본떠서 하는 행동이다(Rad, 1972, pp. 82-83). 그러나 성경이 인간의 이성과 합리성에 대한 제한 없는 지지와 긍정을 보이는 것은 아니다. 인간은 하나님의 생각을 따라 생각해야 하는 피조물이며 언약 안에서 하나님의 대리자이며, 인간의 타락은 인식론적 결과 또한 가져왔음을 분명히 한다.

죄는 인간의 인식적, 정서적, 의지적 차원에 모두 영향을 미쳤다. 죄의 인식론적 결과에도 불구하고 인간은 여전히 타인과 합리적 담화가 가능하며, 그것은 하나님의 일반은총에 기인한다. 타락 전에 인간에게 이성과 합리성을 허락하셨던 하나님은 무지와 미련함을 포함하는 죄의 영향력을 제한하심으로써 그 선물을 보존하시고 유지하신다. 그러므로 인간의 문명과 문화가 약속하신 기한까지 계속 유지·발전하게 된다(Plantinga, 1995, p. 114; Calvin, 1960, pp. 273-275). 그러나 Mezirow의 이론에는 인간의 죄성에서 나타나는 '고의적인 무지(wilful blindness)'에 관한 이해가 없다. 타락한 인간은 자연적인 상황에서도 진리를 억누르는 경향이 있다. 단지 보지 못하거나 무지한 것이 아니라 의도적으로 무지하다. 정확한 정보와 이상적인 조건이 만족된 안전한 환경에서조차도 진리를 감추거나 진리에 저항하는 일은 일어날 수 있다.

성경에 의하면, 변화는 하나님의 역사, 특히 성령 하나님의 역사로 이해된다. 오직 그분이 학습자가 어떤 변화를 위해 준비되었는지를 정확히 아신다. 하나님은 그 변화가 새로운 피조물이 되게 하는 근본적인 변화(고후 5:18)이든지 혹은 마음의 습관이나 관점을 변화시키는 변화이든지 그러한 변화를 일으킬 수 있다. 성경은 변화의 과정에서의 신비를 인정한다(요 3:8). 아우구스티누스가 "아무도 누군가에게 어떤 것도 가르칠 수 없다. 우리가 할 수 있는 것은 성령의 역사를 위한 길을 준비하는 것뿐이다"라고 말한 바와 같이, 인간의 책임을 잊어버리지 않으면서도 이 변화의 과정이 인간에게는 신비임을 인정하는 것이 바람직하다(Vella, 2000, p. 7 재인용). 더 나아가서, 인간의 관점의 변화가 존재론적 변화로 이어질 수 있는 것은 그 변화가 실제일 뿐 아니라 변화된 관점이 지시하는 실제와 진리가 존재하기 때문이다. 이러한 전환학습은 성경이 계시하는 삼위일체 하나님을 전제로 할 때 가능하다.

II. 기독교 세계관 형성 및 변화를 위한 교육적 통찰

복음주의자들과 개혁주의자들 사이에서 세계관은 매우 중요하고 인기 있는 주제이다. 세계관 갈등은 국제관계, 생물윤리 및 다양한 학문 분야를 포함한 모든 영역에서 드러나고 있다(Holmes, 2002, p. xiii). 세계관 연구의 주된 관심 역시도, 세계관의 역사(Naugle, 2002; Sire, 2004a), 기독교 신앙의 우주적인 함의를 다루는 창조·타락·구속이라고 하는 기독교 세계관의 틀(Plantinga, 1995: Wolters, 2005), 기독교적인 사고를 발전시키는 것과 관련된 문화 비평적·변증학적·철학적 논의와 신앙과 학문의 통합(Dockery, 2002; Goheen & Bartholomew, 2008; Holmes 1983; Henry, 1946, 1984; Schaeffer, 1976; Sire, 2004b; Wilkens & Sanford, 2009), 그리고 기독교 세계관으로 교육함의 의미와 실천(Brummelen, 2014; Green, 2009) 등 매우 다양하다. 그러나 이에 비해, 기독교 세계관으로의 변화가 어떻게 이루어질 수 있는지와 관련된 교육학적 논의는 여전히 부족하다.

기독교 세계관을 어떻게 형성하고 발전시킬 수 있는지, 가정과 학교, 자신이 속한 사회·문화적 컨텍스트에서 살아가면서 사회화된 세계관이 어떻게 그리고 어떤 환경에서 변화되는지, 세상을 보고 자신의 경험에 의미를 부여하는 렌즈 혹은 참조의 틀이라고 하는 암묵적 차원에 존재하는 세계관이 과연 가르쳐질 수 있는 것인지에 관한 교육학적인 논의가 희소하다(Smith, 2016). 기독교 세계관으로의 전환학습을 위한 매뉴얼이란 있을 수 없다. 왜냐하면, 앞서 언급한 바와 같이 변화는, 특히 세계관의 변화는 인간의 노력이나 교수법으로 보증할 수 없기 때문이다. 따라서 다음 단락에서 다룰 내용은 기독교 세계관 형성을 위한 교수법이나 교수자를 위한 매뉴얼이라기보다는 전환학습이론이 주는 통찰을 활용하여 오늘날 세계관 교육의 부족한 점을 보완하고 발전시킬 수 있는 몇 가지 제안이다.

1. 전환학습으로서의 기독교 세계관으로의 변화

세계관은 정태적이지 않고 유동적이며, 기독교 세계관으로의 전환은 진공에서 일어나지 않고 학습과 전환학습을 모두 필요로 하는 역동적이고 평생에 걸친 과정이다. Mezirow가 주장하듯이 일반적으로 학습은 기존의 의미체계에 새로운 지식이나 견해를 추가하거나, 기존의 의미체계나 관점을 더 세련되게 하는 방식으로 일어난다. 또한, 학습은 새로운 경험을 기존에 있는 의미 관점 혹은 참조의 틀 내에서 해석하는 것을 의미한다. 그러나 기독교 세계관으로의 변화는 특히 성인들에게 있어서는, 이미 사회화의 과정을 거쳐 무비판적으로 수용한 평생 당연하다고 여겨온 관점과 참조의 틀 중에서 왜곡된 것을 발견하고, 버리고(unlearning), 그 틀을 다른 참조의 틀, 곧 기독교적인 참조의 틀로 변화시키는 전환학습 과정이다. 간과하기 쉽지만, 기독교 세계관으로의 전환은 진공상태에서 이루어지지 않는다. 그렇기 때문에 기독교 세계관에 관한 학습이 매우 중요하지만, 기독교 세계관으로의 전환은 세계관의 진공상태에 있는 사람에게 새로운 기독교 세계관을 주입하거나, 기존의 인식 틀에 기독교적인 관점과 지식을 단순히 추가하는 방식으로 이루어지기는 어렵다.

사람들은 이미 개인적이고 사회적인 매트릭스 속에서 세계관을 형성해 왔다. Olthuis에 의하면 믿음 외에도 기독교인들의 세계관에 끊임없이 영향을 주는 요인들이 있다. 곧, 세계관은 믿음의 헌신에 의해서만 구성되고 정보를 얻는 것이 아니라, 전통, 사회경제적 조건, 사회적 제도, 권위, 과학, 학교, 관습, 가족과 친구, 기억, 감정적 경험 등과 같은 사회와 개인에 관한 매트릭스(social and personal matrix)에 의해 구성되고 세련되어진다고 주장한다(Olthuis, 1989, p. 33). 로마서 12장 2절의 "마음을 새롭게 함으로"라는 표현은 "기독교인의 생각이 순응하기를 요구하는 이 세상의 패턴의 강력한 영향력 속에서 우리의 마음과 생각하는 방식을 성령으로 새롭게 된 삶에 조화되는 방식으로 바꾸는 "재프로그래밍(re-programing)"에 관한 명령이다(Moo, 1996, pp. 756-757). 기독교 세계관으로의 전환학습은 이미 개인적이고 사회적인 매트릭스로 인해서 구성된 세계관의 혹은 그 세계관 안의 왜곡된 의미 관점을 발견하고 그것을 그리스도 안에서 새로워진 실제와 정체성에 맞게 재프로그래밍하는 과정이다.

그러나 Mezirow의 전환학습과 달리, 기독교 세계관으로의 전환학습은 단지 참조의 틀의 성격, 예를 들면, 그저 더욱 유연하고, 분별력 있는 참조의 틀을 가지게 되는 것 이상이다. 참조의 틀의 성격뿐 아니라 보다 근본적이고 포괄적인 변화를 포괄하는 자신의 인생과 경험에 새로운 의미와 정체성을 부여할 새로운 맥락, 더 큰 하나님의 이야기에 접붙여지는 과정이다.

2. 비구조적 경험을 다루기 위한 학습의 필요성과 공동체문화

전환학습을 경험한 사람들을 연구한 결과들을 살펴보면 그들은 자신이 그동안 당연시하던 암묵적 참조의 틀을 검토하게 만든 인지적으로나 감정적으로 불균형을 일으키는 사건들을 경험했다고 말했다. 예를 들면, 에이즈로 판명을 받은 환자들, 자살로 가족을 잃은 경험, 월드트레이드센터가 무너진 9/11 경험 등이 그러했다. 이러한 경험은 기독교인들에게도 일어난다. 인간의 경험은 여러 가지 이유로 중의적이고, 상충되며, 복잡하게 얽힌 경우가 많이 있다. 이러한 경험을 어떻게 이해하고 해석하느냐는 기독교 세계관의 성숙을 위해 매우 중요하다. 그 이유는 Olthuis(1989)가 설명하듯이, 믿음과 인간의 경험과 세계관은 역동적인 관계를 가지며, 세계관은 믿음의 헌신과 인간 경험의 다양한 양태 사이에서 양방향으로 움직이면서 숙고함과 통합을 위한 매개로써 작용하는데, 중요한 것은 믿음이 세계관을 통해 일상의 경험 속에서 통합되고 구현될 때, 삶의 경험들은 세계관을 통해 그 믿음을 옳다고 하거나 혹은 그 믿음에 회의를 갖게 되는 방식으로 통합되고 이해되기 때문이다(1989, p. 30). Berger와 Luckmann(1967) 또한 세계관은 특히 현실의 어두운 면에 놓인 경험들에 대해 설명을 제공하고 그 의미를 이해하도록 하는 데 중요한 역할을 하는데, 만일 기존의 세계관이 그 역할에 실패한다면 그 세계관은 더 이상 사람들에게 타당성 구조(plausibility structure)로서 받아들여지지 않을 수 있다고 했다. 그런 면에서 기독교 세계관을 형성하고 성숙시키는 데 있어서 기독교교육자는 개인들이 겪는 어둡고 이해하기 어려운 일들과 교회공동체와 사회 구성원들이 직접적으로 혹은 간접적으로 경험하고 있는 그 시대의 궁극적인 관심과 '그 시대의 중요한 이슈들'(Colson, 2002, p. xi)에 관심을 갖는 것은 중요하다.

성도 개인과 교회 회중은 누구나 신앙의 조명 아래 삶을 이해하려고 하는 신앙과 삶의 연결을 추구하는 신학적 성찰을 한다(Crain & Seymour, 2003). 문제는 종종 교회가 아무런 문제도 없는 사람들의 모임이거나, 어려운 질문들에 대한 답이 이미 다 준비되어 성도들은 그저 그 답을 간단히 적용만 하면 된다는 인상을 주기도 한다는 것이다(Everist, 2001, p. 297). 성경은 흥미롭게도 인간의 경험을 순종의 결과는 축복이요, 불순종은 저주를 가져온다는 신명기적인 분명한 공식만으로 설명하지 않는다. 시편, 전도서, 잠언과 욥기와 같은 지혜서는, 삶과 인간 경험 속의 모호함, 의심, 수수께끼가 기독교 세계관 안에서도 논의되고 고백 될 수 있는 여지를 만든다. 이러한 딜레마는 세계관과 지혜의 관련성뿐 아니라, 인간 역사의 현 상태가 '이미와 아직' 사이에 있고, '원래 있어야 할 그 상태가 아니라는(not the way it is supposed to be)' 사실을 보여주기도 한다(Plantinga, 1995).

딜레마 혹은 인지적이고 감정적인 불균형을 일으키는 복잡하고 비구조화된 문제로서 그 문제의 성격이 모호하고, 증거와 논리가 상충하며 불확실하여, 해결하거나 해석하기 어려운 경험들은 한편으로는 현재 우리의 세계관이 그것들을 해석하기에는 부적절하고 타당하지 못하므로 틀렸음을 보여줄 수도 있지만, 다른 한편으로는 우리의 의미 관점이나 세계관에 대한 우리의 이해가 너무나 협소하거나 융통성이 없거나, 한계가 있음을 보여주기도 한다. 기독교 세계관의 경우도 마찬가지이다. 객관적인 의미가 아니라 성도들에게 주관적으로 내면화된 의미로서의 기독교 세계관은 학습을 통한 지속적인 성숙이 필요하다. 예를 들면, 과거 갈릴레오가 천동설을 주장했을 때 가톨릭 교회나, 다윈이 자연선택설을 주장했을 때 영국 성공회는 새로운 과학의 증거들이 창조교리에 근거한 기독교 세계관에 위협이 될까 두려워 방어적인 태도를 취했다. 개신교회도 마찬가지였다. Newbegin(1989)이 말하는 기독교 교리에 대한 '자신감'을 가지고 새롭게 등장하는 경험적인 증거들과 이론들을 검토할 수 있는 용기나 그 과정에서 Mezirow

가 묘사하는 세계관의 개방적이고, 유연하고, 분별력 있는 성격을 보여줄 수 없었다. 변화하는 사회 속에서 기독교 세계관의 이 세계에 대한 설명이 여전히 사람들의 마음에 설득력 있고 타당성 있는 구조로서 받아들여지기 위해서는 교회는 불균형을 가져오는 딜레마를 일으키는 경험들에 귀를 기울여야 할 뿐 아니라, 그 질문에 대한 기독교적인 답과 설명을 내놓는데 시간을 필요로 할 수 있음을 받아들여야 한다. 협력적인 탐구와 학습이 요구되며, 더 나아가서 의심과 모호함과 불확실성, 질문들이 표현되고 관용되는 분위기와 실천적인 지혜가 촉진될 수 있는 공동체의 문화가 필요하다.

3. 성도의 신학함과 공동체적 비판적 성찰능력

전환학습에서 자율적인 사고를 하는 해방된 사람이란 그들을 둘러싼 형성적인 힘들을 원천과 상황으로부터 거리를 둘 수 있고, 그 영향을 비판적으로 평가하며, 대안이 되는 행동 양식을 찾을 수 있는 능력이 있는 사람들이다. 인간을 자율적 존재라 가정한다. 그러나 기독교적 관점에서 인간은 자아충족적이거나 자율적인 존재가 아니라, 언약 안에 있는 피조물이다. 하나님은 인간에게 자율이 아니라 자유를 주셨다. 그 자유는 하나님을 즐거이 섬기고 순종하는 자유이며, 하나님과 다른 피조물과 언약적 관계 안에서 실천되는 자유이고, 자신의 해석과 행동의 방식을 기꺼이 하나님의 실제와 성경과 하나님이 주신 삶의 양식에 맞추며, 하나님과 이웃을 위해 제한할 수 있는 자유이다(Guiness, 2016, p. 86). 그러나 전환학습의 자율적 사고와 해방의 개념이 기독교 세계관을 위한 교육에 주는 함의가 있다. 신학자들과 교회지도자, 기독교 철학자들만이 모든 평신도를 위해서 혹은 대신해서 생각해주고 그 전문가들의 성찰 결과를 성도들은 수동적으로 받아들이는 수준에서 더 성숙할 수 있도록 성도들에게 능력을 부여해야 한다.

Vanhoozer에 따르면 "신학함(doing theology)이란 일상생활의 한 부분이며, 너무나 중요해서 전문가들에게만 맡길 수가 없다"(2007, p. 16). 모든 기독교인은 비판적이고 신학적인 성찰을 할 수 있는 능력이 있어야 한다. 그가 말하는 신학함이란 성경의 본문만이 아니라 매일의 세계, 매일의 삶에 "믿음이 추구하는 이해(faith seeking understanding)"라는 말을 적용하는 것을 말한다. 성도들이 그들의 "매일의 삶을 둘러싸고 지탱하는 환경," 곧 그들이 살아가고 "숨 쉬는 도덕적, 지적, 영적 대기 혹은 분위기를 이해"하고, 일상에서 "무슨 일들이 일어나고 있고, 왜 일어나고 있으며, 그들의 믿음이 그러한 세계에 의해 어떻게 영향을 받고 있고, 그들의 신앙을 그 안에서 어떻게 구체화 혹은 형상화할 것인지를 성찰하는 것이다"(Vanhoozer, 2007, p. 18).

사람들이 지각하고 현실을 이해하고 행동하는 방식을 제한하기도 하고 규정하기도 하는, 인식의 틀에 영향을 미치는 사회문화적 컨텍스트에 대한 비판적 성찰은 개인적으로뿐만 아니라 공동체적으로도 필요하다. 비판적 성찰적 능력은 개인과 교회를 사회화하려는 많은 형성적 영향력 속에서 개인의 신앙을 지키기 위해서만 아니라, "공동체 전체의 지속적인 변혁과 신실함"을 위해서도 중요하다(Groome, 1980, p. 108). 그렇지 않으면 신앙공동체의 집단적이고 협력적인 비판적 성찰의 부족으로 중요한 이슈에 대해서 사회에 대항문화적인 반응을 보이지 못하게 된다. 역사의 한 예는, 미국 복음주의자들의 인종차별문제에 대한 대응이다. Emerson과 Smith는 미국의 백인 복음주의자들에게는 독특한 문화적 도구함(cultural tool kit) 같은 것이 있다고 했다. 그 문화적 도구함에는 "책임 있는 자유의지를 강조하는 개인주의(accountable freewill individualism)", 대인관계에 중요성을 부여하는 "관계주의(relationalism)", 그리고 사회 구조적인 영향력을 인정하고 싶지 않거나 볼 수 없는 "반구조주의(antistructuralism)"가 들어 있다(2001, p. 76). Emerson과 Smith는 독특한 미국의 사회문화적 가치와 맞닿아 있는 그러한 문화적 도구함 때문에 미국 복음주의자들이 결국 색맹(color blind)이 되었다고 지적한다. 인종 문제를 구조적으로 볼 수 있는 참조의 틀, 그 문제를 대인관계에서의 화목을 넘어서 사회 구조적인 해결방안을 시도할 의미 관점이 부재했다는 비판이다. 한국 교회에도 우리만의 문화적 도구함이 있어서 기독교 공동체와 한국 사회의 특정한 문제들을 볼 수 있는 렌즈가 왜곡된 것은 아닌지, 그리고 그 문제의 해결방안들이 우리가 가진 세계관의 협소함으로 제한되어 있지는 않은지 성찰이 필요하다.

그러나 비판적 성찰은 전환학습이론의 비판에서 살펴보았듯이 인간의 합리적 능력에만 의존함으로써 이루어지지 않는다. 비판적 성찰이 진정으로 비판적이기 위해서는 규범적인 잣대를 필요로 한다. 그런 면에서 기독교윤리에 대한 Frame(2000)의 모형은 통합적인 관점을 제공해 준다. 그에 의하면 지식은 세 가지 방식으로 이해되는데 하나님의 규범에 관한 지식, 우리의 상황에 관한 지식, 그리고 우리 자신에 관한 지식이다. Frame은 이 세 가지가 아닌, 한 가지 혹은 두 가지 원천으로부터 온 지식은 충분하거나 완전할 수 없다고 말한다(2001, p. 1).

4. 예배와 정서적 학습을 통한 세계관의 변화

기독교 세계관으로의 전환이 반드시 이성적이고 관념적인 방식으로 협의의 교육에 의해서만 이루어지는 것은 아니다. 전환학습이론을 연구한 학자들은 비판적 성찰이 관점의 변화를 위해 필수적이기는 하지만 충분한 조건은 아님을 발견했다. 직관 및 상상의 역할, 신뢰할 수 있고 지지해주는 관계, 감사, 경외, 감탄, 찬양과 같은 정서적인 요인이 전환학습 과정에 중요한 역할을 함을 보여준다(Imel, 2003; Taylor, 2001; Dirkx, 2006). O'Sullivan과 그의 동료들은 전환학습을 위한 다른 길도 존재한다고 다음과 같이 말했다(2002, p. xviii).

우리의 관점에는 전환학습의 다른 길들도 존재한다. 중요한 학습은 언어 없이도(nonverbally) 우리 몸의 말로 표현할 수 없는 차원들 안에서 자주 일어난다. 본질적인 전환학습은 무의식적으로 일어나며 모든 것을 우리의 의식으로 끌어오려 하거나, 모든 경험에 이름을 붙이려고 하는 시도는 불필요하다. 예를 들어, 우리가 춤을 추거나, 별이 가득한 하늘 아래에서 하룻 밤을 보내거나, 사진을 볼 때도 우리는 학습한다. 개인적이고 사회적인 변화를 위해서 일할 비전과 긍휼과 힘을 주며 변화시키는 그러한 학습을 하게 한다.

전환학습은 인식론의 암묵적인 차원을 변화시키려 하는 것이다. 그러나 암묵적인 것이 항상 명시적인 수준으로 끌어올려 져서 의식적으로 성찰되어야만 변화가 일어나는 것은 아니다. 기독교 세계관으로의 변화 역시 마찬가지이다. Brueggemann은 성경 본문, 특히 선지서의 본문들은 선지자적 상상력 혹은 당연하게 수용되어온 세상과 직접 대립하는 대안적인 사회현실에 대한 시적인 시나리오들과 같다고 했다(2001, p. x). 종말론적 약속에 근거한 선지자들의 사역은 하나님이 새롭게 하실 대안적인 실제를 보여줌으로써, 지배 문화에 동화되어 무감각하게 살아가던 사람들이 그 회복될 하나님 나라의 실제에 대한 소망 안에서 대안적 의식을 가질 수 있도록 북돋아 주었다(Brueggemann, 2001, p. 60).

성경은 예배가 관점의 변화가 일어나는 과정에 핵심적인 역할을 함을 보여준다. 시편 73편의 기자는 악인의 형통함을 관찰했고 거의 실족할 뻔하였다. 그러나 "하나님의 성소에 들어갈 때에야" 그들의 결국에 대한 깨달음과 주께 가까이하는 복에 대한 찬양으로 바뀐다(17절). 하박국 선지자는 이스라엘의 죄악과 강포에 대해 왜 하나님의 개입과 심판과 구원이 연기되고 있는지 질문했고, 그들보다 더 악한 갈대아 사람들을 일으켜서 이스라엘을 심판하시겠다는 하나님의 응답을 듣고 혼란에 빠졌다. 그러나 하박국서의 마지막 장은 그의 하나님의 침묵과 정의가 실현되지 못함에 대한 불평이 의로우신 재판관이신 하나님이 그가 정하신 때에 결코 늦지 않고 정의를 행하시리라는 믿음의 고백과 찬양으로 끝난다. 그에게 큰 인지적 불균형을 가져왔던 딜레마들은 하나님과의 대화를 통해서뿐 아니라, 동시에 "오직 여호와는 그 성전에 계시니 온 땅은 그 앞에서 잠잠할지니라" 하시는 그분의 임재와 존전 앞에 모든 만물은 침묵할 수밖에 없는, 만물을 다스리시는 하나님의 영광과 주권, 거룩하심과 다스리심에 대한 거룩한 상상과 직관, 경외, 예배함과 함께 일어났다고 할 수 있다(합 2:20).

흥미롭게도 Dykstra는 신앙공동체로 하여금 주류사회의 형성하는 힘과 영향력으로부터 자유롭고, 대항-문화적(counter-cultural)인 공동체가 될 수 있도록 돕는 비판적 성찰이라는 실천을 가능하게 하는 능력은 바로 예배에서 온다고 주장한다(1987, p. 541). 비판적 실천은 누구나가 할 수 있는 행위라기보다는 예배에 의해 이미 변형된 사람들의 행위라는 것이다. 실제로, 신학에 있어서도 예배, 감사, 경외 혹은 존경과 같은 양태와 비판적 성찰과 사색과 같은 양태에 대한 모든 강조는 기독교역사와 전통 속에 존재해 왔다(Le Cornu, 2009, p. 10).

5. 실천과 참여를 통한 세계관의 형성적 차원

Novak은 전환학습에서 새로운 관점의 실현은 관점의 변화만큼이나 중요하며, 전환학습은 인생을 새로운 관점으로 보게 되는 것이 아니라 그 새로운 관점으로 살게 되는 것이라고 강조한다(Mezirow, 2009, p. 23). 전환학습이 행동과 인식론적 변화의 실제적 구현을 강조한다는 것은 Mezirow가 언급한 전환학습과정의 10단계에서 잘 드러난다.

문제가 되는 참조체계에 대한 인식과 평가에서 멈추지 않고, 그 리스트는 새로운 관점을 삶으로 통합하도록 돕는 몇 단계를 더 포함한다. 새로운 관점을 자신의 삶에 재 통합하는 과정으로 대안이 되는 새로운 역할, 관계, 행동에 대한 탐색과 계획, 그리고 새로운 관점에 걸맞은 삶의 방식을 따라 살기 위한 새로운 역할수행에 필요한 기술과 지식을 학습하는 단계 등이다. 그러므로 전환학습은 새로운 관점이 그에 맞는 새로운 정체성, 역할 행동의 실천을 통해 삶에 재통합되고, 이에 따라 그 관점이 더 이상 의식적인 차원에서 생각의 대상이 되는 것이 아니라 점진적으로 당연하게 여겨지는 암묵적인 참조의 틀로 내면화될 때 완성된다고 할 수 있다. 이와 같은 무의식적 무비판적 차원으로의 내면화되는 과정은 실천과 참여를 통한 형성의 과정과 같다.

성경적 지식뿐 아니라 기독교 세계관 역시도 "초연한 묵상(detached contemplation)"이나 "지적인 관찰"을 통해서만 얻어지는 것은 아니며, "헌신된 참여(committed participation)"를 통해 획득된다(Rae, 2007, p. 169; cf. Vanhoozer, 2005, p. 106; Healy, 2007). 신앙공동체의 실천과 참여는 기독교 세계관의 성숙에 필수적이다. 실천은 개별적인 실천 이상이며, 집단적이고 사회적인 실천을 의미한다. MacIntyre는 실천이란 사회적으로 형성된 협동적 인간 활동의 일관성 있고 복잡한 형태로서, 그 자체로 내적인 선과 목적을 가지고 있고, 탁월성을 추구한다. 그 실천의 내재적 선은 실천의 결과의 탁월성에서 실현되어야 할 뿐 아니라 그 활동을 수행한 사람 안에 이루어져야 한다(1984, p. 187). 실천이 사회적 차원을 가진다는 것은 그저 여러 사람이 함께한다는 뜻이 아니다. 기독교적 실천은 그리스도의 몸의 지체가 역사적으로 지속적으로 실천해 온 활동의 형태라는 면에서 사회적이다. 개별적으로 혹은 집단적으로 그것을 행함으로써 그들은 과거와 기억, 기독교에 있어서 가치와 도덕적 기준에 참여할 뿐 아니라 특정한 실제들에 관한 지식을 얻게 된다(Dykstra, 1991, p. 45).

실천과 공동체에 참여하는 것은 사람들이 특정한 삶의 양식을 배우는 사회화의 자연스러운 과정이며, 그것을 통해 세계관은 형성된다. Lave와 Wenger(1991)에 따르면 실천은 학습의 근본적인 방식이며 학습자가 놓여 있는 사회·문화적 상황은 학습을 이루는 없어서는 안 될 일부이다. 사람들은 실천공동체에 참여함으로써 특정한 실천들을 배울 뿐 아니라 특정한 삶의 방식과 정체성을 발전시킨다. 가공물, 공유된 지식, 언어, 조직, 가시적이고 불가시적인 규범과 가치 등을 포함하는 교회의 회중 문화 역시 세계관 형성에 중요한 역할을 한다. Hopewell과 Wheeler는 회중을 정의하기를, 특별한 이름을 소유한 그리고 보편적으로 실천되는 예배에 정기적으로 참여할 뿐 아니라 그들의 행동과 관점과 이야기라고 하는 고유한 양식을 발전시킴으로 서로 소통하는 구성원들로 이루어진 집단이라 했다(1987, p. 14). 그렇기 때문에 Harris(1989)는 교회 자체가 교육과정임을 강조했다.

상기한 문화나 상황에 대한 강조는 기독교 세계관의 사회적 기원을 말하거나, 고교회로의 전환을 의도하지 않는다. 또한, 기독교 세계관 형성에 있어서 회중 문화의 중요성과 예배를 포함한 의례와 실천에의 참여에 대한 강조로 명시적이고 의도적이며 계획적인 가르침의 중요성을 축소하고자 함도 아니다. 대신에 Smith가 지적한 바와 같이 "교육이 일차적으로 사상과 정보의 흡수의 문제가 아니라 마음과 욕망 형성에 관한 문제"라고 할 때, 그동안의 세계관 접근방법의 주지주의적인 성격에 정서적이고 전인적인 차원을 보충하고자 함이다(2016, pp. 23-24). 기독교 세계관을 실천함으로 그 추상적인 듯한 사상에 형태를 부여하고 구현하는 형성적인 힘을 가진 공동체 환경에 자신을 깊숙이 담그며 그 실천에 참여함으로써 기독교 세계관의 일련의 전제와 지식의 내용들은 부차적인 자각 혹은 보조인식의 대상이 된다. 그것은 마치 Polanyi(1998)의 지식의 암묵적 차원과 같다.

의례 혹은 예전은 실천과 참여를 통한 형성에 있어서 중요하다. 문화인류학자인 Hiebert 역시, "살아있는 의례는 실행(performance)이다. 그것을 행함으로써 우리는 변화 된다"라고 말함으로써 세계관 형성에 있어서 의례와 실천의 중요성을 지적했다(2008, p. 322). 인간의 마음은 그가 무엇을 사랑하는가에 따라 그 지향점이 결정되고, 그러한 갈망 혹은 욕망은 습관을 형성하는 실천에 참여함으로써 형성된다(Smith, 2016, p. 35). 그런 면에서 세계관 형성 혹은 전환에 있어서 세례와 성찬, 절기를 포함하는 살아있는 의례를 의미 있게 하고, 예배뿐 아니라 나그네 환대와 구제와 같은 기독교적 실천의 중요성을 강조할 필요가 있다.

Ⅲ. 결 론

Mezirow의 전환학습이론은 경험의 의미를 이해하고자 하는 인간의 요구를 인정하고 그 기본적인 실천이 올바르게 이루어질 수 있도록 돕는 것이 성인학습의 중요한 한 측면임을 보여주었다. 의미관점의 변화가 성인교육의 유일한 목적은 아닐지라도 자신이 지각하고, 생각하고, 느끼고, 행동하는 방식에 영향을 주는 참조의 틀에 대한 비판적 성찰과 평가는 성인학습에 있어서 없어서는 안 될 요소이다.

Mezirow의 전환학습이론은 인간의 합리성에 과도하게 의존하며, 전환학습과정을 학습이 일어나는 역사적, 사회문화적 상황과 무관한 심리적 과정으로 묘사하여 성인학습의 사회적 차원을 간과했고, 그 이론 자체도 그 이론이 생성될 당시의 사회문화적 컨텍스트의 영향으로부터 자유롭지 못했다는 비판을 받고 있다. 그러나 시간이 지나면서 전환학습은 비판과 경험적 연구의 결과를 바탕으로 더욱 전인적이고 상황에 대한 자각을 포함하는 다양한 접근으로 발전하고 있다. 인간의 본성, 합리성과 자율성, 구성주의적 세계관과 같은 전환학습이 가진 전제들은 비판적이고 신학적인 성찰을 요구하며, 그 이론은 인본주의적이고 구성주의적 참조의 틀보다는 성경적인 참조의 틀 안에서 이해될 때 보다 합리적으로 설명될 수 있을 뿐 아니라 기독교 세계관의 형성과 성숙에 관한 교육학적 논의에 유익한 통찰을 제공할 수 있다.

전환학습으로부터 얻은 통찰을 근거로 기독교 세계관의 형성을 돕기 위한 몇 가지 교육적 제안을 하고자 한다. 첫째는 개인의 삶에 일어나는 인지와 정서에 불균형을 일으키는 다양한 경험뿐 아니라 그 시대의 사람들의 궁극적 관심과 중요한 사회적 이슈들에 대한 의미의 해석과 설명의 중요성이다. 그것은 기독교 세계관이 지속적으로 사람들에게 있음직하고 타당한 설득력 구조가 되기 위해 필요하다. 더불어서 해결하기 힘든 복잡한 문제와 모호함과 갈등을 겪는 사람들이 성경적인 의미 관점으로의 전환이 이루어질 수 있도록 도울 수 있는, 문제의 모호함을 수용하고 함께 탐구하며 인내하고 격려해 줄 신뢰할 만한 관계가 있는 성숙한 신앙공동체의 필요성에 대해서 언급했다. 비판적 성찰은 개인의 기독교 세계관으로의 전환뿐 아니라 신앙공동체의 지속적인 개혁과 대안적인 공동체로서의 신실함의 유지를 위해서도 필요하다. 그러나 비판적 성찰과 숙고함과 같은 인지적인 모드가 아니라, 예배와 감사, 경탄과 같은 정서적인 모드를 통한 변화도 가능하다. 사실, 비판적 성찰을 가능하게 하는 능력 역시 예배에서부터 얻어질 수 있음을 지적했다. 전환학습은 인식의 틀의 변화로 끝나지 않고, 새로운 관점이 삶으로 재통합되어 더 이상 의식의 대상이라기보다는 그것을 통해 세상을 보고, 의미를 해석하고, 행동의 방향과 정체성이 정해지는 내면화가 이루어질 때 완성된다. 이러한 통찰은 그동안 주지주의적으로 접근했던 세계관교육에서 나아가서 인간의 욕망과 갈망, 지향성, 살과 피를 가진 존재로서의 인간의 특성을 반영한 세계관의 형성적 측면을 자각한 접근을 해야 할 필요성을 제시한다.

그런 면에서 회중문화뿐 아니라 예배를 비롯한 예전과 의례, 환대와 봉사를 포함하는 역사적으로 공동체적으로 이루어진 기독교적 실천에의 참여를 바탕으로 한 기독교세계관의 형성 및 전환을 위한 접근이 보다 필요하다고 하겠다.

| 참고문헌 |

김경희. 1998. 전환학습과 성인교육. *사회교육학연구* 4(1). 217-242.

Bahnsen, Greg L. 1998. *Van Til's Apologetic*. Phillipsburg, NJ P & R Publishing.

Berger, Peter L., and Thomas Luckmann. 1967. *The Social Construction of Reality*. Garden City, N.Y.: Doubleday.

Brueggemann, Walter. 2001. *The Prophetic Imagination*. Philadelphia, PA: Fortress Press.

Brummelen, Harro Van. 2014. *교실에서 하나님과 동행하십니까*. IVP.

Calvin, John. 1960. *Institutes of the Christian Religion*. Philadelphia, PA: Westminster John Knox Press.

Clark, M. Carolyn, and Arthur L. Wilson. 1991. Context and rationality in Mezirow's theory of transformational learning. *Adult Education Quarterly* 41 (Winter). 75-91.

Colson, Charles. 2002. Forewords. *Shaping a Christian Worldview*. Nashville, TN : Broadman & Holman.

Crain, Margaret Ann, and Jack Seymour. 2003. *Yearning for God: Reflections of Faithful Lives*. Nashville, TN: Upper Room Books.

Collard, Susan, and Michael Law. 1989. The limits of perspective transformation: A critique of Mezirow's theory. *Adult Education Quarterly* 39(2). 99-107.

Cranton, Patricia. 2006. *Understanding and Promoting Transformative Learning: A Guide for Educators of Adults*. San Francisco, CA: Jossey-Bass.

―――. 2002. *Teaching for Transformation: New Directions for Adult and Continuing Education*. Issue 93.

Dirkx, John M. 2006. Engaging emotions in adult learning. *New Directions for Adult and Continuing Education* 109(Spring). 15-26.

Dockery, David. 2002. *Shaping a Christian Worldview : the Foundations of Christian Higher Education*. Nashville TN: Broadman & Holman.

Dykstra, Craig. 1991. Reconceiving practice. *Shifting boundaries*. Louisville: Westminster/John Knox.

Dykstra, Craig R. 1987. The formative power of the congregation. *Religious Education* 82(4). 530-546.

Emerson, Michael O. & Christian Smith. 2001. *Divided by Faith*. New York, NY: Oxford University Press.

Everist, Norma Cook. 2001. Connecting the learning community and vocation in the public world. *Religious Education* 96(3). 294-309.

Frame, John M. 2000. *Perspectives on the Word of God*. Phillipsburg, N.J. : Presbyterian and Reformed Pub. Co.

Guiness, Os. 2016. 오스 기니스의 저항. 도서출판 토기장이.

Goheen, Michael W, and Craig G. Bartholomew. 2008. *Living at the Crossroads*. Grand Rapids, MI: Baker Academic.

Greene, Albert E. 2009. 기독교 세계관으로 가르치기. 도서출판 CUP.

Groome, Thomas H., 1980, *Christian Religious Education*. San Francisco: Jossey-Bass.

Harris, Maria. 1989. *Fashion Me a People: Curriculum in the Church*. Philadelphia, PA: Westminster John Knox Press.

Healy, Mary and Robin A Parry. 2007. *Bible and Epistemology*. Milton Keynes, U.K. ; Colorado Springs, CO: Paternoster.

Henry, Carl F. H. 1946. *Remaking the Modern Mind*. Grand Rapids, MI: Wm. B. Eerdmans publishing company.

―――. 1984. *The Christian Mindset in a Secular Society*. Portland, OR:

Multnomah Press.

Hiebert, Paul G. 2008. *Transforming Worldviews*. Grand Rapids, MI: Baker Academic.

Holmes, Arthur F. 2002. Foreword. *Worldview: The History of a Concept*. Grand Rapids, MI: W.B. Eerdmans Pub. Company.

Holmes, Arthur F. 1983. *Contours of a World View*. Grand Rapids, MI: W.B. Eerdmans Pub. Company.

Hopewell, James F. & Barbara G. Wheeler. 1987. *Congregation: stories and structures*. Minneapolis, MN: Fortress Press.

Imel, Susan. 2003. Effects of Emotions on Learning in Adult, Career and Career-Technical Education. Trends and Issues Alert. http://www.eric.ed.gov/PDFS/ED473767.pdf (2018.03.29).

Lave, Jean, and Etienne. Wenger. 1991. *Situated Learning: Legitimate Peripheral Participation*. New York : Cambridge University Press.

Le Cornu, Alison. 2009. Meaning, internalization, and externalization. In *Adult Education Quarterly* 59(4). 279-297.

MacIntyre, Alasdair. 1984. *After Virtue*. South Bend, IN: University of Notre Dame Press.

Merriam, Sharan B. Baumgartner, Rosemary S. Caffarella, and Lisa Baumgartner. 2007. *Learning in Adulthood*. San Francisco: Jossey-Bass.

Mezirow, Jack. 1978. Education for Perspective Transformation. Women's Re-entry Programs in Community Colleges.

―――. 1991. *Transformative Dimensions of Adult Learning*. San Francisco: Jossey-Bass.

―――. 2000. *Learning as Transformation: Critical Perspectives on a Theory in Progress*. San Francisco: Jossey-Bass.

―――. 2009. Transformative learning theory in *Transformative Learning in*

Practice. 1st ed. San Francisco, CA: Jossey-Bass.

Moo, Douglas J. 1996. *The Epistle to the Romans*. Grand Rapids, MI: Wm. B. Eerdmans Publishing.

Naugle, David K. 2002. *Worldview: The History of a Concept*. Grand Rapids, MI: Wm. B. Eerdmans Publishing Company.

Newbegin, Lesslie. *The Gospel in a Pluralist Society*. Grand Rapids, MI: Wm. B. Eerdmans Publishing Company.

Olthuis, James H. 1989. *Stained Glass: Worldviews and Social Science*. Lanham, MD: University Press of America.

O'Sullivan, Edmund V., Amish Morrell, and Mary Ann O'Connor. 2002. *Expanding the Boundaries of Transformative Learning*New York, N.Y. : Palgrave Macmillan.

Plantinga Jr, Cornelius Plantinga. 1995. *Not the Way It's Supposed to Be*. Grand Rapids, MI: Wm. B. Eerdmans Publishing Company.

Polanyi, Michael. 1998. *Personal Knowledge: Towards a Post-Critical Philosophy*. East Sussex, UK: Psychology Press.

Rad, Gerhard von. 1972. *Genesis: a Commentary*. Philadelphia, PA: Westminster Press.

Rae, Murray. 2007. Principles of biblical epistemology. *The Bible and Epistemology*. Colorado Springs, CO: Paternoster.

Roderick, Rick. 1986. *Habermas and the Foundations of Critical Theory*. New York, NY: St. Martin's Press.

Schaeffer, Francis A. 1976. *How Should We Then Live?: The Rise and Decline of Western Thought and Culture*. Old Tappan, N.J. : F. H. Revell Co.

Sire, James W. 2004a. *Naming the Elephant : Worldview as a Concept*. Downers Grove, Ill. : InterVarsity Press.

――. 2004b. *The Universe Next Door : A Basic Worldview Catalog*. Downers Grove, Ill. : InterVarsity Press.

Smith, James. 2016. *하나님 나라를 욕망하라*. 서울: IVP.

Taylor, Edward W. 2001. Transformative learning theory: a neurobiological perspective of the role of emotions and unconscious ways of knowing. *International Journal of Lifelong Education* 20(3). 218-236.

――. 2007. An update of transformative learning theory: a critical review of the empirical research (1999-2005). *International Journal of Lifelong Education* 26(2). 173-191.

――. 2008. Transformative learning theory. *New Directions for Adult and Continuing Education* 119(Fall). 5-15.

――. 2009. Fostering transformative learning. *Transformative Learning in Practice*. San Francisco, CA: Jossey-Bass.

Tennant, Mark C. 1993. Perspective transformation and adult development. *Adult Education Quarterly* 44(1). 34-42.

Vanhoozer, Kevin J. 2007. *Everyday Theology: How to Read Cultural Texts and Interpret Trends*. Grand Rapids, MI: Baker Academic.

Vella, Jane. 2000. *Taking Learning to Task: Creative Strategies for Teaching Adult*. San Francisco, CA: Jossey-Bass.

Wilkens, Steve, and Mark L. Sanford. 2009. *Hidden Worldviews*. Grand Rapids, MI: InterVarsity Press.

Wolters, Albert M. *Creation Regained: Biblical Basics for a Reformational Worldview*. Grand Rapids, MI: Wm.B. Eerdmans Publishin Co.

제자훈련에 대한 반성과 대안

김 명 호
합동신학대학원대학교 교수

　필자는 1986년, 첫 번째 '평신도를 깨운다' 제자훈련 세미나가 시작되면서부터 2013년 말까지 국제제자훈련원의 담당사역자, 대표로서 지역교회에 제자훈련을 소개하고 이 사역이 정착되도록 섬길 수 있었다. 좋은 멘토의 커다란 우산 아래서 소신껏 사역하며 섬길 수 있었던 것은 개인적으로 큰 은혜였고 보람된 경험이었다. 2013년 말에 그동안의 기관 사역을 접고 하나의 지역교회를 맡아서 그동안 가르쳐왔던 제자훈련 사역을 현장에서 확인할 수 있는 시간도 가졌다. 30여 년 동안 제자 삼는 사역을 주제로 많은 목회자들을 만나고 평신도들을 섬기면서 이 사역을 통해 변화와 성장을 경험하는 모습을 보면서 많은 보람도 느꼈고 동시에 많은 실패로 아픔과 좌절도 경험했다. 그동안 나름대로 고민하면서 정리해 온 제자훈련에 관한 생각들을 정리해 보고자 한다. 물론 여기서 말하는 제자훈련은 옥한흠 목사가 "평신도를 깨운다"라는 기치를 내걸고 소개했던 제자훈련을 중심으로 이야기를 하고자 한다. 구체적인 데이터를 가지고 객관적으로 설명할 수 있는 것은 아니기에 한 개인의 경험에서 나오는 주관적인 소회라고 생각하면 좋을 것 같다.

Ⅰ. 제자훈련

　제자훈련에 대해서 나누다 보면 제자훈련에 대해서 생각하는 정의가 각자의 입장에 따라 상이한 것을 보게 된다. 어떻게 제자훈련을 이해하느냐에 따라 다양한 반응을 보이기도 한다. 제자훈련을 전도에서부터 교회의 지도자로 세워가는 과정까지 넓게 생각하는 사람도 있다. 선교단체에서 제자훈련을 경험한 사람들은 전도나 신앙의 입문 과정에서부터 제자훈련이라고 생각하는 경향이 있다. 반면에 지역교회에서 제자훈련을 경험한 사람들은 깊은 영적 수준과 헌신을 요구하는 집중적인 훈련과정으로 생각한다. 이렇게 제자훈련을 좁게 정의하는 사람들은 기초단계의 과정은 양육이라고 말하고, 고급단계의 과정은 제자훈련이라고 구분한다.

　제자훈련에 대한 편견도 다양하다. 어떤 사람에게는 제자훈련이 마치 성경공부처럼 오해되기도 한다. 기성세대는 학창 시절에 책 한 권 떼는 것을 매우 중요하게 여겼다. 아마도 누구나 한 번쯤은 '성문종합영어'나 '수학의 정석'을 떼어봤을 것이다. 제자훈련도 어떤 교재 하나를 선정해서 한번 떼는 것으로 생각하는 경우가 많았다. 이런 편견에서 벗어나야 제자훈련을 제대로 이해할 수 있다. 제자훈련이란 성경 말씀을 가지고 사람을 세워가는 일이다. 우리의 인격과 삶을 걸고 함께 말씀 앞에 서서 그 말씀에 순종하는 과정을 경험하는 일이다.

　제자훈련을 말하면 그런 것은 강남의 지식층에 해당하는 성도들에게나 먹히는 목회 프로그램이라고 생각하는 사람들도 많다. 성경 지식을 머릿속에 넣어주는 효과적인 프로그램 정도로 치부하는 것이다. 그래서 학력이 낮고 경제적인 수준이 낮은 지역에서는 제자훈련을 할 수 없다고 생각한다. 제자훈련은 그런 것도 아니다. 신앙생활을 하면서 말씀 앞에서 서는 것은 바울과 같은 지식층에만 해당하는 것이 아니다. 베드로와 같은 촌부도 동일하게 주님의 말씀 앞에 서서 반응했던 제자훈련의 본질을 붙잡아야 한다.

그런가 하면 제자훈련을 목회에 접목하는 목회자들 가운데 상당히 많은 사람이 제자훈련을 교회 성장을 위한 좋은 프로그램이라고 생각한다. 대형교회로 성장한 몇몇 교회를 모델로 삼고 그런 교회처럼 성장하려면 제자훈련이라는 방법을 따라 해야 한다고 생각하는 것이다. 교회 성장을 위해 제자훈련 프로그램을 도입한 사람은 제자훈련으로 인해 교회가 숫자적으로 성장할 것을 기대한다. 하지만 제자훈련을 도입했지만 즉각적인 결과가 나타나지 않거나 새로운 변화에 반발해서 교인들이 교회를 떠나게 되어 성도수가 줄어들게 되면 제자훈련도 별게 아니라고 판단하고 포기하고 만다. 그리고 교회가 성장할 수 있는 또 다른 수단을 찾아서 이곳저곳의 세미나를 기웃거린다.

제자훈련이란 마 28:19-20에 주님께서 명령하신 것을 수행하는 것이다. 지금까지 우리는 제자 삼으라는 말을 복음전도와 거의 동일시했다. 그러나 마태복음에 명시된 제자 삼으라는 말은 그저 교회를 부흥시키라는 말도 아니고 전도하라는 말도 아니다. 베드로가 예수님의 제자가 되어 예수님을 따랐던 것처럼 예수님을 만나 그분을 따라 사는 삶이 무엇인지를 배우고 그분의 주되심을 인정하는 삶을 살아가는 것을 의미한다. 그 일을 위해 전도하고, 제자의 공동체에 일원이 되게 하고, 주님이 가르쳐주신 말씀을 가르쳐서 지키게 하는 사역을 하는 것이다. 그러므로 제자훈련은 복음전도를 포함하여 그리스도를 위해 삶을 헌신하며 그분을 닮아 살아가는 성숙한 자리까지 나아가도록 훈련하는 모든 과정을 포함한다. 단순한 교육이 아니라 훈련을 말하는 것이다.

달라스 윌라드는 훈련의 필요성에 대해 다음과 같이 피력했다. "세상에 중요한 일 치고 훈련 없이 되는 일은 하나도 없다. 그리스도와 함께하는 영적인 삶도 훈련 없이는 안 된다. 다시 말해서 훈련 없이는 삶의 만족감과 품위를 전혀 얻을 수 없다. 그럼에도 불구하고 교회 안에서 일어나는 거의 모든 불상사는 그 불상사를 일으키는 사람들이 훈련되어 있지 않기 때문이다. 훈련이 없다면 무엇으로도 만회할 길이 없다. 은혜와 함께 훈련이 있을 때 우리의 삶은 결실을 맺게 된다. 정작 성경을 많이 읽는다는 그리스도인들도 성경을 모를 때가 너무 많다. 성경을 하나님의 말씀으로 받아들여서 자신의 삶을 개발시키고 변화시킬 수 있는 능력의 말씀으로 받아들이지 않기 때문이다. 왜냐하면 훈련이 되어 있지 않기 때문이다."

이런 의미에서 제자훈련은 성경공부가 아니다. 로버트 콜만이 '주님의 전도계획'에 잘 정리해 준 바와 같이 제자훈련은 소수의 사람을 선택하는 데서 시작한다. 그리고 서로의 삶을 내어놓고 교제할 수 있는 공동체 환경 속에서 이루어진다. 지도자가 자신의 삶의 모범을 보여주면서 삶의 변화를 요구한다. 가르치고 보여준 후에는 사역을 맡긴다. 또한, 지속적으로 삶을 함께 나누면서 평가하며 훈련한다. 훈련받는 사람들에게 예수 닮은 삶을 요구하며 나와 같은 제자를 재생산하는 삶을 요구한다. 이것이 제자훈련이다.

제자훈련에서 중요하게 여기는 환경적 요소가 소그룹 공동체다. 제자훈련과정을 일 년 동안 마친 수료생에게 무엇이 자신의 삶에 변화를 일으키는 중요한 요소냐고 물었다. "서로 마음을 터놓고 서로를 위해 기도하며 세워주는 영적 동지들"이라는 것이 가장 많은 대답이었다. 특별히 어렵고 힘들 때 서로의 문제를 끌어안고 함께 서로를 위해 기도하는 과정을 통해서 영적 변화를 경험하게 되었다는 사람들이 많았다. 제자훈련은 함께 훈련받는 사람들의 다양한 관점과 다양한 삶의 반응을 통해서 서로 배우고, 서로 도전받으며, 힘을 합해 변화를 이끌어 내는 과정이다.

또한, 제자훈련에서는 성경을 귀납적으로 살펴보도록 돕고, 깨달은 말씀을 각자의 삶에 적용하고 순종하도록 돕는 일을 중요하게 여긴다. 귀납적 접근을 하는 제자훈련 지도자는 어떤 영적 진리를 설교하기보다는 질문을 통해 훈련받는 사람들이 성경을 보고 스스로 생각할 수 있도록 돕고 함께 발견하고 결론을 내린 진리 앞에서 자신의 삶에 적용하고 반응하도록 돕는다. 그래서 삶의 변화를 이끌어낸다. 제자훈련에 실망한 평신도들의 이야기를 들어보면 훈련을 한다고 하는 목회자가 주일 예배 때 했던 설교와 다를 바 없는 또 한 번의 설교를 듣는 경우가 많다고 한다. 그저 목회자 혼자서 가르치고 끝나는 성경공부나 강의를 하고 제자훈련 했다고 착각하는 목회자가 많다.

년대 말까지 제자훈련은 선교단체의 전유물이라고 해도 과언이 아니었다. 교회 안에서 이런 시도를 하게 되면 이단으로 몰리기까지 했다. 그런 제자훈련을 지역교회 안에 접목하고 시도한 대표적인 결과가 성도교회 대학부였고 사랑의교회라는 목회 현장이었을 것 같다. '평신도를 깨운다'라는 책을 통해 제자훈련 사역이 어떻게 지역교회에 접목될 수 있는지 소개한 옥한흠 목사는 1986년부터 '제자훈련 지도자 세미나'를 통해 이러한 목회철학을 한국교회 목회자들과 나누기 시작했고 그 영향으로 수많은 교회에서 제자훈련을 실시하게 되었다.

제자훈련 사역을 지역교회 목회자들에게 소개하는 세미나를 운영하면서 참석자들이 세미나에 참석한 이후에 어떤 변화를 겪고 있는지 유심히 살펴보곤 했다. 정확한 통계는 아니지만 많은 목회자를 만나보고 나름대로 통계를 내보았다. 세미나 참석자의 절반 정도는 제자훈련 사역에 대해 흔쾌히 심정적으로 동의를 하지 못한다. 제자훈련에 대해서 아니라고 강하게 반론을 펴는 사람도 있지만, 교회의 형편이나 전통과 문화 속에서 제자훈련이 어렵겠다고 생각하는 사람들도 있다. 그러니까 성경적으로나 환경적으로 제자훈련에 대해 동의하는 사람이 참석자의 50% 정도가 될 것이라고 본다.

그런데 나름대로 동의를 했다고 하더라도 자신이 섬기고 있는 목회 현장에 돌아가서 제자훈련을 하는 것은 또 다른 문제다. 자신의 목회 현장에 돌아가면 무엇을 어떻게 해야 할지 막막하게 생각되어 포기하는 사람들도 많다. 아마도 제자훈련을 하겠다고 마음에 결단을 내린 목회자들 가운데 반 정도는 중도에 포기한다고 본다. 그렇다면 실제로 제자훈련 사역을 목회현장에 시도해보는 사람은 참석자의 25% 정도에 해당한다고 본다.

  그런데 제자훈련을 접목하고 시행하는 목회자들 가운데에서도 기대했던 열매를 얻는 사역자는 얼마나 될까? 마음먹고 시작한 사람 가운데 반 정도만 된다고 봐도 아마 후하게 계산을 한 것이라고 본다. 그렇게 계산하면 세미나에 참석한 사람 가운데 제자훈련의 열매를 보는 사역자는 참석자의 12.5% 정도라고 볼 수 있다. 어찌 보면 낮은 수치라고 말할 수도 있지만, 지금까지 이렇게 제자훈련을 시작해서 좋은 변화를 경험한 교회들은 전국적으로 꽤 많이 분포되어 있다.

II. 제자훈련 실패의 원인들

  제자훈련을 교회에 접목하고 변화를 경험하는 것이 왜 그렇게 힘들까? 여러 목회현장을 돌아보며 나름대로 유추해 본 몇 가지 이유가 있다.

1. 확고한 목회철학이 없는 제자훈련

  그 첫 번째는 제자훈련이 지역교회에 토양과 잘 맞지 않는 어려움이 있다. 전통적인 교회의 풍토 속에서 제자훈련이 싹을 틔우고 뿌리를 내리기가 쉽지 않았다. 오죽하면 옥한흠 목사가 제자훈련 세미나에서 첫 강의 제목을 "광인론"이라고 했겠는가? 미치지 않으면 기성 교회에 제자훈련을 시작도 못한다는 것이다.

제자훈련을 하려고 하면 가로막는 장애물들이 많다. 제자훈련에 대해 이해하지 못하는 평신도 지도자들과 훈련을 거부하는 교회의 전통과 문화들도 있다. 그러나 그 무엇보다도 제자훈련을 가로막는 가장 큰 장애물은 목회자 자신이다. 목회자가 제자훈련을 제대로 감당할 수 있을 만큼 준비되지 못했기 때문이다. 이런 모든 환경을 넘어서서 제자훈련이 뿌리를 내리려면 미쳤다고 말할 수 있을 만큼 목회철학이 분명해야 한다. 기존에 하던 목회의 패턴을 포기해야 할 것들이 있고, 다른 유혹에 흔들리지 않는 집중력도 있어야 한다. 제자훈련을 하다가 포기할 수밖에 없는 척박한 목회 풍토를 넘어설 수 있는 뿌리 깊은 목회철학이 중요하다.

2. 준비되지 못한 지도자들이 이끄는 제자훈련

제자훈련을 하겠다고 나선 목회자들이 그 열매를 보지 못하고 쉽게 좌절하는 이유 가운데 하나는 목회자 자신이 그 사역을 감당할 만큼 준비되지 못했기 때문이다. 소그룹을 이끌어본 경험도 없고 성경을 귀납법적으로 연구하고 묵상하는 훈련을 받아보지도 못한 목회자는 제자훈련을 한다고 하면서도 그저 일방적인 주입식 교육을 벗어나지 못한다. 그저 또 하나의 설교나 일방적인 강의에 머물기 일쑤였다. 자신부터 말씀을 통해 삶의 변화를 경험하지 못한 목회자는 늘 해오던 대로 설교나 교리공부에 머물기 마련이다.

3. 제자도를 상실한 제자훈련

또 하나의 문제는 제자도를 상실한 껍데기 제자훈련이다. 자신은 제자의 삶을 살지 못하면서 성도들에게는 제자로 살아가라고 가르치는 것이다. 지도자의 인격이 뒷받침되지 않는 메시지는 훈련받는 성도들이 금방 눈치채게 마련이다. 멀리서 있으면 보지 못하던 모습도 훈련을 통해 가까이 있게 되면 목회자의 민낯을 숨길 수 없게 된다. 강단에서 설교하던 메시지와는 다른 지도자의 탐욕과 거짓의 모습을 보고 실망하게 되면 결국은 제자훈련 때문에 교회를 떠나게 되기도 한다.

4. 거래적 제자훈련

제자훈련에 실패한 교회에서 보게 되는 공통적인 문제점 중의 하나는 제자훈련을 교회의 직분을 받기 위한 하나의 과정으로 생각하도록 만드는 것이다. 교인들과 일종의 거래를 하는 것이다. 우리 교회에서 장로가 되고 안수집사, 권사가 되기 위해서는 반드시 제자훈련을 수료해야 한다고 못 박아 놓은 교회들이 많다. 물론 직분 받겠다는 욕심을 가진 사람들에게 제자훈련 받을 기회를 제공한다는 측면에서는 좋은 점도 있다. 하지만 직분을 받기 위해 제자훈련을 받는 사람들에게는 그저 과정을 수료해서 직분을 받는 것이 목적이 되고 만다. 그렇게 되면 진지하게 말씀 앞에서 자신의 삶을 돌이켜보고 변화를 이끌어낼 수 있는 힘이 없다. 숙제도 부담이고 출석하는 것 자체가 대단한 일이 되고 만다. 이런 경우에는 제자훈련의 본질은 어디론가 사라지고 어떻게든 수료할 수 있는 길을 찾는 꼼수만 남게 된다. 이런 과정을 통해서 삶의 변화가 일어날 리가 없다. 모양은 있는데 능력을 상실할 수밖에 없는 구조가 되고 만다.

5. 변질된 제자훈련

제자훈련을 통해서 교회가 성장하는 경우도 많이 보았다. 그런데 어느 정도 교회가 성장하게 되면 초심을 잃고 형식만 남게 되는 교회들이 있다. 제자훈련은 한 사람 한 사람에게 집중하는 목회자의 노력이 필요하다. 그런데 교회가 숫자상으로 성장하고 나면 이런저런 요구들로 목회자가 바빠지게 된다. 외부로부터 집회를 요청받는 숫자도 많아지게 된다. 그런 요청들을 외면하고 목회에 집중하기가 쉽지 않다. 너무 바쁘면 한 사람 철학을 유지하기가 어려워진다. 제자훈련의 본질인 한 사람에게 집중하기 위해서는 이곳저곳에서 요청하는 외부사역을 지혜롭게 거절할 수 있어야 한다. 외부사역에 바쁜 목회자는 절대 제자훈련을 제대로 감당할 수 없다. 처음에는 제자훈련을 잘 하다가도 약간의 성공에 그만 변질되고 마는 경우를 종종 보게 된다.

옥한흠 목사는 은퇴한 이후에 가진 '디사이플'의 대담에서 자신의 교회론과 목회현장이 엇박자를 이뤘다고 고백했다. "은퇴 후, 저는 제 목회가 자체적으로 자기모순을 갖고 있지 않았나 하는 우려를 합니다. 왜냐하면, 교회를 너무 키워버렸다는 생각 때문입니다. 제 교회론에 부합한 교회는 너무 비대해져 버리면 그 정신을 살리기가 굉장히 어렵다는 것은 숨길 수 없는 사실입니다. 이런 의미에서 우리 교회의 교회론과 제자훈련이 엇박자를 이룬 것 같습니다." 비록 옥한흠 목사가 한 사람 철학을 붙잡기 위해서 몸부림쳤지만, 대형화된 교회의 환경에서 그 철학을 고수하기가 그만큼 어려웠다는 것이다.

6. 성급한 제자훈련

제자훈련을 망치는 또 하나의 문제는 제자훈련에 대한 충분한 비전을 공유하지 못한 상태에서 성급하게 훈련에 임하는 것이다. 이런 경우에는 제자훈련을 하겠다고 광고를 해도 훈련을 받겠다고 자원하는 사람들이 없다. 자원하는 사람이 없을 때 자칫하면 설득하고 회유하고 협박해서 훈련에 끌어 들이게 된다. 훈련받을 준비가 안 된 사람들을 끌어다 앉혀 놓으면 제자훈련의 강도를 유지할 수가 없다. 훈련이라는 것은 배운 이론을 자신의 것으로 익히도록 반복하고 강화시키는 과정이다. 그런데 준비가 안 된 사람들은 이 훈련을 감당할 수가 없다. 부대끼고 어려운 상황을 만나면 팔짱을 끼고 물러난다. 그러니 힘든 요구를 할 수 없다. 조금만 강도를 높이면 그만두게 될까봐 전전긍긍하게 된다.

이런 상황에서 훈련이 이루어질 수가 없다. '다른 것은 다 못해도 좋다. 출석만 해다오. 이렇게 나와 앉아 있는 것만으로도 이 사람은 대단한 일을 하는 것이다'라고 추켜세워 줘야 간신히 훈련을 마칠 수 있다. 이렇게 훈련을 마친 사람들이 자신을 사명자로 알고 사역에 동참할 수는 없다. 나중에 훈련을 마치고 직분을 받는다 해도 명목상의 그리스도인으로 머물게 되기 십상이다.

III. 제자훈련을 정착시키기 위한 대안

그렇다면 제자훈련을 지역교회에 잘 정착하기 위해서는 어떻게 하면 좋을까? 다양한 대안이 있겠지만 위에 언급한 제자훈련 실패의 원인들을 가지고 온전한 제자훈련으로 이끌 수 있는 몇 가지 방법을 살펴보고자 한다.

1. 제자도의 회복

제자훈련을 지역교회에 잘 정착하도록 하기 위해서는 지도자부터 진정한 제자도의 회복을 위해 노력해야 한다. 제자도란 예수 그리스도의 제자에게 요구되는 인격과 삶의 기준이다. 성도들을 이끌고 훈련하는 지도자와 훈련받는 성도들에게 기대하는 모습을 말한다. 목회자들이 성도들을 교육하고 훈련할 때 어떤 기준과 잣대에 맞춰야 하느냐는 질문에 대한 예수님 자신의 대답이 제자도이다.

그런데 제자훈련을 하다 보면 이 기준이 사라지는 경우를 보게 된다. 실제로 우리 주변을 돌아보면 처음에는 순수한 동기를 가지고 제자훈련에 임했던 사역의 동지들이 바로 이 덫에 걸려 힘든 고통의 시간을 보내는 경우도 적지 않게 보게 된다. 제자훈련을 통해 평신도 지도자들이 세워지고 목회의 열매가 가시적으로 드러나기 시작하면서 이런 증상들이 나타난다. 성공했다는 인정을 받게 되면서 얻게 되는 특혜와 영향력 때문에 나타나는 증상이다.

이렇게 자신에게 부여된 힘과 지위를 하나님을 위해 사용하기보다 나의 영광을 위해 사용하는 순간, 본질은 사라지고 껍데기만 남은 제자훈련이 될 가능성이 높다. 아무리 하나님의 나라를 위한 사역이라는 명분을 걸고 있어도 "절대 권력은 절대 부패한다"는 원칙에서 예외가 되지는 못하는 것 같다. 성공하는 지도자에게 섬김의 동기가 사라지게 되면 자신을 통제하고 절제할 수 있는 기능도 따라서 약화된다. 따르는 사람이 많아질수록 주변 사람들의 조언에 귀를 막고 자신의 결정을 하나님의 뜻으로 포장하기 쉽다. 마음대로 교회를 이끌어 가는 독선적인 지도자의 길로 들어선 것이다. 이런 유혹에 빠지지 않기 위해서는 주기적으로, 반복적으로 제자도를 붙잡는 시간을 가져야 한다.

제자도는 우리가 지속해서 가야 할 길을 가도록 만드는 힘이다. 많은 교회 지도자들로 하여금 자칫하면 빠지기 쉬운 함정과 덫으로부터 지켜주는 보호막이다. 그래서 시대를 초월해 그리스도의 제자들이 붙잡아야 할 변함없는 핵심이다. 제자훈련이라는 프로그램을 시행한다고 해서 제자도를 붙잡고 있는 것이 아니다. 오히려 제자도를 너무 쉽게 생각하고 본질을 외면하고 있는지도 모른다. 그래서 제자도의 본질을 다시 들여다보며 철저하고도 급진적으로 순종할 필요가 있다고 말하는 것이다. 혹시나 이 본질에서 떠나 있지는 않은지, 기준점에서 너무 멀리 벗어나 있지는 않은지 끊임없이 살펴봐야 한다. 리더십만 이야기하다가 진정한 팔로워십은 사라지고, 제자도가 없는 제자훈련을 하고 있지는 않은지 진지하게 되돌아봐야 한다.

2. 제자훈련 네트워크 형성

제자훈련이 강력한 힘을 가지고 있는 것은 하나님의 말씀과 함께 인도자의 삶의 모범이 뒷받침되기 때문이다. 로버트 콜만은 예수님의 제자훈련의 중요한 원리가 동거의 원리라고 말한다. 예수님과 제자들이 함께 먹고, 자고, 길을 가고, 함께 시간을 보냄으로 제자훈련이 이뤄졌다는 것이다. 네비게이토의 도슨 트로트맨은 샌디에이고에 머무는 해군 장병들을 자기의 집으로 데리고 가서 함께 동거하며 훈련했다. 삶을 나눈 것이다. 성경공부가 아닌 삶으로 제자로 삼은 것이다. 그 결과 하나님 나라를 향해 자신의 삶을 드리는 수많은 동지를 얻을 수 있었다. 진정한 제자훈련은 단순하게 성경의 내용이나 신학적 지식을 가르치는 것이 아니다. 실제적인 삶을 나눔으로 이루어진다.

문제는 지도자들의 삶이 완벽하지 않다는 것이다. 사도바울은 '내가 그리스도를 본받은 자가 된 것처럼 너희는 나를 본받으라'고 했지만, 우리에게는 늘 허물과 실수가 따라다닌다. 그 누구도 자신 있게 나와 같이 되라고 말할 수 있는 사람이 없다. 그럼에도 불구하고 제자 삼는 일은 우리에게 주어진 피할 수 없는 사명이다. 그러므로 제자훈련하는 지도자는 우리의 상처 나고 허물이 많은 모습을 있는 그대로 드러내는 정직함이 필요하다. 실수하고 실패했을 때에는 솔직하게 인정하고 용서를 구하는 진정성이 있어야 한다. 자신이 완벽한 것처럼 치장하고 실수와 허물을 덮기에 급급해 서는 제자 삼을 수 있는 도덕적 주도권을 확보할 수 없다. 제자훈련은 몇 권의 책을 떼는 것도 아니고 수료해야 할 어떤 프로그램도 아니다. 진정한 제자도는 평생 지속되는 인격적 관계다.

　이런 관점에서 지역교회에서 제자훈련을 이끌 수 있는 지도자를 세워가는 우리의 전략은 재고되어야 한다. 제자훈련과 관련한 사역을 오랫동안하고 난 뒤에 얻은 결론 중의 하나는 제자 삼는 지도자를 세우는 일은 세미나로 이루어지지 않는다는 것이다. 목회자들이 일주일 동안 제자훈련에 관련한 목회철학과 제자훈련의 실제적인 방법론을 다 듣고 현장을 보는 것은 분명 도움이 된다. 비전을 붙잡고 목회 방향을 새롭게 하는 차원에서 굉장한 도전이고 힘이 되는 것도 사실이다. 선교단체를 통해서 훈련을 받아본 경험이 있고 말씀을 대하는 훈련이 어느 정도 된 목회자들에게는 이 정도의 도전과 통찰을 가지고 목회의 전환점을 맞기도 한다. 그러나 대부분의 목회자가 그런 훈련의 경험이 없는 상태에서 제자훈련을 해야겠다는 생각만으로 목회의 방향을 바꿀 수는 없다. 이런 면에서 제자훈련을 하겠다는 결심이 선 목회자들에게 지속해서 도움을 주고 격려해줄 수 있는 네트워크가 절대적으로 필요하다.

　이런 네트워크가 활성화되기 위해서는 제자훈련의 정신으로 교회를 이끌어온 경험이 있는 목회자들의 헌신이 절대적으로 필요하다. 한 교회가 성장하고 건강해지는 것을 넘어서 하나님의 나라를 위해 또 다른 교회와 목회자들을 섬기겠다는 헌신이 필요하다. 인격적 교제가 가능한 정도의 소그룹을 형성하여 제자 삼는 사역의 본질을 점검하고 사역의 노하우를 나누며 힘든 목회 상황 속에서도 쉽게 포기하지 않도록 서로를 붙잡아주는 네트워크를 개발하는 것이 제자훈련을 통한 건강한 교회를 확산시키는 중요한 전략이라고 생각한다.

3. 하나님 나라의 공동체주의로 전환

　이러한 네트워크는 개교회주의를 탈피할 때 가능하다. 지금까지 한국교회가 폭발적인 성장을 해온 데에는 개교회주의가 큰 역할을 해왔다고 할 수 있다. 개교회주의란 교회의 인적, 물적 자원을 개교회의 유지와 확장에 최우선권을 부여하는 목회적 태도를 말한다. 개교회주의는 현대사회에 뿌리 깊게 자리하고 있는 개인주의 풍조와 자유경제체제의 경쟁적인 구조 속에서 자리 잡아 왔다. 개교회주의는 필요에 따라 운신의 폭이 넓고 기동력이 뛰어나기 때문에 교회성장에 매우 효율적인 역할을 해왔다. 서바이벌하기 위해서 개교회는 교회 성장에 온 힘을 쏟아야만 했고 그래서 지금 성장이라는 열매를 맛볼 수 있었던 것도 사실이다.

하지만 어느 정도의 규모를 갖춘 한국교회로서는 가장 큰 문제가 되는 것이 바로 이 개교회주의가 아닌가 싶다. 개교회라는 이기주의의 늪에 빠져있는 한국교회는 자정 능력을 상실했고 생명력과 재생산의 능력을 잃어버렸다. 이러한 시점에서 한국교회가 살 수 있는 길은 삼위일체 하나님께서 보여주는 유기체적인 공동체주의로 전환하는 것이다. 교회의 본질을 망각하고 개교회의 확장만을 추구하는 개교회주의를 탈피해야 한다. 하나님 나라의 관점에서 개교회의 이기적인 태도를 내려놓고 교회의 네트워크를 형성하고 교회의 순결과 거룩함을 지켜내야 한다.

제자훈련하는 교회마다 개교회주의의 이기적인 틀에서 벗어나야 한다. 하나님 나라의 관점에서 네트워크를 형성하고 거룩한 힘을 합해야 한다. 한기총을 비롯한 공교회 조직마다 공동체 의식은 없고 저급한 패거리 조직문화가 자리 잡은 것은 심각한 문제다. 자기 권력을 지키기 위해 기득권 세력을 형성하고 금권선거와 같은 세상에서도 비난받는 저급한 정치행태를 가지고도 전혀 죄의식을 느끼지 못하는 조직문화를 방치해서는 안 된다. 이러한 한국교회의 모습을 다음 세대에 유산으로 남겨서는 안 된다.

한국교회는 지금 세습, 세금, 목회자의 사치, 재정 투명성, 가짜 학위 등의 문제로 맛을 잃은 소금처럼 사람들의 발에 밟히고 있다. 다른 종교나 다른 사회적인 문제에 비교하면 도가 지나칠 정도로 집요하고 악의적인 비판의 측면도 있다. 하지만 이러한 비난과 비판을 통해 한국교회가 지금 어디에 서 있는지 자기 인식을 바로 할 기회로 삼아야 한다. 어쩌면 한국교회가 영향력이 커지고 거대해졌기 때문에 스스로의 자정 능력이 약화되고 외부의 피드백을 거부해왔기 때문에 알레르기 반응이 일어나는 것인지도 모른다. 우리 안에서 사랑하는 마음과 안타까운 마음으로 공동체를 향하여 피드백을 주고받을 수 있는 열린 대화가 없기 때문에 이제는 외부에서 인정사정없이 비정한 칼날을 들이대는 것은 아닌가 싶다.

4. 심화된 제자훈련 체계 구축

제자훈련에 대해 사랑을 가지고 충고하는 분들의 이야기 가운데 이런 말을 많이 들었다. "제자훈련이 시대적 상황에 맞게 변화되어야 한다. 현대인들에게 제자훈련은 너무 무거운 짐이다. 1년 동안의 과정을 3-4개월 단위로 축소하고 훈련의 양도 대폭 줄여야 한다." 일면 맞는 말이다. 점점 인내심이 없어지고 얄팍한 지식에 만족하는 현대인들을 대상으로 제자훈련이 너무 무거운 옷을 입고 있는 것이 아니냐는 지적은 많은 생각을 하게 만든다.

그러나 이런 요구에 맞춰 제자훈련의 수준을 낮게 하는 것은 사단의 책략에 말려드는 것이 아닌가 하는 생각이 든다. 오늘날의 교회는 성도들의 변화를 기대하고 있지 않은 것 같다. 오늘 목회자들이 제시하는 영적 성장의 기준을 보면 성도들의 삶에 변화를 일으키기에는 너무 수준이 낮다. 우리는 너무 쉽게 만족하는 경향이 있다. 진정한 변화를 기대하지 않고 그저 사이비 변화로 만족하고 있는지도 모른다.

생각해보라. 교회에 다닌 지 벌써 10년이 훨씬 넘고 집사, 권사의 직분을 가졌는지는 모르지만 매일 비난을 일삼고, 사람들을 판단하고, 불평하면서 위축되어가는 자신의 영혼을 그냥 방치하는 사람들에 대해서 우리 교회는 얼마나 안타까워하고 고민하고 있는가? 이들의 변화를 위해서 교회는 무엇을 제공하고 있는가?

변화는 어느 날 갑자기 찾아오는 것이 아니다. 어떤 집회에서 눈물을 흘리며 은혜를 받고 목소리 높여 "주여!"를 여러 번 외쳤다고 우리의 삶이 변화되면 얼마나 좋겠는가? 12주짜리 프로그램 몇 개를 거쳐서 이런 변화가 일어나면 얼마나 좋겠는가? 멋진 구호를 목청껏 외친다고 될 일도 아니다. 진정한 변화를 경험하려면 시간이 걸리고 해산의 고통을 수반하게 되어있다. 수십 번 결심을 해도 행동으로 옮겨지기까지는 시간이 걸린다. 게다가 혼자서 변화를 시도했다가는 작심삼일이 되기 십상이다. 제자훈련을 소그룹 공동체 속에서 실시하는 이유도 여기에 있다.

그래서 대안으로 제시하고 싶은 것이 영적 성장 단계에 맞는 적절한 훈련 체계를 구축하는 것이다. 영적으로 아직 어린 사람들에게는 그 단계에 맞는 양육과 훈련이 제공되어야 한다. 그러나 영적 성장이 어느 단계에 이른 사람들에게는 성숙한 사람다운 훈련을 제공하고 헌신을 요구해야 한다.

미국 윌로크릭의 '발견 프로젝트'는 미국 교회를 분석하면서 영적 성장 단계를 네 그룹으로 묶어서 설명했다. '그리스도를 알아감', '그리스도 안에서 성장함', '그리스도와 친밀함', '그리스도 중심'으로 나눴다. 각 단계에서 다음 단계로 성장할 수 있도록 돕기 위해서 교회와 목회자가 제공해야 할 목회적 요소가 다르다는 것을 설명하고 있다. 여기서 제자훈련에 끌어올 수 있는 중요한 통찰이 있다. 첫 번째 단계인 그리스도를 알아가는 단계에서 그리스도 안에서 성장하는 단계로 끌어올리기 위해서는 좀 더 쉽게 복음에 접할 수 있도록 기간도 짧게 하고 세상 사람들의 용어로 복음을 설명하는 노력이 필요할 것이다. 하나님을 만나고 싶고 성경에 대해서, 하나님에 대해서, 신앙에 대해서 모든 것이 궁금한 이들에게 친절하게 설명해주어야 한다. 또한 환영받는다는 느낌이 들고 소속감이 들 수 있도록 돕는 것이 필요하다.

두 번째 단계인 그리스도 안에서 성장하는 단계에서 그리스도와 친밀한 단계로 성장하도록 돕기 위해서는 주일날 예배에 참석하는 것도 중요하지만 그리스도인으로서 주님과 친밀한 교제를 갖도록 도와주는 것이 필요하다. 예배 출석과 소그룹 출석이 신앙의 척도인 것처럼 여겨지는 교회의 풍토에서 한 사람 한 사람이 일상생활 속에서 그리스도를 만날 수 있도록 도와주어야 한다. 매일의 삶에서 부딪히는 모든 문제들 속에서 어떻게 그리스도께 도움을 청할 수 있는지 배워가도록 안내해야 한다. 그리고 이 단계에 있는 사람들이 진리의 말씀을 통해 주님과 더 깊은 교제의 자리로 나아가고 싶은 갈증을 해결해 줄 수 있는 체계적인 성경공부를 제공하는 것이 필요하다.

그리고 마지막 단계, 그리스도 중심의 사람들은 그리스도와의 관계가 자신의 전체 생활에서 가장 중요하다고 생각하는 사람들이다. 이들은 예수님께 자신의 삶을 온전히 내어드리고 항복한 사람들이다. 이들은 하나님에 대한 뜨거운 사랑과 헌신으로 가득한 주의 일꾼들이다. 이런 단계로 나아가도록 돕기 위해서는 충분한 도전이 필요하다. 문제는 이 단계로 나아가야 할 많은 성도들이 충분한 도전을 받지 못하고 있다는 것이다. 정말 도전받기를 원하고 집중해서 훈련받기를 원하는 사람들에게 단지 신학교에 가든지 선교단체의 제자훈련 학교에 입학하도록 안내하고 있을 뿐이다. 이들에게 발걸음을 내딛도록 도전해 줄 사람이 없다는 것은 오늘날 한국교회의 슬픈 현실이다.

교회는 각 단계에 맞는 세밀하고 적합한 돌봄과 훈련을 제공해야 한다. 제자훈련의 수준을 낮추는 것이 능사가 아니다. 영적 성장 단계에 따른 맞춤 전략을 세우고 거기에 합당한 훈련을 해야 한다. 그래서 결국에는 이 세상의 논리를 능가하는 지성적 그리스도인으로 세워가야 하고, 이 세상에 더욱 강력하게 영향을 끼칠 수 있는 열정적 그리스도인으로 무장시켜가야 한다.

Ⅳ. 결 론

현재 한국교회의 상황을 많은 사람들이 타이타닉호로 비유하고 있다. 몇몇 교회에 성도들이 몰리는 현상을 접하면서 아직도 이렇게 성장하고 있다고 마음을 놓아서는 안 된다. 마치 타이타닉이 침몰하기 직전에 한쪽으로 사람들이 몰리는 것과 같은 절체절명의 위기 상황을 맞이하고 있다. 사람들이 한쪽으로 몰린다고 해서 기뻐할 일이 아니다. 곧 모두가 바다 속으로 가라앉게 되는 위기에 처해있다는 사실을 잊어서는 안 된다.

제자를 만들라고 명령하신 분은 하늘과 땅의 모든 권세를 가지신 예수 그리스도시다. 그분이 말하는 제자 삼는 것은 단순한 성경공부가 아니다. 예배드리고 기도하는 것만도 아니다. 예수를 배우고 따르고 닮는 사람들을 만드는 것이다. 작은 그리스도를 만드는 일에는 훈련이 필요하다.

이 시대는 정말 소망이 필요하다. 예수님처럼 되고 예수님처럼 변화되어 사는 것을 비전으로 삼고 추구하는 목회, 그런 변화를 기대하는 목회, 변화를 추구하는 목회가 필요하다. 시대의 흐름에 따라가는 표피적이고 어설픈 교회의 모습으로는 안 된다. 세상 사람들이 말하는 똑같은 이야기를 앵무새처럼 되뇌는 수준에서 벗어나야 한다. 다시 본질로 돌아가야 한다. 우리의 비전을 다시 새롭게 해야 한다.

이제는 복음과 말씀으로 한국교회의 다음 세대를 키우기 위해 제자를 세워가는 목회자와 교회가 거룩한 네트워크를 형성해야 한다. 지금은 하나님 나라의 비전을 가지고 개교회주의의 이기적인 틀을 내려놓아야 할 때다. 기울어져가는 타이타닉호의 위기의식을 가지고 하나님 나라의 공동체주의로 돌아가야 할 때라고 생각한다.

맞춤교육과 신앙진단[1]

이 순 근
합동신학대학원대학교 교수

I. 들어가는 말: 사람들이 교회에 가는 이유는

설교시간에 교인들에게 물은 적이 있다. "식당에는 왜 가십니까?" 물론 대답은 "밥 먹으러 갑니다."였다. "미장원에는 왜 가십니까?" 여기에 대해서도 "머리하러 갑니다."였다. "병원에는 왜 가십니까?"에 대해서는 "병 고치러 갑니다."였다. 그런데 "교회에는 왜 오십니까?"라고 물었더니 우물쭈물하면서 여러 가지 답변이 나왔다. 어떤 사람은 "예배하러 옵니다." 또 어떤 사람은 "봉사 하러 옵니다." 등이었다. 한 가지 명확한 대답이 나오지 않는 것만 봐도 쉬운 질문이 아님을 알 수 있었고, 또 다양한 견해를 가질 수 있음을 알 수 있었다. 예배나 봉사는 먼저 하나님을 만나야 할 수 있는 것이다. 하나님을 만나는 것이 신앙을 찾는 행위라고 한다면, 교회는 신앙을 얻기 위해서 나온다고 해야 하지 않을까? 신앙을 얻기 위해서, 신앙을 찾기 위해서, 또는 신앙을 가지기 위해서 등 여러 말로 표현될 수 있지만, "신앙"이란 단어가 반드시 들어가야 한다고 본다. 그렇다, 교회는 신앙 때문에 찾아오는 곳이다. 너무 단순화시켜서 표현한 것이긴 하지만, 식당이 밥을 다루고, 미장원이 머리를 다루고, 병원이 몸을 다룬다면, 교회는 신앙을 다루는 곳이다.

---

[1] 이 글은 「목회와 신학」에 연재했던 것을 편집한 것이다.

신앙진단은 신앙을 진지하게 다루는 한 방법이다. 병원에서 환자가 찾아오면 치료에 앞서서 정확한 진단을 시도한다. 마찬가지로 교회에서도 한 영혼이 찾아왔을 때 그 사람의 신앙상태를 진단해야 한다. 진단하지 않고 치료하는 병원이 있을까? 그런데 오늘날 교회는 진단하지 않고 사람을 다룬다.

오래전에 세계기능공 대회에 나가 석공 부문에서 금메달을 딴 우리나라의 어떤 사람 인터뷰 기사를 읽었었다. 오랫동안 기억에 남는 이야기이다. 그해에는 독일에서 대회가 열렸는데 그분은 대회 첫날 큰 장벽에 부딪혔다. 작업할 돌을 받아놓고 보니 생전 한 번도 다뤄보지 않았던 돌이었다. 그 돌의 결이 어떤지, 강도가 어떤지, 석질이 어떤지 전혀 감을 잡을 수가 없었다. 옆의 사람들은 '시작'하라는 사인이 나자마자 곧바로 정과 망치를 들고 작업에 들어갔다. 그러나 그분은 그렇게 할 수가 없었다. 그 돌을 만져보고, 자세히 관찰하고, 쓰다듬어보고 하면서 거의 반나절을 보냈다. 그동안 남들은 상당히 앞서갔다. 확신은 없었지만 나름대로 그 돌의 성질과 특성을 어느 정도 파악했다고 생각한 다음에 그는 작업에 들어갔다. 결과적으로 그에게 금메달이 돌아갔다.

오랫동안 교회 생활을 하면서 느끼는 것은 교회는 한 사람 한 사람을 좀 더 소중히 여겨야 한다는 점이다. 성경은 그 점을 처음부터 명확히 한다. 골로새서 1장 28절에서 각 사람을 권하고, 각 사람을 가르치고, 각 사람을 그리스도 안에서 완전하게 세우는 것이 교회의 역할이라고 말한다. 신앙진단은 한 사람 한 사람을 소중히 여기는 구체적인 방법이다. 아무리 많은 사람이 와도 한 사람 한 사람을 인격적으로 대하며 그/그녀의 신앙 성장을 개인적 차원에서 돕는 방법이다.

포스트모던 시대와 맞춤교육

요즘을 포스트모던 시대라고 한다. 모던 시대를 소품종 대량생산시대라고 한다면 포스트모던 시대는 다품종 소량생산시대이다. 라면만 해도 그렇다. 옛날에는 라면 하면 주황색 껍질의 S라면뿐이었다. 그러던 것이 지금은 아마 100가지쯤 되지 않을까 싶다. 소비자들의 다양한 기호를 고려해서 다양한 품종을 내놓은 것은 가능한 한 각 사람의 입맛에 맞춰보려는 노력이다. 세상은 이처럼 각 사람의 입맛을 고려하고 있는데 솔직히 교회는 아직도 대중을 상대로 신앙을 다루고 있다. LA의 한인타운에 가면 유명한 순두부 식당들이 있다. 가보신 분들은 알겠지만, 손님의 입맛에 맞추기 위해 여러 종류의 순두부를 내놓는다. 매운 순두부, 보통 매운 순두부, 안 매운 순두부, 그리고 속에 넣는 재료에 따라 해물 순두부, 소고기 순두부, 섞어 순두부 등 다양한 종류를 내놓고 손님에게 고르라고 한다. 돈을 벌기 위해서 오늘날 식당은 각 손님을 가능한 한 개별적으로 대접하려고 노력한다. 교회도 이렇게 해야 하지 않을까?

교회는 맞춤교육을 해야 한다. 맞춤교육이란 성도 한 사람 한 사람을 소중히 여기는 교육방법이다. 본질적으로 교육은 맞춤교육이어야 한다. 교육 역사를 보면 원래 교육은 도제교육과 같이 스승과 제자간의 일대일 인격적 관계 속에서 이루어졌었다. 그러던 것이 공교육의 시작과 더불어 점점 맞춤교육에서 멀어져갔다. 불가피한 일이었지만, 본질적으로 교육은 맞춤교육이어야 한다. 왜냐하면, 학생 개개인의 교육 준비성과 이해 정도가 다르기에 함께 교육을 시작한다고 해도 성취 정도가 다르기 때문이다.

옛날이야기지만, 필자는 서울 서대문에 있는 미동초등학교를 졸업했는데 6학년에 올라가니까 6학년이 23반까지 편성되어 있었다. 필자는 18반이었는데 선생님들이 모여서 회의 끝에 2개 반을 분산시키고

21개 반으로 재편성하였다. 그때 선생님들이 우리 학교는 전교생이 10,500명이라고 하시면서 전 세계에서 가장 큰 초등학교라고 말씀하시던 기억이 난다. 그때 한 반에 약 7~80명 가량의 학생들이 있었는데 교육이 제대로 될 리가 없다. 담임선생님 한 분이 어떻게 그 많은 학생을 개별적으로 교육할 수 있겠는가? 교육 측면에서 볼 때 오늘날의 대형교회도 이와 비슷한 형편이 아닐까? 그렇다고 소형교회가 각 사람을 소중히 여기며 개별적, 인격적 교육을 실시하고 있는가? 반드시 그렇지는 않은 것 같다. 작은 교회는 작은 교회대로 인력이 부족하기 때문에 새로운 교인이 오면 전후좌우 별로 알아볼 시간도 없이 교회 일꾼으로 세우는 경향이 있다. 그러나 먼저 그 새로운 사람이 어떤 사람인지 진단을 통해 알아본 후에 일꾼으로 세워야 한다.

세상의 교육 추세

필자가 사는 동네는 미국 메릴랜드주의 하워드 카운티이다. 이 곳은 한인들의 거주 밀집 지역이고, 한인학생들 숫자도 전체의 1/10 정도 된다고 한다. 이곳에 오룩크 씨가 새로운 교육감으로 3년 전에 오셨다. 그분은 의욕을 가지고 교육 혁신을 하고 계시는데 그중에 하나가 초등학교 1, 2학년을 대상으로 영어와 수학을 개별지도 하는 것이다. 먼저 1, 2학년 학생들 대상으로 시험을 쳐서 각 학생의 영어와 수학 수준을 판별한다. 그 결과를 가지고 평균수준에 못 미치는 아이들을 일대일로 선생님이 지도하는 것이다. 쉽게 말하면 눈높이 교육이요, 맞춤교육이다. 이 방법이 눈길을 끄는 것은 공립학교시스템에서 시도한다는 점 때문이다.

사교육에서 아이들에게 수학을 가르칠 때 눈 높이 교육을 실시하는 것은 이미 오래된 이야기이다. 수학은 암기과목과 달리 공식을 하나씩 단계적으로 터득해 가면서 배우는 학문이다. 그런데 초등학교 1학년 때 다른 학생들과 함께 배우기 시작했지만, 이런 저런 이유로 뒤처질 수 있다. 그런 학생은 계속 새로운 공식을 배워도 이해하지 못한다. 반드시 앞의 공식을 배워야 다음의 것을 이해할 수 있기 때문이다. 그래서 수학에 뒤처진 아이들을 위해서 눈높이 교육이 나왔다. 그 아이 수준부터 다시 출발해서 수학을 가르쳐 주는 것이다. 그 일을 필자가 사는 하워드 카운티에서는 공립학교에서 실시하고 있는 것이다. 참 좋은 시도이다.

필자는 영적인 진리야말로 눈높이 교육을 실시해야 한다고 생각한다. 주일 설교를 준비하다 보면 답답할 때가 한두 번이 아니다. 설교를 들을 대상들이 머리에 떠오른다. '이 장로님은 교회를 평생 다니신 분이라 이 설교의 내용을 이미 다 아시는데… 하지만, 지난 주에 처음 전도 받아 오신 김 선생은 아무것도 모르는 생짜 배기인데 이 내용을 이해할 수 있을까?'

「참 목자상」(The Reformed Pastor)을 쓰신 리처드 백스터 목사는 심방 목회로 성공한 분으로 널리 알려져 있다. 그분이 심방 목회를 하시게 된 데는 계기가 있다. 한번은 어느 교인과 개인적으로 만나 신앙 이야기를 하게 되었다. 그분은 10년 넘게 주일이면 맨 앞자리에 앉아서 자기 설교를 귀 기울여 잘 듣는 성도였다. 그런데 막상 이야기하다 보니 가장 기본적인 진리와 교리도 모르는 것이었다. 그때 리처드 백스터 목사님은 충격을 받는다. 그래서 그는 각 성도의 집을 심방하면서 가장 중요한 교리와 진리들을 개별적으로 가르치기 시작했다. 그것이 심방 목회의 시작이었다. 그런 점에서 볼 때 그의 심방은 한국교회가 흔히 하는 심방의 기능과 다르다. 한 마디로 그의 심방은 교육 심방이었다고 할 수 있다. 앞으로 우리 한국교회가 새롭게 도입할 형태의 심방이라고 필자는 굳게 믿는다.

그러므로 교회교육은 맞춤교육이어야 한다고 생각한다. 그 점을 성경은 처음부터 말한다. 그런 점에서도 교회는 맞춤교육을 실시하여 성도 개개인의 신앙 성장을 도와야 한다. 그 맞춤교육의 출발은 곧 성도 개개인에 대한 신앙진단인 것이다.

II. 신앙진단에 대해 관심을 갖게 된 동기

필자는 92년에 한국을 떠나 시카고 근교에 있는 트리니티신학교로 유학을 갔다. 공부 중에 후에 논문지도 교수가 된 페리 다운즈 교수로부터 제임스 파울러의 신앙발달이론에 대해 배우게 되었다. 삐아제의 인지발달이론과 콜 벅의 도덕발달이론을 참고로 하여 발전시킨 파울러의 신앙발달이론은 나의 흥미를 끌었다. 왜냐하면, 목회자로서 현장에서 고민했던 것은 어떻게 하면 성도들의 신앙 성장을 도울 수 있을까였는데 신앙발달이론은 그 문제에 대해 도움을 줄 것 같은 예감이 들었기 때문이었다. 결국, 논문 주제로 파울러의 신앙 발달이론을 택했고, 논문을 쓰는 과정에서 신앙진단에 대한 아이디어를 얻게 되었다. 그것은 슈나이더(Schneider)가 쓴 "신앙발달과 목회적 진단"(Faith Development and Pastoral Diagnosis)이라는 에세이(Craig Dykstra and Sharon Parks 편, Faith Development and Fowler, Religious Education Press, 1986년 간, pp. 221-250)를 읽고 난 95년 가을이었다.

그 글에서 슈나이더는 「진단자로서의 목회자」(The Minister as Diagnostician)라는 책을 쓴 폴 푸르이저(Paul Pruyser)도 소개하고 있고, 안톤 보이젠(Anton Boisen)의 목회적 진단 인터뷰 질문지와 에드거 드레이퍼(Edgar Draper)의 인터뷰 질문지를 소개하고 있었다. 그런데 그 질문지를 통한 진단의 목적은 목회적인 것이 아니라 심리적인 것이었다. 즉, 목회상담이라든지, 신앙적 성숙을 위한 진단이 아니라 심리적인 치료가 그 목적이었다는 것이다. 참고로 그 질문지의 내용을 몇 가지만 소개해 본다. 먼저 보이젠은 질문지 중 '삶의 철학'이라는 항목 아래 다음과 같은 질문을 묻고 있다.

1. 우리는 이 세상의 무엇을 위해 존재한다고 생각하십니까?
2. 하나님에 대한 당신의 생각은 무엇입니까? 무슨 이유로 하나님을 믿으십니까? 하나님을 본 적이 있습니까? 목소리를 들은 적이 있습니까? 그분에 대한 당신의 태도는 무엇입니까? 당신을 향한 그분의 태도는? 당신은 우리가 어떻게 하나님을 기쁘시게 할 수 있다고 생각하십니까?
3. 하나님 외에 다른 초월적 존재를 믿으십니까?
4. 우리가 사는 이 우주에 대한 당신의 생각은 무엇입니까? 당신은 a) 해, b) 달, c) 별들, d) 물, e) 불, f) 꽃들, g) 나무들, h) 바위들을 보실 때 무슨 생각을 하십니까?

이어서 종교적 관심이라는 항목 아래에서 다음과 같은 질문들을 묻고 있다.

1. 교회는 당신에게 어떤 의미가 있습니까? 교회에 정기적으로 꾸준히 다녀 보신 적이 있습니까? 어느 정도로 교회에 소속되어 있습니까? 예배에는 얼마나 자주 참석하십니까? 교회 가는 이유는 무엇입니까? 안 간다면 안 가는 이유는 무엇입니까?
2. 당신에게 기도는 어떤 의미가 있습니까? 기도가 당신에게 특별한 위로와 도움을 준 적이 있습니까? 특별한 기도 응답의 경험이 있습니까? 우리는 어떤 문제를 놓고 기도해야 한다고 보십니까?
3. 성경은 당신에게 어떤 의미가 있습니까?
4. 당신은 종교 생활에서 기복이 심했습니까? 침체에서 벗어나기 위해 당신은 어떤 것을 시도해 보셨습니까? 특별히 종교적으로 각성했던 시기가 있었습니까? 혹은 심하게 실족했던 시기가 있었습니까?

언제가 종교적으로 가장 최상의 상태였습니까?

　이상에서 본 대로 보이젠의 질문은 신앙적인 것이지만, 그 목적은 심리적 치료에 있었다. 그 점에서는 드레이퍼의 질문도 크게 다르지는 않다. 그의 질문은 다음과 같다.

　1. 당신이 기억하는 최초의 종교적 경험이나 신념은 무엇입니까?
　2. 당신이 가장 좋아하는 성경 이야기는 무엇이며 그 이유는 무엇입니까?
　3. 당신이 가장 좋아하는 성경 구절은 무엇이며 그 이유는 무엇입니까?
　4. 당신이 가장 좋아하는 성경 인물은 누구이며 그 이유는 무엇입니까?
　5. 기도는 당신에게 어떤 의미가 있습니까? 만일 기도한다면 무엇을 위해 하십니까?
　6. A. 종교란 당신에게 어떤 의미가 있습니까?
　　 B. 당신의 개인 생활에서 하나님은 어떻게 역사하십니까?
　7. A. 당신 이외의 사람들에게 하나님은 어떤 분이라고 생각하십니까?
　　 B. 당신의 어머니와 아버지에게 하나님은 어떤 의미를 가진 분입니까?
　8. 현재 어떤 종교적인 이념과 개념이 당신에게 가장 중요합니까?
　9. 사람이 할 수 있는 가장 종교적인 행동은 무엇이라고 보십니까?
　10. 사람이 범할 수 있는 가장 큰 죄는 무엇이라고 보십니까?
　11. 세상에 존재하는 악에 대해 어떻게 생각하십니까?
　12. 사후세계에 대한 당신의 생각은 무엇입니까?
　13. 만일 하나님께서 당신에게 세 가지 소원을 말하라고 하신다면 어떤 것을 말씀하시겠습니까?

이상의 질문도 신앙적인 것들이지만, 그 질문을 통해 얻은 답변은 신앙지도에 쓰이기보다는 심리치료에 쓰이게 된다.

그러나 필자는 이런 질문지들을 통해서 지역교회에서 사용될 수 있는 신앙진단을 위한 질문들에 대해 아이디어를 얻을 수 있었다. 그리고 이 글 외에도 몇 가지 다른 자료들을 통해서 신앙진단에 대해 도움을 얻을 수 있었는데 유감스럽게도 지역교회에서 성도들을 대상으로 또 신앙지도를 목적으로 하는 질문지는 찾을 수가 없었다. 거의 모든 자료가 심리치료를 목적으로, 주로 병원에서 사용되는 것들이었다.

예를 들어, 어느 환자가 기독교 계통의 병원에 위가 아파서 입원했는데 밤에 잠을 못 자고 악몽에 시달린다면 담당의사는 환자에게 원목을 추천한다. 원목은 그 환자를 만나서 대화를 하며 그 악몽의 원인을 찾고 그러면서 그 인터뷰 질문을 통해 환자의 정신세계를 탐방하고, 환자의 심리적 문제를 진단하고 치료를 하는 것이다.

그런데 지역교회에는 소위 환자가 오는 것이 아니고, 신앙의 구도자들이 온다. 그들이 신앙을 얻도록 도와주는 것이 목회자의 책임 중 하나라면 제일 먼저 해야 할 일은 그들의 현 신앙상태에 대한 정확한 진단일 것이다. 그래서 필자가 생각해 낸 것이 신앙 진단지이다. 우선 용어도 목회적 진단(Pastoral Diagnosis) 대신 신앙 진단(Faith Assessment)이란 용어를 쓰기로 했다. 목회적 진단이 심리치료를 위한 것이라면 신앙 진단은 영적 성숙을 위한 것이다. 목회적 진단이 병원에서 하는 것이라면 신앙 진단은 지역교회에서 하는 것이다. 목회적 진단이 주로 병원의 원목이 하는 것이라면 신앙 진단은 지역교회의 목회자가 하는 것이다. 그래서 필자는 그때부터 지역교회에서 사용하는 신앙 진단을 위한 질문지를 나름대로 만들기 시작했다.

신앙 진단지 구성의 원리

　신앙 진단지를 만들 때 가장 중요한 것은 영적 건강의 기준이다. 병원에서 건강진단을 할 때 여러 가지 건강의 기준을 가지고 한다. 예를 들면 혈압을 재고, 혈당지수를 재고, 1분간의 호흡수와 그리고 몸무게도 잰다. 그리고 음식을 잘 먹는지, 잠은 잘 자는지 여러 가지를 측정한다. 마찬가지로 영적 건강을 측정하는 것인 신앙진단도 영적 건강의 기준들이 있어야 한다. 이것이야말로 신앙 진단지 구성에 있어서 핵심 부분이다. 이 영적 건강 기준에는 그 목회자의 신학과 목회철학이 반영된다. 그래서 신앙 진단지를 만들 때 중요한 질문이 하나 있다. '영적으로 성숙한 사람은 어떤 특징을 가지고 있는가?'이다. 육적 건강의 기준은 혈압이 정상이고, 심장박동이 정상이고, 호흡과 맥박이 정상이다. 여기서 영적 건강 기준을 정할 때 우리는 두 가지를 생각해야 할 것이다. 하나는 기준이고, 또 하나는 수치이다. 풀어 말하면 영적 혈압은 무엇이고, 영적 호흡은 무엇이고, 영적 맥박은 무엇인지 등을 결정해야 한다. 앞서 말했듯이 이것은 목회자의 신학이 기초가 된다. 따라서 목회자는 영적 성숙에 대한 분명한 입장정리가 되어있어야 한다. 그리고 기준이 정해진 다음에는 건강수치를 결정해야 한다. 예를 들어 혈압은 80~120이 건강수치이다. 진단을 위해서는 객관적인 수치를 정해야 한다. 그런데 영적 건강진단의 경우 그 점이 쉽지 않다는 것이 문제이다.

　신앙진단에 있어서 진단지는 그 핵심이다. 정확한 진단을 제공하는 진단지는 지역교회에서 신앙진단 사역을 위해서 필수불가결의 요소이다. 이 점에 대해서는 다음 호에서 계속 이야기 하도록 하겠다. 그때까지 이 글을 읽으시는 목회자들께서 자신의 영적 건강의 기준들에 대해 한 번 생각해 보실 것을 삼가 권한다.

III. 신앙진단의 기준은 무엇인가

우리가 병원에 가서 건강진단을 할 때 흔히 기준으로 삼는 것들이 있다. 혈압, 심장, 호흡, 체중 등은 가장 기본적인 진단항목들이다. 보다 심층적으로 진단하려고 하면 피검사를 통해 당뇨, 간염, 암, 콜레스테롤 등을 조사하고, 내시경을 통해 여러 장 기능의 상태를 진단한다. 그밖에도 초음파, CT촬영을 통해 더욱 정확히 진단해 낸다. 의학이 발달하면서 진단 기준과 방법이 나날이 발달하고 있다. 자, 여기서 한 번 생각해보자. 최초로 건강 기준을 정한 사람은 누구이고, 또 언제일까?

그 대답은 아마 모른다가 아닐까 싶다. 언제 누가 정했는지 모르지만, 인류는 역사발전 속에서 경험에 의해 건강한 사람은 심장 박동이 튼튼하고, 호흡이 고르고, 식욕이 왕성하고, 안색이 좋다는 사실을 발견했을 것이다. 그러면서 점점 의술과 과학이 발전하면서 새로운 건강 기준들을 찾아냈고, 또 측정방법도 고안했으며, 수치를 통한 기준도 내어놓았을 것이다.

영적 청진기를 만들 수는 없을까

오늘날 교회 상황을 한번 생각해보자. "건강한 교회"라는 말이 이젠 일상화되다시피 됐는데 건강한 교회는 건강한 교인들이 모인 곳이 아닐까? 그렇다면 건강한 교인의 모습은 어떤 것일까? 또 건강한 교인인지 아닌지를 진단하는 기준은 무엇일까? 기회가 있을 때마다 목회자들이 모인 자리에서 물어보곤 했다. "목사님들이 생각하실 때 건강한 교인, 혹은 성숙한 교인은 어떤 사람입니까?" 이 질문에 여러 가지 대답이 나왔다. 예를 들면, 충성스런 교인, 헌금생활 잘하는 교인, 말 없이 봉사하는 교인, 모든 공예배에 다 참석하는 교인, 예수님을 닮은 교인, 제자의 삶을 사는 교인 등 이 대답들 속에는 이미 기준들이 들어있다. 충성스러운 성품, 헌금 수준, 봉사자세, 출석률 등은 진단기준이 될 수 있다. 그런데 예수님을 닮은 것과 제자의 삶을 사는 것은 진단기준으로는 좀 모호하므로 좀 더 측정기준이 되도록 구체화할 필요가 있다.

그런데 문제는 의료계와 달리 목회와 교회세계에는 합의된 진단기준이 없다는 것이다. 의료계의 속사정은 필자로서는 모르지만, 아마도 거기에도 건강의 기준에 대한 이견이 있을 것이다. 그러나 거의 모든 의료진이 받아들이는 건강 기준과 수치는 존재한다고 본다. 그러기에 세계 어느 나라의 병원에 가도 기본진단은 같지 않은가! 우리 목회의 영역에도 어느 나라의 지역교회에 가도 목회자들이 인정할 수 있는 영적 건강 기준을 가지고 성도들이 건강한 하나님의 백성들이 되도록 돕는 기준이 필요하다고 생각된다.

청진기는 필자가 어렸을 때 병원에 가면 의사들이 사용했던 진단기구였다. 그래서 필자는 요즘 세상엔, 더욱이 미국 같은 곳에서는 이제 청진기는 사라졌을 거로 생각했는데 얼마 전 병원에 가니까 여전히 청진기를 사용하고 있었다. 모든 지역교회의 목사님들이 목에 걸고 진단하는 영적 청진기는 존재할 수 없을까?

트리니티에서 찾은 영적 청진기

필자가 미국 시카고 근교에 있는 트리니티신학교에서 교육학을 공부할 당시 교수였던 테드 워드 박사는 수업시간에 칠판에 손 모양을 그리는 것으로 유명했다. 그는 발달론자였는데 학생들에게 각각의 손가락이 무슨 발달을 나타내는지에 관해 묻곤 했다. 그러면 학생들이 대답해 나간다. 엄지손가락은 신체적 발달, 검지손가락은 지적 발달, 중지는 정서적 발달, 약지는 사회적 발달이라고 하면, 마지막 새끼손가락 하나를 남겨 놓고는 아주 진지한 표정으로 물으신다. "새끼손가락은?" 그러면 대부분의 학생은 자신 있게 "영적 발달이요!"라고 대답한다. 그러면 그는 빙그레 웃으시면서 아니라고 하신다. 그러면서 도덕적 발달이라고 하신다. 사실 좀 충격적이었다. 왜냐하면, 대학 시절 기독교교육을 전공하면서 배웠던 것과 달랐기 때문이다.

이전까지 성도의 영적 성숙에 대해 배울 때 누가복음 2장 52절을 소개받았다. "예수는 그 지혜와 그 키가 자라가며 하나님과 사람에게 더 사랑스러워 가시더라." 여기에 근거하여 사람은 지적 발달(지혜가 자라가며)과 신체적 발달(키가 자라가며), 영적 발달(하나님께 더 사랑스러워 감)과 사회적 발달(사람에게 더 사랑스러워 감)을 경험한다고 배웠다. 그런데 워드 교수님은 영적 발달은 발달의 한 측면이 아니고 전인적인 면이라고 하셨다. 그래서 영적 발달은 손가락 가운데 하나가 아닌 손가락이 모두 모이는 손바닥이라는 것이다. 참 새로운 이야기였다. 특히 도덕적 발달은 로렌스콜버그의 도덕발달이론에 근거한 것으로 매우 흥미 있는 측면이었다. 한국의 개신교가 양적으로 성장하는 이면에 여러 가지 문제를 안고 사회적으로까지 물의를 일으킬 때가 있는데 워드 교수의 설명은 이런 점에서 필자에게 설득력 있게 다가왔다. 그래서 트리니티신학교에서 공부하는 동안 워드 교수의 영적 성숙 입장을 받아들였고 그것을 영적 건강의 기준으로 삼았다. 일종의 청진기로 쓰는 셈이다.

하나의 제안

성도를 신앙적으로 진단할 때 건강한지, 또는 성숙한지를 알기 위해 워드 교수의 기준을 쓰면 어떨까 싶다. 즉 신체적으로 건강하게 발달하였는지, 인지적, 정서적, 사회적, 그리고 도덕적으로 건강하게 발달하였는지에 대해 진단해 보면 어떨지. 사실 필자는 성도를 볼 때 그 다섯까지 측면을 본다. 물론 신체적 발달은 다른 발달 측면에 비해 영적 성숙과 그다지 밀접한 관계가 없다. 이점은 테드 워드 교수도 강조하는 사실이다. 오히려 육체적 발달의 핸디캡으로 인해 더욱 더 영적으로 성숙한 분들이 우리 주변에는 얼마든지 있다. 그리고 지적 발달도 비슷한 면이 있지만, 그러나 지적 발달은 조금 더 중요성을 지닌다. 워드 교수는 피아제의 인지발달 이론을 받아들이는 입장인데 피아제의 인지발달 이론은 사람이 어떻게 학습하는가에 대해 관찰을 통해 정리된 입장이다. 어렸을 때 배우는 과정과 어른이 되어 배우는 과정은 다르다. '복음은 들음에서 난다'고 하는데 이때 듣는다는 것은 이해한다는 것이다. 우리가 영아구원 문제와 정신지체인이나 혹은 지적 능력에 문제가 있는 사람들의 구원에 관해 조심스러운 것은 그들이 복음의 내용을 얼마나 이해했는지 모르기 때문이며, 그렇다고 해서 그들의 구원을 전면 부정하기도 어렵기 때문이다. 그러나 분명한 것은 성경은 구원을 받기 위해서는 복음을 듣고 이해하고 복음, 즉 예수 그리스도를 영접해야 한다는 것이다. 어느 정도의 지적 발달이 뒷받침되지 않고는 구원의 복음을 깨달을 수 없다는 것이다. 그러므로 영적 성숙에 있어서 지적 발달은 신체적 발달보다는 중요하다.

요즘 감정 지수(EQ)에 대한 관심이 고조되고 있다. 워드 교수도 정서적 발달을 중시하여 제일 긴 손가락인 중지를 정서적 발달로 규정했다. 그리고 사회적 발달에 가서는 에릭 에릭슨의 심리사회적 발달 이론을 적용한다. 그리고 앞서 말했듯이 도덕적 발달은 로렌스 콜버그의 이론을 적용한다. 잠깐 빗나가는 이야기이지만, 설교자가 청중들의 이 다섯 가지 발달 양상을 잘 이해하여 설교의 포인트를 설정하는 것은 설교의 적응력을 높인다. 예를 들어 주님이 우리에게 그러하셨듯이 타인을 그 모습 그대로 받아들이라는 점이 오늘 설교의 포인트라면 그것은 사회성 발달에 관련된 것이다. 사회성이 발달했다는 것은 자기와 다른 사람과 자기와 다른 의견을 인정하고 받아들이는 것인데, 타인을 그 모습 그대로 용납하라는 것은 사회적 발달의 높은 단계에 대해 설교하는 셈이다. 설교자는 오늘 내가 설교하는 것이 다섯 측면 중 어느 면과 관계있는지를 알면 더욱 확신 있게 설교할 것이다.

다시 돌아와서, 워드 교수의 다섯 손가락을 통한 인간의 다섯 가지 발달을 영적 건강을 진단하는 기준으로 쓰면 어떨까 싶다. 이 성도가 신체적으로 잘 발달했는지, 지적으로 잘 발달했는지, 정서적으로, 사회적으로, 그리고 도덕적으로 잘 발달했는지, 그래서 전인적으로 볼 때 영적으로 성숙한 사람인지를 알아서 그에 적절한 신앙교육을 제공하는 것을 목회라고 본다. 물론 그것이 완벽한 기준이라고는 보지 않는다. 다만, 첫 출발로서는 적합하다고 본다. 필자가 워드 교수의 입장을 건강진단기준으로 제시하는 것은 앞으로 관심 있는 독자들과 활발한 토론의 주제로 삼으려는 의도에서다. 이점에 동의할 수도 있고, 안할 수도 있고, 또는 부분적으로 동의할 수도 있을 것이다. 그래야 토론이 되지 않겠는가? 물론 기도와 말씀, 그리고 전도와 교제 등도 기준으로 삼을 수 있다. 얼마나 기도하는가, 얼마나 성경을 읽고 실천하는가, 얼마나 전도하는가, 얼마나 교제하는가 등도 훌륭한 영적 건강을 진단하는 기준들이 될 수 있다. 어쩌면 이런 기준들이 대부분의 목회자가 부담 없이 받아들이는 기준이 될 것이고, 목에 거는 영적 청진기가 될 것이다. 앞으로 이 분야에 대해 보다 많은 학문적 연구가 요청된다.

IV. 신앙진단의 내용 소개

'97년부터 필자는 신앙 진단지를 만들어서 시카고에서 교회를 섬길 때 사용해보았다. 그러다가 2000년 8월에 현재 시무 중인 벧엘교회로 부임하고 나서 본격적으로 사용하고 있다. 현재까지 이 신앙 진단지를 통해 진단해본 숫자는 약 300여 명 정도이다. 이 신앙 진단지는 우선 그 구성이 7개 항목으로 세분되어 있는데 다음과 같다. 1. 개인신상, 2. 가족 사항, 3. 신앙생활 배경, 4. 기본진리, 5. 신앙생활, 6. 개인생활, 7. 양육 받고 싶은 분야 등이다.

이상과 같이 7개 분야로 접근하여 피진단자를 진단하여 신앙 성장을 돕는 데 그와 같은 7개 분야를 설정한 이유를 간략히 설명하면 다음과 같다.

1. 개인 신상에 관한 것

신앙진단을 하면서 개인 신상을 물어본 것은 가장 객관적인 자료를 얻기 위함인데 그중에서도 '미국에 온 때'를 물어보는 것은 미국에 온 연수에 따라 삶의 형태와 질이 대략 파악되기 때문이다. 가령, 이민 온 지 1년 되었다면 그 가정은 현재 이민 생활 적응 초기에 있는 것이고, 대략 어떤 문제에 봉착해 있다는 것을 알 수 있어서 목회적, 신앙적 도움을 줄 수 있다.

2. 가족 사항에 관한 것

가족 사항에 관해 물으면서 직계가족뿐 아니라 확대가족에 대한 것까지 물은 이유는 피진단자의 신앙 성장에 영향을 끼친 인물들을 좀 더 넓은 장에서 찾기 위함이다. 그리고 그 영향을 끼친 인물이 기독교 신자가 아니고 타종교의 신자였을지라도 그 사실을 미리 알면 향후 피진단자의 신앙 성장을 돕는 데 좋은 정보가 된다. 그리고 병원에서 가족질병 역사를 조사하여 환자를 진단하고 치료하는 데 사용하는 것처럼 피진단자 가족의 신앙역사에 대해 아는 것은 좋은 자료가 된다.

3. 신앙생활 배경에 관한 것

피진단자의 신앙생활이 기독교에서 시작했을 수도 있고, 타종교에서 시작했을 수도 있다. 타종교의 신앙생활 정도에 대한 정보도 유용하다. 그리고 신앙생활을 시작할 때 어떤 인물이나 사건이 영향을 끼쳤는지에 대한 정보도 참고가 된다. 가령 사별의 아픔을 통해 신앙생활을 시작하였다면 그 사건은 일반적으로 지속해서 피진단자에게 영향을 끼치는 요소가 되는데 그 점을 염두에 두고 신앙지도를 해야 한다.

4. 기본진리에 관한 것

기본진리는 성부 하나님, 성자 예수님, 그리고 성령 하나님에 대한 진리를 말한다. 피진단자가 하나님에 대해서, 예수님에 대해서, 그리고 성령님에 대해서 어느 정도로 이해하고 있고, 또 믿고 있는지는 그 사람의 신앙을 진단하는 기본요소가 된다. 그리고 응답을 0에서 6사이의 어느 숫자를 택하는 라이커트 스케일을 이용하는데 그 이유는 예, 아니오 식의 단답형 대답은 피진단자의 믿는 정도를 정확하게 파악하는 데 적합하지 않기 때문이다.

5. 신앙생활에 관한 것

여기서는 주로 구원의 확신과 사죄의 확신 등 확신에 대한 것을 진단하고, 그리스도의 주 되심에 대해 파악한다. 그리고 어느 정도로 선교에 관심이 있는지와 교회에 봉사할 마음이 있는지를 진단할 수 있다. 신앙이 성숙한 사람은 확신과 그리스도의 주 되심이 분명한 사람이라는 전제하에서 접근한다.

6. 개인 생활에 관한 것

자아상을 보는 관점과 인생과 현재 직업에 대한 만족도 그리고 타인을 보는 관점 등을 진단한다. 신앙성숙을 전인적으로 볼 때 개인의 정서적 발달과 사회적 발달 그리고 도덕적 발달은 중요한 의미를 지닌다. 현 진단지에서는 이 부분이 상대적으로 적은 편인데 앞으로 더욱 심층적으로 다룰 생각이다.

7. 양육에 관한 것

이 분야는 피진단자가 스스로 생각할 때 더 배우고 싶거나 훈련받고 싶은 분야에 대해 선택하도록 한다. 개인에게 맞는 맞춤 커리큘럼을 구성할 때 참고가 되며 또한 교회에서 주제별 특강이나 소그룹의 주제를 결정할 때 좋은 참고가 된다.

앞으로 새로운 진단지를 만든다면 테드 워드 교수의 손가락 비유의 인간의 다섯 가지 발달 측면, 즉 신체적, 지적, 정서적, 사회적 그리고 도덕적 발달을 진단기준으로 하는 진단지를 만들고자 한다. 물론 그 기준들도 앞서 언급했듯이 완벽한 것은 될 수 없다. 그러나 어느 정도 학문적으로 인정받은 기준들이므로 이 분야의 계속적인 발전을 위해서는 좋은 출발점이 될 수 있다고 본다.

V. 신앙진단 사역의 사례

벧엘교회의 경우

지금까지 신앙진단 사역의 필요성과 사역 철학과 신앙 진단지 구성

등에 대해 언급했다. 구체적인 사역의 한 예로서 필자가 목회하는 벧엘교회의 모습을 소개하도록 하겠다. 필자는 2000년 8월에 현재 목회 중인 벧엘교회(미국 메릴랜드 소재)에 부임했다. 신앙진단 사역을 벧엘교회에서 시작한 것은 부임 후 약 1년쯤 지난 뒤였다.

신앙진단의 대상을 기존신자로 할 것인지, 아니면 새로 등록하는 신자들을 대상으로 할 것인지가 문제였다. 당시 주일 출석 인원이 장년 약 600명이었는데 그 많은 사람을 대상으로 신앙 진단지를 사용하여 진단하고, 또 그에 이어지는 맞춤교육을 실시한다는 것은 불가능하다고 판단했다. 그래서 결국 새신자들을 대상으로 하기로 했다.

우선 교인들에게 한 사람 한 사람을 소중히 여기는 목회를 하겠다는 일종의 목회철학을 이야기했다. 그리고 장로님들에게 당회를 통하여 부연설명을 했고, 이후에는 상담자를 확보했다.

1. 진단자들을 찾아 나서다

이 사역은 진단자의 역할부터 분명히 해야 할 것 같다. 가장 이상적인 것은 목회자가 교인 한 사람 한 사람을 진단하고 그것에 근거하여 각 개인을 대상으로 맞춤교육을 실시하는 것으로 생각하지만 현실은 그렇지 않을 때가 있다. 벧엘교회의 경우도 마찬가지였다.

필자가 부임하고 나서 교회가 은혜 가운데 성장하게 되었는데 새교인들의 등록 심방도 어려운 상황에서 신앙진단을 하고 맞춤교육을 실시한다는 것은 매우 힘들었다. 그 속에서 생각해낸 것이 평신도 진단 사역자들을 찾는 것이었다.

감사하게도 벧엘교회 안에서 훌륭한 평신도 사역자들을 찾을 수 있었고 모두 15명을 대상으로 신앙진단이 무엇인지, 왜 하려고 하는지, 또 어떻게 하는 것인지 등에 대해 오리엔테이션을 실시했다. 하지만 그들의 역할은 신앙상담으로 국한할 것임을 설명했다. 그렇게 한 이유는 진단과 교육 등 신앙진단 사역 전부를 위임하면 평신도인 그들이 너무 부담스러워서 참여하지 않을까 염려했기 때문이었다.

그래서 그들의 역할은 먼저 새로운 교인(피진단자)이 신앙 진단지를 집에 가져가서 작성해 오면 그 진단지를 살펴보고 그 피진단자와 만나서 현 신앙의 상태에 관해 이야기하면서 자연스럽게 상담하는 것이었다. 그들은 사역을 맡아 2년여 동안 350여 명을 진단했다.

2. 교육시스템을 구축하다

일단 진단은 평신도 사역자들을 통해 해결되었는데 문제는 그 후의 교육(치료)이었다. 앞서 언급했듯이 이상적인 것은 한 사람 한 사람을 대상으로 성숙을 향한 커리큘럼을 작성하여 교육하는 것이다. 혹시 교회를 개척하는 목회자로서 이 진단 사역에 관심을 두고 있다면 아예 교회 초창기부터 교인 한 사람 한 사람을 대상으로 실시해 아름답고 건강한 교회를 이루기 바란다. 그리고 그것이 쉽지 않은 현장에서는 교육과 훈련 시스템을 만드는 것이 필요하다.

먼저, 새가족반을 구성한다. 이것은 6주 동안 하며 연중 계속 진행되는데 이 새가족반에 들어오는 사람들에게 신앙 진단지를 소개하고 설명한다. 이 진단은 그들 자신의 영적 성숙을 위한 것임을 강조하고, 개인적인 정보유출은 없을 것을 분명히 한다. 그리고 새가족반을 수료하기 전에 진단지를 작성해서 교회에 가지고 올 것을 권한다. 일단 가지고 오면 연령과 성별 등을 고려하여 진단사역자들과 한 사람 한 사람을 연결시킨다. 그러면 진단사역자들이 그들을 개별적으로 만나 신앙상담을 하고 그 결과는 보고서로 작성하여 목회실에 보고한다. 이때 목회실에서는 목사들이 담당 교구에 따라 보고서를 보고 후속 조치를 취한다. 가령, 특별히 개별상담을 해야 할 필요가 있으면 개별상담을 한다.

3. 주일 교육클래스를 만든다

일단 신앙진단이 끝나고 목회실에 연결되면 진단에 근거한 교육/훈련이 가능해진다. 벧엘교회에서는 일단 주일 오전 10시부터 11시 30분까지 1시간 30분 동안 기초교육반을 운영하고 있다. 현재 기초교육반은 모두 세 개로 확신반, QT반, 그리고 7단계반이다. 확신반은 구원의 확신을 비롯하여 다섯 가지 확신을 다루고, QT반에서는 경건의 시간을 훈련하며, 7단계에서는 기초적인 교리 7가지를 가르친다.

각 클래스는 8주간 지속하는데 이렇게 세 반으로 나눈 이유는 현재 사용 중인 신앙 진단지에서 확신과 경건의 시간과 기본진리에 관해 묻고 진단하고 있기 때문이다. 진단 결과, 확신이 부족하고, 경건의 시간이 부족하고, 기본진리에 대한 이해가 부족한 것을 해결하기 위해서 이 세 반을 일종의 후속조치성 교육/훈련으로 마련한 것이다.

다시 말하지만, 진단 후 중요한 것은 교육/훈련(일종의 치료)인데 한 사람 한 사람을 개별적으로 하면 좋지만 현 실정에서 그렇게 하는 것이 불가능하므로 이렇게 클래스 형식으로 대치한 것이다.

4. 제2차 진단

이같이 세 반을 모두 마치는 데는 6개월 이상 걸린다. 그러고 나서 과정을 수료한 사람들을 대상으로 교육의 결과가 어느 정도 나타났는지를 측정하기 위해 다시 한번 진단한다.

현재 시스템을 보완하기 위해서 일대일 양육을 준비 중에 있다. 이제 진단사역자들을 중심으로 일대일 양육을 실시할 수 있는 사람들을 찾아서 훈련시키려고 한다. 아무리 교회 규모가 커도 한 사람 한 사람이 개별적이고 인격적인 영적 돌봄을 받는 것이 필자가 꿈꾸는 목회다. 그 일을 위해 현재 일대일양육 시스템을 구축하려고 하는 것이다.

바라기는 이제 초기 단계에 있는 이 신앙진단 사역을 뜻있는 동역자들이 함께 개발해 나갔으면 한다. 그리고 이 신앙진단 사역을 통해 한국교회의 성도들이 성숙한 크리스천이 되고 또 교회가 건강한 교회가 되는 데 조금이나마 도움이 되길 주께 구한다.

VI. 신앙진단의 전망

앞으로를 전망해 보자.

신앙이란 무엇인가

신앙에 대한 정의는 목회자의 신학에 따라 다소 다를 수 있다. 그런데 필자가 속한 개혁주의 신학에서는 신앙은 지적, 정적, 의지적 3요소로 구성되어 있다고 믿는다. 신앙이란 복음, 즉 예수 그리스도에 대해 들었을 때 지적으로 예수님에 대해 알고, 정적으로는 그분을 기뻐하고, 의지적으로는 그분께 자기 자신을 맡기는 것이라고 정의한다.

신앙의 3요소를 진단하는 문제

만일 이 정의를 받아들여서 신앙을 진단할 경우 어느 정도는 가능하겠지만 만족할 만한 진단을 할 수는 없을 것이다. 왜냐하면 지, 정, 의지 3요소 중 지적 요소는 가장 정확하게 진단할 수 있지만, 나머지 정적 요소와 의지적 요소는 진단하기가 쉽지 않기 때문이다. 예를 들어 보자. 가령 한 사람의 새로운 성도가 교회에 들어왔다고 하자. 그러면 목사가 진단을 시도한다. 우선 신앙의 지적 요소, 즉 그가 어느 정도로 예수님(넓게는 삼위일체이신 하나님)에 대해 알고 있는지 질문을 통해 진단할 수 있다. 예수님의 신성과 인성에 대해 아는지, 동정녀 탄생에 대해 아는지, 주님이 십자가를 지시고 부활하신 것을 아는지 등에 대해서다. 그런데 문제는 정적인 요소이다. 어느 정도로 주님을 기뻐하고 사랑하는지에 대해서는 측정하기가 쉽지 않다. 예를 들어 엄마가 일곱 살 된 딸아이에게 묻는다.

"너 엄마 사랑하니?", "응", "얼마큼?", "많이, 많이!" 이런 대화를 들어보셨을 것이다. 그때 "많이, 많이!"는 어느 정도를 말하는가? 객관적 측정은 불가능하다. 다만 주관적으로 엄마가 느낄 뿐이다. 마찬가지로 신앙진단을 할 때 신앙의 정적 요소로서 "얼마나 하나님을 사랑하는가?" 하는 점에 대해서는 객관적으로 진단하기가 쉽지 않다.

한편, 의지적 요소는 진단하기가 어떤가? 여기서 한 가지 언급할 것이 있다. 신앙의 의지적 요소에 대해 전통적으로 "신뢰"라고 하는 데 비해서 필자는 "순종"이라는 말을 쓰고 싶다. 큰 차이는 없으나 순종이 보다 적절한 듯싶다. 이 말은 필자의 트리니티신학교 은사이신 페리 다운즈(P. G. Downs) 박사의 용어이다. 그는 트리니티신학교에서 몇 안 되는 개혁주의 신학의 입장을 취하는 교수 중 한 분이시다. 그런데 그는 신앙에 대해 다음과 같이 명쾌하게 정의를 내린다.

신앙이란 하나님을 알고(지적), 하나님을 사랑하고(정적), 하나님께 순종하는 것이다(의지적). 그러면 혹자는 물을 것이다. 전통적으로 의지적 요소로 보고 있는 신뢰는 어디에 들어가는가? 그것은 정적 요소에 포함시킨다. 즉 하나님을 사랑하기에 자신을 맡긴다는 것이다. 기독교 교육학자인 다운즈 교수의 신앙에 대한 정의는 신앙을 진단하는 데 보다 도움이 된다고 본다. 왜냐하면, 진단에 있어서 "신뢰"보다는 "순종"을 측정하기가 보다 쉽기 때문이다. 왜냐하면, 신뢰보다는 순종이 객관적으로 더욱 잘 관찰할 수 있는 대상이기 때문이다.

여기서 잠시 QT를 생각해 보자. QT를 가르칠 때 보통 적용을 강조한다. 그리고 적용은 추상적이 아니라, 구체적으로 하라고 가르친다. 예를 들어서 '네 이웃을 사랑하라'는 말씀을 본문으로 했을 때, 어떤 성도가 막연하게 "아, 이웃을 더욱 사랑해야지!"하고 적용을 이끌어내면 잘못했다고 지적해준다. 보다 구체적으로 가족 중 누구, 아니면 이웃 중 누구, 친구 중 누구를 구체적으로 사랑하되, 그것도 구체적인 행동을 통해서 사랑을 실천하라고 격려한다. 그런 점에서 QT가 신앙 성장에 대단한 도움을 준다고 생각한다. 신앙은 순종이기 때문이다. 이런 점에서 볼 때 신앙진단시 순종을 측정하는 것은 가능하다고 본다.

"신앙진단이 가능한가"라는 질문에 대한 지금까지의 답변을 정리해 보면, 예와 아니오(Yes and No)가 있다. 이것은 로렌스 콜벅의 도덕발달 이론의 밑받침이 된 도덕발달 측정이 안고 있는 문제점이기도 하다. 콜벅의 도덕발달 측정도 한 개인의 도덕 수준을 측정했다기보다는 한 개인의 도덕에 대한 지적 이해를 측정했기 때문이다. 다시 말하면 도덕적인 생각을 바르게 가지고 있다고 해서 반드시 도덕적으로 바르게 행동한다는 보장은 없는 것이다. 그런데 콜벅의 측정은 도덕 행동이 아닌, 도덕에 대한 생각을 측정했다. 그런 점에서 볼 때 신앙진단도 역시 비슷한 문제점을 안고 있다고 본다.

가장 중요한 것은 지적 요소

그럼에도 불구하고, 신앙진단은 해야 한다고 믿는다. 왜냐하면, 신앙의 3요소 중 가장 중요한 것은 지적 요소라고 믿기 때문이다. 비록 지적 요소에 대한 진단에 그친다 해도 그것은 어느 정도 타당성을 가진다고 본다. 성경에서 말하는 신앙은 무조건 믿는 것이 아니라 무엇을 믿는가가 중요하다. 타종교인들도 이른바 신앙인이다. 즉 신적인 존재를 대상으로 의존하고, 순종하고 섬기는 사람들이다. 그런데 신앙의 내용이 다르다. 즉 누구를 경외하고, 무엇을 믿는가가 중요하다. 기독교는 삼위일체 하나님을 경외하고, 신앙의 내용 중 특히 주 예수 그리스도의 십자가와 부활을 믿는 것을 중요하게 생각한다. 이것이 바로 신앙의 지적 요소인데, 이것이 전제되지 않은 한 하나님께 대한 바른 사랑과 바른 '순종'은 있을 수가 없다. 반복해서 말하는 것이지만, 우선 지적 내용이 잘못되어 있는 한 감정적 요소와 의지적 요소는 빗나갈 수밖에 없다.

필자가 현재 사용하고 있는 신앙진단 질문지도 다소 신앙의 '지적인 요소'의 진단에 치우친 것이 사실이다. 앞으로 정적, 의지적인 요소를 진단할 수 있는 질문지가 나오기를 기대한다. 특히 교육학을 전공하신 목회자들의 연구를 기대해 본다. 교육에서도 학생들의 성취를 측정할 때 시험을 보는데, 그것이 사실은 대부분 지적인 측면에서의 평가에 머무는 것이 사실이다. 우리나라 학교 교육의 경우 더욱더 지적인 평가로 학생들을 판단하고 있다. 예술이나 체육 등에서 탁월한 학생들보다는 지적인 분야에서 뛰어난 학생들을 우수하다고 보는 견해가 우리 사회에 전통적으로 지배적이다. 교회 안에서도 마찬가지이다. 성경과 교리를 가장 잘 아는 사람인 목사가 교회 안에서는 신앙이 가장 좋은 사람이라는 통념이 있다. 그러나 과연 그것이 사실일까? 아는 것과 행하는 것은 별개의 문제일 수 있다. 예를 들어서 안 됐지만, 한국 의사들의 건강 수준은 C 정도라는 보도를 본 적이 있다. 의사들은 어떻게 하면 건강할지에 대한 지식과 정보를 일반인보다 많이 가지고 있지만, 그것을 실천하지는 않는다는 얘기이다. 목회자들도 그와 같지 않다고 장담할 수 있을까?

하지만 형편이 그렇다고 해도 아는 것은 역시 중요하다. 알지 못하면 행할 수 없다. 그래서 성경은 말한다. "너는 배우고 확신한 일에 거하라." 사람이 행동으로 옮기는 것은 확신했을 때이다. 확신하기 위해서는 반복 교육과 경험이 필요하다. 한 번 행해서 경험한 일은 확신한다. 그래서 의지적으로 순종을 실천하도록 하는 QT는 대단히 중요한 훈련이다.

Ⅶ. 맺음말

　신앙진단은 교회에 반드시 필요한 사역이라고 믿는다. 이것이 정착하기 위해서는 정선된 신앙 진단지가 많이 나와야 한다. 신앙의 지적 요소뿐 아니라 정적, 의지적 요소도 잘 진단할 수 있는 진단지가 개발되어야 한다. 그리고 교단별로, 다른 말로는 각 신학적 입장별로 신앙 진단지가 만들어지면 좋겠다. 각 신학적 입장에 따라 이른바 건강한 신앙인에 대해 기준이 약간씩 다르기 때문이다. 모든 목회자가 자신들의 신학적 입장에 따라 선택한 신앙 진단지를 사용, 개교회에서 한 사람 한 사람의 영적 상태를 진단하여 각 사람이 영적으로 건강하고 성숙해가도록 돕는 인격적인 "맞춤목회"가 이루어지면 좋겠다. 이것이 계기가 되어 많은 목회자가 목회사역에 새로운 빛과 희망을 찾게 되기를 바란다.

개혁주의 기독교교육의 관점에서 말틴 루터의 교육론 조명

장 화 선
안양대학교 교수

I. 서 론

 루터(Martin Luther)와 칼빈(John Calvin)으로 대표되는 종교개혁자들은 중세 로마 가톨릭교회의 경직되고 폐쇄된 성경 이해와 해석에 대항하여 오직 성경(sola scriptura), 오직 은혜(sola gratia), 오직 믿음(sola fide)을 신앙과 신학의 근본으로 삼았다. 개신교 신학자 중에서도 루터파와 구별되는 신학 특히 요한 칼빈과 그의 신학을 추종하는 사람들의 신학을 일컬을 때 '개혁주의'라는 용어를 사용한다.[1] 교회사적으로 볼 때 개혁주의는 "종교개혁에서 나온 교회들의 사상과 삶에 속하나, 루터주의 및 영국국교주의와 구분되며 동시에 소위 급진주의와도 구별"[2]되는 사상이기도 하다.
 2017년 10월 31일은 종교개혁 500주년이 되는 시점이다. 국내의 여러 학회[3]에서, 교회에서, 대학[4]에서 종교개혁 500주년 혹은 루터의

---

1 Sinclair B. Ferguson & David F. Wright, New Dictionary of Theology, (Downers Grove, (IL: InterVarsity Press, 1988), 569. 김길성, "미국의 개혁주의 신학전통,"「신학지남」24(1998), 132.
2 박건택, "개혁주의란 무엇인가?,"「신학지남」24(1998), 191-217.
3 한국개혁신학회 제 42차 학술심포지엄, 루터선언 500주년과 한국교회, 백석대학 대학원 목양동 지하 대강당, 2017년 5월 27일/한국기독교학회 외, 종교개혁 500주년 기념 공동학술대회, 종교개혁과 오늘의 한국교회, 2017년 10월 20 -21일, 소망수양관/ 한국복음주의신학회 제69차 정기논문발표회, 종교개혁과 한국교회: 정의와 화해, 2017년 4월 22일, 지구촌교회 수지채플.
4 안양대학교 신학연구소, 종교개혁 500주년 기념 학술 세미나, 종교개혁의 선구자 에라스무스,

신학을 주제로 학술세미나를 계획하여 왔다. 국내의 기독교교육학회들[5]에서도 종교개혁 500주년을 기념하여 루터를 주제로 한 논문들이 발표되었다. 본 연구는 종교개혁 500주년을 맞이하여 개혁주의 기독교교육의 관점에서 루터의 교육론을 조명하고자 한다. 이를 위하여 본 논문은 루터의 생애와 당시의 배경, 루터의 인간관과 교육사상, 개혁주의 기독교교육의 관점에서 말틴 루터의 교육론을 논의하고자 한다.

II. 말틴 루터의 생애와 시대적 배경

1. 말틴 루터의 생애

종교개혁자 말틴 루터는 1483년 10월 10일 아이슬레벤(Eisleben)에서 출생한 다음 해 아버지가 광부로 일한 맨스펠트(Mansfeld)로 이사를 가서 아동기를 보냈다. 초등학교(1488-1496)를 졸업한 후 '공동생활 형제단'의 마그데부르크(Magdeburg 1497-1498) 학교와 아이제나흐(Eisenach 1498-1501) 학교를 거쳐 1501년 에르푸르트(Erfurt) 대학에 입학하여 문법, 변증 논리, 수사학, 수학, 음악, 기하학, 천문학 등을 배웠다. 여기에서 루터는 오캄(William of Ockham)의 제자인 가브리엘 비일(Gabriel Biel)의 영향을 받았다. 그러나 그는 법학을 공부하다가 친구가 벼락을 맞아 죽은 것을 보고 어거스틴 수도원에 들어갔다. 1508년 11월 스타우피츠(Johann von Staupitz)의 초청으로 비텐베르크(Wittenberg)

칭의론, 2017년 10월 30일, 수봉관 채플실/안양대학교 신학대학원, 종교개혁 500주년 기념 학술 세미나, "너희는 이 세대를 본받지 말고", 2017년 10월 30일, 안양대학교 도서관 아리홀.
5 한국복음주의 기독교교육학회, 2017년 춘계학술대회 제29회 논문발표회, 종교개혁과 기독교교육- 종교개혁 500주년 기념학회- 2017년 4월 1일, 남대문교회/ 한국기독교교육학회, 2017년 한국기독교교육학회 종교개혁 500주년 기념 추계국제학술대회 및 정기총회, Reformation & Transformation(개혁과 변혁), 2017년 11월 18일, 연동교회.

대학 학장으로 가서 아리스토텔레스의 '니코마코스 윤리학'을 강의하며 어거스틴의 '소작품들', '삼위일체', '신론', '신의 도성'과 피터 롬바르드(Peter Lombard 1096-1160)의 '교의학'을 공부함으로 루터의 초기 신학은 중세적 잔재를 지니고 있다. 그러나 루터에게 구원의 문제가 있었다. 1511년 여름 성경을 교수하는 중에 '구원은 믿음으로 얻고, 행위로 되는 것이 아님을 확신'하였다.

1517년 10월 31일 비텐베르그 대학 예배당 문에 '95개조 논제'를 게시한 이후로 개혁자로의 길에 들어섰으며, 1519년에 하나님의 의에 관한 개념과 칭의 교리를 확고히 붙들었다. 종교개혁 신학을 대표하는 본격적 내용은 1515~6년의 로마서 강의, 1519년의 갈라디아서 강의이다. 1520년에는 그의 대표적 작품 3권을 저술하였다. 8월에 '그리스도인 귀족에게 보내는 글'(Address to the Christian Nobility), 10월에 '교회의 바벨론 감금에 대하여'(On the Babylonian Captivity of the Church), 그리고 11월에는 '그리스도인의 자유에 관하여'(The Freedom of Christian Man)를 저술하였다. 1534년에는 종교개혁을 완성할 수 있는 기초가 되었던 성경을 자국어(독일어)로 번역하였으며, 1546년 2월 18일 그가 태어났던 곳인 아이슬레벤(Eisleben)에서 사망하였다.

2. 말틴 루터의 시대적 배경[6]

어떤 인물이든지 어떤 사상이든지 그 사상이 형성되기까지는 다양한 것들의 영향을 받지만, 특히 그 시대적 배경은 직접 혹은 간접적으로 크게 영향을 미친다. 루터의 경우도 마찬가지이다. 루터의 교육사상을 이해하기 위해 당시의 시대적 배경을 살펴보면 다음과 같다. 첫째, 로마 가톨릭 전통으로 루터의 신학사상은 무엇보다 먼저 서방교

---

6 이형기, 『종교개혁신학사상』 (서울: 장로회신학대학교출판부, 1984), 1-7장.

회의 신학적 전승인 로마 가톨릭의 전통의 영향 아래에 있었다. 그는 성 어거스틴(St. Augustine) 신학, 중세기의 안셀름(Anselm)과 아퀴나스(Thomas Aquinas)의 신학, 루터의 선생인 가브리엘 비엘(Gabriel Biel)과 그의 선생인 오캄(William of Ockham)의 철학과 신학, 서방교회 후기 중세기적 신비주의 등의 영향을 받았다. 이들은 당대의 교회와 시대를 지배하던 신학사조일 뿐 아니라 루터의 사상을 형성하는데 큰 부분을 차지하였다고 볼 수 있다.

둘째, 후기 중세기 스콜라주의(1350~1500)이다. 이는 로마 가톨릭교회의 공식적인 신학이었던 스콜라주의의 절정을 이룬 피터 롬바르드의 교의학과 토마스 아퀴나스의 교의학으로 이들은 철학적 관점에서 보면 객관적 실재가 더 중요하다는 철학 이론으로 보편주의적 실재론에 속한다. 이러한 실재론에 반대하여 둔스 스코트스(Duns Scotus)와 오캄은 유명론(Nominalism)을 주장하였다. 유명론은 인간 이성의 능력 범위를 축소하고 계시인 성경의 권위를 높이고, 신앙을 강조하고, 실재론적 주지주의(intellectualism)에 반대하여 양심과 자유의지라고 하는 실천이성을 강조한다. 루터의 선생인 에르푸르트 대학의 비일(Gabriel Biel)은 유명론의 대가이며, 튀빙겐의 오버만(Heiko Obermann)은 비일(Gabriel Biel) 연구의 대가다.

셋째, 르네상스 인문주의이다. 이는 1350~1500년 사이에 이탈리아에서 일어난 문화적이고 교육적 부흥 운동으로 그리스 로마문화의 부활이며 모든 인간의 존엄성과 탁월성을 강조하는 운동이다. 이 사상은 루터보다 한 세대 이전에 루터가 다니던 에르푸르트(Erfurt) 대학에 정착하였다. 이 사상이 중요한 것은 루터의 '노예의지론'이 르네상스 인문주의 대가인 에라스무스(Erasmus)의 '자유의지론'의 공격에 대한 응답이었기 때문이다.

넷째, 신비주의 운동이다. 이는 로마 가톨릭이라는 제도적 교회와 7성례를 떠나 직접적으로 하나님과 관계하려고 시도하였던 운동이었다. 신비주의자 에크하르트(Meister Eckhart)의 제자들 중에서 타울러(Johannes Tauler)는 루터의 초기 신학에 영향을 주었다. 루터가 어릴 때 다녔던 '공동생활 형제단'은 화란 신비주의에 속하였고, 루터의 선생인 비일(Gabriel Biel)도 화란 신비주의의 영향을 받은 관계로 루터는 신비주의 운동의 영향을 받고 있었다.

다섯째, 민족국가주의의 대두이다. 중세 스콜라주의의 황금기는 교황 인노센트 3세(Pope Innocent Ⅲ) 때이다. 그러나 후기 중세기에 들어가면서 교황 중심적 교회획일주의에 대한 반대가 일어나기 시작하였는데 그 대표적 인물들에는 단테(Dante), 오캄(Ockham), 마르실리우스(Marsilius of Padua) 등이 있다. 마르실리우스의 『평화의 수호자』는 루터에게 두 왕국사상에 대한 아이디어를 제공했을 가능성이 있고, 이탈리아의 르네상스 인문주의와 더불어 민족주의적 왕정국가를 탄생시켰다.

마지막으로, 과학 문명의 여명과 세계의 확장이다. 루터가 성장한 15세기는 많은 발견과 발명이 이루어진 시대였다. 그중에서 중요한 것으로는 1498년 다가마(Vasco da Gama)가 희망봉을 발견한 것과 1492년 콜럼버스(Columbus)가 아메리카 대륙을 발견한 것 등이다. 그리고 당시에 발명된 것들로는 망원경, 현미경, 나침판, 시계, 화약, 인쇄술 등이 있는데 이것들을 통하여 당시의 문화와 문명이 발달하였다. 특히 1454년 구텐베르크(John Gutenberg of Mayence)가 인쇄술을 발명하여 서적을 출판한 것은 문화의 발달에 큰 영향을 끼쳤다. 또한, 1450~1517년 사이에는 독일에 대학들이 세워져서 문화와 문명의 발달과 확산에 큰 영향을 끼쳤다.

III. 말틴 루터의 인간관과 교육사상

1. 말틴 루터의 인간관

1) 하나님의 피조물

루터의 인간관은 "사람은 하나님의 피조물이다"[7]라고 한 그의 대명제에 잘 반영되어 있다. 이 명제가 의미하는 것[8]은 다음과 같다.

> 사람은 창조된 존재라는 것이다. 이 창조된 존재는 네 가지의 중요한 특색을 지니고 있다. 곧 하나님이 사람을 무에서 창조하셨다는 점, 하나님이 인간을 그의 형상으로 지으셨다는 점, 하나님께서 사람을 축복받도록 확정하셨다는 점, 인간은 시간 가운데서 창조되었다는 점이다.

인간은 하나님의 형상으로 지음 받았으나, 이 '형상'의 의미를 인간은 충분히 이해할 수 없으며, 완전히 묘사할 수도 없다. 그 의미는 시대에 따라 계속 변화되어 왔다.[9] 루터는 하나님의 형상을 이해하는 것은 적극적으로가 아니라 소극적으로만 이해 가능함을 말한다. 더욱이 이 형상은 인간의 죄로 말미암아 상실되었기 때문에 충분히 알 수 없다고 한다.

하나님의 형상으로 창조된 인간은 "계몽된 이성과 의와 지혜를 겸하였고 신성과 유사한 본성을 지니고 있으며, 하나님에 대한 지식과

---

7 지원용, 『루터의 思想: 신학과 교육』 (서울: 컨콜디아사, 1971), 96.
8 M. A. H. Stomps, 지원용, op. cit., 96 재인용.
9 H. D. McDonald, The Christian View of Man, (Westchester, IL: Crossway Books, 1981), 120.

하나님의 형상을 소유한 가장 아름다운 피조물"[10]이다. 루터는 인간이 타락하기 전 에덴동산에 있었을 때의 상태를 "가능성을 가지고 있었고 영원히 살 수 있었으나 절정의 삶에 있지는 못하였다."[11]고 하였다. 루터는 원의(原義)와 하나님의 형상을 동의어로 사용한다. 이 단어의 의미는 하나님께서 인간을 그의 참여자 곧 신성의 참여자로 혹은 아름다운 피조물인 불멸의 참여자로 만드셨다는 것이다.

2) 타락한 존재

하나님의 형상으로 창조된 인간이 불순종함으로 말미암아 인간은 하나님의 형상을 상실하게 되었다. 이러한 불순종 혹은 불신은 모든 죄의 원인과 근원이다. 아담과 하와가 하나님의 말씀에 불순종하였다는 것이 죄이다. 루터는 죄라는 것은 하나님께 대한 인간의 혐오와 그의 앞에서 피함으로부터 오는 불경건과 불의라 하였고 또한 자아의 사랑이라 하였다. 타락으로 인간은 하나님에게서 멀어지게 되었고, 원래 주어진 하나님의 형상은 상실되고 파괴되었다. 그 결과 인간은 하나님의 형상이 아니라 마귀의 형상을 갖게 되었다.

모든 인간은 아담과 하와가 범한 죄로 말미암아 타락하고 부패되었다. 타락으로 말미암아 인간의 자유의지도 부패되었다. 그러므로 이러한 부패된 인간의 자유의지는 죄와 죽음과 악마의 노예에 지나지 아니하며, 악한 것 외에는 아무것도 할 수 없을 뿐 아니라 계획할 수도 없다.[12] 루터에 따르면 자유라는 말은 하나님에게만 해당되는 것이고, 인간에게는 자유의지가 있을 수 없다. 그래서 루터는 "나는 이 자유의지란 작은 말이 없기를 바란다. 이 말은 성경에도 없으며, 또한 공평하

---

10 지원용, op. cit., 98.
11 Ibid., 100.
12 루터의 St. Louis 판 18. 1947, 지원용, 111에서 재인용.

게 말하여 전혀 무가치한 자기 의지이다."[13]

3) 구원받을 존재

인간은 죄로 말미암아 죽을 수밖에 없는 존재가 되었고 구원을 필요로 하는 존재가 되었다. 이 구원은 예수 그리스도를 통하여 하나님이 주시는 은사이며 사람은 믿음으로만 구원을 받을 수 있다. 하나님은 말씀을 통하여 소망이 없는 죄인에게 은혜를 베푸신다. 그리스도인은 예수 그리스도를 믿는 믿음 안에서 구원을 얻었다. 그리스도인은 예수 안에서 잃어버렸던 하나님의 형상을 회복한다. 이러한 그리스도인은 그리스도 안에서 구원을 받은 자유인인 동시에 종이다. 루터는 "그리스도인은 더 할 수 없이 자유로운 만물의 주이며, 아무에게도 예속되지 않는다. 그리스도인은 더 할 수 없이 충의로운 만물의 종이며 모든 사람에게 예속된다."[14] 그리스도인은 믿음으로 의롭게 된 중생한 자이며, 하나님의 아들 예수 그리스도의 은혜로우신 사랑의 행위에 의하여 하나님의 형상과 새 사람과 그리스도인의 참 자유를 다시 얻게 되었다.

4) 전체적인 존재

루터는 인간은 물질에 속한 육체와 산 영(靈), 곧 비물질적인 부분으로 창조되었고, 영은 활동적이고 동적인 것으로서 인간존재의 본질이며 본성으로 본다. 육신은 영혼이 거하는 곳으로 사람에게 불가결한 부분이며 이를 통하여 영과 혼이 활동하고 인식하고 신뢰할 수 있게 된다.[15] 루터는 인간은 그 기능에 따라서는 구분하지만, 인간 자신

---

13   루터전집 7, 449, 지원용, 111에서 재인용.
14   루터전집, 7, 21, 지원용, 113에서 재인용.
15   루터전집, 7, 110, 지원용, 103-104에서 재인용.

의 구분된 국면 같은 것을 말하지 않는 것은 인간을 통일된 전체로 보기 때문이다.[16] 그러므로 루터에게 있어서 인간은 항상 육과 영의 양면성을 지니고 있으며, 만일 그의 육신이 힘 있게 되면 그의 정신도 그러하고, 거기에 관계된 전체적인 사람이 그와 같다.

루터는 전체적인 사람에 관심을 가지고 있어서 그에게 신학은 "전체적인 사람과 인간의 모든 부분에 적용된다."[17] 그는 인간의 육적 및 영적 복리를 증진시키는 입장에서 기독교교육의 중대성을 인식하고 인간의 유익이 되도록 한다. 그는 기독교교육의 영적인 면을 특별히 강조하고[18] 다른 한편으로는 인간의 육신과 영혼에 봉사할 수 있는 경건하고 세련된 목회자와 교육자를 훈련시키기 위하여 학교의 보존을 강조한다.[19]

이러한 루터의 인간관은 그의 40개 논제와 단편으로 된 '인간에 관한 토론'(Disputation Reverendi viri Domini de Martini Lutheri de Homine, 1536)에 요약되어 잘 나타나 있다. 이 소논문에서 루터는 "자연인의 이성관(理性觀) 곧 아리스토텔리안의 인간 탐구의 발자취, 하나님의 인간 창조, 인간의 타락 이후의 이성, 그리스도의 구속사역" 등을 말한다.[20] 루터의 "인간에 관한 토론" 40개 조항 중에서 중요한 몇 가지를 제시하면 다음과 같다.[21]

4. 이성은 모든 것 중에서 가장 중요하고 좋은 것이고, 어느 정도 신

16　Ibid., 104.
17　Ibid., 105.
18　말틴 루터/지원용역, 「루터의 小教理問答書」, 지원용, 105에서 재인용.
19　말틴 루터, "기독교학교를 후원하고 유지할 것을 전독일 시민들과 시의원들에게 호소한 논문(1524)"과 "부모가 자녀들을 학교에 보내야 할 의무에 관한 설교(1530)".
20　지원용, op. cit., 116.
21　지원용, Ibid., 부록 六. 290-294, '인간에 관한 토론'(1536).

적(神的)인 것이다.

9. 타락 후에도 이성의 존엄성을 하나님이 빼앗지 않으시고 오히려 강화하셨다.

19. (철학의) 사람에 대한 정의와 지식도 단편적이고 덧없고 물질적이다.

20. 신학은 … 인간을 전체적이고 완전한 것으로 정의한다.

21. 인간은 죄 없이 하나님의 형상대로 지음 받았다.

22. 그러나 타락 이후 인간은 자신의 힘으로는 정복할 수 없는 영원한 이중적(二重的) 악인 죄와 죽음, 악마의 권세에 굴복하게 되었다.

23. 사람은 하나님의 아들이신 예수 그리스도를 (믿음을) 통해서만 해방 받고 영생을 얻는다.

31. 이러한 사람들은 인간이 무엇인지, 말하는 자신이 무엇을 말하고 있는지 알지 못한다.

32. 롬 3:28 "그러므로 사람이 의롭다 하심을 얻는 것은 율법의 행위에 있지 않고 믿음으로 되는 줄 우리가 인정하노라" 한 바울은 "사람은 믿음으로 의롭게 된다."고 사람을 정의한다.

2. 인간관에 대한 에라스무스의 논쟁

루터의 인간관은 에라스무스(Desiderius Erasmus)와의 논쟁에서 주장한 『노예 의지론』에 나타나 있다. 에라스무스는 근대 자유주의의 선구자로 유럽 문화에서 자유주의 전통을 형성하는 데 기여했다. 기독교 복원을 위해 로마 가톨릭교회의 제도를 비판하고, 성서를 교정하며, 고대 그리스 학문과 예술을 적극적으로 수용하여 경직된 사고방식을 시정하려 함으로써 르네상스 시대 인문주의가 나아갈 길을 제시했다는 평가를 받았던 인물이다. 처음에 에라스무스는 루터의 교회 비판에 동의했다. 그는 루터를 "복음의 힘찬 나팔"로 비유하면서 "루터의 개혁 요구를 교회가 시급히 받아들일 필요가 있음은 분명하다"라고 인정했다. 이때 그와 루터는 서로를 존경했다.

루터는 에라스무스에게 자기편에 들어오라고 제안했지만 에라스무스는 그렇게 되면 자신이 일생 추구했던 학문적 활동에서 자신의 입지가 줄어들 위험이 있음을 이유로 거절한다. 에라스무스는 오직 독립된 학자로서 종교 개혁에 영향을 미치고자 했다. 한편 루터는 에라스무스가 의지박약과 소심한 성격 때문에 자신의 의무를 회피한다고 느꼈다. 그러나 에라스무스는 기존 기독교 체제 안에서 필요한 개혁을 이룰 수 있다고 믿었다. 중립을 유지하려고 했지만, 그는 로마 가톨릭과 개신교 세력으로부터 편파적이라고 비판받았다. 그는 그들 사이에서 중립을 유지하는 것이 양 세력에 대해 무관심한 것이 아니라, 결국 양 세력을 위한 것이라고 생각했다.

에라스무스가 본격적으로 루터를 비판하기로 하고 다룬 주된 논점은 인간의 '자유의지'라는 문제였다. 에라스무스는 『자유의지론』(De libero arbitrio diatribe sive collatio)을 통해 인간에게 자유의지가 없다고 본 루터의 견해를 비판했다.[22] 에라스무스가 지적한 루터의 잘못된 주장은 다음과 같다:

> 인간의 의지가 전혀 무능하다고 하는 것은 성경에서 증명될 수 없다. 이처럼 노예의지를 설교로나 글로써 공포하게 되면 인간은 더욱 윤리적으로 약해지고, 게을러지며, 악을 더욱 자행하게 된다. 루터가 오직 은혜와 오직 믿음에 따라 노예 의지를 주장하고 있는데 이러한 교의적 주장은 마땅치 않다.

이에 대한 반박으로 루터는 1525년 12월 『노예 의지론』(On the

---

22 이형기, op. cit., 11장.

Bondage of the Will)을 저술하였다. 이 책에서 루터는 에라스무스가 기독교도가 아니라고까지 주장했다. 루터는 인간 본성과 죄의 과격성, 계시된 하나님과 감추어진 하나님, 오직 은혜(sola gratia)와 오직 믿음(sola fide), 율법과 복음의 변증법적 관계, 두 왕국 사상, 영과 육 등을 강조하였다. 루터는 『탁상담화』에서 에라스무스를 "세상을 욕되게 한 자들 가운데 가장 사악한 자"라고 평가했다. "그는 모무스(Momus) 곧 그리스 신화에 등장하는 조롱과 비난의 신과 같아서 하나님이든 사람이든 교황 진영이든 개신교 진영이든 아무에게나 닥치는 대로 비판하고 조롱하지만, 교묘하고 이중적인 표현을 사용함으로써 아무도 자신의 속내를 정확하게 파악하지 못하게 은폐합니다"라고 비판했다.

3. 말틴 루터의 교육사상의 주요 내용과 교육 논제

1) 교육사상의 주요 내용

루터의 교육사상의 주요 내용은 우선적으로 남녀 모두를 위한 교육을 강조하였다는 것이다. 훌륭한 가정주부를 위한 적절한 훈련을 위하여 여학교의 시설을 잘 만들어야 한다고 하였으며, 뛰어난 재능을 가진 여자에게는 특별한 교육 특전을 주어야 한다고 하였다. 그리고 교사의 지위도 주어야 한다는 그의 사상은 16세기 시대 상황에서 매우 진보적이다. 둘째, 수재 교육으로 이들에게도 어떤 특전과 보호를 해주어야 한다고 말한다. 그리하여 그들의 관심과 취미와 기능을 최대한도로 발전시킬 수 있게 해야 한다고 하였다. 그들이 원하지 않는다고 해도 강권하여 학교에 보내어 지도자가 되도록 해야 한다. 셋째, 부모가 경제적으로 어려우면 정부와 교회가 장학금을 제공할 책임을 져야 한다. "군주와 영주만이 아니라, 일반 시민과 농민들도 자진하여 기쁘게 이것을 (장학금제도) 돕고 희사해야 한다." 넷째, 학습과 실습 프로그램으로 이를 교육과정에 포함하지는 않았으나 권고하였다. 다섯째, 도서관은 지식을 대대로 보존하여 주는 보고이다. 도서에 대한 루터의 관심은 성경과 그 주석서에 국한된 것이 아니고 일반적인 참고서에까지 미치고 있다. 그의 강조점은 양보다 질에 있었다. 여섯째, 교회는 교육에 대한 전적인 의무를 지니고 있으며, 아동의 교육적 발전에 대한 모든 부면(部面)을 감시할 결정적인 책임이 있다. 하나님의 뜻과 목적에 배치되지 않는 범위 내에서 교회는 모든 자유로운 진리 탐구와 학구적인 연구 프로그램을 후원해야 한다. 교회는 지식의 발전을 장려하고 교회원의 신앙생활을 도우며 또한 복음의 메시지를 비그리스도인들에게 전파하는 책임이 있다. 교회교육은 교인들의 영적 생활을 강화하고 현세생활을 위한 지침이 되며 생의 시야를 넓히기 위하여 도움이 되어야 한다.

루터의 교육 사상사적 의의[23]를 살펴보면 그는 보편교육을 주장한 최초의 독일 교육자, 현대 국립학교 교육의 창설자였고, 교육의 목적을 교육의 증진과 국가의 복리 향상에 두어 교육의 범위를 확대시킨 것이다. 중세를 마감하고 근대를 여는 계기였던 인문주의의 핵심적 특징은 이성의 자율성에 대한 추구였다. 중세의 신 중심적 사고에서 인간 중심적 사고로, 교회의 간섭 아래 있는 존재에서 이성적 존재로 바라보았으며, 인문주의는 중세적인 성직자 양성과 중세적 신분 사회 유지를 위한 교육과는 다르게 인간 이성의 개발이나 인간의 잠재능력 개발을 추구하였다. 이러한 교육개념은 18세기 계몽주의에 이르러 교육은 국가나 사회, 교회나 신분계층 등 어떤 인간 외적 요소들 보다 인간의 이성과 잠재능력 개발에 관심을 갖게 하였다.

2) 교육 논제

루터의 교육에 대한 논제는 먼저 그가 교육은 하나님의 행동이라

---

23   양금희, 『종교개혁과 교육사상』(서울: 한국장로교출판사, 1999), I-V 루터의 교육사상적 의의.

고 본 것이다. 교육자가 결정적인 행위자가 아니라 하나님께서 행하시는 분이시다. 교육은 생명을 잃어버린 상태에 있는 인류를 돕는 역할을 한다. 교육의 사명은 현재 생활에 필요한 것 곧 하나님께서 현재 인류를 위하여 계획 중에 계신 일을 실제로 이행하는 데 있다. 교육은 미래를 위한 준비이다. 교육은 인간이 구원의 지식을 습득하도록 조력하는 중대한 책임을 지고 있다. 루터에게 있어서의 교육은 영적인 성장과 타락으로 인하여 상실된 하나님의 형상의 회복을 위한 도야 활동이다. 그 분야는 여섯 가지 즉, 육체적, 사회적, 지적, 문화적, 도덕적, 종교적으로 나눌 수 있다. 그 중 문화적 목적은 인간의 상상력을 넓히고 취미를 향상시키고 기술과 능력을 발전시키고, 적절한 심적 태도와 습성을 기르려는 것이다. 도덕적 목적은 인간이 삶에 있어서 윤리적인 규칙과 원리를 준수하도록 훈련시키려는 것이다. 종교적 목적은 그리스도 안에서 하나님에 대한 개인적인 관계를 맺고 경건한 태도를 가지는 데 있어서 어떤 적극적인 영향을 끼치려는 것이다.

루터의 교육사상은 다음의 영역들에서 매우 진보적이었다.[24] 예로, 교육과정의 적절한 계획, 배우고 가르치는 데 있어서 매력 있는 교실과 유쾌한 분위기의 구비, 개개 아동의 능력에 따라 가르치는 학년제 교육, 교사의 중요성에 대한 강조, 교재연구와 합리적인 방법, 여자들을 위한 학교, 직업교육, 인격도야 및 종교교육 등이 있다.

이러한 루터의 교육사상이 가장 잘 나타나 있는 글은 "기독교 학교를 후원하고 유지할 것을 전 독일 시민들과 시위원들에게 호소"한 논문(1524)이다. 이 논문은 교육에 관한 최초의 종교개혁 문헌으로서 루터의 교육철학과 실천에 관한 설명서라고 볼 수 있다. 그리고 1530년 "부모가 자녀를 학교에 보내야 할 의무에 관한 설교"에서 루터는 교회와 국가를 위하여 아이들을 교육시키는 정규교육의 중요성을 강

---

24   지원용, op. cit., 67-85.

조하였다. 루터는 하나님의 영광과 교회의 복리와 국가의 요구에 관한 것을 강조하였다. 1520년 "독일 귀족에게 보내는 편지"(An den Christilichen Adel Deutscher Nation von des Christilichen Standes Besserung)에서는 교황권의 개혁, 로마로부터의 독일 국가와 교회의 독립, 로마 교황청에 의한 독일 재정적인 소모제도의 폐지, 수도원 생활, 독신생활, 승려 생활, 저급한 예식 및 대학과 다른 학교 내에서의 그리스도인의 생활과 사회생활의 개혁문제 등 구체적인 프로그램을 설명하였다.

루터의 교육은 인문주의와 일치하는 면과 상반되는 양면을 지니고 있다. 일치하는 점으로는 중세의 교육이념에서 벗어난 것, 성직자 위주의 교육에서 모든 인간을 교육의 대상으로 하고, 교육의 장을 교회에서 가정으로 옮겼으며, 중세의 이원론을 탈피하여 교회와 세상, 신앙과 삶을 연결시켰다. 상반되는 점으로는 근대교육사상가들은 교육과 인간에 대해 낙관적인 입장을 취하였는데 루터는 인간은 일차적으로 죄인으로 본 점이다. 하나님과의 관계를 중시하였으며, 교육의 중요성과 기능을 강조하나 교육의 한계성을 분명히 하였다.

IV. 개혁주의 기독교교육의 관점에서 말틴 루터의 교육론 논의

루터는 교회 중심의 중세 신학에서 성경 중심의 개혁신학으로 그 중심을 옮긴 개혁신학자이다. 이렇게 성경 중심이며, 보편적 교육을 실시한 큰 공로가 있는 루터의 교육사상을 개혁주의 기독교교육의 관점에서 논의해 보고자 한다.[25]

---

25   한춘기, 『기독교 교육신학 I』 (서울: 기독한교, 2005), 48-60.

1. 개혁주의 기독교교육

　드 윗(John Robert de Witt)은 개혁주의의 특징을 다음의 7가지로 제시한다. 성경에 대한 교리로서 '오직 그리고 전적으로 성경' 곧 성경의 권위의 강조, 하나님을 주권적 하나님으로 알고 예배함, 불가항력적인 하나님의 은혜, 세상에 살지만, 하나님 존전(尊前)임을 의식하며 의무와 책임을 다하는 그리스도인의 생활에 대한 성경적 교리의 강조, 율법과 은혜의 구분, 율법은 복음이 아님, 하나님의 나라와 세상과의 관계에 관하여 적극적이고 긍정적인 견해를 가짐, 설교는 하나님의 말씀의 강해이고, 적용이고, 선포이고, 자유적임을 인정하는 독특한 관점을 지니는 것이다.[26] 이와 유사하게 헤세링크(John Hesselink)는 개혁주의의 핵심으로 다섯 가지 곧 하나님 중심, 성경 중심, 교회 중심, 교리와 삶의 일치, 그리고 인생관과 세계관을 말한다.[27]
　개혁주의 신학적 관점에서 기독교교육을 체계화시킨 드 종(Norman De Jong)에 의하면 기독교 교육학은 성경에 근거한다. 좀 더 구체적으로 말하면, 웨스트민스터 대소요리 문답이나, 칼빈의 제네바 요리문답, 하이델베르그 요리문답 그리고 바울서신 특히 에베소서의 말씀에 그 근거를 두고 있다. 따라서 기독교교육은 그리스도인들이 "그리스도의 장성한 분량이 충만한 데까지 이르"(엡 4:13하)게 하는 것을 목적으로 하며 성숙한 믿음을 갖게 하는 것이 기독교교육의 임무이다. 그리스도인들이 성숙한 믿음을 갖게 하는 수단으로 성경을 가르친다. 성경에 하나님의 뜻이 나타나 있기 때문에 성경을 읽고, 배워서 알게 되면 하나님의 뜻을 알게 되기 때문이다. 교회가 성경을 가르치는 첫

26　John R. de Witt, What is the Reformed Theology? (Edinburgh: The Banner of Truth Trust, 1981), 5-17.
27　존 헤세링크/최덕성 역, 『개혁주의 전통』(서울: 본문과 현장 사이, 1997), 130-154.

째 목적은 성도들이 성경 지식을 갖게 하는 것이다. 그러나 성경 지식 자체가 성숙한 그리스도인을 만드는 가장 중요한 요소라고 말하는 것은 아니다. 그것은 성숙한 성도의 삶의 특징이요, 영적 성숙으로의 길이다.

개혁주의 기독교교육에서는 성경을 배우게 되면 학습자가 영적으로 성숙하여지고, 영적으로 성숙하게 되면 학습자가 자발적으로 말씀을 사모하고 말씀에 순종하려는 마음을 갖게 됨을 강조한다. 성숙한 그리스도인은 말씀을 머리로 알 뿐 아니라 마음에 확신을 가지고 또한 삶 속에서 그 말씀에 순종하기 때문이다. 하나님의 말씀은 사람을 얽어매는 것이 아니라 참으로 자유하게 하는 것이다. 자유는 자유분방함과는 구별된다. 자유인은 자신의 생각대로 마음대로 행동하는 존재가 아니라 자신의 탐욕과 이기심을 만족시키려는 동물적인 상태에서 벗어난 존재이다. 자유(liberty)는 본성에서부터 벗어남을 말한다. 구체적으로 여기서 '자유'를 지칭하는 'liberare'는 동물적인 본성에서부터 벗어남을 의미한다. 그리하여 동물과 같은 인간을 교양인으로 만들어가는 과목들을 교양과목(liberal arts)이라 지칭한다. 예수님은 "진리를 알지니 진리가 너희를 자유케 하리라"(요 8:32)고 하셨다. 참 자유는 진리에 대한 지식을 가질 때 누릴 수 있다.

개혁주의 신학에 근거한 신관(神觀)[28]은 하나님은 초월하시며 내재하시는 하나님으로 받아들인다. 하나님은 어제나 오늘이나 영원토록 동일하신 하나님이심을 믿는다. 성경을 그의 계시로 인정하고 성경의 완전영감설과 무오설(無誤說)을 인정한다. 성경은 하나님의 영감을 받아 기록되었으며 성령의 조명을 받아 깨달을 수 있음을 의미한다. 개

---

28 신관(神觀): 기독교유신론(Christian Theism)에서는 초월하시며 내재하시는 분으로, 초연신론(Deism)에서는 초월하시나 내재하시지는 않는 분으로, 범신론(Pantheism)에서는 내재하시나 초월하시지는 않는 분으로, 그리고 유물론(Materialism)에서는 내재하시지도 초월하시지도 않는 분으로 이해한다.

혁주의 기독교교육은 우리를 초월하시고 우리 안에 내재하시는 하나님이 교육의 중심이 되고 성경은 교육 내용의 중심이 된다.

2. 말틴 루터의 교육론

1) 교육목적

루터의 교육목적은 그리스도 안에서 하나님에게 영광을 돌리는 것이다. "하나님과 이웃과 국가에 대한 우리의 의무 달성이 곧 교육의 목적이다." 개인이 하나님을 사랑하고 경외하며, 이웃에게 봉사하는 생활, 다시 말하면 하나님의 영광과 인간을 위한 사랑에 적합하도록 행하는 것이다. 즉, 말씀에 따른 삶, 각자의 직업을 통한 하나님의 영광을 나타내는 삶이다. 루터의 교육목적의 성격은 광범한 사회적인 목적이며, 종교적인 목적에 부합시킨 것이다. 루터는 교육을 통한 인간의 향상을 도모하였다. 이를 위하여 교육은 영적인 성장과 가능한 한 타락으로 인하여 상실된 하나님의 형상의 회복을 위한 도야 활동이었던 것이다.

루터의 교육목적을 개혁주의 기독교교육의 관점에서 본다면 그의 궁극적인 교육목표인 "하나님에게 영광을 돌리는 것"은 매우 정확한 목표 진술이라 하겠다. 이는 정통신학 가운데도 복음주의가 구원에 초점을 두고 근본주의가 말씀의 전수를 목표로 삼는 것보다 더 합당한 목표라 할 수 있다. 구체적인 목표로 교육을 통하여 하나님의 형상을 회복한다는 것은 개혁신학적인 측면에서 기독교교육이 지향해야 할 방향이라 하겠다.

드 종(Norman De Jong)은 "하나님을 즐거워하고 찬양하는"[29] 것을 기

---

29 Norman De Jong, Education in the Truth, (Presbyterian and Reformed Publishing Company, 1969), 93.

독교교육의 궁극적인 목적으로 제시하였는데 이것은 '하나님을 영화롭게 하고 영원히 즐거워한다'는 소요리문답 제1문에 나오는 인생의 목적과 같다. 그는 이러한 궁극적 목적 아래 구체적인 목적을 세 가지로 제시한다. 첫째는, 사랑으로써 이는 "어떻게 사랑할 것인가"에 관심을 갖기 보다는 "누구를 그리고 무엇을 사랑할 것인가"에 대한 관심을 말하며, 둘째로, 순종으로써 이는 신명기 5장 16절(너는 네 하나님 여호와께서 명령한 대로 네 부모를 공경하라)과 디도서 3장 1절(너는 그들로 하여금 통치자들과 권세 잡은 자들에게 복종하며 순종하며 모든 선한 일 행하기를 준비하게 하며)에 구체적으로 나타나 있으며, 마지막으로, 지식의 전수이다.[30]

개혁 신학적 관점에서 기독교교육의 목적을 교육 실천적인 측면에서 구체적으로 정립한 하퍼(Norman E. Harper)는 그 목적으로 학습자가 하나님의 전체 경륜, 말씀, 성례 그리고 기도, 예수 그리스도를 자신의 주와 구세주 되심, 성경의 교리, 예수 그리스도의 교회 생활에 올바른 참여, 모든 족속을 제자로 삼는 사역, 생애를 통하여 그리스도의 주권 아래에서의 삶을 이해하고 그것을 위하여 헌신하게 하는 것을 제시하였다.[31]

2) 교육내용

루터는 교육내용으로서의 최고의 교재를 성경이라 하였다. 그러므로 학교의 교육과정에서 성경을 무시하거나 제거한다는 것은 지식과 교육의 근본을 무시하는 과오를 범하는 것이었다. 신학적 기초훈련을 위하여서는 대소요리 문답과 그 가운데 포함된 십계명, 신조, 주기도문을 강조하였다. 루터는 언어교육을 강조하였는데, 그 이유는 하나님

---

30 Ibid., 83-93.
31 노르만 E. 하퍼/이승구 역, 『현대기독교교육』 2판(서울: 도서출판 엠마오, 1987), 114-115.

은 언어들을 통하여 인류에게 복음을 주셨기 때문이며 하나님의 말씀을 더 분명히, 정확히 그리고 쉽게 가르치고 배우기 위하여 언어를 연구해야 한다고 하였다. 이와 더불어 음악을 강조하였는데, 그 이유는 '음악이 인간적인 정서의 안내자와 지배자로 마땅히 찬양을 받아야 할 유일한 주제'로 보았기 때문으로 그 자신의 성가(聖歌)들과 시(詩) 작품들은 그의 음악에 대한 관심을 보여준다. 루터는 특히 교양과목은 바람직할 뿐 아니라 필요한 과목으로 3학(문법, 수사학, 논리학)과 4과(음악, 수학, 기하학, 천문학)를 말한다. 루터의 교육내용은 인문주의자들과 일치한다. 그러나 교리문답과 같은 것은 인문주의에는 없던 기독교의 내용이요, 방법이다. 성경은 루터가 제의한 교육프로그램에 있어 가장 중요한 교재이며 교육 방편이다.

개혁주의 신학에 근거한 기독교교육의 내용은 성경적 신학적 근거를 가진 권위 있는 메시지이다. 그 내용의 중요 원천은 성경이며, 중심 주제는 그리스도이다. 그리스도는 학습자들이 그리스도인으로 살 수 있게 해주는 기독교교육 내용의 주제, 기본 원리, 핵심이 된다. 그러므로 기독교교육의 내용은 학습자에게 그리스도를 소개하는 것이어야 하고, 사람들을 그리스도 안에서 세워주는 것이어야 하며, 사람들을 보내어 그리스도를 전할 수 있게 하는 것이어야 한다. 이러한 내용의 핵심은 구원의 메시지이다.

루터의 교육내용을 개혁신학적인 관점에서 본다면 그의 교육내용은 인문주의의적 기독교교육이라 할 수 있다. 그러나 기독교적 관점이 모든 교육내용의 기초를 이루는 것이 개혁주의적 기독교교육내용이라고 한다면 성경이 학교교육과정의 근본이 되는 루터의 교육내용도 그 범주에 속한다고 볼 수 있다. 시대적인 상황과 신학적인 상황을 고려해 볼 때 루터의 교육내용은 개혁신학적인 교육내용에 부합된다고 할 수 있다.

3) 교사

루터에게 있어서 교사는 교육과정에 있어서 가장 중요한 위치에 있으며, 특별한 재능과 통찰력 및 자신의 충분한 훈련을 필요로 한다. 교사는 청소년을 양육하고 교육시킬 중책을 가진 '하나님의 종'이며, 전도자 못지않게 하나님의 말씀을 가르치는 복음의 증거자이며, 특별한 사람이다. 교사의 그 직책과 지위는 존경을 받을 만한 '고귀한 직무와 과업'이며 훌륭한 직위이다.

루터의 교사관을 개혁주의 기독교교육의 관점에서 본다면 당시 종교개혁이라는 위대한 흐름 가운데에서 교사의 임무와 의무를 정확하게 제시한 것은 종교개혁자로서만 아니라 교육개혁자로서 인정할 만하다. 그러나 그의 교사관은 신앙을 가진 교사로 볼 때는 인정할 수 있으나 기독교교사라는 측면에서 볼 때는 부족한 점이 있다. 기독교교사가 성경 지식을 가르치는 신앙을 가진 교사와 다른 점은 기독교적 관점에서 교육한다는 점이다. 교사는 자신의 지식이나 능력이나 은사를 적극적으로 활용해야 하지만 교육사역에 있어서 성령 하나님의 역사와 능력에 의지하는 것이 절대적이다. 그러므로 루터의 교사관은 복음적인 교사관을 지니고 있었다고 볼 수 있다.

개혁주의 신학적 관점에서의 교사는 가르치는 과정에서 하나님이 어떻게 역사하시는지 배우고 하나님과 함께 일하며, 인도하고 가르치는 능력을 주시도록 성령께 의지하며, 성령의 은사를 사용하고 개발하며, 학습자들의 성장과 발달에 주의를 기울이며, 학습자들에게 동기를 부여하고 학습을 도우며 본보기가 될 수 있는 삶을 살고 학습자들을 인도하는데 성령의 쓰임을 받는 사람[32]이다. 교사는 하나님께 영광을 돌리기 위해 학습자들의 은사를 발견하고 개발하고 사용하게 할 책임을 진 사람이다. 그는 자기가 원하는 것을 가르칠 자유를 가진 것

---

32 로이 B. 쥬크/서정인 역, 『성령 충만한 가르침』 (서울: 도서출판 디모데, 1998), 109.

이 아니다. 그는 하나님이신 성령의 도구로 쓰임을 받는 협력자이다.[33]

4) 학습자

루터는 개혁 초기에 모든 아이들이 교육을 받도록 하였다. 그러나 후에는 교회와 국가의 지도자가 될 만한 능력이 있는 아이들만 선발하도록 하였다. 모든 아이들이 종교교육을 받으나 그중에서 선택된 아이들만 라틴학교에 가서 인문교육의 기초를 배우게 하였다. 학습의 대상으로서의 어린이를 말할 때는 세례 받은 어린이를 말한다. 왜냐하면, 당시 어린이는 대부분 유아세례를 받았기 때문이다. 학습자로서의 성인은 의인이면서 죄인이며, 신앙과 불신앙 사이에서 순종과 불순종 사이에서 방황하고 결단하는 존재로 보았다. 그러나 학습자로서의 어린이는 천진스럽고 근심이 없는 마음을 가지며, 그들은 하나님과 바른 관계에 있다고 하였는데 그 이유는 당시의 어린이는 모두 유아세례를 받았으므로 죄의 용서를 받았다고 생각하였기 때문이다. 이들은 말씀 위에 굳게 서 있고, 하나님 이해가 누구보다 아름답다. 그러나 이들은 지적능력이 부족하므로 어린이에게 맞는 방법을 사용해야 한다고 강조하였다. 이러한 어린이의 약한 인지능력이 신앙의 장애물이 되지 않는다. 어린이가 아름답다고 하는 것은 어린이의 의식이 이성이 잠자고 있는 것처럼 죄도 잠자고 있다고 보았기 때문이다. 죄가 없다는 것은 죄가 잠자고 있어 아직 활동하지 않기 때문이다.

개혁주의 기독교교육의 관점에서 학습자는 하나님의 형상으로 지음 받은 존재이다. 인간이 하나님의 형상으로 지음을 받았다는 사실에는 다음과 같은 교육적인 함의를 포함하고 있다.[34] 첫째, 하나님의 형상을 지닌 인간으로서의 학습자는 측량할 수 없는 가능성을 지닌

---

33 Ibid., 104-106.
34 노르만 E. 하퍼, op. cit., 28-49.

존재라는 의미를 포함한다. 그 능력은 지능지수에 의하여 제한되는 것이 아니다. 그러므로 교사는 하나님께서 학습자 각자에게 주신 은사를 찾아내고 개발시키고 활용할 수 있게 해야 한다. 둘째, 인간은 합리적인 존재임을 뜻한다. 곧 생각할 수 있는 능력을 지니고 그 생각에 근거하여 행동하는 존재인 것이다. 그러므로 교육을 함에는 합리성에 근거한 이해를 추구하여야 한다. 셋째, 인간은 그의 말, 판단, 그리고 행동에 대하여 책임을 진다. 사람은 스스로 판단하고 결정하는 능력과 권한이 있고 동시에 그에 대한 책임이 있다. 이것이 인간과 동물의 차이이며 하나님의 형상으로서의 인간이 갖는 특징이다. 넷째, 비(非)욕구 충족적 동기를 가진다. 동물들은 자신의 욕구 충족을 위하여 행동한다. 지금까지 개발된 동기이론들은 이러한 욕구충족이라는 관점에서 이론을 정립하고 있다. 그러나 하나님의 형상으로 창조된 인간은 자신의 욕구만을 위해서가 아니라 예수님의 제자로서의 헌신적인 삶을 살 수 있다. 다섯째, 인간은 사회성을 지닌 존재이므로 그에 대한 준비를 시켜야 한다. 마지막으로, 인간은 모든 피조물을 다스리고 정복해야 할 능력과 책임을 지닌 존재이므로, 이러한 사명을 감당할 수 있도록 가르침을 받아야 한다.

    루터의 학습자관을 개혁주의 기독교교육의 학습자의 관점에서 본다면 루터는 학습자의 상태를 신학적인 측면에서 잘 묘사하고 있다. 학습자의 영적 상태, 하나님과의 관계 등은 오늘의 개혁주의 기독교교육의 입장과 다를 바가 없다. 루터는 학습대상으로서의 어린이 곧 학습자에 대한 자질에 대해서는 구체적인 의견을 제시하고 있지는 않다. 개혁 신학적 관점을 지닌 드종(De Jong)이나 하퍼(Harper)와 같은 기독교교육자들이 제시한 구체적인 학습자의 본질이나 능력에 대한 생각을 루터에게서 찾아보기 어렵다.

    개혁주의 기독교교육의 관점에서 학습자는 하나님의 형상과 모양으로 창조되었으나 마귀의 유혹으로 타락하였고 그리스도 예수 안에서 구속함을 받아야 할 존재로 간주한다. 그러므로 교회는 하나님의 말씀인 성경을 구원을 받아야 할 성도들에게 가르쳐야 할 의무가 있다. 성경을 가르치는 것은 세 가지의 요소를 포함한다. 먼저는 성경에 관한 인지적인 지식을 전달하여 학습자가 지적으로 이해하게 하는 것이고, 두 번째는 성경이 말하는 것을 마음으로 받아들이고 확신하게 하는 것이고, 마지막으로는 알고 확신한 것을 삶 가운데서 실천하게 하는 것이다.

V. 결 론

본 연구는 2017년 10월 31일을 종교개혁 500주년으로 기념하면서 말틴 루터의 교육론을 개혁주의 기독교교육의 관점에서 조명하고자 하였다. 이 논문은 개혁주의 기독교교육의 관점을 가지고 종교개혁자 루터의 교육사상을 전체적으로 그리고 교육의 네 가지 분야 곧 교육목적, 교육내용, 교사 그리고 학습자에 대해 논의를 하였다. 이러한 논의 과정에서 종교개혁자 루터의 교육적인 공헌 몇 가지를 볼 수 있다. 먼저, 그는 교육 대상에 모든 어린이를 포함하였다는 점이다. 이는 근대 교육의 보편성을 보여주는 점이다. 그리고 루터는 자국민인 독일 민족을 위하여 성경을 독일어로 번역한 점이다. 이는 신학적인 측면에서 성경이 신앙과 삶의 중심이 되어야 한다는 루터의 신학적 신념을 위한 것이기도 하지만 모든 민족이 자국어로 성경을 공부하여 신앙적으로 그들의 신앙과 삶을 형성해 가게 하였다.

개혁주의 기독교교육의 관점에서 말틴 루터의 교육론을 조명한 내용은 교육이란 하나님 행동이고 타락으로 인하여 상실된 하나님의 형상 회복을 위한 도야 활동으로 본 것이다. 교육 목적은 하나님과 이웃과 국가에 대한 의무를 달성함으로 그리스도 안에서 하나님에게 영광을 돌리는 것이다. 교육내용은 성경이 중심이 되고 교사는 하나님의 종이고 고귀한 직무와 과업을 맡은 자이다. 학습자로서의 어린이는 유아 세례를 받은 자로서 하나님과 바른 관계에 있다고 간주한다. 말틴 루터의 교육론은 500년 전 로마 가톨릭교회의 스콜라 신학이라는 당시의 상황 가운데서도 오늘날 개혁신학의 방향과 기초를 제공해 주었을 뿐 아니라 개혁주의 기독교교육의 기초를 제공하고 있음을 알 수 있다.

| 참고문헌 |

김길성. "미국의 개혁주의 신학전통."「신학지남」65(1998), 131-156.
김선영. "종교개혁사적 관점에서 본 루터의 교육사상과 교육개혁에 관한 연구." 연세대학교 박사학위논문, 2012.
루터, 말틴/지원용역.『小敎理問答書와 解說』. 서울: 컨콜디아출판사, 1964.
루터, 말틴. "기독교학교를 후원하고 유지할 것을 전독일 시민들과 시의원들에게 호소한 논문(1524)"과 "부모가 자녀들을 학교에 보내야 할 의무에 관한 설교(1530)".
박건택. "개혁주의란 무엇인가?"「신학지남」65(1998), 191-217.
양금희.『교육개혁과 종교개혁』. 서울: 예영커뮤니케이션, 2017.
양금희.『종교개혁과 교육사상』. 서울: 한국장로교출판사, 1999.
이형기.『종교개혁신학사상』. 서울: 장로회신학대학교출판부, 1984.
장화선. "개혁주의 교육신학에 기초한 교회 어린이 신앙교육의이론과 적용." 「기독교교육논총」 24(2010), 93-121.
장화선. "개혁주의 기독교교육론에 대한 연구."「안양대학교 논문집」 22(2005), 95-111.
쥬크, 로이 B./서정인 역.『성령충만한 가르침』. 서울: 도서출판 디모데, 1998.
지원용.『루터의 思想: 神學과 敎育』. 서울: 컨콜디아사, 1971.
하퍼, 노르만 E./이승구 역.『현대기독교교육』2판. 서울: 도서출판 엠마오, 1987.
헤세링크, 존/최덕성 역.『개혁주의 전통』. 서울: 본문과 현장 사이, 1997.
한춘기.『기독교교육신학 I』. 서울: 기독한교, 2005.
De Jong, Norman. *Education in the Truth*. Nutley, NJ: Presbyterian and Reformed Publishing Company, 1969.
De Witt, John R. *What is the Reformed Theology?* Edinburgh: The Banner of Truth Trust, 1981.

Ferguson, Sinclair B. & David F. Wright, *New Dictionary of Theology*. Downers Grove, IL: Inter Varsity Press, 1988.

McDonald, H. D. *The Christian View of Man*. Westchester, IL: Crossway Books. 1981.

Rosin, Robert. "Luther on education." *Lutheran Quarterly* 21(2007), 197-210.

현대 한국민족주의운동에 대응한 기독교교육의 과제[1]

조 성 국
고신대학교 교수

I. 들어가면서

교육은 소규모로는 가족 집단공동체의 에토스에 해당하는 세계관을 형성하고, 대규모로는 해당 사회공동체의 세계관을 형성하는 적극적인 활동이라고 말할 수 있다. 근세에 초등학교교육으로 대표되는 국민교육제도가 정착된 것은, 근대국가가 국가 내의 다양한 집단들을 하나로 통합하고, 그 통합된 힘으로 국가발전을 이루려는 의도에서, 국가(민족)주의 세계관을 형성하려 했기 때문이다. 교육의 이러한 세계관 형성 기능 때문에 근대나 지금이나, 교육에 있어서 이념성은 교육의 본질적 부분이 되고 있다. 그래서 교육은 해당 국가 혹은 사회의 세계관, 혹은 "화석화된, 굳어진 형태의 세계관"인 이데올로기를 반영한다(VanderWalt, 1994, p. 46).

근대적 세계관이 도입된 이후 오늘에 이르기까지 한국사회를 주도해 온 세계관은 단연 민족주의라고 말할 수 있다. 물론 정치학자 최장

---

[1] 필자의 본 논문은 2009년 고신신학 11집(365-398)에 실린 것을 작은 부분 조정한 것이다. 이 글이 발표된 이래로 고신신학 학술지의 성격상 널리 읽히지 못하는 것을 안타까워하는 독자들이 많이 있어왔고, 현 시점의 한국사회 정치적 변동이 개혁신앙을 가진 기독교인들에게 이 글의 일독을 다시 권할 시점이 되었다고 보고, 필자는 그 동안 한국복음주의기독교교육학회 활동을 통하여 한국에서 필자와 함께 개혁주의 기독교교육학의 발전을 위해 노력해 오신 김은미 교수님의 정년퇴임에 즈음하여, 비록 이전에 발표되었던 논문이지만 필자의 연구사에서 필자가 소중하게 생각하는 논문으로 퇴임기념 논문집에 함께 자리하고 싶었다.

집(2001)은 민족주의, 자본주의, 민주주의가 한국현대사회의 주도적 이데올로기였고, 이 세 가지가 거의 동시적으로 발전하였으면서도, 그 순서대로 한국사회의 주요 과제가 되었다고 규정하였다. 그러나 민족주의가 자본주의로, 그리고 이후에 민주주의로 완전히 대체된 것은 아니었고 지속적인 영향력을 행사해왔다. 역사학자 강만길(2006, pp. 5-7)은 최근의 민족주의 이데올로기에 대한 비판들을 염두에 두면서, 자신을 비롯하여 한국 근현대 사회를 역사적으로 탐구해온 사람들에게 한국사회는 민족문제와 민족주의적 인식에서 한시도 벗어날 수 없었고, 그 밖에서 생활한다고 하는 것은 불가능했다고 말했다. 정치사회학자 신기욱(2009, p. 6)은 민족주의가 한국사회를 이해하는 가장 중요한 조직 원리이고, 한국 근현대사에서 민족주의는 지속해서 자본주의와 사회주의와 민주주의 등 다른 이데올로기들을 압도해왔고, 그 다른 이데올로기들이 이데올로기로서의 힘을 발휘할 수 있도록 했다는 점을 논증하면서 21세기 초에도 여전히 민족주의는 한국사회를 움직이는 원리라고 단정하였다.

한국사회에 대한 학자들의 이러한 분석에 기대지 않는다고 해도, 1980년대 이후 새로운 양상을 보인 반미운동, 일본의 독도 소유권 주장에 대한 거친 반응, 월드컵 경기에서 보여준 붉은 악마들의 자발적인 거대한 집단 응원, 일제 위안부 문제에 대한 사과 요구, 동계올림픽 남북단일팀 구성문제, 한국계 외국인들의 성공신화를 같은 민족이라는 근거에서 동일화하여 자랑스러워하는 언론 보도 등은 민족주의 분출 현상들이었다. 김대중, 노무현, 문재인 정권에서 시도한 북한과의 관계 정상화 노력과 통일 담론, 종종 우파를 친일파 혹은 친미파라 지칭하면서 반민족적 행위라는 기준에서 단죄하려 했던 좌파 정치 운동, 미국 소고기를 광우병과 연결하여 수입반대 운동을 불 지핀 촛불집회, 심지어 안티기독교운동에 이르기까지, 민족주의는 한국사회에서 거의 모든 문제를 평가하고 가치부여 하는 규범이 되어 왔다. 비록 최근까지 학문적 논의를 통하여 민족주의에 대한 비판적 평가가 이루어져 왔지만, 일상에서 민족주의는 여전히 신성한 이념이어서 공공연한 비판이 불가능한 것이 현실이다. 민족주의에 부정적인 태도를 보인 연예인은 네티즌들에게 공공의 적으로 규정되어 무서운 공격 대상이 되곤 한다.

그동안 민족주의는 한국의 역사학자들과 정치학자들이 회피하기 어려운 주요 연구주제였으므로 민족주의에 대한 많은 연구가 이루어졌다. 이러한 연구물들에서는 민족주의 및 그 동력에 대한 긍정적 평가뿐 아니라 비판적 평가가 시도되었다. 그러나 적극적인 세계관 형성 활동인 교육연구 분야에 민족주의는 역사학과 정치학에서만큼 주목받지는 못했다. 한국교육사학의 경우 민족주의는 종종 교육문제 서술의 기준이 되어왔다. 그리고 민족주의에 대한 연구는 민족교육이라는 주제 아래에 주로 구한말과 일본 제국주의 시대에 집중되었다. 그러나 해방 이후 교육적 세계관에 대한 연구에서 한국사회를 주도하는 정치이데올로기보다 서구철학 혹은 서구교육이론가들의 사상일 경우가 많았다. 따라서 민족주의교육에 대한 반성적, 혹은 비평적 연구는 많지 않았다.

그럼에도 불구하고 1980년대 중반 이후 현재까지 교육 분야에 있어 전국교직원노동조합의 사회 및 교육운동과 그에 대한 반대 운동, 사립학교법개정 문제와 관련된 종교계의 반대 운동, 역사 교과서 수정과 관련된 논쟁들은 1980년대 이후 지속되어 온 민족주의 교육의 현실을 보여줌과 동시에 이에 대한 반성적 논의 사건들이라고 말할 수 있다. 한국청소년과 청년들의 북한과 미국과 중국에 대한 인식변화는 실제적으로 진행되어 온 민족주의 교육의 영향을 잘 보여준다.

이처럼 한국사회, 그리고 특히 학교 교육에 민족주의의 강한 영향력이 반영되고 있음에도 불구하고 한국기독교(교육)는 민족주의에 대한 논의에 적극적이지 않았다. 한국기독교는 그동안 한국사회의 주도적인 이데올로기 안에 적극 참여하거나, 혹은 정반대로 한국사회 밖에 있는 것처럼 사회이데올로기에 무관심한 태도를 취해왔다. 그러나 반성하지 않았다뿐이지, 기독교교육이 한국사회의 주도적 이데올로기와 무관할 수는 없었다. 학교 교육에 대한 반성과 새로운 대안학교운동이 활발하게 논의되고 실험되는 시점을 고려할 때, 한국사회 안에서 이루어져야 할 기독교교육을 위해서라면 민족주의와 교육의 관계 문제 논의를 피해갈 수는 없다.

이러한 배경에서 본 논문에서 연구자는 기독교 세계관에서 한국민족주의를 반성해보고, 기독교교육이 이와 관련하여 어떤 과제를 수행해야 하는지 제안해보고자 한다. 이 연구는 기독교 세계관의 관점에서 이루어지므로 역사학, 정치학적 논의라기보다 기독교 철학적 방법의 논의, 특히 문제-역사적 방법의 논의라고 할 수 있다. 여기서 기독교 철학이란 개혁주의적 세계관의 철학을 뜻한다. 본 논문에서 세계관, 이데올로기, 이념은 거의 같은 의미로 사용된다.

그리고 제목에서 표현된 "현대"라는 표현은, 민족주의가 전형적인 근대 이데올로기이지만 일반적으로 해방 이후의 한국사회를 현대라는 시대 개념으로 구분한다는 점을 고려한 것이고, 또 21세기를 탈근대(현대) 사회라고 말하지만, 근대이데올로기인 민족주의가 여전히 오늘에 이르기까지 강한 영향력을 행사하고 있다는 점을 고려한 것이다. 그리고 본 논문에서 해방 이후의 한국민족주의운동의 양태에 더 집중한다는 뜻에서 현대라는 용어를 사용했다.

II. 현대 한국 민족주의 운동과 논의

1. 한국민족주의의 역사적 발전과정

민족과 민족문화 정체성의 기원을 논의할 때 종종 고대사회에까지 거슬러 올라가 먼 과거에 귀속시키는 경우가 많지만, 이데올로기로서의 민족주의의 기원은 근대국가 성립시기와 같다는 견해가 일반적이다. 민족주의는, 민족 내에서는 전통적인 신분 차별을 넘어 모든 구성원이 동료의식을 갖는 국민 주권의식과, 다른 민족과의 관계에서는 독립적인 주권국가를 확보하고, 그 영향력을 확대시켜가는 발전을 염두에 둔 것이라는 의미에서 근대적 이념이다. 민족주의는 유럽에서 18-19세기에, 그리고 서구 및 일본 제국주의 침략에 직면한 제3세계에서 19-20세기에 각성되었고, 서구제국에서는 국가주의라는 이름으로, 그리고 제3세계에서는 종종 민족주의라는 이름으로 지난 세기 내내 주도적인 세계관으로 기능하였다.

민족주의의 발생과정과 구조를 제국주의 지배하에 있었던 신대륙 사례를 통하여 드러내었던 Anderson(2002)의 경우에서처럼, 우리나라의 민족주의도 일본을 비롯한 외세 침략에 대한 저항의식으로부터 깊이 각성하여 민족운동으로 발전하였고, 점차 민족구성원들이 함께 주권을 가진 민족주권국가 수립의 이상을 발전시켰으며, 해방 이후 근대화를 통한 민족국가 발전, 민주화운동, 그리고 통일 운동의 동력으로 기능하였다.

민족주의 역사학자 강만길(2008, pp. 17-35)에 따르면 한국민족주의 발전과정은 다음의 네 단계로 구분될 수 있다. 첫째 단계는 구한말 시대로서 개화자강주의와 충군애국주의시대였다. 갑신정변과 동학농민혁명이 주요한 정치적 사건이었으며 종속국에서 독립국으로의 발전을 지향한 시기였다. 아직 국민주권의식이 주요 요건이 아니었으므로 이 시기는 민족주의의 배태기 내지 맹아기로 간주된다.

두 번째 단계는 조선패망 이후 상해 임시정부 수립 시기로, 공화주의 정부를 수립하려는 이상을 가졌던 시기였다. 3·1운동과 상해임시정부 수립이 주요한 정치적 사건이었고, 이 시기에 국민주권 사상이 생겨났다. 비록 임시정부 형태이기는 하지만 최초로 국민주권의 공화주의 정부가 수립되었다. 민족주의의 온전한 형태가 이 시기에 분명히 확인되었으므로 근대적 의미의 민족주의는 이 시기에 형성되었다.

세 번째 단계는 1920년대로부터 해방까지의 시기이다. 이 시기에는 기존의 개화파 엘리트 중심의 공화주의 우파운동과 더불어 1925년 조선공산당 조직으로 노동자와 농민계층을 기반으로 한 사회주의 좌파 운동이 생겨났고, 이 두 진영 사이의 분열, 그리고 독립운동을 위한 연합노력이 시도되던 시기였다. 민족 연합노력의 관점에서 볼 때 이 시기의 대표적 운동은 신간회 운동이었다. 이 시기에 기대했던 민족국가는 사회주의 제도를 수용한, 곧 민주사회주의 공화국이었다.

네 번째 단계는 해방 이후 오늘에 이르기까지의 시기로, 이 시기는 이념에 따라 우파와 좌파 사이의 정치투쟁이 치열하였고, 남북이 분단된 후 그 상태가 굳어져 버린 시기로서 소위 분단체제로 칭해지는 시대이다. 남북이 민족주의 수사를 동원하여 정통성을 내세우며 권위주의적인 국가체제를 확립하고 국가발전을 위해 경쟁하였다. 비록 간헐적이었지만 4·19운동에서 나타난 것처럼 민족통일을 위한 노력은 분출되었다. 21세기에는 6·15남북공동선언과 다양한 형태의 남북교류 활동을 통해 민족통일의 이상을 좀 더 구체화할 수 있게 되었다.

강만길의 네 단계 시대구분은 일본 제국주의 시대는 세분화하여 그 양태를 둘로 구분하면서도 해방 이후 현재까지의 긴 기간을 한 단계로 구분하였고, 또 이 시기 동안의 민족주의 특징을 하나의 양태로 간주한 것은 문제가 있다. 또 민족주의의 주요 요소로 민족 연합노력과 자주적 국가, 국민주권은 정통성을 지닌 이상적인 요소로 고려된 반면, 민족국가의 발전을 위한 노력은 위의 요소들을 억압했다는 이유로 부정적이거나 소극적인 요소로 간주되었다. 그러나 최장집(2001, p. 20, 30)의 지적처럼 민족국가의 자본주의 발전도 국민주권을 의미하는 민주주의의 충분조건은 아니지만 의심의 여지 없는 필요조건이 된다. 이러한 문제점들을 고려하면서 해방 이후 한국민족주의의 실제적 양태들과 논의들에 초점을 맞추어 좀 더 세분하여 자세하게 논의할 필요가 있다.

2. 현대 한국민족주의의 양태

해방 이후의 현대 한국민족주의의 양태를 다룸에 있어 정치(사회)학자들은 크게 남한 민족주의와 북한 민족주의(박호성, 1997), 남한 민족주의와 북한 민족주의와 중도파의 민족주의(윤민재, 2003), 북한과 우리식 사회주의 및 일민주의와 조국 근대화(신기욱, 2009) 등의 이름으로 2구분 혹은 3구분 하였으나, 여기서는 민족주의 양태를 좀 더 구체화하기 위해 북한과 미국에 대한 입장을 고려하면서 크게 우파 민족주의, 진보 및 좌파 민족주의, 북한의 민족주의, 그리고 민족주의에 대한 비판적 담론으로 구분하여 간단하게 정리해보고자 한다.

1) 우파 민족주의

해방 이후 좌파, 그리고 우파와 좌파의 연합지향 민족주의자들과의 헤게모니 투쟁에서 결국 미국의 협조하에 우파 민족주의자인 이승만이 소위 부르주아 민족주의자들과 함께 정권을 장악했다. 이승만에게 있어서 민족주의의 순수성과 민족국가가 지향해야 할 방향성은 좌파 민족주의자들의 이상과 정반대 편에 있었다. 그에게 있어 좌파 민족주의자들은 더 이상 민족주의자들이 아니라 공산주의자들이었다. 그리고 공산주의 국가는 민족국가가 결코 빠져서는 안 될 함정으로 간주되었다. 따라서 해방 이후 민족국가 설립에 있어 이승만에게 공산주의나 사회주의는 일본식민지시대에 타협했던 친일파보다도 더 먼 거리에 있었다.

이승만은 정권의 이념으로 일민민족주의를 '새로운 국가의 국시'로 내세웠다(신기욱, 2009, p. 162). 일민주의는 오랜 역사를 통해 확인된 단일 민족, 곧 핏줄과 운명에 있어 하나의 민족이며, 따라서 둘이 될 수 없고 항상 하나이어야 한다는 명제에 기초를 둔 정치이념이었다. 그는 일민주의에 근거하여 국민의 단합을 호소함으로써 근대적인 자유민주주의 민족국가를 설립하고자 했고, 그 민족주의 동력으로 민족국가설립과 유지에 위협적인 대상으로 간주된 공산주의에 대응하였다. 이승만이 생각했던 민족국가의 이상은 미국처럼 자유민주주의 국가 모델이었다.

박정희는 민족주의를 근대민족국가의 발전, 곧 '조국 근대화'를 위한 이데올로기로 전용하였다. 그가 주장한 근대자본주의 민족국가로의 발전에 있어 민족주의의 위치는 신기욱(2009, p.169)의 지적처럼, 마치 서양자본주의발달에 있어 청교도 윤리가 차지했던 위치와 같았다. 박정희는 경제발전을 통해 한국을 강하고 자립적인 민족국가로 발전시키려는 목표를 지속적으로 천명하였다. 박정희의 이러한 비전에는 그의 경험세계 내에 있었던 일본의 근대화 모델이 반영되었음이 분명하다. 그래서 그는 한일국교 정상화를 통해서라도 그 계기를 마련하고자 했다. 박정희 정권은 북한과의 체제경쟁과정에서 경제발전의 결과로써 민족주의 정권의 정당성을 확인받으려 했고, 국민의 단합된 힘의 동원을 위해 적극적으로는 민족주의를, 그리고 소극적으로는 반공 이데올로기를 강화하였다.

이승만과 박정희는 근대민족국가의 이익과 발전과제를 위해 외국문명을 전유하는데 주저하지 않았다. 그런 의미에서 그들의 민족주의는 자주에 대한 가치보다 민족이익을 위한 실용적 가치가 더 앞섰고, 성격상 밖을 향하여 열린 민족주의였다. 국제 정세와 정치적 현실을 고려한 실용주의적 태도는 그 이후에도 우파 민족주의자들의 주요한 특징이 되었다. 민족국가의 발전을 위한 실용주의적 태도는 외세인 미국과 일본과의 관계에서 기술도입문제와 시장문제를 해결하려는 시도를 가능하게 만들었다.

우파 민족주의는 이승만과 박정희 추종자들만의 세계관에 한정된 것이 아니었다. 이승만과 박정희 정권이 비록 독재정권으로 비판받아 왔지만, 임지현(2001, p. 44, 54)의 "합의 독재" 개념에서처럼, 우파 민족주의는 당 시대에 대중들의 암묵적인 동의를 얻었던, 혹은 대중들과 공유되었던 이념이었다. 6 · 25로 인한 전국적인 파괴적 상처 경험으로 반공 이데올로기는 대중에게 오랫동안 정당화되었다. 우파 민족주의가 권위주의적이고 전체주의적 성격을 가진 것은 사실 이 두 정권의 탓만 아니라 민족주의 자체가 가진 근대이념으로서의 성격 때문이기도 하다.

그 이후 우파 민주주의 신봉자인 김영삼은 이승만과 박정희의 전체주의와 독재정권, 그리고 정권유지를 위한 도구로서의 반공 이데올로기를 강하게 반대했지만, 자유민주주의 이념의 민족국가 우선성과 정체성에 대하여 의심하지 않았다는 점에서 민족주의 경향성을 가졌다(박호성, 1997, p. 13). 그는 민족국가의 발전을 극대화하기 위해 세계화를 기치로 내세웠다. 우파 민족주의자들은 미국과의 동맹 관계 혹은 우호적 관계를 강조하는 반면, 북한을 경계하며 불신하기 때문에 종종 친미파로 간주되기도 한다. 그들의 사고는 현실주의적 혹은 실용주의적이고, 민족국가의 정체성을 자유민주주의에 두고 국가의 발전과 선진화를 지향하는, 열린 민족주의를 강조한다.

2) 좌파 및 진보적 민족주의

좌파 및 진보적 민족주의자들은 해방정국에서 활발하게 활동한 후 이승만과 박정희 정권에서 공산주의자로 지목되어 엄청난 탄압을 받았다. 유신정권 하에서는 학생이념단체와 노동자단체를 통해 지속되다가 1980년대 이후에는 민주화운동, 그리고 시민운동단체들을 통해 사회정치 활동을 시도해왔고, 김대중에 이어 노무현 정권에서는 우파 민족주의자들로부터 상당한 견제를 받으면서도 여론을 주도하였고 정권에 적극적으로 참여하였다.

좌파 민족주의자들은 해방정국의 혼란스러운 상황에서 민중들을 대변하던 좌파민족주의 세력이 부르주와 우파 민족주의자들보다 압도적 헤게모니를 가지고 있었다는 사실을 종종 지적한다. 친일세력을 단호하게 처단하고 사회주의 민족국가를 설립함으로써 평등사회를 실현하려 했던 이상이 상당한 대중적 지지를 얻었음에도 불구하고 미군정의 지원 하에 이승만 정권이 서둘러 단독정권수립을 도모하였고, 친일파와 야합하여 좌파세력을 공산주의자로 낙인찍어 궤멸시킴으로써 민중의 의사에 따른 통일된 사회주의 민족국가 수립이 실패로 끝났다고 주장한다.

진보적(중도파) 민족주의자들은 강만길(2006, p.87)의 주장처럼, 김구와 김규식이 비록 자신들의 입장은 우파였으나 좌파 세력과 타협해서라도 통일 민족국가를 세우려 했던 것처럼 그 방향을 따랐어야 했다고 주장한다. 진보적 민족주의자들은 해방 직후 한반도 주변 상황에 비추어볼 때 쉽지는 않았겠지만 그럼에도 불구하고 미국과 이승만의 방해가 없었다면 우파와 좌파가 연합한 통일 민족국가가 수립될 수도 있었다고 본다. 진보적 민족주의자들은 민족주의의 이념적 우선성을 강조하면서 친일파 처단과 더불어 외세를 배제하고 민족이 자주적으로 미래를 결정할 수 있어야 했다고 본다. 그래서 그들은 미국이 철저한 친일청산을 불가능하게 했고 자주적으로 통일된 민족국가를 수립할 가능성을 막아버렸다는 점에서 미국을 또 하나의 외세, 곧 제국주의 세력이라고 본다.

진보적 민족주의자들은 박정희 정권이 4·19에서 분출된 민족통일의 불씨를 꺼버리고 독재정권 유지를 위해 민족주의자들을 공산주의자로 낙인찍어 탄압했던 사실에 대하여 지울 수 없는 상처를 갖고 있다. 그들은 국가와 민족의 일치라는 민족주의 원칙에 기대어 이승만과 박정희, 그리고 헤게모니를 쥔 우파 민족주의자들이 자주적인 민족통일을 지속적으로 방해하거나 억눌렀다고 간주하여 그들을 반민족적 수구세력이라고 낙인찍었다. 신군부에 의한 광주학살사태는 독재정권과 신군부의 행동을 묵인한 미국에 대한 분노로 발전하였고, 결국 남한 사회의 모든 비민주적 불합리와 경제적 왜곡이 결국 분단체제에 기인한다는 확신으로 이어졌다(서중석, 2004; 백낙청, 2007).

   남한 사회에서 가장 극단적이었던 좌파 학생민족운동단체 NL(민족해방)은 한국사회의 지배구조 전체를 부정하였고 새로운 대안 사회를 건설하려는 이상에 따라 한국사회의 모든 책임을 제국주의 국가 미국에 전가하기에 이르렀고, 이후 철저한 반미민족주의를 발전시켰다. NL은 반미 민족주의를 철저하게 실천했다는 점에서 북한을 긍정적인 실체로 간주하였다(최장집, 2001, p. 407).

   NL, PD(민중민주주의), BD(진보적 민족민주주의) 등을 포괄하는 좌파 및 진보적 민족주의자들은 1980년대 이후 군부독재 정권에 저항하면서 한국사회의 반미운동을 주도하였고, 소위 "수구적인 반민족적"이라고 지칭된 우파세력에 대항하였다. 그들은 21세기 최대의 과제를 민족통일로 정하고 통일 운동에 앞장서 왔다. 진보 및 좌파 민족주의자들은 6·15남북공동선언에서 흥분을 감추지 못했고, 그 이후 민간 차원의 공식적 남북교류 활동을 주도하였다(강만길, 2006; 백낙청, 2007).

   그러나 공산권 붕괴, 북한의 경제적 붕괴, 독일의 흡수통일 경험은 진보적 민족주의자들조차도 통일문제에 있어 더 이상 낭만적인 태도가 아닌, 현실적인 태도를 갖게 만들었다. 그들은 흡수통일로 나아갈 수밖에 없는 급속한 통일을 더 이상 원하지 않게 되었고, 북한의 붕괴를 막기 위해 북한체제에 대한 적극적 지원을 확대하면서, 미국의 패권주의가 북한의 붕괴를 가속시킬 수 있다고 보고 북한에 대한 미국의 강경정책을 막고 섰다. 이제 그들은 민족통일이 남한과 북한을 대등하게 아우르는 것이어야 한다고 보고 긴 세월 후로 미룬다. 한반도에서 미국의 영향력을 약화시키고 그 대신 중국과의 관계를 개선함으로써 한국이 중심이 되어 동북아를 평화체제로 만들어가야 한다고 주장한다. 그래서 그들은 우파 민족주의자들로부터 친북, 반미, 친중파로 칭해졌다.

진보적 민족주의자들도 이제는 열린 민족주의를 주장한다. 민족구성에 있어서도 더 이상 혈연에 집착하지 않고 오직 소속감을 기준으로 외국인에게까지 열린 민족개념으로 가야 한다고 주장한다(강만길, 2006, p. 41). 그리고 민족주의에 갇히지 않고 동북아 지역주의, 환경운동과 평화운동으로 관심을 확장하고 있다(백낙청, 2007).

3) 북한의 민족주의

신기욱(2009, pp. 128-130)의 지적처럼 해방 이전 공산주의는 민족주의, 그리고 식민주의와 대립되는 이데올로기였다. 공산주의자들은, 식민주의는 제국주의 이데올로기이고 민족주의는 부르주아 이데올로기라고 비판했다. 민족주의자들도 공산주의의 계급 운동에 반대하였고 계급보다 민족을 앞세웠다. 그러나 반식민주의 노력에 있어서는 연합전선을 형성하기도 했다. 남한사회가 지속적으로 북한의 정체성을 공산주의로 확정하였음에도 불구하고 정치학자들의 분석에 따르면 북한은 공산주의 정체성에서부터 점차 민족주의 정체성을 확립하는 과정으로 나아갔다.

공산주의자들은 레닌의 주장처럼 민족주의는 부르주아 이데올로기이므로 유해한 것이지만 혁명에 도움이 된다면 이용한 후 나중에는 폐기해야 한다고 보았다. 스탈린도 민족주의의 전략적 가치를 인식하여 민족주의자들과의 대중전선 가능성을 인정하였다. 마오쩌뚱은 공산주의 국가수립을 위해 외세인 일본과 싸우는 일에 있어 적극적으로 민족주의 세력과 협력하였다. 이러한 의미에서 마오쩌뚱은 민족주의적 사회주의자로 분류되기도 한다(신기욱, 2009, p. 139).

김일성은 해방 직후 민족과 민족주의라는 용어를 의도적으로 회피하였으나 1950년대와 1960년대에 자신의 권력 기반이 안정되면서, 그리고 소련과 중국의 이데올로기 논쟁에서 양자 중 어느 한 편에 서기 어려웠던 상황에서 양자와 어느 정도 거리를 두고 주체적인 이데올로기를 발전시켰다. 그는 1955년에 주체라는 용어를 공식적으로 사용하였고, 공산주의에 민족주의를 전유해 자체의 독자적 이데올로기인 주체사상을 만들어 1967년 이후 북한의 공식적인 이데올로기로 공포하였다. 김정일은 주체사상을 마르크스-레닌주의로부터 독립된, 마치 스탈린주의나 마오쩌뚱주의 등과도 대등한 수준에 비길 수 있는, 김일성주의라고 지칭했다(신기욱, 2009, p. 147). 주체사상은 북한식의 공산주의였다. 북한은 전유한 민족주의에 따라 점차 민족과 민족주의, 혈통이라는 표현들을 적극적으로 사용하기 시작했다.

1980년대 후반, 소련과 동유럽이 붕괴되면서 북한은 그들과 거리두기를 통한 생존전략으로 더욱 민족주의를 추구하였다. 김정일은 소련과 중국의 개방정책을 비판하면서 북한의 독자성을 강조하여 조선민족제일주의, 우리식 사회주의라는 슬로건을 사용하였다. 그 사상은 지도자와 당과 인민 사이의 혈연과, 동일한 운명의 유기적 연대를 강조하는 민족주의 언어로 표현되었다. 한 혈통에서 나와, 하나의 언어와 문화의 공통성에 기초하여 역사적으로 형성된, 공고한 집단으로서의 단일민족을 강조하였다(윤민재, 2003, p. 62). 민족은 자주성을 드러내는 사회의 기본단위이면서 자주적인 생활을 하게 하는, 혁명과 건설의 투쟁단위로 간주되었다(박호성, 1997, p. 112).

1992년 4월 북한은 헌법에서 마르크스-레닌주의를 삭제하였고 공식적으로 민족주의 국가를 자처하였다. 민족전통과 유산을 강조하였고, 1993년 단군릉을 발견했다고 주장하기도 했고, 유교를 재평가하는 등 적극적으로 민족주의 정책을 펴나갔다. 그래서 정치학자들은 북한을 "사회주의가 없는 사회주의", 이름은 사회주의지만 내용은 민족주의로 가득한 "국수주의적 민족주의", 형식적으로는 스탈린주의지만 "내용상으로는 민족주의"라는 평가를 하기에 이르렀다(신기욱, 2009, p. 153). 비록 체제 유지를 위해 민족주의를 전용한 것이기는 하지만 그것이 사실이라면 북한의 이데올로기는 닫혀진 민족주의의 전형적 형태 중 하나라고 볼 수 있다. 그리고 박호성(1997, p. 144)의 지적처럼 북한의 강한 민족주의 호소는, 민족주의 자체가 위기의 이데올로기라는 특성에 비추어 볼 때, 북한 사회의 위기를 반증한다.

북한이 주체사상을 통해 김일성을 단군의 현신, 곧 민족의 어버이로 부르는 혈연 가족적 민족국가임을 천명할 때 이미 민족주의적 성격을 반영하였다. 공산주의 사회의 역사적 위기 경험에서 북한은 점차 민족주의에 호소하는 국가가 되었다. 흥미롭게도 이러한 구도는 브루스 커밍스의 지적처럼, 아버지인 천황으로부터 혈연적 유대를 이루는 것으로 믿었던 일본의 근대민족주의 구조와 흡사하였다(신기욱, 2009, p. 155). 조선 시대 국왕에 대한 경외의 숭배 경험과 그 이후 일본식민지시대 천황숭배의 경험 직후 지금까지 폐쇄된 사회 안에서 경험된 전체주의 이데올로기 하에서 김일성과 김정일 숭배 사상이 나온 것은 전혀 이상한 일이 아니다. 민족주의는 원래 성격상 그처럼 획일적인 집단주의적 이데올로기를 지향한다.

4) 민족주의 이념에 대한 비판적 담론

앞의 세 가지 양태가 낭만주의적 토대에서 민족주의를 의심할 여지 없는, 무조건적인, 생래적 이데올로기로 간주하거나, 혹은 국가적 이상 실현을 위해 민족주의의 힘을 적극적으로 전용한 경우들이라면, 여기서는 민족주의에 대한 반성으로서의 비교역사학 및 정치사회학적 논의와 비평들의 요점을 간단하게 정리해 본다. 1980년대 이후 사회현상에 대한 객관적 반성과 해명을 시도하는 정치사회과학과, 국사에 제한되는 것이 아니라 다른 나라 역사와의 비교연구에서 민족주의에 대한 논의는 비교적 활발하게 이루어졌다. 한국민족주의에 대한 반성과 비판의 주요한 문제들은 다음과 같은 것들이었다.

첫째, 민족주의에 대한 많은 연구자들은 Anderson(2002, p. 23, 25)의 주장처럼 민족의 개념과 민족주의가 근대적 발명품이라고 본다. 민족을 역사적, 문화적 구성물로서 상상의 공동체로 본 Anderson의 견해나, "대내외의 논쟁적인 정치의 결과 역사적으로 각인되고 구조적으로 우연한 상황에 놓여 있는 사회적이고 역사적인 구조의 산물"로 간주한 신기욱(2009, p. 25)의 정의는 많은 정치사회과학자의 견해를 반영하고 있다. 비록 민족이 혈통, 언어, 역사, 문화를 공유한 집단을 의미한다는 이유로 민족주의자들이 그 기원을 원시역사와 신화에, 적어도 역사적으로 근대 이전의 공동체로부터 찾으려 함에도 불구하고 정치사회과학자들은 민족주의가 형성된 역사적, 심리적 조건과 그 과정을 분석해 냄으로써 그것이 근대에 만들어진 하나의 이데올로기임을 드러내었다. 이러한 연구의 함의는 민족주의자들의 주장과 달리 민족주의가 생래적이거나 본질적이거나 절대적인 이데올로기로 간주되어서는 안 된다는 것이다.

둘째, 민족주의 연구자들은 민족주의가 통합을 위해 구성된 이데올로기임에도 불구하고 기대와는 달리 분열의 이데올로기로 기능하는 내면적 특성을 드러내었다. 인종적 의미의 민족적 단일성 주장에도 불구하고 민족을 대표하는 집단이 누군가, 혹은 민족을 대변하는 집단이 누군가 하는 대단히 논쟁적이고 정치적인 정체성 논의는 민족 내부에서 극복하기 어려운 긴장과 갈등을 유발한다.

그래서 특정 정치적 집단에 의해 독점된 민족 정체성을 대표하는 사람들은 순결한 사람들이 되는 반면, 그 정체성을 위반하거나 위협한다고 가정된 대상은 소위 "검은 양"(신기욱, 2009, p. 241)으로 간주되어 해당 집단에서 분리되고 가차 없이 반민족이라는 낙인이 찍힌다. 그 때 그 검은 양 집단은 민족 외부의 세력보다 더 극단적인, 사악한 위협세력으로 간주되어 심판받는다. 남한 사회에서 우파는 그 검은 양을 공산주의자라고 낙인찍고, 좌파는 그 검은 양을 수구적이고 반민족적인 민중의 적이라고 낙인찍었다. 그리고 국가와 민족 일치라는 원칙에 따라 분단에 대한 책임이 있다고 간주된 대상을 반민족적 행위자로 낙인찍었다. 그리고 신기욱의 지적처럼 남과 북 사이에도 평화로운 공존을 누리지 못하게 했고, 전쟁을 벌여 황폐화시키는 결과를 낳았고, 그 후에도 지속적인 갈등과 긴장을 유지시켰다(신기욱, 2009, p. 239). 이러한 결과에 비추어 볼 때 민족주의는 사실상 분열과 대립의 기재로 작동했다.

셋째, 민족주의 연구자들은 민족주의가 근본적으로 전체주의적, 권위주의적 근대 이데올로기여서 실제로 개인을 억압하였다고 비판한다. 민족이라는 집단이 실체로 인정되고 개인은 그 실체의 일부이므로 민족주의는 개인에게 강압적으로 강한 결속력을 요구하였고, 개인을 그 상상된 실체로서의 민족 생존과 발전에 헌신해야 할 도구적 존재로 가정한 이데올로기였다. 사실상 민족주의는 정치적 목적을 위해 대중을 동원하는 이데올로기로 기능하였다. 민족주의의 이러한 특성은 전체주의적이고 권위주의적인 독재정권을 낳았고 민족주의는 그 독재정권을 정당화하는 이념적 도구로 사용되었다. 그 결과 소위 민족주의 정권은 모든 사람들에게 그들이 민족의 일원이므로 자신들의 기대와 같이 행동하기를 기대하였다. 만일 어떤 사람이 개인주의적이어서 비협조적이거나 다른 가치를 주장하면 마치 가족 규범에서 탈선한 가족 구성원에게 하는 것처럼 비민족적이거나 심지어 반민족적인 행위를 한다고 비난하였다. 이러한 경향성은 필연적으로 개인의 기본적인 인권과 자유를 억압한다. 그래서 신기욱은 민족주의가 한국사회 안에서 자유주의의 사상적 빈곤을 초래했다고 말한다(신기욱, 2009, p. 205, 273). 진보적 역사학자인 임지현(1999; 2001)은 민족주의를 기만적인 파시스트적 대중동원 이데올로기라고 비판하면서 좌파가 민족주의에 의존해서는 안 된다고 주장했다. 그에게 민족주의는 그의 책 제목의 일부처럼 "민중에 대한 반역"이었다.

넷째, 민족주의 연구자들은 민족주의의 가능성과 한계를 함께 고려하면서 오늘날 열린 민족주의를 주장한다. 한편으로 민족주의 연구자들은 민족주의가 국민의 통합된 정체성에 근거한 자주적 긍지를 표현해주고, 다양한 이념분파를 수용할 수 있는 통합이념이며, 국가발전과 이익을 지향한 동원력이 있고, 남북통일의 명분이면서 동시에 통일된 민족국가의 공동적 유대 이념이라는 근거로 민족주의는 21세기 한국사회에서 여전히 중요한 이념이어야 한다고 주장한다. 동시에 민족주의 연구자들은 민족주의의 국수적이고, 배타적이고, 인종적이고, 권위적이고, 억압적인 약점들을 극복하여 21세기의 세계화 내지 다원화된 사회에 맞게 포용적이고 개방적인 형태로 나아가야 한다고 본다. 그래서 열린 민족주의 혹은 개방적 민족주의가 대세이다(김동성, 1996, p. 342). 그 개방성에는 보편적 인류애, 평화로운 공존, 개인의 인권과 자유, 외국인에 대한 포용성, 생태학적 고려, 다양한 이념을 향한 개방성도 포함된다.

III. 한국 민족주의 운동에 대응한 기독교교육의 과제

한국사회의 주도적 정서 및 조직 이념인 민족주의에 대응하여 기독교교육이 수행해야 할 과제는 기독교 세계관에서 이데올로기로서의 민족주의를 반성함으로써 민족주의를 정당한 위치에 두도록 하는 기독교 세계관 교육의 과제, 그리고 민족 혹은 국가공동체를 위해 기독교적 가치에 따라 적극적으로 기여하는 인간 형성을 위한 교육적 과제를 의미한다. 전자는 소극적 차원으로서 민족주의의 왜곡 경향을 피하게 하는 교육이라면, 후자는 적극적 차원으로서 민족주의의 한계를 극복하고 민족 공동체 안에서 바른 방법으로 기여하게 하는 교육이라고 할 수 있다.

1. 민족주의의 종교성과 환원성을 반성하는 세계관 교육

민족주의 혹은 국가주의는 근대 곧 18세기 이후 20세기 전반까지 유럽 국가에서 정통성을 누린 이데올로기였다. 국가주의 혹은 민족주의는 제국주의 국가팽창의 이데올로기였다. 계몽주의의 영향으로 유럽의 기독교 지도자들도 민족주의 창출자이면서 선전자가 되기도 했다. 그럼에도 불구하고 일찍 계몽주의 근대의 정치적 세계관에 대하여 비판적인 안목을 가졌던 네덜란드 칼빈주의자들은 민족주의의 실재에 대한 왜곡성과 종교성을 기독교적 관점에서 비판하였고 자기 나라에서의 민족주의 운동에 저항하면서 개혁주의 세계관을 확립하기 위해 노력하였다. 오늘날 우리나라에서 기독교 세계관 교육이라고 말할 때 그 내용 중 많은 부분은 그들이 발전시킨 개혁주의 철학의 통찰들을 포함하고 있다. 그 관점에서 볼 때 민족주의는 다음과 같은 문제점들을 제거시킬 수 있어야 한다.

첫째, 민족주의는 민족이라는 개념 혹은 그에 해당되는 특정 국면들을 절대화, 신격화시킨 우상의 숭배, 곧 종교적 이데올로기이다. 창조세계 내의 생물학적 국면과 역사적 국면에 뿌리를 둔 집단적 관계 개념으로 간주된 민족은 낭만주의의 영향으로, 하나의 조직체로서 간주되지 않고 유기체로 이상화된 개념이며, 그래서 기원적이고, 영원불멸의 성격을 지닌 하나의 유기체로 믿어져 온 개념이다. 민족개념이 그 집단의 정신, 절대기준이 되어 모든 구성원에서 규범을 부여하고 행동을 처방하게 됨으로써 하나님의 말씀의 규범적 위치를 망각하고 그것을 대체하였다. 따라서 민족주의는 Spier(1979, pp. 120-121)의 표현처럼, 민족의 신격화 현상이다. 종족 민족주의에서는 생물학적 국면과 역사적 국면이 절대화되었다.

민족주의 연구자들도 민족주의의 종교적 성격을 지적하였다. 예컨대 임지현(2000, pp. 6-7, 14, 339, 350)은 민족주의가 말하는 민족은 신화적 실체라고 주장했다. 그는 민족주의는 단군숭배에 공통의 접점을 두려고 하고, 민족을 주술로 불러내는 신화적 담론이고, 이데올로기이며, 종교라고 지적하였고, 폐쇄적인 민족주의는 우상숭배라고 비판했다. 단군신화는 한국민족주의자들이 민족의 신화적 기원과 근거를 위해 늘 끌어오는 종교적 기원이고, 그것은 쉽게 종교화되어 단군에 대한 숭배행위조차 강요하였다. 19세기 네덜란드 개혁주의자들은 세속적 근대민족국가 형성기에 이미 민족주의의 종교성을 간파했다. 흐룬 판 프린스터러는 계몽주의적 민족주의가 불신앙적 종교라고 단정했고, 그것이 기독교 세계관에 큰 해를 끼칠 것을 경고하였다(조성국, 2008).

둘째, 민족주의는 민족 혹은 국가를 절대화함으로써 다른 집단들의 권리와 책임과 과제를 환원시키는 오류를 범한다. 민족주의는 한 민족이 한 국가를 형성한다는 이데올로기로써 민족주의는 결국 저항적인 형태라고 해도 미래의 민족국가형성과 발전을 지향하는 국가 절대이념이며, 그것으로부터 사회 안의 다른 모든 집단이 법적 정당성을 부여받게 하는 국가 우상숭배이념이다. Spier(1979, p. 212)는 전체주의 국가는 주권을 가진 다른 사회집단을 약탈하고 노예 상태로 밀어붙이는 우상이라고 단정하였다.

하나님은 사회의 다양한 집단들에게 각 해당 영역에서 하나님이 부여하시는 각각의 규범에 따라 존재의 정당성뿐만 아니라 독특하게 수행해야 할 과제를 부여하셨다. 따라서 어느 한 집단이 절대화되어 다른 것들을 그것에 예속시킴으로써 그 다른 집단들의 원래 기능과 과제수행을 환원시켜버려서는 안 된다. 국가는 사회 안의 다른 기관들처럼 제한된 권위로 독특한 과제를 수행하는 하나의 관계집단이다. 개혁주의 세계관에서는 이러한 설명을 아브라함 카이퍼의 표현에 따라 영역 주권이론이라 칭한다. 개혁주의자들은 특히 국가가 학교 교육을 독점하여 불신앙적 민족주의 형성의 도구로 삼았을 때 이에 항거하여 기독교 세계관을 형성할 수 있는 사립학교의 자유를 위해 오랫동안 법적 투쟁을 벌였다. 그리고 민족과 국가는 다른 세계관들을 압제할 권리를 가지고 있지 않으며, 그와 같은 시도는 민족국가를 결코 통합된 상태로 이르게 할 수도 없다. 네덜란드의 역사에서 벨기에의 분립은 민족주의로의 통합이념 강제에서 비롯된 결과였다.

셋째, 개혁주의 기독교 세계관의 주요한 특징 중 하나는 반립(antithesis) 상태의 이해이다. 타락 이후 창조세계의 모든 영역은 생래적으로 성(聖)과 속(俗) 중 어느 하나일 수 없게 되었다. 모든 영역에서, 하나님의 규범에 순종함으로써 성의 방향으로 나아갈 수 있고, 정반대로 다른 우상숭배에 따른 결과 속의 방향으로 나아갈 수도 있다. 따라서 모든 영역에서 불신앙의 우상숭배 방향과 신앙의 하나님 섬김 방향이 반립하고 경쟁한다. 민족과 국가의 경우도 마찬가지이다. 민족 혹은 국가, 혹은 민족국가는 그 자체의 본질이 성 혹은 절대선이 아니다. 민족과 민족공동체 안에서도 종교적인 반립, 곧 신앙적인 방향과 불신앙적 방향이 반립하고 있다. 네덜란드의 개혁주의자 흐룬 판 프린스터러는 19세기 국가에서 이러한 반립을 주목했고, 불신앙적인 계몽주의적 근대 민족주의가 아니라 기독교 세계관에 따른 민족교육을 주장했다(조성국, 2008).

Botha(1984, pp. 493-503)가 남아프리카공화국 네덜란드계 백인들이 제국주의 세력 영국에 맞서 기독교 민족국가주의를 발전시켜온 역사를 분석하면서, 종교적 성격으로서의 신앙과 불신앙의 반립을 네덜란드계 백인민족과 영국 사이의 반립으로 대치함으로써 개혁주의 세계관의 기대방향에서 벗어났고, 그 결과 정치적 반립투쟁을 통한 승리를 얻었음에도 불구하고 사실은 껍데기 승리가 되고 말았으며, 정치와 교육에 있어 오류를 범했다고 지적한 것은 기독교인 한국민족주의자들에게도 의미 있는 지적이다. 민족 그 자체로는 무조건적인 선과 성이 아니다. 동시에 민족에 대립된 대상이 무조건적인 악과 속도 아니다. 민족과 국가는 하나님의 말씀에 복종하여 하나님의 나라의 원리를 실천하는 한도 안에서 비로소 바른 방향으로 나아간다. 기독교인들은 그 방향으로 민족과 국가의 일원이며, 반립을 느끼면서 하나님의 말씀을 순종하는 방향을 선택한다.

근대 민족주의에 대응하여 개혁주의자들은 강제적인 세속적 민족주의 형성 교육에서 독립하여 기독교 세계관 형성의 자유를 유지할 수 있는 사립학교설립과 운영의 합법성을, 곧 신앙적 방향으로서 하나님의 말씀 규범에 따라 민족과 국가에 봉사하는 방향을 선택하였다. 그리고 그들은 기독교 세계관 교육을 통해 불신앙적 민족주의와의 반립관계 안에서 기독교 세계관을 형성하고, 기독교 세계관에서 불신앙적 이념들을 비판적으로 반성하는 교육을 시도하였다.

2. 사랑, 정의, 평화를 지향하는 교육

종족으로서의 민족은 기독교인에게 벗어버릴 수 없는 사랑의 대상이다. 모세가 심판에 직면한 자신의 동족을 위해 하나님께 간청하면서, "그러나 이제 그들의 죄를 사하시옵소서. 그렇지 아니하시오면 원하건대 주께서 기록하신 책에서 내 이름을 지워 버려 주옵소서"(출 32:32)라고 말한 것과, 바울이 불신앙적인 동족들의 구원을 열망하면서 "나에게 큰 근심이 있는 것과 마음에 그치지 않는 고통이 있는 것을 …… 나의 형제 곧 골육의 친척을 위하여 내 자신이 저주를 받아 그리스도에게서 끊어질지라도 원하는 바로라"(롬 9:1-2)라고 고백한 것이 민족을 향한 기독교인들의 마음이다.

혈연적, 역사적, 문화적 조건인 민족은 기독교인들이 벗어날 수 없는 삶의 환경이며 자신의 정체성을 구성하는 현실적 부분들이다. 민족은 친밀성 유대의 생래적 조건이기도 하다. 그럼에도 불구하고 그 사실이 기독교인들에게 민족이 규범이 되어야 한다는 믿음으로 나아가지는 않는다. 민족은 절대 규범이 될 수 없다. 오직 하나님만 절대자의 자리에 있고, 법칙과 규범을 부여하신 분이시며, 창조세계 내의 모든 존재는 모두 하나님의 법칙과 규범에 종속된 존재들이고, 규범에 대한 순종과 과제수행으로 의의를 드러내는 존재들이다. 이 원리에 기초하여 생각할 때 민족공동체는 기독교인들에게 하나님의 섭리 하에 존재하게 된 역사적 현실임과 동시에 하나님의 뜻을 그 안에서 실천해야 할 장(場), 곧 과제수행의 장이다. 그러므로 민족은 사랑의 대상이며 소명감을 가지고 일해야 할 일터이다.

한국 근현대사에서 기독교인들은 민족을 사랑의 대상으로 삼고 종종 의미 있는 기여를 해 왔다. 그럼에도 불구하고 현대한국사회에서 많은 한국기독교인들이 견지했던 이원론적 세계관 때문에 민족공동체는 종종 세속의 영역과 동일시되었고, 그 결과 사랑과 봉사가 거룩한 영역인 교회 내로 한정됨으로써 민족공동체에 대하여는 사실상 소극적인 사랑의 태도를 견지한 경우도 많았다. 변혁적인 성격의 개혁주의 세계관은 민족공동체를 적극적인 사랑과 봉사의 대상으로 보게 한다. 따라서 기독교교육은 기독교인들이 민족공동체를 향하여 적극적인 사랑의 열망을 키우고, 적극적인 봉사의 태도와 방법을 가르쳐야 할 과제를 안고 있다. 민족을 규범화하는 민족주의자가 될 때 민족이라는 우상을 숭배하는 오류에 빠지게 되고, 정반대로 민족공동체를 속의 영역으로 간주하여 스스로를 그것으로부터 분리하거나 그에 등진다고 할 때는 변혁의 과제를 버리는 결과가 된다.

기독교공동체가 민족주의자들로부터 반민족적이라는 낙인이 찍힌다면 전도의 기회가 축소되고 심할 경우 박해에 노출된다. 안티기독교운동에 앞장선 사람들은 종종 민족주의의 이름으로 기독교를 비판하는 사람들이다. 민족공동체의 정치 운동에 있어 기독교인들은 적극적으로 자신들이 민족을 사랑하는 사람들이라는 사실을 변호하고 보여줄 필요가 있다. 민족 사랑의 구체적인 실천들은 민족주의자들의 정치적 수사보다 힘이 있다. 그럼에도 불구하고 기독교인들은 기독교인들의 민족 사랑을 지속적으로 변호하고 홍보해야 한다.

민족 공동체를 향한 사랑이 친 민족적인 태도를 뜻한다면, 민족공동체를 일터로 삼고 그 안에서 구체적으로 구현해야 할 가치인 정의와 평화는 초민족주의적 과제라고 할 수 있다. 하나님의 규범에 따라 민족공동체를 형성하고 발전시켜간다고 할 때 집중해야 할 가치는 하나님 나라의 중심가치인 정의와 평화이다. 예수님의 팔복강의(마 5:1-12)는 하나님의 나라의 중심가치가 정의와 평화이며, 그리스도인들을 향해 정의와 평화를 위한 열망과 애통과 수고를 요구한다.

기독교 철학자 Wolterstorff는 현대사회의 다양한 문제들을 염두에 두면서 정의와 평화를 기독교교육의 주요한 과제로 잘 제안하였다. 그는 정의를 타인의 기본적인 권리를 존중하는 것이라고 정의하였다(Wolterstorff, 2004, p. 142). 그는 특히 소외된 자들, 압제 받는 자들, 고통받는 자들이 공평하게 대우받도록 노력하는 것이 정의를 실천하는 것이라고 보았다. 그는 사회 안에서 정의를 증진시킬 뿐만 아니라 정의의 경향성을 함양해야 한다고 주장했고, 이를 위해 비판적 사고뿐만 아니라 훈계, 모델링, 공감의 방법을 제안하였다. 정의의 경향성을 함양하기 위해서는 정의롭게 가르치고, 정의롭게 살고, 정의를 위해 투쟁해야 한다고 주장했다(Wolterstorff, 2004, p. 137, pp. 150-151).

정의의 교육은 평화의 교육으로 이어진다. Wolterstorff(2004, p. 23)는 평화를 하나님과의 관계, 동료 인간들과의 관계, 자연과의 관계, 그리고 자기 자신과의 관계에서의 정당하고 화목한 관계성을 함의한다고 보았고, 그러한 평화의 관계에는 기쁨과 감사가 있다고 보았다. 평화를 위한 교육은 사회공동체 안에서 가난한 자, 압제당하는 자, 희생된 자, 오염된 자연환경의 애통을 공감하고, 애통하는 마음으로, 그 모든 것이 정당한 관계 안에서의 평화 상태에 이를 수 있도록 노력하게 하는 교육을 뜻한다.

하나님 나라의 통치원리인 정의와 평화를 위한 교육은 현대한국사회에서도 민족주의의 한계를 극복하게 하는 방안이 될 수 있다. 정의의 교육이 전체주의로서의 민족주의가 개인의 인권과 자유를 억압했던 결과들을 치유하게 한다면, 평화의 교육은 민족주의의 폐쇄성, 그리고 정치적 수사와 달리 민족주의가 실제로 만들어낸 분열과 긴장과 갈등을 회복시킨다. 정의와 평화는 민족공동체를 과거 지향적이 아니라 미래지향적으로, 민족주의 정치적 수사에 감추어진 위선과 권력, 그리고 그에서 초래된 억압과 상처를 드러냄으로써 진리를 지향하게 만든다. 따라서 정의와 평화를 위한 교육은 참다운 의미에서 민족을 위한 교육일 수 있다.

Ⅳ. 나가면서

민족주의는 한국사회에서 집단 무의식 층의 정서를 표현하는 정치 이데올로기이다. 거의 신성화된 종교적 이념으로서 민족주의는 그동안 주로 호소 되고 이용되었을 뿐 제대로 반성 되지는 못했다. 근대와 현대 한국사회에서 민족주의는 정치이념들을 정당화하고 대중을 동원하는 일에 쉽게 이용되었다. 정권의 위기 때마다 마지막에 호소되는 이념도 민족주의였다. 민족주의는 국가발전에 기여한 바도 많지만, 민족주의의 발전과 민족주의에 대한 비판적 논의에서 이미 드러난 것처럼 민족주의는 위험성과 한계를 가진 이념이었다.

한국민족주의의 이러한 한계들은 기독교 세계관에서 볼 때 더 명확하다. 민족주의는 민족과 특정 창조국면을 절대화한 종교적 이념이었고, 민족과 국가를 절대화함으로써 공동체 내의 다른 집단들과 개인을 억압했으며, 종종 민족 자체를 성 혹은 절대선으로, 그리고 민족에 위협적인 집단을 악 혹은 속으로 단정함으로써 기독교인들로 하여금 민족 내에서의 반립을 이해하고 변혁적 과제를 수행해야 할 과제를 잊게 만들었다.

따라서 민족공동체를 위한 기독교교육은 민족주의의 종교성을 벗겨내고 환원성을 회복시키는 세계관 교육의 과제를 가진다. 친민족적 차원에서는, 민족을 사랑의 대상으로 여기는 민족사랑 함양의 교육, 민족 공동체 안에서 봉사하고 민족공동체의 발전에 기여하게 하는 교육의 과제가 있고, 초민족주의적 차원에서는 하나님의 나라의 가치인 정의와 평화를 민족 공동체 안에 실현되도록 하고 그 목표를 위한 효율적인 경향성을 형성하는 교육의 과제를 가진다.

| 참고문헌 |

강만길. (2005). 20세기 우리 역사: 강만길 교수의 현대사 강의. 서울: 창작과 비평사.
강만길. (2006). 우리 통일, 어떻게 할까요. 서울: 당대.
강만길. (2007a). 고쳐 쓴 한국근대사. 서울: (주)창비.
강만길. (2007b). 고쳐 쓴 한국현대사. 서울: (주)창비.
강만길. (2008). 우리민족운동사론. 서울: 서해문집.
강원택 외. (2005.8.14). 광복 60주년, 신세대들의 민족주의 조사. 인터넷뉴스 조선닷컴. http://www.chosun.com/national/news/200508/200508140310.html
권재현. (2004.10.25). '대중독재' 학술대회, "종교가 된 정치, 이성을 마취시켜". donga.com 뉴스. http://www.donga.com/fbin/output?f=todaynews&code=j_&n=20041...
김동성. (1996). 한국민족주의 연구. 서울: 오름.
김민전. (2005.10.13). 지역감정 정치적으로 부풀려져. 중앙일보. EAI '국민정체성' 조사. 중앙일보. 제12676. 40.
김승현 박성우. (2005.10.13). 보수단체의 6.25 남침 전쟁 표현은 북한 주권 인정한 것…보안법 위반. 중앙일보. 제12676. 43.
김영명. (2002). 우리 눈으로 본 세계화와 민족주의. 서울: 오름.
김종혁. (2009.3.23). 시대를 논하다: 백낙청 서울대 명예교수. 중앙일보. 파워 인터뷰. 8.
김태현. (2005.10.13). 진보-보수보다 빈부갈등이 더 심각. EAI '국민정체성' 조사. 중앙일보. 제12676. 40.
류근일. (2006.10.2). 사이비 민족주의 내전. 인터넷 조선닷컴. http://www.chosun.com/svc/new/www/printArticle.html?id=2006100...
박민선. (2005.8.14). 신세대의 민족주의. 인터넷 조선닷컴. http://www.

chosun.com/national/news/200508/200508140303.html

박성조. (2006.8.10). 동족 히스테리를 버려라. 조선일보. A31.

박지향. (2006.5.20). 민족주의의 재인식. 조선일보. 제26564. 오피니언.

박호성. (1997). 남북한 민족주의 비교연구: '한반도 민족주의'를 위하여. 서울: 당대.

배영대. (2004.11.25). 임지현 교수 "포스트 민족주의로 전환" 주장. 중앙일보. 제12405. 20.

배영대. (2004.12.8). 대중독재. 중앙일보. 제12416. 40.

배영대. (2005.4.27). 민족주의 연구 대가 베네딕트 앤더슨. 중앙일보. 제12533. 43.

배영대. (2005.5.24). 시대를 논하다: 클라우스 오페 박사와 한상진 교수. 중앙일보. 제12556. 40.

배영대 외. (2005.8.14). 신세대의 민족주의: 경제관련의식. 인터넷뉴스 조선닷컴. http://www.chosun.com/national/news/200508/200508140299.html

백낙청. (2007). 한반도식 통일, 현재진행형. 서울: (주)창비.

백낙청 외. (2005). 21세기 한반도 구상. 서울: (주)창비.

서중석 (2004). 배반당한 한국민족주의. 서울: 성균관대학교출판부.

손호철. (2004). 현대한국정치: 이론과 역사 1945-2003. 서울: 사회평론.

신기욱. (2009). 한국 민족주의의 계보와 정치. (이진준 역). 서울: (주)창비.

원태희. (2005.1.19). 한.중.일 민족주의 접점 찾는다. 경향신문. http://www.skku.ac.kr/skku/public/news-ora/popup_notice.htlm?b_na 2005.1.20.

윤민재. (2003). 세계화시대 남북한 통합의 방향과 과제: 민족주의의 관점에서. 서울: 집문당.

이내영. (2005.10.13). 바뀌는 통일의식. 중앙일보. EAI '국민정체성'조사. 중앙일보. 제12676. 43.

이덕일. (2006.3.9). 민족과 탈민족. 조선일보. 30.

이영훈. (2006.2.13). "해방사", 그 난폭한 도그마. 인터넷뉴스 조선닷컴. http://www.chosun.com/svc/news/www/printArticle.html?id=2006021…

임대식. (2006.3.18). 아직은 민족의 깃발 내릴 때 아니다. 인터넷 중앙일보. 연예. http://service.joins.com/asp/print_article.asp?aid=2698853&esectcod…

임지현. (2000). 민족주의는 반역이다: 신화와 허무의 민족주의 담론을 넘어. 서울: 조합공동체 소나무.

임지현. (2001). 이념의 속살. 서울: 삼인.

임지현. (2005.5.1). 일본인과 개 출입금지?. 중앙일보. 제12537. 43.

임지현. (2006.3.18). 민족주의. 탈민족주의는 결국 '공범'관계?. 인터넷 중앙일보. 연예. http://service.joins.com/asp/print_article.asp?aid=2698853&esectcod…

조기원. (2006.2.17). 2006 요즘 대학생들: 취향은 세계주의 이념은 애국주의. 한겨레. http://www.hani.co.kr/popups/print.hani?ksn=102914

조우석. (2005.10.24). 강정구 교수 파문 어떻게 볼 것인가. 중앙일보. 제12685. 43.

조선일보 한국갤럽 공동. (2006.3.4). 2006국민의식조사. 조선일보. 제26498. A4.

조성국. (1999). "홍익인간"교육이념과 단군상 참배. 단군상 건립, 무엇이 문제인가? (김성수 신득일 편). 부산: 고신대학교. 55-68.

조성국. (2004). 한국 기독교교육의 교육적 인간상의 이상과 현실. 기독교교육논총, 10. 203-239.

조성국. (2007). 한국교회초기 기독교학교의 건학이념 연구. 평양대부흥운동과 기독교학교. (기독교학교연구소 편). 서울: 예영커뮤니케이션. 167-188.

조성국. (2008). 흐룬 판 프린스터러의 기독교교육사상. 한국복음주의 기독교교육학회 제12회 논문발표회 자료집. 2008.9.27. 4-18.

최영창. (2005.2.15). 21세기 한국학, 민족주의 틀 깨야. 유일석간 살구빛신문. http://www.munhwa.com/culture/200502/15/ 20050215010128300740…

최영창. (2006.6.27). 혈통민족 강조가 사상 빈곤 불렀다. 문화일보. http://

kr.news.yahoo.com/ets/print_text.htm?articleid= 2006062715163.

최장집. (2001). 한국 민주주의의 조건과 전망. 서울: 나남출판.

한겨레기사섹션. (2005.5.24). 김진홍 목사 "지배세력 교체는 계급투쟁". 인터넷 한겨레. http://www.hani.com/section-005000000 /2005/05/ p0050000002005...

함재봉. (2004.8.28). 타협의 역사와 순수의 역사. 중앙일보. 제12332. 27.

허동현. (2006.3.18). 현실적 대안은 '열린 민족주의' 뿐. 인터넷 중앙일보. 연예. http://service.joins.com/asp/print_article.asp?aid= 2698853&esectcod...

Anderson, B. (2002). 상상의 공동체: 민족주의의 기원과 전파에 대한 성찰. (윤형숙 역). 서울: 나남출판.

Botha, E. (1984). Christian-national: authentic, ideological or secularized nationalism?. Our reformational tradition: a rich heritage and lasting vocation. (VanderWalt, B.J. Ed.). Potchefstroom: Potchefstroom University Press.

Huntington, S. (1997). The clash of civilization: remaking of world order. New York: Touchstone.

Kohn, H. et.al. 민족주의, 독일의 비극, 역사주의의 빈곤. (차기벽 외 역). (삼성판 세계사상전집 제43권). 서울: 삼성출판사.

Lee, K. S. (2008). The Christian confrontation with Shinto nationalism. 기독교와 신도국가주의의 대결. 최재건 원성현 역. 한국의 개혁주의자 이근삼 전집 9. 서울: 생명의 양식.

Spier, J.M. (1979). An introduction to Christian philosophy. Nutley, N.J.: The Craig Press.

Wolterstorff, N. (2004). Educating for Shalom: essays on Christian higher education. Grand Rapids: Wm. B. Eerdmans.

다문화사회와 기독교상담

강 용 원
고신대학교 교수

I. 들어가는 말

우리나라만 보아도 다문화사회의 진입은 눈으로 보고 귀로 듣는 것 같이 분명해졌다. 2007년에 100만을 넘어선 외국인 장단기체류자 수는 2017년에 들어서면서 200만을 넘어섰으며, 2017년 12월말 통계에 의하면 2,180,498명이 되었다.[1] 특히 결혼을 위해 한국에 이주하는 외국인의 수가 급증하고 있으며, 유학생과 외국 노동자 수의 증가는 이러한 현상을 가속화시키고 있다.

외국에서 다문화에 대한 관심이 구체적인 형태의 다문화교육정책으로 나타나기 시작한 것은 1970년대이다. 캐나다는 1971년 영어사용 시민과 프랑스어 사용 시민과의 갈등해소를 위하여 이중언어 교육제도를 채택하였으며 집단 간 관계 개선을 위해 다양한 프로그램을 개발하여 실천하였다(1971년). 호주는 백호주의(White Australia)로 이민자의 동화정책을 고수해 왔으나 1972년 급격히 다문화교육 접근으로 패러다임을 변경하였다. 미국 역시 동화교육 및 흑백분리 통합교육(melting pot)에서 1975년 이후에 다문화교육으로 전환하였다.[2]

특히 상담을 공부하는 사람으로서 사람의 차이에 대한 관심은 기본

---

[1] 법무부 홈페이지(www.moj.go.kr), 2017년 12월호 통계연보.
[2] cf. 경기도다문화교육센터 편, 『다문화교육의 이론과 실제』 (서울: 양서원, 2009), 115-116.

적인 것이다. 사실상 모든 상담은 다문화적이다.[3] 기독교상담은 문화를 초월하는 것이며 누구에게나 같은 방식으로 적용될 수 있다고 믿는 사람들도 있다. 물론 모든 사람들이 비슷한 문화적 배경을 가지고 있는 공동체나 교회에서는 문화적 고려가 크게 중요하지 않을 것이다. 그러나 상담이라는 활동이 상담자와 내담자 상호간의 이해에 기반을 둔 것이라면 그 문화적 차이는 언제나 남아 있는 것이다. 모든 상담자와 내담자들은 독특한 경험과 세계관, 신학적 관점, 그리고 문화적 기대를 가지고 있다. 예수님은 이미 그런 문화적 차이를 잘 알고 계셨으며, 이러한 사실은 예수님이 사마리아 여인과 대화하실 때, 로마인 관원이나 예루살렘에서 온 유대인 지도자들, 혹은 갈릴리의 어부에게 말한 것과는 다른 방식으로 말씀하셨다는 사실에서 분명히 드러나게 된다.

II. 문화와 문화의 다양성

1. 문화의 개념

문화(culture)는 인간집단의 생활양식으로 자연(nature)과 대조되는 단어이다. 이 말은 경작행위를 뜻하는 라틴어 colere에서 온 것으로 자연 그대로가 아니라 인간의 의식적 활동이 개입되어 나타난 것을 말하는 것이다. 타일러(E. B. Tylor)가 "문화 혹은 문명이란 지식, 신앙, 예술, 법률, 도덕, 풍속 등 사회의 일원으로서 인간이 획득한 능력

---

3 cf. Gary Collins, Innovative Approaches to Counseling (Waco, Texas: Word Book, 1986), 147.

과 습관의 총체"⁴라고 말한 이후 다양한 정의들이 나타났는데, 신국원은 최근의 문화에 대한 정의에서 나타나는 핵심 내용을 몇 가지로 정리하고 있다.⁵

첫째, 고급의 정신활동에 국한하는 고급 문화개념은 쇠퇴하고 있으며, 문화가 어느 특정 계층이나 시대에 국한 된 것이 아니라 모든 인류가 공유하는 보편적 특징이라는 점이 강조되고 있다.

둘째, 문화는 삶 자체라는 생각이다. 이것은 타일러의 정의와도 통하는 바, 문화의 개념은 정신적이고 세련된 성취만이 아니라 의식주와 같은 일상적 삶의 내용 전체를 포함하는 개념으로 확대되고 있다. 문화가 삶의 내용의 전체라면 그 다양성은 필연적이다.

셋째, 문화는 이전 세대가 축적해 놓은 경험과 전승을 토대로 발전한다. 지금까지는 문화란 인간이 만들어 낸 산물이라는 결과적 성격을 강조하여왔으나, 이제는 문화적 산물이라는 의미는 결코 단순하지 않으며 정적으로 고정되어 있지도 않다는 것이다. 이제는 문화의 과정적 성격이 강조되며, 그런 이유로 문화의 사회성, 역사성, 역동성이 부각되고 있다.

2. 문화의 다양성

문화의 가장 두드러진 속성 중의 하나는 다양성이다. 문화의 다양성이 왜 나타나는가는 몇 가지로 생각할 수 있다. 어떤 이는 문화의 다양성을 인간이 가진 본래적 다양성에서 기인하는 것으로 본다. 문화주체로서의 인간이 구현하는 모든 문화현상과 활동은 인간이 가진 본래적 다양성 때문이라는 것이다. 또 어떤 이는 인간이 가진 본질 중

---

4   E. B. Tylor, Primitive Culture (London: J. Murray, 1871), 1.
5   신국원, 『신국원의 문화이야기』 (서울: IVP, 2002), 55-73.

개방성(openness)을 강조하기도 한다. 인간이 다른 동물과 다른 점은 바로 이 개방성으로 환경에 적응하는 능력이 인간에게 있다는 것이다. 인간은 환경의 작은 변화에도 다양한 삶의 형태를 보여준다.[6]

이러한 맥락에서 문화의 다양성에 대한 가장 근본적인 원인은 사람들이 가지고 있는 세계관의 다양성에서 찾는 것이 옳을 것이다. 세계관에는 세상의 근원, 역사의 방향과 목적, 인간의 삶이 가진 근본문제들, 죄와 악의 원인과 해결책 등이 포함되어 있다. 이렇게 보면 세계관은 종교적인 성격을 띠고 있으며 바로 이것이 다양한 문화의 뿌리로 작용하는 것이다.[7] 이런 이유로 문화의 우열을 가리기 보다는 문화의 상대성을 어느 정도 인정하지 않을 수 없다. 물론 이것이 문화상대주의로 갈 수 있으나, 획일적인 잣대로 모든 문화의 우열을 재는 것은 옳지 못한 일이다. 중요한 것은 문화의 다양성을 인정하는 동시에 문화상대주의에 빠져서 가치 판단의 척도를 상실하지 않는 것이다.

다양한 문화가 충돌할 때 필연적으로 나타나는 해결방법이 다원주의와 상대주의라고 볼 때, 이것은 절대 진리에 대한 믿음을 가지고 있는 사람들이 극복해야할 가장 큰 난관이다. 극단적으로 문화적 상대성을 이데올로기적으로 옹호하는 사람들이 있으나 이는 옳지 않다.[8] 왜냐하면 다양성이 항상 긍정적이며 좋은 것만은 아니기 때문이다. 예를 들면 고려장, 여성 할례, 식인습관, 신분제도나 인종 차별 같은 악습을 문화적 다양성이라고 긍정하거나 인권과 자유와 평등을 중시하는 문화와 대등하게 보아서는 안 된다.

---

6 cf. W. Pannenberg, What is Man?: Contemporary Anthropology in Theological Perspective (Philadelphia: Fortress Press, 1970), 43ff.
7 신국원, 『신국원의 문화이야기』, 76.
8 료따르(J.-F. Lyotard)와 같이 '전체성에 대한 전쟁'을 선포할 만큼 다원주의를 옹호하는 경우도 있다. Jean-Francois Lyotard, The Postmodern Condition: A Report on Knowledge (Minneapolis: University of Minnesota Press, 1984), 81-82.

III. 문화와 다문화에 대한 기독교적 관점

1. 문화명령

하나님께서는 태초에 세상을 창조하시고 자기의 형상대로 사람을 만드신 후, 인간에게 문화 창조의 능력을 부여하셨다. 창세기 1장 26-28절에 보면 소위 '문화명령'(cultural mandate)으로 알려진 말씀이 나타난다.[9] 이 문화명령에 나타난 핵심사항을 요약하면 다음과 같다.

첫째, 문화명령은 인간의 타락 전에 하나님의 축복으로 주어진 것이다. "하나님이 그들에게 복을 주시며 그들에게 이르시되"(28절)라고 하였다.

둘째, 문화명령은 전적으로 하나님과의 관계가 전제된다. 하나님은 문화명령을 주시기 전에 인간이 하나님의 형상으로 지음 받았다는 사실을 강하게 강조하고 있다(26-27절). '하나님의 형상' 개념은 하나님과의 관계 속에서 지어진 인간의 '관계적 특성'을 표현해 주는 말이며, 최근에는 인간에게 주어진 은사(Gabe)와 과제(Aufgabe)라는 상호 관계적 용어로 표현되기도 한다. 쉽게 말해서 인간의 문화적 사명과 그 과제의 실천은 전적으로 '하나님과의 관계의 반영'이어야 한다는 사실이다. 다시 말하면, 인간의 모든 문화적 활동은 근본적으로 하나님과 인간의 관계, 즉 신앙의 관계가 반영되며 반영되어야 한다는 사실이다.

셋째, 인간이 받은 문화적 명령은 '위임된' 명령이다. 이것은 근본적으로 피조물인 인간이 주인 노릇을 할 수 없다는 사실을 말하는 것이다. 문화적 명령은 주어진 피조계에 대한 단순한 지배자의 의미가

---

9   혹자는 이 구절을 '문화명령'(cultural mandate)이라고 부르기보다는 인간의 '청지기직'(stewardship)에 대한 하나님의 명령으로 본다.

아니라 하나님께 위임을 받은 청지기로서, 소유자가 아닌 관리자라는 사실이다. 웨버(Robert Webber)는 이를 다음과 같이 설명한다. 하나님의 형상 개념은 "피조물의 주권자이신 하나님의 형상으로 만들어진 사람이 피조물에 대한 자신의 관계에서 이 주권을 반영해야 한다는 것을 포함한다. 사람은 '위임된 주권'을 부여받은 것이다. 그는 피조계를 다스려야 하며, 모든 피조물을 주관해야 하는 것이다."[10] 이와 같은 맥락에서 보면 땅을 정복하고 다스리라는 명령의 의미가 강하게 살아나게 된다. 그것은 결코 인간이 자신의 이기심을 위해서 자연을 착취해서는 안 되며, 위임된 주권의 소유자로서 보존과 관리의 역할을 잘 감당해야 한다는 것이다.

넷째, 문화 활동이란 모든 인간관계를 포함한다. 흔히 사람들은 문화적 사명을 인간의 자연보존이라든가, 개발 등에 국한시킬 때가 많다. 그러나 하나님의 말씀은 땅을 정복하고 다스리라는 명령 이전에 하나님의 형상으로 지음 받은 인간의 창조, 특히 남녀로 지어짐을 강조함으로 진정한 인간관계의 회복이 문화적 명령에서 중요한 위치에 있음을 잘 보여준다. 인간타락의 역사는 인간관계의 붕괴의 역사였으며, 이는 또한 문화 활동에 반영되는 것임을 알 수 있다.[11]

2. 다문화에 대한 기독교적 접근

문화에 대한 기독교적 접근은 무엇보다도 기독교세계관에 기초한

---

10 Robert Webber, The Secular Saint: A Case for Evangelical Responsibility, 이승구 역, 『기독교문화관』 (서울: 토라, 2008), 33.
11 아담과 하와(부부/남녀)의 붕괴, 가인과 아벨(형제)의 붕괴, 노아와 그 자손(부자(父子) 및 그 후손)의 붕괴 등이 나타난다. 사랑의 관계는 경쟁적이고 투쟁적인 관계가 되고, 미움과 반목의 문화를 가져오게 되었다. 타락은 성문화를 오염시키고, 아벨을 살해한 가인은 힘과 쾌락을 추구하는 도시문화를 건설하였다. 또한 함의 불효는 인종차별의 문화를 유발시켰다. 라멕은 살인을 예찬하는 노래를 부른다(창 4:23).

다는 점이다. 일반적으로 기독교세계관은 창조, 타락, 구속으로 정리되는데, 이 틀은 문화의 본래적 목적이 어떠하였으며, 죄와 타락이 미친 영향은 무엇이고, 구속을 통한 만유의 회복은 문화 활동에 어떤 영향을 미칠 수 있는지를 말해 주기 때문이다.

성경에 의하면 문화란 인간에 의해서 발전되어온 자율적 노력의 산물이 아니라 오히려 창조주 하나님이 피조세계에 대해 품으신 계획에서 시작된다. 하나님은 이 계획을 성취하기 위해서 인간을 자신의 형상대로 지으시고 문화 창조의 임무를 맡기신 것이다. 따라서 중요한 것은 문화의 방향은 문화의 사역자인 인간이 하나님과 맺는 관계에 따라서 결정된다는 점이다. 문화는 하나님의 뜻을 따라가거나 그것을 거부하는 방향으로 나가게 되어있다. 즉, 문화에 미치는 죄의 영향은 구조적(structural)이기보다는 방향적(directional)이다. 하나님께 순종적인 문화가 있는 방면에 하나님께 불순종하는 방향의 문화가 존재하는 것이다. 이와 같은 문화에 대한 기독교적 관점은 문화의 방향성이 중요하다는 사실을 밝혀준다. 다문화상담이 추구하는 목적을 이해, 관용, 적응 등의 단어로 요약할 수 있다면, 기독교 문화관은 문화에 깊이 깔려있는 죄와 불순종의 문제를 직시하게 해 줌으로 기여할 수 있다고 본다.

다문화를 논의할 때 고려하지 않을 수 없는 것은 올바른 분석과 비판이다. 인간의 역사나 문화가 지니고 있는 제한성과 문화의 다양성을 어느 정도 인정하고 그 차이를 관용한다고 하더라도 이것만은 아니라고 단호하게 말할 수 있는 경우가 분명히 있기 때문이다. 남이 다르다는 것을 인정하는 것과 잘못을 묵과하거나 허용하는 것은 다르다. 특히 오늘같이 가치관이 극히 혼란한 시대에 문화적 다양성을 근거로 다원주의나 상대주의를 옹호하는 것은 옳지 않다. 그리스도인들은 창조질서와 그 규범적인 성격을 이해함으로 오늘날과 같이 상대주의가 팽배한 사회 속에서도 분명한 방향 감각을 가질 수 있어야 할 것이다. 바른 문화는 결국 창조주 하나님의 의도를 따라 세계를 발전시키는 것이어야 한다. 그렇지 못한 문화 활동은 결국 하나님께 불순종하는 방향으로 나아가는 것이기 때문이다. 진정한 문화비판은 궁극적으로 하나님께 불순종적인 방향으로 나가게 하는 죄의 영향력을 분석해 내는 일이다. 기독교다문화상담은 단순한 상담의 기법을 넘어서서 지속적으로 문화와 다문화에 대한 성경적 관점을 고려해야할 필요가 있다.

IV. 문화차이 이해에 대한 모델들

1. 헤이즈의 ADDRESSING 모델

헤이즈(Pamela A. Hays)는 미국과 캐나다의 중요한 문화적 요인과 거기에 거주하는 소수집단을 고려하면서 상담자 자신과 내담자의 문화적 이해를 위한 고려점을 다음과 같이 정리하였다. 그녀는 addressing 이라는 단어를 가지고 이를 설명한다.[12] 이 제안은 다문화상담에서 내담자 이해의 틀을 제공한다는 점에서 의미가 있다.

A: Age and generation influence(나이와 세대적 영향):
- 내담자의 나이(age)와 세대(어린이, 청소년, 노인)가 받은 영향은 무엇인가?
- 부모세대와의 차이점은 무엇인가?
D: Developmental disabilities(발달적 장애):

12　Pamela A. Hays, Addressing Cultural Complexities in Practice: Assessment, Diagnosis, and Therapy, 방기연 역, 『문화적 다양성과 소통하기』 (서울: 한울, 2010).

- 내담자의 발달적 장애와 관련된 경험은 무엇인가?

- 배우자, 부모, 자녀에게 장애가 있어서 그것을 경험한 일이 있는가?

D: Disabilities acquired later in life(후천적 장애):

- 내담자의 후천적 장애와 관련된 경험은 무엇인가?

- 배우자, 부모, 자녀에게 장애가 있어서 그것을 경험한 일이 있는가?

- 만성적 질병이나 성인병 포함

R: Religion and spiritual orientation(종교와 영적 지향):

- 내담자는 어떤 종교적 환경(religious upbringing)에서 자랐는가?

- 그의 현재 신앙과 종교생활은 어떠한가?(기독교, 이슬람교, 유대교, 불교, 힌두교, 다른 소수 종교)

E: Ethnic and racial identity(민족적, 인종적 정체성):

- 내담자의 민족적 정체성(ethnic identity)은 무엇을 의미하는가?

S: Socioeconomic status(사회경제적 지위):

- 직업, 수입, 교육, 결혼여부, 성, 공동체, 거주지, 가족배경, 민족성에 의해서 정의되는 그의 현재 사회경제적 지위(socioeconomic status)는 어떠한가?

- 그의 지위는 그의 부모의 지위와 어떻게 다른가?

S: Sexual orientation(성적 경향):

- 그의 성적 경향(sexual orientation)은 어떠한가? 단순히 그가 결혼을 했다고 해서 이성애를 가정하지 말아야 한다(이성애, 동성애, 양성애).

I: Indigenous heritage(토착유산):

- 그는 토착유산(indigenous heritage)을 가지고 있는가(하와이 원주민, 아메리카 인디언, 알래스카 원주민)?

N: National origin(국적): 이민자, 피난민, 유학생

- 그의 국적(national identity)은 무엇인가?

- 그는 이민자, 난민, 학생, 노동자인가?
- 주로 어떤 언어를 사용하는가?
G: Gender(성): 여성, 성전환자
- 그의 문화적 유산과 정체성에 주어진 성과 관련된(gender-related) 어떤 정보가 중요한가?

2. 메이어스의 기본가치모델(A Model of basic values)

메이어스(M. K. Mayers)는 사람들의 가치관 또는 우선순위 등을 이해 해 줄 개념적 모델을 사용함으로써 인간 상호간에 겪는 경험에 대한 검토를 시도하였다. 이 모델은 문화적 특성을 12개의 요소로 나누고 2개씩 묶어 여섯 쌍으로 정리하였는데, 이 모델은 개인 특성에 대한 차이를 밝히는데 유용하다.[13]

1) 시간중심 대 행사(일)중심
시간성향적 사람이나 집단은 시간표와 시간을 엄수하는 것에 대해 깊은 관심을 가지며 일정하게 잘 짜여진 목표 지향적 활동에 가치를 부여하는 경향이 있다. 반면에 행사성향적인 문화에서는 정해진 시간을 준수하는 것 보다는 현재의 경험을 강조하며 일정에 매이지 않는 개방적인 태도를 갖는다. 또한 과거나 미래보다는 현재를 강조한다.

2) 업무중심 대 사람중심
업무중심의 사람은 일과 원칙에 초점을 맞추고 목적달성에서 만족을 찾는 반면 사람중심의 성향은 인간관계에서 만족을 찾으며 단체지

---

13 S. G. Lingenfelter & M. K. Mayers, Ministering Cross-Culturally, 왕태종 역, 『문화적 갈등과 사역』 (서울: 조이선교회, 1989).

향적인 친구를 선호하고 이를 위해 개인적인 일을 쉽게 희생하는 경향이 있다.

3) 분석적 사고 대 전체적 사고

분석적 사고의 가치성향은 판단이 흑백이나 옳고 그름으로 내려지고 특정한 기준이 다른 사람을 평가할 때 일정하게 적용되는 반면에 전체적 사고의 가치 성향은 판단이 개방적이며 모든 환경과 사람을 고려하는 경향이 있다.

4) 신분중심 대 업적중심

신분중심의 가치성향에서 개인의 신분은 출생과 계급에 의해서 결정되며 사람이 받는 존경도는 영속적으로 고정되어 있어서 사회적 지위가 있을 경우 개인적인 단점에도 불구하고 주목의 대상이 된다. 반면에 업적중심의 가치성향에서는 개인의 신분은 그 사람의 업적 여부로 결정되며 사람이 받는 존경도는 성공과 실패 여부에 따라 달라지며 개인의 업무수행 능력에 주목이 집중되는 경향이 있다.

5) 위기중심 대 비위기중심

위기중심의 가치성향 문화는 위기를 예상하여 세밀히 계획하는 일을 강조한다. 따라서 모호함을 배제하고 신속한 해결을 강조하여 전문가의 조언에 따른 사전 계획절차를 반복해서 따른다. 반면에 비위기중심의 가치성향 문화는 위기가 발생할 가능성을 과소평가하며 전문가의 조언 보다는 실제 경험에 초점을 두고 이용 가능한 여러 대안 중에서 임시방편적인 해결을 모색한다.

6) 약점은폐 대 약점노출

약점은폐의 가치성향 문화는 무엇보다도 잘못을 부인하며 자신의 약점과 단점을 숨기려고 한다. 따라서 어떤 대가를 치루더라도 자아상을 방어하며 실수나 실패를 회피하고 사생활에 대해서 잘 나누려하지 않는다. 그러나 약점노출의 가치성향 문화는 잘못이나 약점, 단점 등에 대해 쉽게 인정하며 다른 견해나 비판에 개방적이다. 다른 사람의 실수나 실패에 대하여 약점 은폐의 성향보다 상대적으로 무관하며 사생활을 자유롭게 이야기하는 경향이 있다.

3. 호프스테드의 정신프로그램 모델(A Model of mental programs)

호프스테드(G. Hofstede)는 세계에 산재한 IBM 조직망을 통하여 국가적 차원에 있어서의 문화적 특성을 조사 분류하였다. 그는 문화를 연구함에 있어서 4개의 기본적인 영역들을 추출하여 4개의 차원에서 분석하였다. 후에 그는 장기지향(long-term orientation)과 단기지향(short-term orientation)의 다섯 번째 요소를 추가하였다.

1) 권력거리(power distance)의 크기

이것은 불평등을 다루는 방식에 관한 것이다. 평등을 선호하는 문화와 불평등을 수용하는 문화의 차이에 대한 영역이다. 권력거리가 큰 문화는 불평등을 수용하는 문화로서 정당성 보다는 힘이 앞서며 권력을 가진 자가 자연스럽게 특권을 누린다. 따라서 사회구성원 간에 권력 분포에 따라 임금격차가 크게 나타난다. 일반적으로 자녀는 부모를, 학생은 교사를 존경하고 그 의견과 지시에 따르는 것이 당연시 되는 규범이며 지위가 낮은 사람이 지위가 높은 사람에게 의존하고 복종하는 것이 합리적인 정당성보다 더 우선시 된다.

반면에 권력거리가 작은 문화는 모든 사람이 동등한 권리를 지녀야 한다는 인식이 기본적인 가치관으로서 권력의 행사는 합법적이어야 하며 정당과 부당의 기준에 따라야 한다. 이런 사회에서는 주로 권력의 분산과 다수결 원칙이라는 토대를 중시하며 권위는 공식적인 지위나 전문적 능력에 기반을 둔다. 부모는 자녀를, 교사는 학생을 동등한 존재로 대우하며 자녀 또는 학생이 좀 더 주도적이 될 것을 기대한다.

호프스테드의 연구에 의하면 말레이시아, 필리핀, 과테말라, 파나마 등의 권력거리 점수가 높은 반면, 오스트리아, 이스라엘, 덴마크, 뉴질랜드, 아일랜드 등의 권력거리 점수는 낮은 것으로 나타나고 있다.

2) 집합주의(collectivism) 대 개인주의(individualism)

이 영역은 개인 간의 구속력에 대한 정도를 기준으로 한 것으로서 개인주의는 개인 간의 구속력이 느슨한 사회를 말하며 집합주의는 출생부터 개인이 강하고 단결이 잘된 집단에 통합되어 있고, 집단에 헌신하는 대가로 그 집단이 개인을 보호해 주는 사회를 말한다.

개인주의 문화에서는 정체감의 근원이 개인 자신 안에 있고 자신의 생각을 그대로 말하는 것이 정직한 사람의 특성으로서 솔직한 자기표현의 의사소통을 지지한다. 반면에 집합주의 문화에서는 정체감의 근원이 개인이 속해 있는 사회적 그물망 속에 있으며 '우리'라는 틀 안에서 생각하는 법을 배운다. 직접적인 대립보다는 조화와 화합을 강조하고 인간과 인간관계가 업무나 역할보다 중요시되는 경향이 있다.

따라서 집합주의 성향을 띤 사회는 조화와 합의를 매우 중시하여 궁극적인 목표로 삼는 반면, 개인주의 성향의 사회는 개인의 자유와 자아실현이 무엇보다 중요한 목표가 된다. 개인주의는 현대의 중요 상담이론의 문화적 토대로서 개인적 자율성과 자기실현은 궁극적인 상담의 목표가 된다. 이를 위해 무의식적인 자기 욕구에 대한 성찰이나 자기의 감정을 있는 그대로 인식하는 감수성 훈련, 그리고 자기의 생각과 감정을 있는 그대로 진솔하게 드러내는 자기주장훈련이나 대화기법 등이 자연스럽게 개인주의 성향이 가장 높은 미국 사회에서 발달되었다고 볼 수 있다.

호프스테드의 연구에 의하면 미국, 호주, 영국, 캐나다, 네덜란드 등의 서양 국가들은 가장 높은 개인주의 성향을 보이고 있으며, 과테말라, 에콰도르, 베네수엘라, 콜롬비아, 인도네시아, 파키스탄 등 남미 및 아시아 국가들은 매우 강한 집합주의 성향을 드러내고 있다. 한국은 11번째로 집합주의 성향이 강한 나라로 나타났다.[14]

3) 여성성(feminity) 대 남성성(masculinity)

이것은 자기주장적 행동과 겸손한 행동 중 어느 쪽을 바람직하게 생각하는가를 다루는 영역이다. 남성적 사회의 특징은 물질적 성공과 진보가 사회의 지배적인 가치로 간주되며 강한 사람이 사회적 지지를 받고, 크고 빠른 것이 아름다운 것으로 인정받는다. 따라서 학업성적이 뛰어난 학생이 기준이 되며 경쟁과 업적을 강조한다. 또한 국제간의 갈등은 힘의 과시와 투쟁을 통해 해결하고자 하며 남성적 특권이 강한 종교가 지배적이다.

반면에 여성적 사회의 특징은 모든 사람이 겸손하다고 가정하며 사회의 지배적인 가치는 다른 사람을 돌보고 보호하는 것이다. 이러한 사회에서는 따뜻한 인간관계가 중요시되며 약자에게 공감하며 복지와 환경보호에 대한 관심이 높다. 국제적 갈등은 주로 타협과 협상을 통해 해결하려는 특성이 있으며 남성과 여성의 상호보완적인 종교가 지배적이다.

호프스테드에 의하면 남성지수가 높은 나라는 일본, 오스트리아, 이탈리아, 스위스, 멕시코, 아일랜드, 자메이카, 영국, 독일 등 제1차 세계대전과 제2차 세계대전을 일으킨 나라들이 다수 포함되어 있다. 스

---

14 일본은 53개국 중 22위로 나타나 한국보다 개인주의적 성향이 큰 것으로 나타났다. 일반적으로 일본은 집단주의가 강한 나라로 알려져 있으나 이 연구 결과는 사뭇 다르다. 이것은 연구대상이 IBM 직원을 대상으로 한 것에 기인한다고 본다.

웨덴, 노르웨이, 네덜란드, 덴마크, 코스타리카, 유고슬라비아 등은 여성성의 지수가 높은 것으로 나타났다. 한국은 13번째로 여성성이 높은 나라로 나타났다.

4) 불확실성 회피(uncertainty avoidance)와 불확실성 수용 (uncertainty acceptance)

불확실하거나 모호한 것들에 대한 인내를 나타내는 것으로 불확실성 회피 문화는 자기와 다른 것을 참지 못하며 융통성이 없고 획일적인 특성이 있다. 다른 것에 대한 차별과 분류가 심한 경향이 있다. 결과적으로 이러한 문화는 안전이나 안정에 대한 욕구가 지배적이며 이로 인해 사회구성원의 주관적 불안 수준과 스트레스 수준이 높고 행복지수는 낮은 경향이 있다.

반면에 불확실성 수용의 문화에서 모호성은 생활의 일상적 특징이며 애매한 상황과 익숙지 않은 모험에 대해 편하게 느낀다. 이러한 문화에서의 사람들은 긴박한 느낌이 없으며 필요할 때에만 열심히 일하는 경향으로 인해 오히려 게으르게 보이기까지 한다. 일반적으로 이러한 문화에 속한 사회구성원의 주관적 행복감은 불확실성 회피 문화의 사회구성원보다 상대적으로 높은 편이며 스트레스 수준은 낮다. 이러한 문화의 사회적 특성은 규칙이나 통제적 성향이 덜하지만 오히려 기본적 규칙이 자연스럽게 더 잘 지켜진다. 또한 불확실성 수용의 문화에서 사람들은 평범한 일상에서 즐기는 모험만이 아니라 일상적으로 익숙지 않은 모험을 기꺼이 감행한다.

호프스테드의 연구에 의하면 그리스, 포르투갈, 과테말라, 우루과이, 벨기에, 일본, 페루, 프랑스 등이 불확실성 회피가 강한 문화인 반면, 싱가포르, 자메이카, 덴마크, 스웨덴, 홍콩, 아일랜드, 영국, 말레이시아, 미국, 캐나다 등이 불확실성 수용이 강한 나라로 밝혀지고 있다. 한국은 16번째로 불확실성 회피의 성향이 강한 나라로 나타났다.

4. 통제와 책임이론

로터(Julian Rotter)는 내부와 외부라는 다른 차원의 통제를 이야기한 바 있으며, Derald Sue는 이것을 기초로 책임의 두 차원을 연결하여 통제와 책임의 네 영역을 만들었는데, 각 영역은 다른 세계관과 지향하는 삶의 지향성(orientation)을 나타낸다.[15] 이 모델은 내담자의 문화적 경향을 이해할 수 있을 뿐 아니라, 상담자의 자기이해에도 도움을 줌으로 상담 관계를 발전시키고 효과적인 상담을 이루는데 기여할 수 있다.

1) 내부책임(IR) - 내부통제(IC): 개인적인 책임과 성취지향

개인적으로 내부통제를 매우 잘 하는 사람은 결과와 성과를 결정하는 자신의 삶과 선택 그리고 행동에 대한 책임이 자신에게 있다고 믿는다. 이것은 개인주의의 핵심을 이루는 신념구조이다. 서양 문화는 개인의 신념, 성취 및 삶에 최우선권을 둠으로 내부 요소에 초점을 맞추고, 일어나는 모든 일에 개인이 책임을 진다. 따라서 실패는 능력의 결핍을 의미하고 자기 책임, 죄의식, 우울 및 부적응의 느낌을 갖는다. 서구문화에서 이들은 고도로 자신을 신뢰하고 자기를 통제하는 건강한 개인이다. 동양문화에서 이들은 소외된 아웃사이더, 혹은 반사회주의자로 여겨질 수 있다.

이런 사람을 상담하면서 서구 상담자는 자주성, 독립, 원가족으로부터 분리된 개인주의, 책임감 등을 강조한다. 그러나 상담자가 '행동'의 차원을 넘어서 '존재'의 문제를 다룰 수 없거나, 협동이나 집단중

---

15   Derald W. Sue, Counseling the Culturally Different: Theory and Practice (New York: John Wiley & Sons, INC, 1999); D. W. Augsburger, Pastoral Counseling Across Cultures (Philadelphia: Westminster Press, 1986), 91-106.

심 가치관보다 행동주의, 경쟁, 성취, 개인적 독립에만 치중한다면 그는 다른 문화에서 온 내담자의 문제를 이해하거나 지지하고 개입하는데 문제가 있다.

IC-IR 내담자는 자기 비난, 깊이 내면화된 징벌 구조의 내적 오용, 그리고 통제와 책임감의 세계관으로부터 부분적으로 파생된 결과인 만성적 우울과 싸운다. 이런 경우에 공동체 속에서의 넓은 자기이해, 중요한 관계망의 형성은 치료를 위한 건강한 배경을 창조하게 할 수 있다.

2) 외부책임(ER) - 내부통제(IC): 집단적 행동과 사회적 관심

이 사람들은 강한 내적 통제 가능성을 믿으나 여러 가지 기회나 결과에 대한 책임은 상황 때문이라고 생각한다. 그들은 기회가 주어지면 자신의 능력 내에서 미래를 만들고 사건들을 통제할 수 있다고 믿는다. 그러나 인종차별, 편견, 체제의 엄격함, 경제적 불경기 혹은 사회적 착취 등이 장애요소라 생각한다.

지배적이고 억압적인 사회 속의 소수집단은 이런 시각으로 세상을 보는 경우가 많다. 이 내부통제 주장은 사회의 부정의에 대항해 자신들을 규정하고 용감하고 전투적으로 행동함으로 배타적이고 가혹한 체제에 맞선다. 예를 들면 1964-1967년에 미국의 흑인들은 "게토의 존재, 거부당한 직업, 교육받을 기회의 박탈 및 인종차별은 타고난 약점이 아니라 인종주의에서 나온 결과다. 우리는 우리 자신의 삶을 통제할 수 있고 그렇게 할 것이다."라는 메시지를 백인들에게 전달하며 주요도시를 휩쓸었다. 프레리(Paulo Freire)의 의식화(conscientization) 운동은 통제를 내부로 끌어들이고 불공평의 많은 부분이 외부책임이라는 것을 인식시키기 위한 수단이었다.

실제 상담에서 IC-ER 내담자는 행동 지향적이다. 그들은 상담자의 적극적인 개입과 참여를 기대하고, 비지시적 반영, 부연, 감정지향보다는 탐색질문, 선택, 방향제시, 암시 등의 변화를 위한 중재전략을 가진 치료자를 선호한다.

3) 내부책임(IR) - 외부통제(EC): 문화공존과 문화적 유연성

이러한 세계관을 가진 서구인들은 자신의 상황에 책임을 져야 한다는 생각을 받아들일 가능성이 높지만, 자신의 삶을 거의 자신이 통제하지 못한다고 믿는다. 그런 상황 중 하나가 광범위한 미국문화가 주변의 소수자들에게 휘두르는 '문화인종주의'이다. 이들 소수민족은 자신의 문제가 전통, 게으름, 혹은 열등감 때문이라는 다른 집단의 관점을 받아들이고 있지만, 다른 집단에 포함될 수 있는 길이 없다는 것을 알고 있다. 그들은 자신들의 문화적 유산을 거부하고 자기증오를 확인하며, 지배문화의 가치와 표준을 받아들이고 내부화한다. 이 입장은 문화의 주변부에 있는 사람들의 것으로, 모든 문화 내의 하위집단에서 볼 수 있다. 문화인종주의를 강화시키는 힘은 (1) 문화적 우월성에 대한 믿음, (2) 다른 삶의 스타일이 열등하다는 믿음, (3) 힘이 약한 집단에 자신들의 표준을 강요하는 힘이 있다는 생각에서 온다.

이 경우에 상담자는 주변성과 자기 증오가 개인의 병리에서 생긴 내적 갈등이라고 생각하면 안 된다. 문화적으로 유능한 상담자는 내담자가 자신의 문화적 가치와 정체성을 희생시켜서는 안 됨을 알아야 한다. 물론 새로운 문화에 적응하는 긍정적 시도를 하게 하지만 자신의 전통적 가치와 품위를 유지하면서 자신이 가지고 있는 좋은 것들을 강화하고, 할 수 있는 일을 적극적으로 수행할 수 있게 해야 한다.

4) 외부책임(ER) - 외부통제(EC): 삶의 조건에 타협하고 적응하는 능력

통제가 자기 밖에 있다고 느끼고 책임을 외부로 돌리는 사람이다. "나는 정말로 아무런 선택권이 없다. 내 위치는 내가 무엇을 하든 상관없이 고정되어 있다."고 느끼며 책임은 사회체제에 있다고 인식한다.

서구사회에서 이 인식은 주변상황으로 몰린 소수인들에게서 볼 수 있는 형태이다. 이들은 수동성, 학습된 무기력 및 우울증이 초래하는 차별대우를 받고 실직, 가난, 자살, 범죄, 결핵, 알코올 중독 등(흑인들의 게토에서 일어나는 범죄)의 무력감이 누적된 결과를 드러낸다. 일반적으로 동양사회에서는 부족의 가치관과의 연대성, 선택, 결단, 행동을 위한 집단책임을 수용하는 건강한 인격이다.

외부통제와 체제(외부)책임의 심리적 영향은 동양과 서양에서 매우 다를 수 있다. 개방된 사회 속의 주변인들에게 EC-ER의 위치는 가혹하다. 그러나 인도의 시골 마을의 전통 공동체 속에 살고 있는 사람에게 이것은 한 사람의 삶의 위치, 카르마, 혹은 소명으로 받아들여진다. 그들에게 있어서 이 세계관은 상황적으로 그들의 배움과 문화의 전통적 패턴에 맞는 긍정적 의존성이다.

문화를 의식하는 상담자는 내담자들이 (1) 의식향상을 통해 그들의 상태를 정확히 평가하며, (2) 새로운 대처행동과 전략을 발견하고 배우도록하며, (3) 개인적인 성공을 체험하여 집단과 체제의 변화를 도모하며, (4) 지원하는 공동체와의 결합을 강화시킨다. 따라서 상담자는 개인과 체제, 개인과 공동체 모두와 작업한다.

V. 다문화상담의 원리

1. 효율적인 다문화상담의 방향

1) 상담자는 내담자의 문화 내적인 요인을 고려해야 한다. 예를 들면, 내담자의 문화적 배경이 아시아권과 표면적으로 유사한 특성을 보일지라도 문화 내적인 면에서는 상이한 배경과 가치관 그리고 독특한 특성을 가질 수 있다는 점을 유념해야 한다.

2) 상담자는 우선 자신의 가치관과 인간행동의 기본 가정을 이해하고 내담자가 자신의 세계관과 어떻게 다른지에 대해 인식 할 수 있어야 한다. 이를 위해 상담자는 타문화에 대한 학구적 태도를 취해야 한다. 상담자가 내담자의 모든 문화적 특성과 가치를 이해하거나 알 수는 없다. 그러나 문화적 차이로 인해 상담현장에서 발생할 수 있는 왜곡된 해석을 방지하기 위해 내담자의 문화를 이해하려는 열린 태도가 있어야 한다.
   3) 상담자는 문화적으로 효율적이고 적절한 상담 서비스를 제공하기 위해서 내담자에 대해 적절한 평가를 할 수 있어야 한다. 심리검사 등 내담자를 평가하거나 진단하는 도구들은 때때로 문화적 편향성(구성, 언어, 규준 등)을 지니고 있음을 인식해야 한다. 더 나아가 상담자는 내담자의 문화적 특성에 적합한 상담적 환경이나 문화적 가치관을 염두에 두고 적합한 상담기법을 적용할 수 있어야 한다.
   4) 상담자는 타문화권의 배경을 가진 내담자에게 교육자적인 권위가 있는 인물로 여겨질 수 있다. 따라서 상담자는 비윤리적 의존관계에 빠지지 않도록 조심해야 한다. 이와 함께 상담자는 때때로 내담자가 겪고 있는 어려움이나 문화적 적응에 대한 교육적 기회를 적극적으로 활용할 수 있다.
   5) 타문화권 배경을 가진 내담자의 문제는 단순히 심리적 어려움만으로 국한되지 않는다. 따라서 상담자는 사회 복지적 차원이나 법률적 차원 등 삶의 위기를 해결할 수 있는 다양한 사회적 연결망에 대한 접근을 확충할 수 있어야 한다.
   6) 상담자는 국내에 거주하는 타문화권 출신 내담자들이 속한 문화공동체와 밀접한 관계를 유지할 수 있어야 한다. 내담자가 속한 문화공동체는 내담자가 겪는 어려움과 부적응을 극복하기 위한 매우 적절한 자원이 될 수 있으며 상담자에게는 문화적 이해에 대한 인식을 확충할 수 있는 자원이 된다.

2. 다문화상담자의 기본자세

1) 상담자는 사람들이 서로 다른 견해를 가질 수 있다는 인식과 다른 사람이 지니고 있는 가설과 가치관에 대한 명확한 이해를 위해 노력해야 한다.
2) 상담자는 자신의 가치관과 기본 가설을 분명히 이해하고 있어야 한다. 상담자는 인지적인 측면과 감정적 측면 모두에서 자신의 가치를 강요하지 않으며, 무의식적으로 다른 사람에게 영향을 행사해서 그들 자신의 공동체와는 이질적인 지시를 받아들이도록 하지 않는다.
3) 상담자는 자신의 문화적 특성에도 불구하고 다른 세계관을 환영하고 이해하고 칭찬할 수 있는 능력을 함양하도록 노력해야 한다.
4) 상담자는 개인과 상황에 영향을 주는 자원들과 역사적, 사회적, 종교적, 정치적, 경제적인 힘의 영향에 대한 인식을 할 수 있어야 한다.
5) 상담자는 특정한 사람의 삶의 상황에 융통성 있게 반응할 수 있는 능력을 습득해야 한다.
6) 상담자는 잘못된 가설과 편견 그리고 정보를 발견하고 그것에 집착하지 않는 자세를 지녀야 한다.
7) 상담자는 다른 사람들의 역사적 전통에 대한 가치를 탐구하고 자신의 전통에 적용해 볼 수 있는 자세를 지녀야 한다.
8) 상담자는 이전에 인식하지 못했던 의미와 실체의 새로운 영역을 발견할 것에 대한 기대를 가질 수 있어야 한다.

3. 다문화상담에서의 실제적 유의점

1) 언어적 장벽을 해결하는 방안을 마련해야 한다. 통역자를 두는 일에도 세심한 주의가 필요하다.

2) 상담자는 무조건적인 긍정과 수용과 공감 등의 실천에서 융통성을 가질 필요가 있다. 내담자들은 그들의 문화에 따라서 기대하는 것이 다를 수 있다.

3) 문화적으로 다른 내담자는 정서적으로 초점을 둔 상담회기 보다 좀 더 구조적이고 지시적이며 행동 치료적 접근이 더 효과적일 수도 있다. 따라서 상담자는 적극적이고 지시적인 접근의 사용과 질문 활용 등의 기술을 익혀야한다.[16]

---

16 G. Collins의 10가지 질문 목록을 예로 들면 다음과 같다. 1) 결혼, 가족, 그리고 성: 대가족 구성원의 중요성과 역할은 무엇인가? 핵가족은 항상 이상적인 가족 단위인가? 결혼은 일생 동안 지속되어야 하는 관계인가? 어떤 조건에서 이혼이 허용되는가? 가족과 관련 있는 대다수의 결정은 어떻게 내려지는가? 아이들을 키울 때 어머니의 역할과 아버지의 역할은 무엇인가? 배우자는 서로 평등한가, 한 배우자가 다른 배우자보다 우월하다고 생각되는가? 성역할은 평등한가, 한쪽이 다른 쪽보다 우월한가? 2) 자기인식: 그는 자신을 업신여기고 있는가, 자신을 고무하고 있는가? 그는 긍정적인 자기 이미지를 갖고 있으며 강한 자존심을 갖고 있는가? 긍정적인 자기 이미지가 내담자의 문화에서 호의적으로 보이는가? 그의 문화는 자기비판이나 자기를 낮추는 태도를 기대하는가? 3) 문화적 정체성: 문화정체성의 혼란으로 갈등을 느끼고 있는가? 자신의 문화에 관한 태도와 믿음은 어떠한가? 자신의 문화적 그룹 안에 있는 사람처럼 행동해야 하지만 자신의 독특함이나 정체성을 발견하고 표현할 수 없거나 두려워하면서 문화적 속박을 느끼는가? 4) 하나님과 종교: 하나님에 관한 그 사람의 믿음은 어떠한가? 그 사람의 일상생활에서 종교적 믿음은 얼마나 중요한 역할을 하는가? 문제해결에서 하나님의 역할은 무엇인가? 다른 종교 혹은 종교적 신앙이 없는 사람도 관용하는가? 사람들이 문제를 안고 혹은 극복하면서 살아가도록 돕는 교회의 역할은 무엇인가? 종교 지도자의 역할은 무엇이라고 생각하는가? 하나님과 종교에 대한 상담자의 태도와 믿음에 내담자는 어떻게 반응하는가? 5) 가치관: 독립, 자율, 그리고 독창성은 어느 정도로 소중하게 여겨지는가? 가족의 유대나 문화적 정체성을 얼마나 소중하게 여기는가? 정신병은 다른 문제와 동일한 것인가, 아니면 다른 사람들이나 가족에게 부끄럽고 불명예스러운 일로 여겨지는가? 성공은 얼마나 중요한가? 개인의 실패가 의미하는 것은 무엇인가? 물질은 얼마나 중요한가?(소유, 공간, 혹은 유형의 어떤 것들) 권력, 지위, 학력과 같은 자격증명서는 얼마나 중요한가? 6) 통제-책임: 그 사람은 개인이 자신의 미래를 제어한다고 믿는가, 아니면 다른 어떤 사람이나 힘에 의해서 좌우된다고 믿고 있는가? 그 사람은 자신의 변화를 위해 책임을 질 수 있고 또한 책임을 져야 한다고 생각하는가? 그 사람은 자신을 희생자처럼 느끼는가? 그 사람이 제어하고 있다고 느끼는 것은 어느 분야인가? 그 사람이 제어하지 못한다고 느끼는 것은 언제인가? 환경을 극복하기 위해 노력하거나 저항하지 않으면서 내적인 평화와 조화가 소중함을 믿고 있는가? 7) 시간: 시간을 우리가 낭비, 조절, 혹은 현명하게 소비할 수 있는 귀중한 일용품이라고 보고 있는가? 미래, 현재, 과거 중에서 어느 것을 강조하고 있는가? 스케줄을 정확하고 엄격하게 지키는 것이 얼마나 중요한가? 즉각적인 결과를 원하는가? 아니면 기다릴 수 있는가? 시간 때문에 지연되거나 속박 되는 것을 참지 못하는가? 예를 들면 1시에 모이자고 하는 것이 어떤 의미인가? 그 말은 정확히 오후 1시 정각인가, 1시경인가, 아니면 점심 먹은 후 언제가라는 의미인가? 내담자 혹은 상담자는 약속된 일이 정해진 시간에 시작되지 않으면 어떤 반응을 보이는가? 8) 의사소통 스타일: 큰 소리로 말하는가?

4) 상담자는 내담자의 개인적 행동과 감정에 관련된 것뿐만 아니라 내담자의 행동과 상황에 영향을 주는 단체나 조직에 대한 개입전략을 포함하여야만 한다. 즉 내담자로 하여금 자신의 삶에서 불평등에 대해 이의를 제기하고 표현할 수 있는 개인적 능력에 대한 감각과 기술을 개발할 수 있도록 도울 필요가 있다.

5) 상담자는 다른 문화에 대한 지식에 있어서 항상 완전히 통달하거나 현재적 상황을 아는 것이 아니기 때문에 상담과정을 좀 더 효과적으로 만들어 가기 위해서는 기꺼이 자신에게 조언해 줄 수 있는 다른 문화적 배경을 가지고 있는 전문가와 접촉할 필요가 있다.

6) 상담자는 공동체에서 조력자로 활동하는 사람들과 협력하는 일에 개방적이어야 하며, 종교 지도자, 공동체의 지도자, 가장, 문화적으로 도움을 주는 자원으로 인식되는 모든 사람들과 함께 작업할 수 있는 기술을 개발시켜야 한다.

VI. 다문화역량 구축하기

다문화역량(multicultural competency)이란 각 개인이 세상을 보는 방

빠르게 말하는가? 크게 빨리 말하는 것이 문화적으로 적절한가? 시선을 마주치는 것이 적절한가? 머리 끄덕이기를 포함해 의자에 기대거나 포옹 같은 제스처가 가지고 있는 의미는 무엇인가? 진실을 말하는 것보다 체면을 구하는 것이 더 중요한가? 정면 대결이나 솔직한 것이 더 적절한가? 침묵은 무엇을 의미하는가?(일부 문화에서 침묵은 존경을 의미한다. 다른 문화에서 침묵은 거절, 화, 혹은 반응하기 두려워하는 것으로 여겨질 수 있다.) 9) 감정표현: 감정을 겉으로 드러내는 것은 약하다는 표시인가? 느낌을 억제하는 것이 문화적으로 적절한가? 부당함에 직면 했을 때 화내는 것은 적절한가? 감정을 공공연하게 말하는 것이 문화적으로 적절한가? 10) 상담에 대한 태도: 상담을 받는 것이 문화적으로 적절한가? 상담자에게 가는 것이 약하다는 표시로 받아들여지는가? 개인이 가족이나 사회적 그룹 없이 개인적 문제에 관해 일대일로 이야기하는 것이 문화적으로 적절한가? 상담자가 지도적일 것으로 기대되는가, 아니면 내담자 자신이 결론을 내리도록 이끌 것으로 기대되는가? 상담자와 토론하기에 부적절한 주제가 있는가? 어떻게 해야 신뢰를 쌓을 수 있을까?

법을 만들어내는 문화적 영향을 인식하는 한편 다른 사람을 효과적으로 돕고 이해하는 능력을 말한다. 이 개념은 다문화교육에서 많이 연구되었으며, 이제는 상담, 복지 등의 분야에서 폭넓게 활용되고 있다.

티트와 티트(P. L. Tiedt & I. M. Tiedt)는 3E 모델을 제시하였는데, 이것은 존중(Esteem), 공감(Empathy), 동등(Equity)의 약자이다. 그들은 다문화적으로 가르칠 때 이 세 가지 개념에 충실하다면, 다음과 같은 교육목적을 성취할 수 있을 것이라고 말한다. (1) 가치 있는 개인으로서의 정체성을 발전시키는 일, (2) 의견의 차이를 가치 있게 여기며, 이러한 차이가 결단할 수 있는 능력을 어떻게 향상시키는지 이해하는 일, (3) 다른 관점을 이해하고 어떤 요소들이 거기에 영향을 주는지 이해하는 일, (4) 자신과 다른 사람이 가지고 있는 유산(heritage)을 나누는 일, (5) 전 지구적으로 사고하고, 인간의 상호의존성을 이해하는 일, (6) 다문화사회에서의 시민들의 책임성을 인식하고 받아들이는 일이다.[17] 또한 그들은 '학생중심의 접근', '잠재적 교육과정의 강조', '학습공동체의 창조', '포괄적인 교실문화의 창조', '학습을 이끄는 학생' 등을 강조한다.[18]

구디쿤스트와 김(Gudykunst & Kim)은 그들의 저서에서 다문화적 인간을 다음과 같이 묘사한다. "간문화적(intercultural)이 되어가는 과정에서 한 단계 더 진보된 수준에 도달한 사람이며, 그들의 인지적, 정서적, 행동적 특성은 어느 한 문화의 심리적 특성에 제한되기 보다는 그것을 넘어서 성장을 향해 열려진 사람이다.... 간문화적 인간은 지적, 정서적으로 인류의 근본적인 통일성에 헌신되어 있으면서도 다른 문화권의 사람들 간에 존재하는 차이점을 받아들이고 인식하는 사람이

---

17   Pamela L. Tiedt & Iris M. Tiedt, Multicultural Teaching: A Handbook of Activities, Information, and Resources (Boston: Allyn & Bacon, 2010), 41.
18   Pamela L. Tiedt & Iris M. Tiedt, Multicultural Teaching, 43-50.

다."[19] 또한 이들은 간문화적인 인간(intercultural people)을 다음과 같이 설명한다.

(1) 자신의 문화적 가정에 도전해 보고, 자신의 세계관이 어떻게 자신의 문화에 의해 형성되었는지를 생각해 본 경험이 있다.

(2) 문화 간의 접촉을 위해서 촉진자나 촉매자로 일할 수 있다.

(3) 자신의 자민족 중심주의의 뿌리를 받아들이고, 타문화에 대해서도 객관성을 유지한다.

(4) 문화 간의 만남을 더 정확하게 해석 평가하고, 두 문화 사이에서 의사소통의 연결고리 역할을 가능하게 하는 '제3세계적 관점(Third World perspective)'을 발전시킨다.

(5) 문화적 공감(cultural empathy)과 '타자의 세계관에 대한 상상적 참여(imaginatively participate in the other's world view)'를 보인다.[20] 콜린스는 상담을 위한 다문화역량 구축을 위한 많은 제안 중에서 다섯 가지를 제시한다.[21]

1. 자신의 문화적 가치관과 편견에 대한 인식

---

[19] W. B. Gudykunst & Y. Y. Kim, Communicating with Strangers: An Approach to Intercultural Communications (New York: Addison-Wesley, 1984), 230, quoted from Christine I. Bennett, Multicultural Education: Theory and Practice (Boston: Pearson, 2011), 9-10.

[20] W. B. Gudykunst & Y. Y. Kim, Communicating with Strangers, 231.

[21] Gary Collins, Christian Counseling, 한기상 역, 『크리스천 카운슬링』 (서울: 두란노, 2008), 124-132; cf. Derald Wing Sue, David Sue, Counseling the Culturally Diverse: Theory and Practice, 4th ed. (New York: Wiley, 2003): 18-24; Nancy Downing Hansen, Fran Pepitone-Arreola-Rockwell, and Anthony Green, "Multicultural Competence: Criteria and Case Examples,", Professional Psychology: Research and Practice 31 (December, 2000): 652-660; Richard Stuart, "Twelve Practical Suggestions for Achieving Multicultural Competence," Professional Psychology: Research and Practice 35 (February, 2004): 3-9; Virginia A. Lee, "Five resources for developing multicultural competence," Religious Education 107 (May-Jun, 2012): 276-280.

다른 사람에게 진실이라고 여겨지는 것이 나에게 진실일 수는 없는 경우가 있다. 학대하는 부모에게서 상처를 받거나 엄격한 종교적 양육으로 상처 입은 상담자는 모든 내담자가 학대 받았으며 과거의 고통에서 벗어나야 할 필요가 있다고 추정할 수도 있다. 사람들은 대부분 그들의 편견이 어떻게 상담에 영향을 끼치는지 인식하지 못한다. 상담에서 편견을 줄이려면 자신의 세계관을 재고해 보아야 한다. 예를 들면 옳고 그름의 기준에 관한 나의 관점은 무엇인가? 사람들은 어떻게 변하는가? 나의 핵심 가치관은 무엇인가? 이와 같은 질문을 통하여 자신의 세계관이나 가치관을 살펴보고, 나와 다른 문화나 소수민족그룹에 속하는 가까운 친구의 관점과 비교해 보는 것도 유용할 것이다. 거꾸로 그들은 나의 어떤 문화적 가치관을 편견이라고 볼 것인지를 생각해 보는 것도 좋을 것이다.

2. 내담자의 문화적 배경 인식

사람들의 태도, 가치관, 세계관은 다를 수밖에 없다. 같은 가족이라 해도 10대의 청소년과 조부모를 상담할 때는 그 차이를 발견할 수 있을 것이다. 상담자는 마음을 열고 내담자로부터 배워야하며, 내담자의 문화적 관점에 대해서 성급한 판단을 내리지 말아야 한다. 만약 이러한 문화적 차이점을 인식하지 못하면 내담자는 상담자를 불신할 것이며 효과적인 상담의 진전은 기대하기 어렵다.

3. 내담자의 세상을 보는 방법 이해

콜린스는 문화적 차이를 더욱 분명하게 이해하기 위해 빙산을 생각할 것을 제안한다.
첫째, 사람들은 물 밖으로 나와 있는 빙산의 작은 부분만을 볼 수 있다. 대부분은 보이지 않는 표면 아래에 있다. 사람들은 흔히 문화의 보이는 부분만을 보기 쉽다. 예를 들면, 의상, 인사법, 음식, 음악 등이 있을 것이다. 그러나 그 이상을 생각해야 한다.

둘째, 무언의 규칙은 처음에는 보이지 않으나 점차로 발견될 수 있고 알 수 있게 되는 행동을 말한다. 무언의 규칙은 말소리의 크기, 대화할 때 상대방과의 거리, 적절한 팁(수고비) 그리고 다른 여러 가지 습관에 대한 문화적 기대를 포함한다. 어떤 나라는 시간엄수가 중요하다고 생각하는 반면 다른 나라에서는 그렇지 않다. 미국문화에서 이름을 사용하는 것은 보편적이지만, 다른 많은 문화에서 이름은 아주 친한 사람에게만 제한된 것으로 특히 어린아이들은 나이든 사람들의 이름을 절대로 부르지 않는다. 일부 문화에서는 부부가 아닌 남자와 여자는 절대로 상대방의 옆에 앉지 않아야 하는 반면 다른 곳에서는 전혀 문제가 없다. 이 무언의 규칙은 물어서 알 수 있으나, 실수로 배우는 경우가 더 많다.

셋째, 무의식적인 규칙이나 태도들은 문화적 빙산의 가장 깊은 곳이다. 아이들은 그 문화 속에서 성장하면서 행동양식을 배우게 된다. 이런 일은 방문객이 의식하기에는 아주 어려운 것이지만, 이것이 침범 당하면 대단히 무례하게 여겨질 수도 있다. 언제 포옹하는 것이 적절한가? 낯선 사람 혹은 나이든 사람의 눈을 직접 바라보는 것은 정중한가? 전문상담자라 하더라도 낯선 사람과 개인적인 문제를 논하는 것은 적절한가? 의자에 앉을 때 다리를 꼬고 앉는 것은 적절한가? 일부 문화에서 이런 행동은 아무 무례한 것으로 받아들여진다.

4. 다문화 이해의 확충

문화적 이해력을 키우기 위해서는 다양한 매개체를 읽고, 듣고, 보아야 한다. 다양한 정체성을 가진 사람들과의 관계를 발전시키며, 공동체 활동에 참여할 수도 있다. 한 문화가 가진 독특한 특징을 배우고 적응하려면 시간과 열정을 투자해야 한다. 상담자는 사람들의 문화적 응을 위한 단계들을 잘 이해해야 한다.[22]

첫째, 열정 단계(enthusiasm stage)이다. 새로운 환경에 대한 애정을 포함한다. 새로운 전입자들은 새로운 경험, 기회, 음식 그리고 사람들을 즐긴다.

둘째, 비판적 단계(critical stage)이다. 멀지 않아 의기소침, 불만족, 집을 갈망하게 되는 비판적 단계가 오는 경우가 많다. 이 단계에서 새로 온 사람은 종종 언어와 씨름하고 새로운 환경에 어울리지 않는다고 느끼며 참을성이 없어지고 부정적이다. 이 시기에는 새로 온 사람이나 현지인 사이에서 비판적으로 평하거나 짜증내는 태도가 나타날 수 있다.

셋째, 조절과 적응의 단계(adjustment and adaptation stage)이다. 전보다 균형 잡힌 시각이 나타난다. 다른 문화에서 온 사람은 새로운 장소에서의 상황이 전부 나쁜 것만은 아니며 많은 경우 좋다는 사실을 깨닫기 시작한다. 새로운 문화의 습관, 가치관, 관습 중 일부를 선택하고 심지어는 이런 것들을 더 선호할 수도 있다.

넷째, 재진입 단계(reentry stage)이다. 오랜 기간 고향을 떠나 있던 사람이 고향으로 돌아가게 되면 옛 문화가 어떻게 바뀌었으며 새로운 문화가 자신의 사고와 선호도를 어떻게 바꾸었는지를 실감하고 정신적 충격을 느낀다. 일부 사람들은 어느 문화를 선호하는지 그리고 자신이 어느 문화에 맞는지 정신적으로 혼란스러워하기도 한다.

이와 유사하게 폴 한비(Paul Hanvey)는 4가지의 인식 수준을 제안한다.[23]

---

22 Gary Collins, Christian Counseling, 한기상 역, 『크리스천 카운슬링』, 131-132.
23 cf. D. W. Augsburger, Pastoral Counseling Across Cultures, 25-26.

첫째 수준은 피상적이거나 눈에 보이는 데로만 문화의 특징을 인식하는 것이다. 여기에는 고정관념이 많이 지배한다고 볼 수 있다. 이 수준은 주로 관광, 교과서, 잡지 등을 통해서 얻어지는 것이다.

둘째 수준은 문화적 갈등상태라 할 수 있는데, 타문화를 자신의 문화와 대조되는 의미 있고도 미묘한 특색으로 인식한다.

셋째 수준은 지적 분석의 단계이다. 자신의 문화와 뚜렷하게 대조되는 문화적 특색들의 의미를 인식한다. 인지적 인식의 단계라 할 수 있다.

넷째 수준은 몰입 혹은 그 문화를 사는 단계이다. 여기서는 내부자의 관점에서 문화를 인지하는데 지적 통찰과 감성적 이해가 포함된다.

5. 상담 전략과 기술의 개발

대부분의 심리검사나 상담기술은 한 문화 속에서 발전되어 온 것이다. 이 방법들을 내담자의 문화에 맞도록 응용하지 않는다면 상담자는 공정하지 않거나 부적절한 결론에 도달하거나 때로는 저항에 부딪칠 위험이 있다. 예를 들면 칼 로저스가 발전시켜온 내담자중심 접근방식을 생각해 보자. 이 방법은 상담자의 개입이 최소화된 상태에서 내담자 스스로 문제를 해결하는데 익숙한 미국 대학생에게는 잘 적용될 수 있으나, 아시아인과 아프리카인에게는 덜 효율적이다. 이들은 상담자가 나이가 많고 현명한 충고자로서 가족의 맥락 안에서 지도해 주기를 바란다. 대부분의 미국인들은 낯선 사람과 개인적 문제를 이야기하는데 어려움이 없으나 다른 문화에서는 일신상의 내용을 낯선 사람과 공유하는 법이 없으며 낯선 사람에게는 명확하게 말하지도 않는다. 언어 차이는 특별한 의미를 갖는다. 상담자는 언어적으로 그리고 비언어적으로 메시지를 보내고 받을 줄 알아야 한다.

VII. 나가는 말

모든 상담은 다문화적이다. 모든 상담자와 내담자는 독특한 경험, 세계관, 신학적 관점, 문화적 기대를 지니고 있다. 만약 내담자의 나이, 배경, 성, 교육수준, 가치관, 사회경제 상태, 믿음체계가 다르다면 다문화 상담을 수행하고 있는 것이다. 상담자는 성, 나이, 인종, 소수그룹, 국적, 종교, 장애, 언어 혹은 사회 경제적 상태에 근거하여 사람들을 불공정하게 다루는 위험에 빠지지 않도록 해야 한다. 기독교상담자는 최소한 다섯 가지 영역에서 다문화적 능력을 가지고 있어야 한다. 첫째, 상담자는 자신의 문화, 가치관, 편견에 대한 인식을 발전시켜야한다. 둘째, 상담자는 내담자의 문화적 관점을 알도록 노력해야 한다. 셋째, 상담자는 문화적으로 다양한 내담자가 세계를 보는 방식을 이해하도록 해야 한다. 넷째, 상담자는 문화적응의 단계와 수준을 이해해야 한다. 다섯째, 상담자는 문화적으로 적절한 상담 전략과 기술을 개발하고 이용할 수 있어야한다.

| 참고 문헌 |

경기도다문화교육센터 편. 『다문화교육의 이론과 실제』. 서울: 양서원, 2009.

신국원, 『신국원의 문화이야기』. 서울: IVP, 2002.

Augsburger, D. W. *Pastoral Counseling Across Cultures*. Philadelphia: Westminster Press, 1986.

Bennett, Christine I. *Multicultural Education: Theory and Practice*. Boston: Pearson, 2011.

Collins, Gary. *Christian Counseling*. 한기상 역. 『크리스천 카운슬링』. 서울: 두란노, 2008.

Collins, Gary. *Innovative Approaches to Counseling*. Waco, Texas: Word Book, 1986.

Gudykunst, W. B. & Kim, Y. Y. *Communicating with Strangers: An Approach to Intercultural Communications*. New York: Addison-Wesley, 1984.

Hansen, Nancy Downing, Pepitone-Arreola-Rockwell, Fran & Green, Anthony. "Multicultural Competence: Criteria and Case Examples." *Professional Psychology: Research and Practice* 31 (December, 2000): 652-660.

Hays, Pamela A. *Addressing Cultural Complexities in Practice: Assessment, Diagnosis, and Therapy*. 방기연 역. 『문화적 다양성과 소통하기』. 서울: 한울, 2010.

Lee, Virginia A. "Five resources for developing multicultural competence." *Religious Education* 107 (May-Jun, 2012): 276-280.

Lingenfelter, S. G. & Mayers, M. K. *Ministering Cross-Culturally*. 왕태종 역. 『문화적 갈등과 사역』. 서울: 조이선교회, 1989.

Lyotard, Jean-Francois. *The Postmodern Condition: A Report on*

Knowledge. Minneapolis: University of Minnesota Press, 1984.

Pannenberg, W. *What is Man?: Contemporary Anthropology in Theological Perspective*. Philadelphia: Fortress Press, 1970.

Stuart, Richard. "Twelve Practical Suggestions for Achieving Multicultural Competence." *Professional Psychology: Research and Practice* 35(February, 2004): 3-9.

Sue, Derald W. & Sue, David. *Counseling the Culturally Diverse: Theory and Practice*. New York: Wiley, 2003.

Sue, Derald W. *Counseling the Culturally Different: Theory and Practice*. New York: John Wiley & Sons, INC, 1999.

Tiedt, Pamela L. & Tiedt, Iris M. *Multicultural Teaching: A Handbook of Activities, Information, and Resources*. Boston: Allyn & Bacon, 2010.

Tylor, E. V. *Primitive Culture*. London: J. Murray, 1871.

Webber, Robert. *The Secular Saint: A Case for Evangelical Responsibility*. 이승구 역.『기독교문화관』. 서울: 토라, 2008.

법무부 홈페이지: www://www.moj.go.kr.

음악의 치유기능에 대한 고찰[1]

유명복
백석대학교 교수

I. 들어가는 글

미국의 소설가 스타이런(William Styron, 1925-2006)은 자신이 겪었던 우울증을 바탕으로 쓴 『보이는 어둠』Darkness Visible에서 자신의 우울증에 대한 기억을 술회하고 있다. 그는 가치 있는 삶을 회복할 희망을 잃었기 때문에 자살하기로 결심했다. 어느 추운 날 밤 TV의 영화에서 콘트랄토가 부르는 브람스(Johannes Brahms)의 랩소디를 듣게 되고 그 노랫소리를 통해 생에 대한 환희를 느끼고 마침내 자살하려던 자신의 생각을 바꾸게 된다. 브람스의 랩소디가 우울증으로부터 그를 해방시켜준 것이다(Yehuda, 2011).

이와 같은 경험은 스타이런에게만 국한된 것은 아닐 것이다. 우리가 음악을 찾는 이유 중 하나는 음악이 주는 특별한 정서적 경험 때문이다. 음악은 인간의 가장 원초적인 활동으로 인류의 시작과 함께 지금까지 존재해 오며 우리의 마음에 평안과 위로를 주고, 우리의 영혼을 고조시키며, 성스러움을 자극하기도 한다. 또 음악은 우리의 의식세계에 들어와 황홀경(ecstasy)이나 고도 각성(high arousal)과 같은 느낌을 주며 다른 세계로 안내하기도 한다. 일찍이 마슬로우(Abraham Maslow)는 음악이 사람들이 가지는 절정경험의 하나라고 주장했다. 그가 말하는 절정경험이란 자신을 실현시키는 과정에 있어 가장 강렬하

---

1 본 논문은 2016년도 한국기독교교육정보 제 49집에 게재된 논문입니다.

고 초월적인 내적 경험이다(Maslow, 1968, pp. 68-75). 최근에 진행된 한 연구에서도 강렬한 음악 경험이 개인의 가치관, 삶의 의미에 대한 지각, 사회적 관계 그리고 개인의 발달에 지속적인 변화를 가져올 수 있음을 보여주고 있다. 강렬한 음악 경험은 보다 진실하고 충만한 영적인 삶을 살기 위해 진정한 내적 자아를 실현시키는 것을 도와준다는 것이다(Schafer, Smuklla, & Oelker, 2014).

　위에서 언급한 평안과 위로, 내적 경험과 지속적인 내적 변화는 치유와 관계가 있다. 이처럼 음악은 즐거움의 원천으로서의 음악을 넘어 정신과 육체를 회복시키는 효과를 가지고 있다. 우리는 음악이 우리에게 감동을 주고 때로 귀를 즐겁게 해주는 정도로만 생각할 뿐 음악이 가져다주는 치유 기능에 대해서 정확하게 인식하지 못하거나 과소평가해 온 듯하다. 그러나 우리가 생각하는 이상으로 음악은 대단한 힘을 가지고 있지 않을까? 음 자체는 공기의 진동일 뿐인데 음들이 모여서 이루어진 음악은 어떻게 이런 기능을 하는 것일까? 일반 학문에서는 1940년대부터 음악의 치유기능에 대한 다각적인 연구가 진행되었고 현재 음악이 여러 방면으로 생물체에 도움을 주고 있다. 기독교교육현장에서도 음악의 중요성을 인식하고 좀 더 깊은 연구와 논의 그리고 적용이 있기를 기대해본다.

　본 논문에서는 음악의 여러 기능 중에서 치유의 기능에 대해 살펴보려고 한다. 구체적으로, 음악의 치유의 역사, 성경에 나타난 음악의 치유기능, 그리고 음악에는 어떤 치유의 기능이 있으며, 치유를 가능하게 하는 메커니즘에 대해 논의하고, 이런 음악을 기독교교육에서 어떻게 활용할 것인가를 제안할 것이다.

　현재 학계에서는 음악치료라는 말을 많이 사용하나 본 논문에서는 치료보다는 치유라는 용어를 사용하려 한다. 때로 인용을 할 경우 저자의 의견을 존중하여 치료로 언급한 곳도 있다. 그러면 음악 치유와 음악치료의 차이점은 무엇일까? 치유는 신체적, 정신적, 정서적, 영적 온전함을 회복, 실현, 유지하는 것으로 질병이 음악을 통해 없어질 것을 주장하는 것은 아니다. 단지 음악이 치유환경에 유용하다고 주장한다(Hook, 2005에서 재인용). 이에 비교해 음악치료는 개개의 목표를 달성하기 위해 임상적 증거를 기초로 한 음악 중재라고 할 수 있다. 즉 신체적, 정서적, 인지적, 사회적 필요를 충족시키기 위해 정교하게 선정한 음악과 음악 중재를 사용한다(American Music Therapy Association, 2015).

II. 음악의 치유기능의 역사

의학으로서의 음악의 역사는 음악 그 자체의 역사만큼이나 오래되었다. 앞서 언급했듯이 음악은 즐거움의 원천으로서의 음악을 넘어 정신과 육체를 회복시키는 효과를 가지고 있다. 인류는 역사의 흐름과 함께 음악을 건강증진의 수단으로 활용하게 되었고 원시시대 최초의 음악치료사가 사제였으며 샤만은 병을 몰아내는 종교의식과 마술에 음악을 활용하였다(Boxberg, 1962, p. 68). 고대 그리스에서는 아폴로 신을 음악과 치유를 다스리는 신으로 여겼다(Trehan, 2004).

음악의 치유력은 주술적인 치유, 종교적인 치유 그리고 과학적인 치유 이렇게 세 단계로 나누어 기술할 수 있다. 주술적인 치유단계에서는 원시인이 자연의 어떤 소리가 인간이 볼 수 없는 초자연적인 영과 의사소통할 수 있는 매개체로 믿었다. 종교적 치유단계에서는 음악과 악기가 신으로부터 주어진 선물이고 그것을 제사에서 정화할 때 사용하는 것으로 여겼다. 과학적 치유 단계는 소크라테스(Socrates)나 플라톤(Plato)과 같은 그리스 철학자들과 함께 시작되었다. 아리스토텔레스(Aristotle)는 음악의 카타르시스의 힘을 처음으로 인정하였고 플라톤은 정서를 위해 화음과 형태(mode)를 규명하였다(Goodman, 1981, pp. 564-585).

기원전 6세기 음악치료의 아버지라고 불리우는 피타고라스(Pythagoras)는 정신을 치료하는 수단으로 음악을 심리학적으로 접근한 사람이다. 그는 음악은 우주 전체의 조화로운 움직임을 모방한 감지 가능한 우주의 소리라고 믿고 음악과 우주를 동일시함으로써 음악이 인간에 의해 만들어진 것이 아니라 신에 의해 주어진 것임을 증명하려 하였다. 그는 모든 예술 가운데 음악만이 영혼을 움직일 수 있고 음악이 올바른 방법으로 사용된다면 건강에 지대한 영향을 끼친다고 생각했다. 건강은 육체와 마음의 조화에 의존한다고 믿었고 특별히 카타르시스를 가져다주는 음악의 기능을 강조하였다(Grout, 1980).

기원전 4세기경 그리스 의학의 아버지인 히포크라테스(Hippocrates)는 환자들을 위하여 음악을 연주하였고 플라톤도 국가론에서 음악이 인격을 형성하고 음악의 모드가 변할 때 그 상태의 근본적인 법칙도 그것과 함께 변한다고 주장하였다. 아리스토텔레스는 그의 『정치학』Politics에서 음악의 기능을 일과 후의 긴장 완화와 자유시간의 여가생활 그리고 카타르시스의 도구로서의 치유적 기능을 주장하였다 (Stamou, 2002).

고대의 신학자 아우구스티누스(Augustinus)는 음악은 신을 경배하는 수단이며 무엇보다 인생을 영원한 신적 조화의 상태로 이끈다고 주장했다. 피타고라스의 우주 음악은 아우구스티누스에 이르러 천사의 음악이 되었고 음악은 이제 선한 기독교적인 음악과 방탕하고 무절제한 세속음악으로 나뉘어졌다. 스콜라철학의 대표자 아퀴나스(Thomas Aquinas)는 교회음악만이 정신적 장애가 있는 사람을 도울 수 있다고 생각했다. 영혼은 오로지 종교적인 심성을 통해서만 조화를 이룰 수 있고 육체와 정신의 건강은 연결되어 있다고 주장했다(Deest, 1995/1999, p. 232).

중세기의 철학자이자 음악가인 보에티우스(Boetius)는 음악이 인간의 성격과 도덕 그리고 윤리적 행동에 영향을 미칠 수 있다고 생각했고 어떤 음악을 듣는지에 따라 그 사람의 인성과 영혼을 알 수 있다고 했다. 르네상스 시대에는 중세의 종교만을 중시하던 세계관에서 더욱 세속적인 세계관으로 변화되면서 음악은 종교적인 목적뿐만 아니라 미학적인 만족이나 즐거움을 얻는 데 사용되어 졌다. 그뿐 아니라 음악이 더욱 과학적으로 사용되었고 음악의 속성과 인간의 기질적 속성을 연결시켜 연구하여 인간의 기질에 따라 음역과 선법 등 음악적 요소를 연관시킨 이론이 나오기도 했다(정현주, 2011, p. 94). 르네상스 시대 이후에 내과 의사는 정서적 육체적 변화에 효과가 있는 음악을 사용했다. 의학 특히 해부학과 생리학에서의 진전이 과학적 접근법을 가능하게 했다. 질병은 생화학적인 방해로 몸에 있는 물질이 균형을 이루지 못하기 때문이라고 생각했다. 음악이 신경체계에 영향을 준다고 믿었다.

유럽에서 근대 초기 버톤(Robert Burton)은 그의 저서 『고독의 해부』 The Anatomy of Melancholy에서 절망에 대한 치료로 악마를 쫓아내는 능력을 가진 음악에 대해 썼다. 그는 고독한 사람을 더 즐겁게 즐거운 사람을 더 즐겁게 해주고 사랑하는 사람을 더 사랑하게, 종교적인 사람을 더 종교적으로 만드는 능력을 음악이라고 했다(Babikian et al., 2013에서 재인용).

19세기 이후 심리학의 발달, 라디오, 축음기와 같은 대중매체의 발명으로 인한 일상에서의 음악 경험, 그리고 두 번의 세계대전은 교육과 예술에서의 미학적 탐미의 음악을 넘어 기능적 음악의 장을 여는 계기가 되었다. 2차 대전 이후 전쟁 후유증으로 인해 신체적, 심리적 고통을 호소하는 많은 병사에게 음악의 치료적 효과가 있음이 과학적으로 증명되면서 음악 치료학이라는 새로운 학문이 미국에서 태동하게 된다(Davis, Thaut, & Gfeller, 2008, p. 28). 동시에 많은 출판사가 음악 치료와 환자를 다루고 진단하는 데 음악기술을 사용할 수 있는 음악 치유사를 훈련하는 사례를 발표하게 되고 음악치료사들을 훈련하는 필요성을 느끼게 되어 미시간 주립대학에 첫 번째 훈련 프로그램이 1944년에 생기게 되었다. 그리하여 음악치료와 전문적인 건강케어가 학문으로 탄생되었다(Carroll, 2011). 이렇게 20세기에 들어서면서 음악의 기능은 과학기술의 발달, 전쟁, 그리고 사회, 정치적 혼란이라는 다양한 외부적 요인들의 영향을 받으면서 교육, 예술과 오락의 차원에서 치료적 역할까지 확장된다. 즉 음악이 교육과 예술로서의 미적, 오락적 탐미의 대상에서 벗어나 과학과 문화의 급격한 변화를 통해서 우리 사회에서 치료와 조종을 목적으로 사용될 수 있는 도구로까지 변화된 것이다.

III. 성경에 나타난 음악의 치유기능

구약성경의 내용 가운데 수많은 음악 관련 구절들을 발견할 수 있다. 음악가, 악기, 음악작품에 대한 언급은 풍부하고도 다양하다. 그뿐 아니라 음악 치유의 기원도 구약성경에서 찾아볼 수 있다. 이것은 하나님께서 치유를 위해 음악을 사용하셨다는 사실을 보여주며 음악 치유가 흔히 종교, 특히 기독교와 밀접한 관계가 있음을 알 수 있다 (Olaniyan, 2013).

인간의 육체적 아픔으로서의 질병과 고통에 대해 일반적으로 유대인들은 하나님으로부터 인간에게 온 벌이거나 하나님의 계명을 어긴 것 등 도덕적으로 악하기 때문에 인간이 육체적인 아픔을 겪거나 질병에 걸린다고 여겼다(Alude & Ekewenu, 2009에서 재인용). 그럼에도 불구하고 하나님을 여전히 여호와 라파 등 치유의 하나님으로 불렀다(출 15:26). 그 밖에 하나님께서 병을 주시기도 하고 치유하시기도 한다는 몇 구절을 언급하면 다음과 같다.

> 여호와께서 애굽을 치실지라도 치시고는 고치실 것이므로 그들이 여호와께로 돌아올 것이라 여호와께서 그들의 간구함을 들으시고 그들을 고쳐 주시리라(사 19:22)

> 나는 죽이기도 하며 살리기도 하며 상하게도 하며 낫게도 하나니 내 손에서 능히 빼앗을 자가 없도다(신 32:39)

신약의 사도행전 9:8, 17, 18에서 볼 수 있듯이 바울을 보지 못하게 하셨다가 다시 보게 하시는 것 등의 예에서 하나님께서는 치시기도 하고 치유하시기도 한다.

음악 치유는 보통 다섯 종류가 있다. 첫째, 불안을 완화하는 치유로 음악이 두려움과 근심으로부터 자유롭게 해 준다. 둘째, 긴장을 완화시켜주는 치유로 음악이 육체적 정신적 고통으로부터 이완시켜준다. 셋째, 환각적 음악 치유로 음악이 악령에 사로잡혀 있는 사람을 자유롭게 해 준다. 넷째, 병리학적 음악 치유로 음악이 상실의 슬픔이나 무거운 짐을 완화시켜준다(Meremi, 1997).

음악으로 치유를 한 예를 성경에서 찾아보면 사울이 악령에 사로잡히고 다윗이 음악으로 낫게 한 경우(삼상 16:14-23), 다윗 왕과 언약궤(대상 15장) 등을 들 수 있다.

먼저 사울과 다윗의 경우를 살펴보면, 삼상 16:14-23에서,

> 여호와의 영이 사울에게서 떠나고 여호와께서 부리시는 악령이 그를 번뇌하게 한지라 사울의 신하들이 그에게 이르되 보소서 하나님께서 부리시는 악령이 왕을 번뇌하게 하온즉 원하건대 우리 주께서는 당신 앞에서 모시는 신하들에게 명령하여 수금을 잘 타는 사람을 구하게 하소서 하나님께서 부리시는 악령이 왕에게 이를 때에 그가 손으로 타면 왕이 나으시리이다 하는지라 사울이 신하에게 이르되 나를

위하여 잘 타는 사람을 구하여 내게 데려오라 하니…… 하나님께서 부리시는 악령이 사울에게 이를 때에 다윗이 수금을 들고 와서 손으로 탄즉 사울이 상쾌하여 낫고 악령이 그에게서 떠나더라.(개역개정)

이 본문에 따르면 사울에게서 하나님의 영이 떠나고 악령이 침입하였기 때문에 사울이 아픈 것처럼 보인다. 사울을 진정시키기 위해서 음악이 연주되었고 다윗이 음악을 연주한 사람으로 기록되어 있다. 다윗은 하프 즉 수금을 연주했는데 수금은 화음뿐만 아니라 멜로디도 연주하는 악기이다. 위의 경우는 음악 치유가 환각적 음악 치유이고 그 목적은 악령에 사로잡힌 환자를 악령으로부터 자유롭게 해 주는 것이다.

좀 더 구체적으로 설명하면 하나님께서 부리시는 악령이 사울에게 힘 있게 내리매 그가 집안에서 정신없이 떠들어대므로 다윗이 평일과 같이 손으로 수금을 타는데 그때 사울의 선악의 문제, 악령의 정체 그리고 사울 왕의 고통이 해결되는 것을 살펴볼 수 있다. 다윗의 음악이 사울 왕의 번뇌를 두 가지 면에서 구속하였다. 첫째, 사울은 일시적인 영적 구속을 받았다. 다윗이 연주한 음악이 번뇌케 하는 영을 직접 제거하든지 혹은 악령이 더 이상 사울을 번뇌케 하지 못할 분위기를 만든 것이다. 즉 다윗의 음악의 요소가 영이 사울을 더 이상 괴롭히지 않게 만든 것이다. 둘째, 사울 왕의 번뇌를 낫게 한 것은 한편으로 육체적으로 구원한 것이다. 사울은 일시적으로 육신적으로도 나음을 얻었다. 여기에 사용된 단어 ravach는 확장 이완된다는 의미로 기분이 이완된다는 의미를 갖고 있다(VanGemeren, 1997, p. 1070). 어떤 학자는 사울의 고통이 숨을 쉬는 데 어려움이 있음을 포함하고 있을 가능성도 있다고 주장한다(Klein, 1983, p. 167). 아무튼, 다윗의 음악을 통해 사울의 몸이 고통으로부터 완전히 자유함을 느꼈다. 다윗의 음악은 사울이 겪고 있었던 심한 고통으로부터 일시적이고 완전한 육체적 이완을 가져올 만큼 강력했다. 번뇌케 하는 악의 정체에 관해 무엇이라 생각하더라도 악이 사울을 떠나게 한 것은 음악의 힘이다. 다윗이 연주한 음악이 번뇌케 하는 영을 직접 제거하거나 간접적으로 영이 사울을 더 이상 번뇌케 할 수 없는 분위기를 만든 것이다.

치유의 또 다른 예로 다윗이 언약궤를 가져오는 과정에서 음악의 역할에 대해 살펴보려고 한다. 다윗은 이스라엘의 왕이 되어 다윗 궁에서 편안하게 살고 있는데 하나님의 언약궤는 멀리 떨어진 곳에서 방치되어있는 것이 안타까웠다. 그는 어떻게든 이 언약궤를 빨리 예루살렘성에 들이기 원했고 이를 위해서 삼만 명을 동원했다. 언약궤를 운송하던 도중 웃사가 죽었다. 웃사는 언약궤를 실은 소들이 뛰자 손을 펴서 그것을 붙들다가 즉사하였다. 다윗은 이것을 목도하면서 크게 실망하고 두려워했다(삼하 6:9). 다윗은 언약궤를 가져오는데 두려움을 가지고 있었다. 언약궤를 모셔올 것을 결심하고 다윗이 노래하는 자, 비파와 수금과 제금 등의 악기를 울려서 음악에 맞추어 언약궤를 가져온다. 다윗은 린네 에봇을 입고 하나님 앞에서 춤을 춘다. 이에 대해 음악을 통해 다윗 왕이 두려움을 극복했다고 해석하기도 한다(Alude & Ekewenu, 2009).

앞에서는 성경에 나오는 치유의 예에 대해 살펴보았다. 위의 치유 예에서는 주로 악기들이 동원되었는데 성경에 나타난 예를 통해 몇 가지 사실을 알 수 있다. 일반적으로 1) 멜로디와 화성 악기는 심신증을 치유하는 경우에 사용되었다. 주요 악기는 수금(하프)이라고 할 수 있다. 2) 트럼펫과 타악기는 두려움과 걱정을 싸워 이기기 위해 사용되었다. 3) 노래는 긴장이나 정서적 고통 혹은 신체적 고통을 완화하기 위해 사용되었다(Alude & Ekewenu, 2009).

IV. 음악의 치유적 영향

　음악학자인 메리암(Allan Merriam)은 음악의 기능에 대해 몇 가지 언급하였다(Radocy & Boyle, 1997, pp. 23-25에서 재인용). 그 중 중요한 것을 열거하면, 첫째, 음악은 말로 표현하지 못하는 감정을 쉽게 표현하도록 해준다. 감정표현으로서의 음악은 평소 잘 처리하지 못하는 생각이나 감정을 전달하는 도구의 역할을 한다. 말로는 쉽게 표현하기 어려운 사랑의 감정을 노래를 통해 자연스럽게 표현하는 경우나 사랑하던 사람을 잃은 비통한 심정을 노래로 표현하는 경우이다. 음악은 또한 슬픔, 기쁨, 공상 놀람 등의 모든 감정적 느낌을 표현하는 데 사용되어 진다.

　둘째, 음악은 미적인 즐거움을 더해 준다. 미적인 즐거움으로서의 음악은 미를 추구하는 인간의 본능과 관련되어 있다. 음악을 감상하는 것이 미를 추구하는 인간의 본능과 연결되어 있을 수 있다.

　셋째, 음악은 커뮤니케이션의 기능을 가진다. 사람들은 커뮤니케이션을 위하여 음악을 사용하며 음악을 위해 커뮤니케이션을 하기도 한다. 음악의 소리 자체에는 어떤 특정한 의미나 이를 전달하는 기능이 없지만, 일반적으로 태도나 느낌 또는 분위기를 전달하는 도구로 사용된다.

　넷째, 음악은 또한 사회의 통합에 기여한다. 음악은 사람들을 모이게 하고, 참여시키고, 하나로 결속시킨다. 새마을 노래, 건설의 노래 또는 데모나 집회에서 부르는 노래 등이 그 예이다.

　다섯째, 모든 음악은 신체적 반응을 유발시키며 모든 사회는 음악을 춤이나 그 외 리듬적 활동을 위해 사용한다. 음악은 많은 행동을 유발시키고 흥분시키고 방향을 전환시키기도 한다.

　여섯째, 음악은 치료의 기능이 있다. 인간이 가지고 있는 자율신경계는 교감신경(흥분, 긴장)과 부교감신경(이완)으로 나뉘어져 있는데,

음악은 기분 좋은 긴장감과 스트레스의 이완작용의 역할을 담당하는 부교감신경을 활발하게 움직이게 하는 효과가 있다. 사람은 평소에 교감신경을 자극하면 스트레스를 받지만, 음악을 접함으로서 부교감신경으로 이완하는 효과 즉, 자율신경계의 조절을 원활하게 해줄 수 있을 뿐만 아니라 교감신경이 항진된 사람들에게 부교감 신경을 자극할 수 있는 측면이 있다.

위에서 열거한 음악의 기능 중에 음악의 치유적 기능에 대해 좀 더 구체적으로 살펴보려고 한다. 의학에서 비교적 새로운 연구 분야로 등장한 것이 정신신경 면역학인데 이에 따르면 인간의 사고나 심리상태는 인체에서 분비되는 화학물질의 영향을 받는다고 한다(Campbell, 1997/1999, p. 43). 음악이 우리의 인체에 미치는 영향이 결국은 우리의 정서와 심리상태에도 영향을 준다. 음악이 우리의 인체와 정서 및 심리상태에 영향을 주는 것을 열거하면 다음과 같다.

첫째, 음악은 호흡, 체온, 심장박동, 혈압, 및 뇌파에 영향을 미친다(Chapados & Levitin, 2008). 심장박동은 주파수, 빠르기, 음량과 같은 음악적 변인에 따라 달라지는데 음악의 템포가 빠르면 빠를수록 심장도 이에 맞추어 빠르게 박동하며 느린 템포에는 심장박동이 느려진다. 심장박동이 느릴 경우 신체적 긴장과 스트레스는 줄어들고 마음은 진정된다(Campbell, 1997/1999, p. 92). 모든 소리나 음악은 우리 인체의 체온에 미묘한 변화를 일으키며 더위와 추위에 적응하는 능력도 변화시킨다. 강한 비트의 시끄러운 음악을 들으면 체온이 몇 도정도 올라가며 약한 비트의 부드러운 음악을 들으면 체온이 내려간다.

인간의 생리적인 현상은 주관적이어서 똑같은 음악이라도 어떤 사람에게는 자극적인 반응으로 나타나 심장박동이나 근육 반응을 활발하게 하지만 어떤 사람에게는 침체시키는 반응으로 나타나기도 한다. 그 이유는 음악에 대한 자율신경 반응이 획일적인 것이 아니며 개인마다 나이, 성별, 몸의 상태, 심리적인 상태 등에 따라서 달리 나타나기 때문이다. 또한, 음악에 대한 개인적인 상황이나 선호도에 따라서도 반응이 다르다(Chanda & Levitin, 2013).

음악은 뇌파를 느리게 하고 평준화시킨다. 보통 사람이 깨어있을 때는 베타파가 주를 이룬다. 이 베타파는 외적으로 일상 활동에 집중하고 있을 때 강한 부정적 감정을 느끼게 한다. 사람이 고도의 평정 상태를 유지하고 있을 때 알파파가 나타난다. 음악은 의식을 베타 상태에서 알파 상태로 전환시킬 수 있고 동시에 각성상태를 더욱 명료하게 하며 행복감을 고조시킨다(Campbell, 1997/1999). 우리가 즐거운 음악을 들으면 한층 상쾌하고 에너지가 충전된 기분을 느끼는 것은 이 때문이다.

둘째, 음악은 우리의 내적 정서를 일깨운다. 음악은 우리의 느낌을 휘저어 슬픔, 분노 등 그 밖의 감정을 처리하도록 돕는다. 우리가 의식하든 하지 않던 우리의 정서를 직시하지 않을 때 우리의 정서는 우리의 내부에 차곡차곡 쌓이는 경향이 있다. 음악은 우리가 의식하지 못하더라도 내부에 있는 느낌이나 정서를 다루는 것을 돕는다. 일반적으로 스타카토, 당김음, 악센트가 많으며, 조성의 변화가 급격하고 음역의 폭이 넓으며 예측할 수 없는 음악의 흐름을 지닌 것은 자극적인 음악이다. 반대로 사람을 안정시키고 비활동적으로 되게 하는 음악은 멜로디 중심의 음악이며 조성의 변화가 거의 없거나 음역의 폭이 좁고 급격한 멜로디의 변화를 가져오지 않으며, 대개 반복을 동반하는 음악이라고 할 수 있다(최병철, 1999, p. 70).

셋째, 음악은 고통을 완화시키는 역할을 한다. 즉 음악이 그 순간의 현실이나 자기 자신으로부터 주의를 돌리게 함으로 고통을 잊게 한다. 고통으로 주의집중 하고 있던 것을 즐거운 감각 자극인 음악에 초점을 맞춤으로 그 순간의 고통을 잊을 수 있는 것이다(Campbell & Doman, 2011/2012, p. 159).

넷째, 음악은 스트레스를 감한다. 모든 유기체는 항상성을 유지하고

자 한다. 스트레스는 항상성의 상실에 대한 신경 화학적 반응이며 유기체로 하여금 항상성을 회복하는 활동을 하게 한다(Chanda & Levitin, 2013). 스트레스를 감소하려는 생활양식의 선택이 질병에 대항하는 것이며 음악이 그 가운데 하나이다. 즉 느린 템포의 음악을 듣노라면 스트레스가 감소되는데 이것은 스트레스와 관계있는 주요 호르몬인 코티솔이 음악이 중재함에 따라 감소되기 때문이다(Khalfa, Bella, Roy, Peretz & Lupien, 2003). 끊임없이 강한 소리를 내고 템포가 빠르고 불협화음이 섞인 채 강한 음색을 가진 음악은 교감신경을 지나치게 자극해서 너무 많은 양의 아드레날린을 분비시킬 수 있다. 이러한 효과는 때에 따라 심한 긴장 상태, 면역작용의 저하, 소화 장애, 심지어는 온몸의 기가 다 빠져나간 극도의 쇠약 증세로 발전할 수 있다.

다섯째, 음악은 우리의 기분을 고조시키고 걱정을 감소시키며 동기를 부여하고 우울증을 극복하는 데 도움을 준다. 최근의 연구들은 우울증 환자가 음악치료를 받은 후 기분이 나아지고 자존감을 얻었다고 보고하고 있다. 즐거운 음악을 들을 때 우리는 신선한 기분을 느끼기도 하고 에너지를 얻는다. 이것이 음악이 우리 정신에 주는 가장 분명한 영향력이다. 이것에 대한 과학적 설명은 우리가 음악을 들을 때 도파민이라는 호르몬이 나오고 그 호르몬이 우리의 기분을 전환시키고 기분 좋게 만들어 준다는 것이다(Chanda & Levitin, 2013).

치유와 관련하여 음악이 우리의 정서와 인체에 어떤 영향을 미치는가를 살펴보았다. 음악의 이런 치유기능을 설명하는데 몇 가지 메커니즘이 있는 듯하다. 즉 음악이 우리의 고통을 잊게 하거나 스트레스를 해소하고 우리를 행복하게 만들어 준다면 그런 과정에 작용하는 몇 가지 원리가 있을 것이다. 이에 대해 논의해 보려고 한다.

V. 음악 치유의 원리

음악이 생물을 치유하는데 사용되는 몇 가지 원리와 치유를 돕기 위해 사용하여야 할 원리를 여기에서 논의해 보고자 한다. 음악은 어떻게 치유과정에 도움을 주는 것일까?

첫째, 음악은 심리 신체적 특성을 가지고 있다. 즉 음악은 인간의 정서적, 신체적 반응을 유발한다. 음악의 심리 신체적 특성은 강도, 템포, 무드 혹은 음색 그리고 에너지에 있어 변화를 포함한다. 이런 것들이 기민성이나 무기력 반응, 긍정적 혹은 부정적 분위기 변화, 그리고 손뼉치기, 발 구르기, 혹은 몸을 흔들기 등과 같은 신체적 운동을 촉진시킨다. 우리가 그것이 가져올 영향력에 관한 분명한 생각에 기초해서 음악을 선택할 때 치유에 도움을 줄 수 있다(Wimberly, 1997). 일반적으로 강한 2박자 또는 4박자의 음악이 흘러나오면 자신도 모르게 어깨가 들썩이고 고개를 끄덕이는 것을 경험하게 된다.

둘째, 음악의 구조가 음악에 질서와 온전함을 제공한다. 음악의 구조는 음악 요소들이 개별적으로 가지고 있는 형식과 구조를 가리키며 음악의 기본적인 틀을 제공한다. 음악의 구조적 특성은 멜로디, 화음, 리듬, 형식과 음악의 스타일의 조합으로 정의된다. 이런 특성 때문에 아픈 사람이나 어려움에 처해있는 사람에게 전하는 작곡이나 노래는 "음악이 아름답다"라는 반응을 불러일으킨다(Wimberly, 1997).

셋째, 음악은 연상의 특성을 가지고 있다. 어떤 소리와 말은 어떤 특정한 경험의 추억, 혹은 어떤 경험과 연관된 중요한 느낌을 촉발시키거나 과거 생활경험을 평가하거나 회상하도록 한다. 사람들이 과거 어려운 시기에 자신에게 감동을 주었던 노래를 듣거나 부를 때 음악의 연상적 특징의 치유능력이 일어난다. 이런 노래를 회상하는 것이 현재의 어려움 가운데 안내자의 역할을 한다(Wimberly, 1997). 과거음악의 연상 작용은 감상한 음악에 따른 내적인 사건 곧 심리적 정신적 변화를 의미한다. 내담자는 음악 감상을 통해 변화된 감정 상태를 해석할 수 있고 자극된 감정 경험을 다시 인식할 수 있다. 결국, 연상은 내담자의 감정을 지지하고, 이미지를 통해 추억을 회상하게 해주며, 주의 전환으로 스트레스를 감소시켜 주는 역할을 한다.

넷째, 음악 치유에는 카타르시스원리가 작용한다. 카타르시스는 음악과 같은 예술을 통하여 정서적 긴장을 이완시키거나 감정을 정화시키는 것을 말하는데 균형의 원리와 관계가 있다. 균형의 원리는 모든 인간은 신체적, 심리적, 생리적 균형 혹은 조화를 추구하려고 하는 내재된 성향을 가지고 있는 것을 말한다. 모든 인간이 자신의 최적 상태를 유지하려는 항상성의 기제를 가지고 있는데 자신이 최적의 상태에서 어느 정도 일탈되었는지 변화를 탐지하고 이런 불균형상태를 즉각 교정하려고 한다. 음악에서 카타르시스란 심리적인 불안이나 억제된 감정에서 벗어나기 위해서 음악의 리듬이나 선율을 치유적으로 활용하여 정화를 유도하고 촉진하는 것을 말하며, 카타르시스적 정화를 통해 최적 상태를 복원하는 것을 말한다(정현주, 2015, p. 227).

다섯째, 동질성의 원리(Iso Principle)를 활용하면 치유를 촉진할 수 있다. Iso는 그리스어에서 유래하였는데 same의 의미가 있다. 동질성의 원리는 외부의 소리를 대상자의 내면의 상태와 유사하게 일치시키는 것을 말한다. 음악을 몸의 리듬이나 정서 상태에 맞춘 다음 속도를 낮추거나 높여 리듬이나 정서 상태를 조절한다(Campbell & Doman, 2011/2012, p. 46). 예를 들면 우울증 환자는 흥겨운 노래보다는 슬픈 노래에 더 빨리 자극을 받으며 조증 환자는 느린 음악보다는 빠른 템포의 음악을 통해 더 쉽게 자극된다. 우울할 때 먼저 어둡고 슬픈 음악을 듣는 것은 동질성의 원리에서 비롯되는 치유효과를 기대하는 것이다. 현재의 감정 상태와 공감이 될 수 있는 음악을 먼저 들어 그 감정을 충분히 승화시킨 후 밝고 경쾌한 음악을 듣게 되면 우울증에서 벗어 날 수 있다.

여섯째, 기분전환의 원리를 활용하여 치유할 수 있다. 기분전환은 음악을 이용해 고통과 불안으로부터 주의를 딴 곳으로 돌리는 것을 말한다. 예를 들어, 우울할 때는 밝고 행복한 음악을 연주한다. 그러나 기분 전환은 오래 지속되지 않으며 이것이 기본적으로 정신과 신체의 관계를 변화시키지는 못한다. 그럼에도 우리의 신체를 다소 예기치 못한 새로운 방향으로 이끌 수 있다면 기분 전환은 일시적인 효과를 얻을 수 있게 된다(Campbell, 1997/1999, p. 175).

일곱째, 동조화 현상(Entrainment)을 음악 치유에 활용한다. 동조화는 치유과정에 음악이 함께함을 의미한다. 다시 말해서, 춤을 출 때 우리는 덜컹거리는 화물 기차에 올라타는 방랑자처럼 소리의 진행, 리듬, 박자에 맞추어서 몸을 자동으로 움직인다. 분위기 있는 음악을 듣고 있을 때 우리의 감정은 예민해져서 생체리듬도 그 소리에 맞춰지게 된다. 특히 고통스러운 상황에 있는 사람은 조용한 환경을 더 좋아한다. 조용한 상태에 있어야 자신의 상황에 대해 사색할 수 있기 때문이다. 가벼운 배경음악은 스트레스와 불안감을 경감시켜 공감하는 마음을 유발하고 타인과의 조화를 촉진시키며 환경에 조율하도록 만들 수 있다(최병철, 1999, pp. 227-228). 위에서 언급한 원리들 때문에 음악이 유기체를 치유할 수 있다. 이런 치유력을 가진 음악을 기독교교육 현장에서 어떻게 활용할 수 있을지 생각해 보고자 한다.

VI. 기독교 교육적 적용

음악이 인간에게 주는 영향이 얼마나 큰 것인가를 담은 『모차르트 이펙트』 Mozart Effect가 처음 발간된 1997년 당시에는 소리가 인간의 마음, 몸, 정신에 어떤 영향을 미치는지에 대해 과학적으로 완전히 입증되지는 않았다. 그러나 그 이후 음악과 소리 환경이 건강에 미치는 영향에 관한 연구조사가 진행되어 많은 부분이 밝혀지고 있다. 음악은 생물학적 수준, 정서적 수준을 넘어 깊숙이 영적인 수준까지 우리를 어루만져 준다. 21세기 목회를 잘 하려면 치유 목회사역을 잘 하여야 한다는 말이 있다. 치유 목회사역을 위해 음악의 치유기능을 한껏 활용하여 음악 치유 목회에 힘쓰는 것도 한 방법일 것이다. 음악의 중요성을 인식하고 기독교교육현장에 적용하여 우리 삶의 여러 영역에서 도움을 얻었으면 하는 바람에서 몇 가지 제안하고자 한다.

첫째, 가정이나 교회, 학교에서 음악의 중요성을 강조하고 음악을 가까이할 수 있는 환경을 만들어 줄 것을 제안한다. 즉 가정이나 기독교 관계기관에서는 음악의 중요성을 인식하고 무분별한 대중문화에 노출된 청소년들에게 올바른 음악교육을 정립하여야 하며 음악의 중요성에 대한 강좌가 개설되어 올바른 지도를 하는 것이 필요하다. 음악 활동에는 작곡하기, 감상하기, 노래 부르기, 연주하기 등이 있다. 음악을 감상하기보다 직접 음악 활동에 참여하여 작곡하거나 노래를 부르기 혹은 연주를 하는 것이 더 큰 유익을 준다고 한다. 작곡은 공포, 슬픔, 절망을 표현하는 이상적 방법으로서 부정적 감정을 털어내고 다시금 희망을 품게 해 준다. 노래할 때는 자신 속에 몰입하고, 주의력이 매우 높아지는데 노래를 부르면서 사색에 빠지지 못하는 이유가 바로 그것이다. 끊임없이 하는 내적인 대화, 양심의 가책, 실행에 옮기지 못한 결심. 상처. 희망과 소원, 이 모든 것들이 노래하는 동안에는 침묵 속으로 가라앉는다. 노래하는 동안에는 고민으로 기진맥진하고 정서가 메마르거나 좌절하게 될 위험도 사라진다. 이런 음악 활동의 중요성을 인식시키고 음악을 일상화할 수 있는 분위기를 마련하는 것이 바람직하다.

둘째, 음악선별에 각별한 주의가 필요하다. 잘못 선정된 음악은 듣는 이에게 부정적인 영향을 미친다. 작곡가는 진공 가운데서 음악을 만들지 않는다. 그들은 흔히 그들의 세계관에 기초하여 자기 생각과 감정을 전달하려고 한다.

　자아 형성의 과도기에 있는 청소년들에게 음악은 건전하고 바람직한 사고형성이라는 긍정적인 영향뿐만 아니라 강한 비트의 음악에 의한 민감한 정서의 자극은 심리적으로 매우 불안정하게 하여 부정적인 영향을 주기도 한다. 청소년의 문화적 특징은 보수적인 클래식한 음악보다는 현대적 감감을 지닌 대중 문화적 음악인 록, 메탈, 알앤비, 힙합, 트로트, 댄스, 랩, 발라드, 크로스오버, 뉴에이지, OST(Original Sound Track) 등을 선호한다는 것이다.

　록 음악의 특징은 악곡의 변화와 긴장감을 증대시키기 위해 과도한 당김음을 사용한다. 록음악은 불협화음을 과도히 사용하고 있기 때문에 불안감을 유발시킬 가능성이 높다. 과도한 전자음과 드럼의 사용은 뇌하수체를 자극하여 과도하게 호르몬이 분비되게 한다. 헤비메탈이나 랩을 듣는 청소년들은 마약이나 알코올사용과 같은 행동을 보이고 학업성적이 낮고 성적 일탈 등을 보여주었다(Scheel & Westfeld, 1999). 록이나 그 밖의 적절하지 않은 대중음악을 사용하는 교회는 이방인의 가치관을 강화시키고 있는 셈이다. 기독교인들은 세상과는 다른 가치관을 가져야 한다. 음악도 예외는 아니다.

　음악의 요소들이 각기 분리되어 영향을 미치는 것은 아니며, 어떠한 요소도 그 한 가지만으로는 치유 효과를 거둘 수 없다. 하지만 특별히 더 강하고 지속적으로 작용하며 영향을 미치는 요소들이 있는데 이렇게 변수로 작용하는 음악적 요소는 1) 템포, 2) 음의 세기, 3) 의도적으로 사용되었거나 청취자가 그러하다고 느낀 불협화음의 양, 4) 사용된 악기와 음질(기계를 통해 소리가 재생된 경우라면 주파수나 스피커의 품질) 등이다. 헤비메탈이나 펑크처럼 음파가 강하고 밀어붙이는 느낌의 음악이나 활기찬 비트에 템포가 빠른 힙합은 신경이 거슬리고 작업방해를 준다. 하루에 열 시간씩 모차르트 음악을 들은 쥐들은 미로를 통과하는 시간을 15% 줄일 수 있는 반면 록을 들려준 쥐는

4배나 느리게 통과했을 뿐 아니라 서로 공격하기 시작했다(Campbell, 1997/1999, p. 68).

바흐, 헨델, 비발디, 파헬벨 등의 바로크 음악과 모차르트, 하이든, 베토벤의 초기작품, 클루크 등의 음악은 고전주의 음악이다. 록, 포크, 컨트리, 힙합, 헤비메탈을 비롯한 모든 장르의 음악은 삶에서 각각 역할을 담당하며 기능을 수행한다. 그러나 클래식이 여러 세대에 걸쳐 더 좋은 영향을 줄 수 있는데 그 이유는 클래식은 구성상 우리 뇌를 활성화하는 힘이 있기 때문이라고 한다(Campbell & Doman, 2011/2012, p. 32).

셋째, 성경적 음악 치유에 의한 연구들이 진행되어야 할 것이다. 음악의 중요성과 음악의 기능에 대한 깊은 이해와 지식을 가진 사람이 교회의 음악을 담당하여야 한다. 교회음악은 영적인 문제를 다루는 것이니만큼 영성과 음악에 대한 이해를 가진 사람이 교회음악을 담당하여야 한다. 음악에 대한 전문사역자의 양성도 시급하다. 음악 치유라는 관점에서 볼 때 환자에게 적절한 음악은 신체적, 정신적 질병의 치유에 많은 도움이 된다. 그러나 일반 음악을 통한 치유에는 제한이 있다. 인간의 질병을 완전히 치유하거나 악령을 완전히 물리치는 능력이 없다. 음악치료는 훈련된 사람에 의한 치료이나 성경적 음악 치유는 하나님의 역사이다. 치유가 육체적인 것이든 심리적인 것이든 관계적인 것이든 영적인 것이든 치유는 역동적이고 신비한 과정이다. 치유하시고 온전하게 하시는 이는 우리를 창조하신 하나님을 통해 주어진다. 일반 음악을 통해서 육체적, 정신적 치유가 가능하나 영적인 치유를 위해서는 영적인 음악을 통해서만 가능한데 그 중심에는 하나님의 역사하심이 있다.

넷째, 건강과 질병 예방에 가치를 두는 노인들에게 음악을 배우고 참여하는 기회를 확대하는 것이 바람직하다. 음악은 인간의 성장과 노화 과정에 다양하게 도움을 줄 수 있지만, 특히 나이가 들수록 음악의 기능과 역할은 더 증대된다.

　연구에 따르면 두 학기 동안 단체 키보드 교습을 받은 퇴직자들의 인간성장호르몬 수치가 상승되었다. 인간성장 호르몬은 골다공증, 근육량감소, 성 기능 감퇴 등 노화와 관련된 증상 등을 줄인다고 한다. 북이나 드럼연주는 심혈관 기능을 촉진하고 신경을 자극해 인지능력과 뇌기능개선을 돕는다(Campbell & Doman, 2011/2012, p. 260). 또 운동에 지속적으로 참여하게 하기 위해서는 음악이 큰 역할을 한다. 체력과 민첩성을 발달시키고 유지시키는 데는 지속력이 중요하기 때문이다(Elliot, Carr, & Savage, 2004). 노화로 인해 심폐기능이 약화되고 이로 인해 의사소통이 불분명할 수 있다. 가창을 통해 심폐기능이 향상되고 언어를 구사하는 언어적 기술을 유지 향상시킬 수 있다(Chen, 2004). 죽음을 맞아 의식이 없는 무의식 상태의 환자라도 음악이 들리면 반응을 보이는데 음악에 따라 표정이 변하거나 호흡이 달라진다. 고요하고 명상적인 자장가나 애가, 찬트 등을 들려주거나 느리고 고요하게 줄을 튕기는 연주가 바람직하다고 한다(Campbell & Doman, 2011/2012, p. 268).

　특히 교회음악은 영성을 표현하는 중요한 통로이다. 기독교의 많은 가르침은 소망, 사랑, 평화와 같은 주제를 담고 있기 때문에 그런 것을 담고 있는 음악은 심리적 평안을 가져다준다. 교회음악은 우리의 에너지와 생각을 바람직하지 않은 것으로부터 바람직한 것으로 바꾸는 기능을 할 수 도 있을 것이다.

　음악은 대부분의 인간의 삶에 있어 중요하다. 음악은 오랫동안 그 어떠한 것보다 인류와 함께 존재해 왔다. 음악의 편재성과 오래된 것이 그것의 중요성을 우리에게 보여주고 있다. 마틴 루터(Martin Luther)는 "슬픔에 빠진 사람에게 위로를 주고 기뻐하는 사람에게 두려움을 느끼게 하며, 절망에 빠진 사람에게 용기를 주고 오만한 사람을 돌아보게 하며, 증오에 찬 사람을 달래려 할 때, 음악보다 더 효과적인 것이 있을까?"하고 음악에 대한 찬사를 아끼지 않았다. 이런 음악의 파워를 가정, 학교, 교회사역에 십분 활용할 수 있기를 기대해 본다.

| 참고문헌 |

정현주 (2011). 인간행동과 음악. 서울: 학지사.

정현주 (2015). 음악치료학의 이해와 적용. 이화여자대학교출판부 2판.

최병철 (1999). 음악치료학. 학지사.

Alude, C. O. (2005). An appraisal of healing in African belief and modern day Pentecostal churches, *Nigerian Journal of Christian Studies*, 1, 93-106.

Alude, C. O. & Ekewenu, D. B. (2009). Healing through music and dance in the Bible: Its scope, competence and implications for the Nigerian music healers. *Ehno-Med*, 3(2), 159-163.

American Music Therapy Association, 2015. www.musictherapy.org

Babikian, T., Zeltzer, L., Tachdjian, V. et al. (2013). Music as medicine. *Alternative and Complementary Therapies*, 19(5), 251-254.

Boxberger, R. (1962). A historical study of the national association for music therapy. in E. H. Schneider (ed.) *Music therapy*. Lawrence, KS: Allen Press.

Carroll, C. (2011). Historical roots of music therapy: A brief overview. www.fap.pr.gov.br.

Campbell, D. (1999). 모차르트 이펙트. (조수철 역). 황금가지. 원전은 1999년 출판.

Campbell, D. & Doman, A. (2012). 음악으로 행복하라. (트리니티 영어연구회 역). 서울: 페퍼민트. 원전은 2011년 출판.

Chanda, M. L., & Levitin, D. J. (2013). The neurochemistry of music. *Trends in Cognitive Sciences*, 17(4), 179-193.

Chapados, C. & Levitin, D. J. (2008). Cross-modal interactions in the experience of musical performances: Physiological correlates.

Cognition, 108, 639-651.

Chen, R. (2004). Interactions between inhibitory and excitatory circuits in the human motor cortex. *Experimental Brain Research, 154*(1), 1-10.

Davis, W., Thaut, M. & Gfeller, K. (2008). *An introduction to music therapy and practice*. Silver Spring: American Music Therapy Association.

Deest, H. V. (1999). 음악치료. (공찬숙, 여상훈 역). 시유시. 원전은 1997년 출판.

Elliot, D., Carr, S., & Savage, D. (2004). Effects of motivational music on work output and affective responses during sub-maximal cycling of a standardized perceived intensity. *Journal of Sport Behavior*, 27(2), 134-147.

Hendricks, C. B., Robinson, B., Bradley, L. J., Davis, K. (1999). Using music techniques to treat adolescent depression. *Journal of Humanistic Counseling, Education & Development, 38*, 39-46.

Goodman, K. D. (1981). Music therapy. In Arieti S, Brrodie H. K, editor. *American handbook of psychiatry*. 2nd ed. New York: Basic books Inc. : 564-585.

Grout, D. J. (1980). *A history of Western music*. 3rd ed. NY.: Norton Co.

Hodges, D. & Wikins, R. (2015). How and why does music move us? Answer from psychology and neuroscience. *Music Educators Journal*. http.//mej.sagepub.com

Hook, S. A. (2005). The healing power of music: An overview and resources guide for complementary and alternative medicine modalities. *Indiana Libraries, 24*(3), 7-11.

Khalfa, S., Bella, S. D., Roy, M., Peretz, L. & Lupien, S. J. (2003). Effects of relaxing music on salivary cortisol level after psychological stress. *Annals of the New York Academy of Sciences, 999*, 374-376.

Klein, R. W. (1983). *Word Biblical Commentary*, 1 Samuel. Thomas Nelson 167.

Lefevre, M. (2004). Playing with sound: The therapeutic use of music in direct work with children. *Child and Family Social Work, 9*, 333-345.

Maslow, A. (1968). Music, education, and peak experiences in Documentary Report of the Tanglewood Symposium, ed. Robert Choate(Washington, DC: Music Educators National Conference), 68-75.

Meremi, A. E. (1997). Traditional African concept of sound/motion: Its implication for and application in music therapy. *British Journal of Music Therapy*, 11, 66-72.

Olaniyan, Y. (2013). Music as a facilitator for healing. *African Jouranl Online*, 21(13), 94-101.

Radocy, R. E. & Boyle, J. D. (1997). *Psychological foundations of musical behaviour*. Springfield, Illinois: Charles C. Thomas, Publisher Ltd.

Schafer, T., Smulkalla, M., & Oelker, S. (2014). How music changes our lives: A qualitative study of long-term effects of intensive musical experiences. *Psychology of Music, 42*(4) 525-544.

Scheel, K. R. & Westefeld, J. S. (1999). Heavy metal music and adolescent suisidality: An empirical investigation. *Adolescence, 34*, 253-273.

Stamou, L. (2002). Plato and Aristotle on music and music education: Lessons from ancient Greece. *International Journal of Music Education, 39*, 3-16.

Trehan, S. (2004). Music to my ears. *Journal of Palliative Medicine, 7*, 868-869.

VanGemeren, W. A. (Ed.) (1997). *The new international dictionary of old testament theology and exegesis,* Volume 3. Grand Rapids: Zondervan Publishing House.

Wimberly, A. S. (1997). Music and the promotion of healing in religious caregiving. *The Journal of the Interdenominational Theological Center, 25* (2), 99-124.

Yehuda, N. (2011). Music and stress. Journal of Adelp Development, 18, 85-94.

한국교회의 나아갈 길[1]
: 복음주의 기독교교육의 관점에서

한 춘 기
총신대학교 명예교수

I. 서 론

지금으로부터 약 130년 전에 한국 땅에 복음이 전파된 이래로 한국교회는 "선교역사의 기적"으로 불릴 만큼 놀라운 성장을 하였다. 특히 온 나라와 민족이 일본제국의 지배로 어려움을 당하던 일제강점기에도 한국교회는 교육을 통하여 민족을 계몽하고 신앙을 통하여 교회와 성도들을 잘 무장시켰다. 그러나 해방을 맞이한 기쁨이 채 가시기도 전에 민족상잔의 비극인 6·25전쟁이 일어났다. 이 와중에도 교회지도자들을 중심으로 성도들은 신앙을 굳게 지켰다. 그 후 1960년대의 부흥사경회, 1970년대의 전도 집회, 1980년대의 제자훈련 등을 통하여 한국교회는 양적인 면과 질적인 면에서 크게 부흥하였다. 그러나 1990년대에 들어와서 한국교회는 침체 내지는 쇠퇴하기 시작하였다. 짧은 130년의 역사 속에서도 한국교회는 놀라운 성장과 더불어 쇠퇴의 길을 걸어왔다. 우리는 역사에서 단순히 과거에 일어났던 일들에 대하여 어떤 지식을 얻을 뿐 아니라 과거의 한국교회의 좋은 점과 개선할 점을 살펴봄으로써 한국교회가 현재와 미래에 어떤 길을 가야 할 것인가에 대한 교훈을 찾고자 한다. 마치 교통신호등이 자동

---

[1] 이 글은 2013년 한국복음주의신학회 학술지 '성경과 신학' 65권에 실린 글이다.

차들의 진행 방향을 지시하듯이 과거의 역사는 우리에게 무엇을 해야 하며, 무엇을 하지 말아야 할 것인지에 대한 교훈을 준다. 이를 위하여 본 논문에서는 먼저, 이러한 한국교회가 걸어온 길을 재조명하였다. 둘째, 한국교회의 과거와 현재를 재조명함으로써 얻을 수 있는 교훈을 적극적인(positive) 교훈과 소극적인(negative) 교훈으로 나누어 살펴보았다. 그리고 적극적인 교훈은 다시 교회적인 교훈과 개인적인 교훈으로 나눈다. 셋째, 이러한 교훈에 기초하여 한국교회가 나아가야 할 길을 제시하였다. 먼저 지난 130년간의 한국교회의 과거와 그리고 현재를 살펴볼 것이다.

II. 한국교회의 과거와 현재

여기에서는 먼저 과거의 교회역사를 시대적 특성에 따라 나누어 살펴보고, 그 후에 한국교회의 현재에 대하여 논의할 것이다.

1. 한국교회의 과거

한국교회의 역사는 크게 조선말교회 시대, 일제강점기 시대, 해방한국시대로 나눌 수 있다.[2] 이러한 시대구분은 한국교회 특히 선교부와 총회의 변화와 관계가 있을 뿐 아니라 당시의 시대적, 정치적, 그리고 국가적인 사건들과 무관하지 않음을 보여준다.

---

2 한춘기, 『한국교회교육사』(서울: 대한예수교장로회총회 출판부, 개정판), 22-30. 여기에 사용된 시대구분의 명칭은 위의 책의 용어를 조금 수정한 것이다.

1) 조선말 교회시대

기독교 복음이 한국 땅에 전해진 첫 35년(1884-1919)은 사회적으로 국가적으로 고난의 시기였다. 그럼에도 불구하고 피셔(J. E. Fisher)[3]는 이 시기를 한국교회에 있어서 '발전기'라고 말하고 있다. 그 이유는 이 기간에 한국교회는 놀라운 부흥을 이루었기 때문이다. 수치를 통하여 본다면, 이 기간에 설립된 교회가 1,181개소, 세례교인이 50,753명, 전체 교인이 101,501명, 평균 출석수가 79,833명으로 전체 교인은 당시 인구 1,200만 명의 약 1%였다. 이러한 놀라운 부흥의 근저에는 1903년의 원산 부흥 운동, 1907년의 평양 대부흥 운동, 1909년의 백만인 구령 운동[4] 등이 있다. 특히 연합운동, 해외 선교, 현지인 이양, 토착교회 설립 등을 경험한 1903년부터 1908년까지 한국교회는 급속도로 부흥하였다. 이때 선교사들이 주어진 선교의 사명을 감당하기 위하여 사용한 여러 정책 중의 하나가 교육을 강조하는 일이었다. 이에 대하여 언더우드 선교사는 "초기 선교사들이 제일 먼저 해야만 했던 일은 인재를 양성하는 일이 될 수밖에 없었다."[5]고 진술하고 있다. 그리고 그 이유로 3가지를 제시하는데 첫째, 교육은 당시 한국 백성들의 편견을 극복하는 수단이었으며 또한 그들을 기독교라는 종교로 이끌어내기 위한 수단이었다. 둘째, 이미 기독교를 받아들인 사람들을 교육을 통하여 재훈련하기 위함이었다. 그리고 셋째, 성숙한 기독교가 맺어야 하는 열매인 사회봉사기관을 설립하기 위한 것이었다.[6] 이렇게 조선말의 한국교회는 교육을 통한 선교와 전도에 열정을 품음으로 놀

---

3   James E. Fisher, Democracy and Mission Education in Korea (NY: Columbia University Press, 1928), reprinted by Yonsei University Press, 1970, 5-6.
4   안희열, "초기 한국교회의 부흥운동(1903-1908)과 선교학적 고찰", 143, 한국복음주의 신학회, 『聖經과 神學』, 제44권(2007), 140-165.
5   Horace Horton Underwood, Modern Education in Korea (NY: International Press, 1926), reprinted by 韓國基督敎史硏究會, 80.
6   H. H. Underwood, 159-160.

랍게 부흥하는 시대가 되었다.

2) 일제강점기 시대

이 시기의 시대적 상황으로는 3·1운동을 경험한 조선총독부는 형식적이며 일시적인 유화책의 하나로 조선어 민간신문의 발행을 허가하였으며, 한국의 오래된 관습을 존중한다고 말하였다. 그리고 교육적인 상황으로는 교육 연한을 연장하고, 한국어를 필수과목으로 하며, 한국인과 일본인의 공학을 허용하고 사범학교와 대학의 설치를 허락하였다.[7]

이 시기의 교회적 상황을 보면 3·1운동의 핵심인물 중 절반 이상인 16명이 그리스도인이었는데 이는 한국교회가 우리 민족운동의 중심이었음을 보여주고 있다. 교회 안에서도 교육에 큰 관심이 있어서 주일학교연합회가 1924년에 결성되었으며 국가적 경제공황으로 또한 공산주의자들의 교회에 대한 비평과 공격으로 교회는 어려움에 직면하였다. 이러한 외적 시련과 함께 교회 내의 분열과 갈등도 심각하였다. 그 대표적인 사건이 박형룡 대 김재준의 신학 논쟁, 김영주의 창세기 모세 저작권 부인, 김춘배의 여권(女權)에 대한 자유주의적 해석 등이었다.[8] 이러한 분열과 갈등은 해외에서 자유주의 신학을 공부한 유학파들이 귀국하면서 시작되었다.

3) 해방 한국 시대

1945년 해방 이후에 한국성도들은 먼저 교회재건에 착수하였다. 그

---

7 김인수, 『韓國近代教育史』(서울: 연세대학교 출판부, 1984 4판), 162.
8 한춘기, "한국교회의 연합교육운동의 역사와 방향모색", 88. 한국복음주의 신학회, 『聖經과 神學』, 제57권(2011), 79-104.

러나 신사참배를 거절한 출옥 성도들과 그렇지 못했던 성도들 간에 충돌이 생기고, 신학 논쟁으로 말미암아 기독교장로회가 분파되었으며 다양한 신비주의적 종파들이 나타나 한국교회는 어려움에 직면하였다. 그러나 이러한 어려움 가운데서도 한국교회는 교단별로 교회개척과 교회교육의 강화를 통하여 많은 성장을 하게 되었다.

구체적으로 살펴본다면, 해방 이후의 우리나라의 인구는 20,188,641명(1949년)이었으나 최근의 통계치인 2005년에는 47,041,434명으로 성장비율은 2.33배에 이르렀다. 그러나 통계청에서 확인할 수 있는 내국인의 인구수는 1944년부터 5년 단위로, 종교인의 수치는 1985년 이후부터 매 10년 단위의 수치[9]인데 그 구체적인 수치는 다음 〈표1〉과 같다.

〈표1〉

연 도	내국인 인구수	종교인 인구수	개신교 인구수	천주교 인구수
1944	25,900,142			
1955	21,502,386			
1966	29,159,640			
1975	34,706,620			
1985	40,419,652	17,203,296	6,489,282	1,865,397
1995	44,553,710	22,597,824	8,760,336	2,950,730
2005	47,041,434	24,970,766	8,616,438	5,146,147

---

9 www.kosis.kr 국내국제통계 → 인구 가구 → 인구 총조사 → 인구부문 → 총조사 인구(2005) → 전수부문 → 성/연령/종교별 인구-시군구. 통계청이 가지고 있는 우리나라의 인구통계는 1925년도부터 시작되었고 인구수는 19,325,461명이다. 해방 전인 1944년 통계에서는 25,900,142명이다. 도별/성/가구/연령 등에서 시작하여 해방 후 처음 실시한 1949년에는 전체인구가 20,188,641명이다.

이를 좀 더 세분화하여 과거 10년간의 주요 국내 교단들의 교인 수의 통계를 살펴보면 다음 〈표2〉와 같다.

〈표2〉

연도	예장합동[10]		예장통합[11]		기감[12]	
	교회수	교인수	교회수	교인수	교회수	교인수
2001	6,795	2,300,327	6,793	2,328,413	5,260	1,394,515
2002	6,996	2,341,460	6,928	2,329,002	5,337	1,408,253
2003	7,105	2,348,420	6,978	2,395,323	5,386	1,408,253
2004	7,259	2,398,331	7,158	2,489,717	5,489	1,445,539
2005	10,717	2,716,815	7.279	2,539,431	5,619	1,495,887
2006	10,905	2,818,092	7,476	2,648,852	5,692	1,508,434
2007	11,112	2,912,476	7,671	2,686,812	5,825	1,534,504
2008	11,156	2,896,967	7,868	2,699,419	5,913	1,557,509
2009	11,353	2,936,977	7,997	2,802,576	6,014	1,563,993
2010	11,456	2,953,116	8,162	2,852,311	6,077	1,587,385
2011					6,136	1,586,063

* 예장합동교단은 2005년에 교회수와 교인수가 크게 증가한 것은 2005년 6월 21일 예장합동과 예장개혁 교단의 총회장이 양(兩) 교단 합동원칙 합의서에 서명을 하고 제90회 총회(2005년 9월)시의 합동에 기인한 것이다. 개략적으로 볼 때 개혁 측에서 합동 교단으로 합류한 교회 수는 3,400여 교회 그리고 교인의 수는 26만여 명으로 추정된다.

개신교 주류교단 중에서 교단의 교세의 통계치가 비교적 잘 정리된 예장통합의 교세통계를 1965년부터 살펴보면 다음 〈표3〉과 같다.[13] 이 통계를 제시하는 것은 이를 기준으로 예장합동이나 기타 교파와 교단들의 교세를 예측할 수 있기 때문이다.

---

10 www.gapck.org 대한예수교장로회 합동총회 홈페이지, '교단현황' 참고
11 www.pck.or.kr 대한예수교장로회 통합총회 홈페이지, '교세통계보고' 참고
12 www.kmc.or.kr 기독교대한감리회 홈페이지, '교세현황' 참고
13 이광순, "교회성장론적 접근" 63, 한국기독교문화연구소 편, 『한국교회성장문화 분석과 대책』(서울: 숭실대학교 출판부, 1998), 59-94.

⟨표3⟩

연 도	교회수	교인수
1965	2,133	514,740
1970	2,348	532,020
1975	2,855	696,893
1980	3,713	1,115,548
1985	4,839	1,400,167
1990	4,797	1,867,416
1995	5,744	2,105,004
2000	6,621	2,283,107
2005	7,279	2,539,431
2010	8,162	2,852,311

이러한 통계를 살펴보면 개신교회의 일부 주류교단들은 해방 이후부터 현재까지 지속해서 성장해오고 있음을 볼 수 있다. 이러한 과거의 역사에 근거하여 한국교회의 현재의 긍정적인 면과 부정적인 면을 다음 절(節)에서 살펴볼 것이다.

2. 한국교회의 현재

이제 한국교회의 미래를 논의하기 위한 근거를 마련하기 위하여 한국교회의 현재의 긍정적인 면과 부정적인 면을 살펴볼 것이다.

1) 긍정적인 면

한국선교 초기부터 한국교회는 놀랍게 부흥하여왔다. 한국교회의 부흥은 세계선교역사에서도 기적이었다. 1945년 해방 이후의 혼란과 분열 속에서도 그리고 6·25전쟁이라는 참화 속에서도 1980년대 말까지 한국교회는 꾸준히 성장을 해왔다. 이러한 한국교회성장은 초대교회에서 그 유사성을 찾아볼 수 있다. 초대교회가 어떠한 교회였기에 많은 전도의 열매를 맺을 수 있었는가를 살펴보자. 초대교회는 ① 핍박과 고난 가운데서도 사랑과 서로 나눔과 감사와 기쁨과 찬양이 있는 교회였으며(행 2:43-47), ② 위선자가 저주를 받는 교회였으며 (행 5:1-11), ③ 예수 그리스도께서 거룩하시고 의로우신 주님으로 고백 되는 교회 즉, 바른 신학을 가진 교회였으며(행 3:14), ④ 교회중심의 생활을 통해 교회가 든든히 서가는 교회였으며(행 9:31), ⑤ 그 수가 증가할 때에 신앙이 강조되고 흔들리지 않는 견고한 믿음을 가진 교회(행 11:23; 16:5; 19:20)였다.[14] 이러한 원인은 성장을 위한 일반적인 원리들이라 할 수 있다.

교회성장에 대한 이러한 일반적인 원리 외에 한국교회만의 특별한 원인이 있다. 즉, 첫째, 교회지도자들의 교회와 성도들에 대한 사랑과 열정과 헌신이다. 한국교회의 지도자들에게는 복음에 대한 뜨거운 열정과 사역에 대한 헌신이 있다. 교회를 위하여 자신의 삶과 물질을 기쁨으로 바치는 교회지도자들이 한국교회의 성장의 밑거름이라고 할 수 있다. 개척교회를 할 때는 자신의 집의 전세금을 내놓아 예배처소를 마련하기도 하며, 교회를 건축할 때는 대부분의 경우에 교역자가 건축헌금의 모본을 보이기도 한다. 한국교회지도자나 성도들은 복음을 사랑하는 마음 때문에 복음을 위하여 헌신하였다. 한국교회는 교회지도자와 성도들의 이러한 순수한 사랑과 헌신에 기초하여 성장해 왔으며 이러한 교역자와 성도들의 마음이 한국교회를 지금처럼 성장하게 한 요소라고 말할 수 있다.

둘째는, 한국교회는 은사 활동이 아주 활발한 교회로서 이러한 은사가 한국교회의 성장의 기초가 되고 있다. 새벽기도 하면 떠오르는

---

14 이종윤, 전호진, 나일선, 『教會成長論』(서울: 정음출판사, 1983), 222.

교회, 은사 그중에서도 방언과 신유의 은사로 이름난 교회, 전도로 부흥한 교회 등 한국교회는 다양한 은사를 통하여 역사하는 교회이다. 이러한 은사가 오늘의 한국교회를 만들어온 원동력이라고 할 수 있다.

셋째, 초대교회 때부터 지금까지 제자훈련이라고도 불리는 성경공부가 오늘의 한국교회를 있게 만든 요소이다. 제자훈련으로 부흥한 강남의 'ㅅ'교회의 성도 중에는 먼저 다니던 교회에서는 섬기는 직분을 맡지 않았으나 새로운 교회에서는 구역장이나 순장을 맡기 위하여 줄을 서 기다려 제자훈련을 받아 순장의 일을 맡는다. 이러한 제자훈련은 그 한 교회로 끝난 것이 아니라 수많은 교역자가 제자훈련을 인도하는 교육을 받고 돌아가 그러한 제자훈련을 시행하게 하였다. 이렇게 한국교회는 교회가 부흥한다는 말을 들으면 교역자들은 그러한 교육을 받아 자기 교회에서도 시행하려는 열정을 가지고 있다. 수많은 교회가 크로스웨이, 벧엘 성경공부, 평신도를 깨운다, 전도폭발 등을 도입하여 시행하고 있다. 청년들 중에는 IVF, CCC, 네비게이토 등을 통하여 제자훈련이 이루어지고 있다.

넷째는, 기도 모임을 통하여 한국교회는 성장하고 있다. 한국교회는 기도하는 교회라고 할 수 있다. 초대교회 때부터 있어온 새벽기도, 1970년대부터 활성화된 금요 철야기도, 금식기도, 작정 기도, 산기도, 그리고 일부 교역자들이나 성도들 중에 시행되는 40일 금식기도 등 한국교회는 기도로 살아가는 교회라고 할 수 있다. 이러한 한국교회의 기도가 한국교회를 부흥시킨 요소이다.

다섯째, 역설적이기는 하지만 한국 사회의 어려움이 한국교회에는 긍정적인 요소로 작용해왔다. 해방 이후 한국교회는 6·25전쟁,

4·19혁명, 5·16쿠데타, 10·26사태, 5·18민주항쟁 등 많은 사회적 격랑의 시기를 거쳤다. 이러한 시대적 고비가 있었음에도 복음적 신앙을 가진 한국교회는 부흥을 가져왔다. 폴 비텔로(Paul Vitello)는 "1968년과 2004년 등과 같은 침체기마다 미국은 복음적 신앙을 가진 교회들이 50% 정도의 급격한 성장을 하였다. 이와는 대조적으로 주류 교단교회들은 이러한 침체기에 계속하여 감소하여갔다"고 말한다.[15] 이는 사회적, 국가적 시련의 시기에 교회는 도리어 성장해 갈 수 있음을 보여준다. 많은 서구 유럽과 미국의 교회들이 쇠퇴해가고 있던 1980년대까지도 한국교회가 크게 성장할 수 있었던 것은 이러한 한국교회만의 상황 때문이라고 할 수 있다.

2) 부정적인 면

근년에 들어 교회와 교역자들의 문제가 교계 뉴스만이 아니라 일반 대중매체들을 통하여서도 제기되고 있다. 교회세습의 문제, 교회지도자들의 교회재정 비리, 교회지도자들의 자질문제들은 쇠퇴의 길을 걷고 있는 한국교회에 큰 치명타를 주고 있다. 초대교회의 놀라운 부흥 역사를 통하여 그리고 일제하에서와 해방 이후의 어려웠던 시기에도 꾸준히 성장해온 한국교회에 1990년대부터 서서히 위기가 닥쳐왔다.

먼저 교인수의 측면에서는 위의 〈표1〉의 1995년과 2005년의 통계치가 보여주듯이 10년간 인구는 250만 명 정도가 증가하고, 종교인수는 240만 명이 증가하였으나 그 구체적인 항목을 보면 이 10년간 천주교 신자는 220만 명이 증가했지만 개신교 신자는 15만 명 정도가 감소하였다. 이 〈표1〉에 나타난 통계로 판단할 때 1990년대부터 한국 개신교의 양적 성장에 위기가 왔다고 말할 수 있다. 이러한 양적 쇠퇴

---

15 Tobin Grant, "Recession and Religiosity Redux" in Christianity Today, Jan. 2, 2009.

라는 위기의 때에 한국교회가 교회성장에 대한 생각을 재정립한다면 이러한 위기는 도리어 한국교회가 참된 성장을 할 기회를 제공해 줄 것이다.

해방 이후 계속 성장해가던 한국교회가 1990년대 들면서 조금씩 감소 경향을 보인다.[16] 이러한 한국교회의 성장이 정체하는 원인은 그 접근하는 방법에 따라 원인이 다양하다. 교회성장론적인 측면에서 한국교회를 연구한 이광순은 특히 어린이의 수가 많이 감소하고 있음에 초점을 두어 분석하고 있다. 그리고 그 감소의 원인을 4가지[17]로 진단하고 있다. 그리고 그 성장 대안으로 3가지[18]를 제시하고 있다. 선교신학적 관점에서 접근한 곽선희는 성장둔화의 요인으로 2가지[19]를 제시하고 있다. 그리고 그 성장 대안으로 4가지[20]를 제시하고 있다. 종교사회학적 관점에서 접근한 이원규는 성장둔화요인으로 3가지[21]를 제시하고 있다. 그는 이러한 성장둔화를 억제시킬 수 있는 요인으로 6가

---

16 〈표1〉에 나타난 통계청의 1995년도 및 2005년도 개신교인의 수 참조.
17 이광순, 61-62에서 ①어린이 인구가 줄었기 때문에 교회의 어린이 숫자도 줄었다. ② 불신자의 가정에서 새로 믿는 어린이들이 줄어들었다. ③ 기독교 가정에서 부모는 교회에 출석하지만 어린이들은 교회 출석이 저조하다. ④ 한국교회는 장년 위주의 편중된 교회성장을 추구해 왔기 때문이라고 한국교회의 감소의 원인을 분석하고 있다.
18 이광순, '교회성장론적 접근', 62, 한국기독교문화연구소 편,『한국교회성장둔화 분석과 대책』(서울: 숭실대학교 출판부, 1998), 61-94에서 ① 연령별 성별 균형을 잡은 교회, ② 다양한 사역을 지향하는 교회, ③ 올바른 수직적 수평적 관계를 가진 교회를 한국교회의 성장의 대안으로 제시하고 있다.
19 곽선희, '선교신학적 접근', 105-118, 한국기독교문화연구소 편, 95-137.에서 ① 신학의 이데올로기화와 그 결과(물질 중심주의), ② 교회의 상대화, ③ 문화적 적중력을 위한 신학적 노력의 결여 등을 한국교회 성장둔화의 원인으로 말하고 있다.
20 곽선희, 118-137에서 ① 미신적 세계관의 극복, ② 유물론적 세계관의 극복, ③ 축복에 대한 바른 이해의 정립, ④ 새로운 시대의 영성회복을 위한 예배확립 등을 한국교회 성장을 위한 대안으로 제시하고 있다.
21 이원규, '종교사회학적 접근', 161-176, 한국기독교문화연구소 편, 139-182에서 ① 사회적 요인이며 이는 다시 대체 종교의 발달, 인구구조의 변화로 세분화하고, ② 사회심리적 요인이며 이는 다시 사회경제적 동기, 사회정치적 동기로 구분하고, ③ 교회적 요인인데 이는 다시 교인의 이탈, 교회의 부정적 인상 등으로 나누고 있다.

지²²를 제시하고 있다. 목회신학적 관점에서 접근한 오성춘은 성장둔화요인으로 크게 2가지²³를 말한다.

이러한 논의들을 종합하여 볼 때 한국교회의 성장 정체의 원인은 크게 2가지 곧 외적 원인과 내적 원인으로 나눌 수 있다. 외적 원인으로는 ① 경제적 풍요로움, ② 해당 인구의 감소, ③ 교회대체물의 출현 등을 말할 수 있고, 내적 원인으로는 ① 교회지도자들의 직업의식의 팽배, ② 교회목표의 변질, ③ 영적 훈련의 소홀 등을 말할 수 있다. 이를 좀 더 구체적으로 논의하면 다음과 같다.

먼저 외적인 원인의 첫째인, 경제적 풍요로움이 한국교회 성장 정체의 원인이 되고 있다. 이를 국가적인 측면에서 본다면, 국민소득이 1만 달러를 넘을 때, 경제적인 풍요로움을 누린다고 할 수 있고, 통계적으로 볼 때 이때부터 교회의 성장은 정체한다고 말한다. 우리나라의 통계치를 보면 1994년에 국민소득이 9,459달러였다가 1995년에 11,432달러²⁴가 되었다. 즉, 1995년에 국민소득이 1만 달러를 넘어서게 되었는데 이때 1980년대까지 성장하던 한국교회가 1990년대부터

---

22 이원규, 176-181에서 다음의 6가지를 말한다: ① 1970년대와 1980년대의 상황을 역이용 즉, 이제는 교회가 주도권을 잡아 정치의 민주화, 경제의 평등화, 사회의 복지화 실현에 앞장 설 필요가 있다. ② 사회에 대한 관심을 회복하고 구제와 봉사와 같은 사회참여를 보다 적극적으로 해야 한다. ③ 교회가 건전하고 바람직한 가치관의 산실이 되어야 한다. ④ 교인들에 대한 질적 성숙의 훈련을 강화시켜야 한다. ⑤ 교회와 가정안에서의 종교적 사회와 과정이 강화되어야 한다. ⑥ 교회가 여가산업과 같은 다양한 "기능적 대행물"에 대처할 수 있는 방안을 강구해야 한다.
23 오성춘, '목회신학적 접근', 374-377. 한국기독교문화연구소 편, 371-393에서 교회외적인 요인으로 ① 사회적 상황변화, ② 사회의 다원화 현상, ③ 기능적인 대행물의 발달 등을 말하고 교회내적인 요인들로는 ① 개교회주의, ② 한국교회의 중산층화, ③ 장로제도의 약점을 보완하지 못함, ④ 가치관의 문제 등을 제시하고 있다.
24 http://kin.naver.com/qna/detail.nhn?d1id=6&dirId=61302&docId=46805731&qb=MTk4OSBnbnA=&enc=utf8&section=kin&rank=1&sort=0&spq=0&pid=ga6Uddoi5URssbiiZ38sss--510110&sid=TFIwjkIJUkwAAFB4IKo 참조.

정체하고 감소하기 시작하였다. 한국교회의 정체와 감소가 시작된 시기와 한국의 국민소득 1만 달러의 시기가 대체로 일치하고 있다.

경제적 풍요로움을 개교회의 차원에서 볼 때, 교회의 재정이 예전의 궁핍할 때 보다는 많이 풍요로워졌으나 상대적인 박탈감과 함께 그 재원이 적재적소에 사용되지 않고 '자기끼리' 소모해 버림으로 성도들이나 교회가 영성추구보다 물질 중심이 되어버린 것이다. 이러한 물질의 풍요는 마음을 가난하게 하기보다 마음의 부요함을 초래한 것이다. 이러한 마음의 부요는 복음에 대한 갈망과 열정을 식게 만듦으로 교회의 성장 정체를 가져오게 된 원인이라고 본다. 물론 이러한 경제적인 풍요로움 자체가 교회성장을 저해하는 요인은 아니지만, 경제적인 여유는 교인들이 교회 이외의 다른 곳을 선택할 기회를 제공하기 때문에 교회성장의 정체 원인이 된다.

두 번째 외적인 원인은 인구의 감소에서 찾을 수 있다. 새로 태어나는 신생아의 수가 급격히 감소한 것이 주일학교 나아가서는 교인수의 감소를 가져오는 요인이 된 것이다. 신생아 통계를 보면 전후 세대인 1953년생은 67만 명이었다가 제2차 베이비붐 세대인 1972년생은 115만 명으로 최고로 증가하였다가 2006년생은 45만 명으로 저출산 3세대를 맞고 있다.[25]

---

25 http://www.wahnfried.net/board_blog/194 전후세대(1953-1959년생)는 67만 명에서 78만 명으로 증가하고 있고, 제1차 베이비붐세대(1960-1967년생)는 79만 명에서 98만 명으로 급속하게 증가하였고, 제2차 베이비붐세대(1968-1976년생)는 99만 명에서 115만 명까지 증가하였다가, 베이비붐 에코세대(1977-1982년생)에 와서 87만 명에서 71만 명으로 줄다가, 저출산 1세대(1983-1990년생)에서는 67만 명에서 41만 명으로 급속하게 감소하였다가, 제3차 베이비붐세대(1991-1993년생)에는 다시 71만 명에서 75만 명으로 완만하게 증가하였고, 저출산 2세대(1994-1999년생)는 56만 명에서 26만 명으로 줄고, 21세기 새천년 밀레니엄 베이비붐세대(2000-2001년생)에 다시 63만 명에서 64만 명으로 늘었다가, 2002 한일월드컵 베이비붐세대(2002-2003년생)는 다시 73만 명에서 78만 명으로 늘었다가, 저출산 3세대(2004-2006년생)에는 다시 47만 명에서 45만 명으로 약간 감소하였다.

세 번째 외적인 원인은 교회대체물의 출현이다. 교회대체물은 경제적, 문화적 상황의 변화에서 온 것이다. 먼저, 경제적 상황의 변화로 말미암은 교회성장의 정체를 말할 수 있다. 우리나라의 국민소득은 1995년도 이후 1만 달러 이상[26]이 되었다. 이러한 경제적 성장의 결과는 교회성장에 많은 영향을 주고 있다. 한 예를 들자면, 주5일 근무제에 대한 논의[27]가 시작될 때 한국교회들 특히 보수교회들은 주5일 근무제가 교회에 미칠 영향 때문에 상당한 고민을 한 것에서도 경제적 성장이 교회성장에 미치는 영향을 엿볼 수가 있다. 둘째는, 여가 문화적 상황의 변화가 교회성장에 미치는 영향이다. 경제적인 성장은 여행을 간다거나 운동이나 오락을 즐기는 것과 같은 여가생활을 경제적으로 뒷받침할 수 있게 되었다. 이러한 여가활동은 자연히 신앙생활 및 교회 출석의 저조와도 연계될 수밖에 없다.

다음으로 논의할 것은 교회성장이 침체하게 된 내적 원인이다. 첫 번째 내적 원인으로는 교회지도자들의 직업의식(professionalism)의 팽배이다. '프로페셔널'이라 할 때 '전문적, 지적' 등과 같은 긍정적 의미도 있다. 이와 동시에 '직업적'이라는 부정적 의미도 있다. 예수님 당시에도 종교인들이 기쁨으로 주님을 따르고 사랑으로 봉사하고 섬기기만 했던 것이 아니라 그러한 직분을 통하여 얻게 되는 물질적, 개인적인 보상을 위하여 섬기는 사람들이 있었는데 이들이 직업적 종교인 곧 '프로페셔널' 교회지도자라고 할 수 있다. 이들은 자신이 받을 보

---

26 통계청의 홈페이지 참조. 1985~2004년의 우리나라 1인당 국민소득(출처: 통계청, 단위: 달러).

1985년: 2,309$	1986년: 2,643$	1987년: 3,321$	1988년: 4,435$
1989년: 5,418$	1990년: 6,147$	1991년: 7,105$	1992년: 7,527$
1993년: 8,177$	1994년: 9,459$	1995년:11,432$	1996년:12,197$
1997년:11,176$	1998년: 7,355$	1999년: 9,438$	2000년:10,841$
2001년:10,160$	2002년:11,499$	2003년:12,720$	2004년:14,162$

27 주5일제 논의 도서 참고

상에 더 관심을 가지고 있다.

　1990년대 이후 한국교회가 쇠퇴해가는 이유는 교회지도자의 자질이나 능력의 문제에 있는 것 같지는 않다. 신학대학원에 입학하는 사람들의 학문적 실력은 그 어느 때보다 높아지고 있다. 원서를 내면 들어가던 신학교에 입학하기 위해 이제는 3, 4수(修)를 하는 목회후보자도 많다. 교회지도자가 하나님을 섬기고 성도들을 돌아보는 일에 사랑과 열정을 가지고 하기보다 직업적 관점에서 하는 일이 많아진 것 같다. 언제부터인가 목회자에게 주는 사례비를 월급이라고 부르고 있다. 받는 이나 주는 이나 모두가 월급이라고 한다. 프로운동선수들처럼 월급(연봉)에 대해 협상을 한다. 당사자나 교인들이 교회지도자를 헌신자로서 보다는 직업인으로 생각하는 경향이 생겼다. 그래서 사례를 받는 정도만큼 맡은 일에 충성하는 것으로 만족하기도 한다. 이러한 결과로 한국교회는 어느 때 갑자기 성장이 침체하기 시작한 것이다.

　7-80년대 까지만 해도 교역자만이 아니라 교인도 교회의 사역을 삶의 최고 우선순위에 두었으나 여러 가지 사회문화적인 상황과 교회적인 상황이 좋아진 1990년대 이후에는 교회지도자들의 헌신은 도리어 약화되었다고 할 수 있다. 외국과 비교하더라도 한국교회의 지도자들처럼 자신의 가족까지도 희생해 가면서 교회와 성도들을 위하여 사역하는 나라는 없을 것이다. 그러나 교회지도자들의 가족도 자신의 목회의 대상이라는 인식이 맞고 정당한 것임에도 불구하고 이러한 사회적인 풍조가 지나치게 강조됨으로 말미암아 교회는 정체를 시작하게 되었다. 이런 연유로 한국교회는 서구교회의 전철을 밟아가는 것이다.

둘째, 교회성장의 침체의 내적 원인은 교회목표의 변질에 있다. 교회의 본질적 목표는 복음전파이다. 시대마다 교회지도자들은 복음전파에 최고의 목표를 둠으로써 예루살렘과 안디옥에서 전파되기 시작한 복음은 소아시아 지방을 넘어서 로마로, 다시 유럽 전 지역과 영국으로, 다시 미국을 거쳐 한국 땅에 이르렀고, 지금도 복음이 전파되지 않은 지역과 부족들에게 복음을 전파하는 선교사들을 파송하고 있다. 그러나 복음전파를 최고의 목표로 삼았던 교회와 교회지도자들이 복음전파보다 건물을 증축하고, 예산을 확보하며, 그리고 교인수의 증가를 최고의 선이요 목표로 삼았고, 그러한 목표를 성취한 대형교회의 지도자는 능력이 있는 지도자로 인정을 받는 시대가 되었다. 이러한 시대적 경향은 교역자들이 복음전파에 대한 뜨거운 열정과 헌신보다는 점차 눈에 보이는 그리고 측정이 가능한 외적인 것들에 교회의 목표를 두게 하였다. 이러한 목표의 변질은 복음전파를 위한 동기부여보다는 실적에 초점을 두게 됨으로써 장기적인 측면에서 교회가 침체하기 시작한 것이다.

셋째, 교회와 그 지도자들이 영적 훈련에 소홀해진 것이 교회침체의 내적 원인이다. 영적 훈련이 약화된 원인 중의 하나는 영적인 목표가 이전(以前) 시대에 비교하여 낮아진 것에 있다고 할 수 있다. 교회지도자들이 교회사역을 위하여 전적인 헌신을 위해 강한 훈련을 요구받던 것이 이전(以前)세대의 전통이라면 근래에 와서는 얼마나 일을 완벽하게 잘 이루어갈 수 있는 능력을 갖추고 있느냐를 요구받고 있다. 20세기 후반까지만 해도 사경회 혹은 부흥회를 한다고 하면 많은 사람이 직장을 휴가 내기도 하고 교회지도자들도 기도로 많은 준비를 하였다. 이러한 집회를 통하여 교회지도자나 모든 성도가 영적인 각성을 하며 영적 훈련을 받았던 것이다. 곧 교회지도자에게 요구되는 영적인 수준은 지속적으로 낮아지고 있는 반면에 지적인 수준의 요구는 더 높아지고 있다.

그 결과 교회지도자들이 영적 훈련을 하며 영적인 힘을 기르기보다는 예전보다 더 많은 설교나 성경연구를 위한 좋은 자료들에 의존하며 지적훈련에 더 많은 관심을 갖게 되었다. 그 결과 영성을 위한 부흥회는 연중행사계획의 하나로 전락해 버렸다. 그 결과 영적 감화보다는 지적인 뛰어남이 더 관심을 끌고 있다. 그리고 전적인 헌신과 훈련보다는 여유로움에 더한 가치를 두고 있다. 교회지도자들의 사역도 여러 직업의 하나로 생각한 결과로 보인다.

III. 한국교회가 나아가야 할 길

위에서 한국교회의 성장 정체의 원인을 2가지 곧 외적 원인과 내적 원인으로 나누었고, 외적 원인은 다시 ① 경제적 풍요로움, ② 해당 인구의 감소, ③ 교회대체물의 출현 등으로 세분하고, 내적 원인은 ① 교회지도자들의 직업의식의 팽배, ② 교회목표의 변질, ③ 영적 훈련의 소홀 등으로 나누어 논의하였다. 이제 이러한 논의에 기초하여 한국교회가 성장을 회복하기 위한 방안을 찾아보고자 한다. 이를 위하여 우리는 위의 한국교회의 과거와 현재에 대한 논의로부터 어떤 교훈을 얻으려고 한다. 우리가 한국교회의 과거로부터 얻을 수 있는 교훈은 적극적인(positive) 교훈과 소극적인(negative) 교훈으로 나눌 수 있다. 그리고 적극적인 교훈은 다시 교회적인 교훈과 개인적인 교훈으로 나눈다. 먼저 한국교회가 과거의 역사로부터 얻는 교훈으로는 첫째, 앞으로 한국교회는 교회교육을 강조해야 한다는 점이다. 곧 한국교회는 교육목회를 강조해야 한다. 둘째로는, 기독교 문화 운동에 초점을 두어야 한다. 곧 성도들이 자신들의 신앙을 삶에 적용하는 교육을 해야 한다. 셋째로는, 영성운동 및 영적 부흥 운동을 실천해야 한다는 점이다. 이와 함께 교회지도자와 성도들의 개인적인 교훈으로는 첫째, 복음과 교회 그리고 성도에 대한 헌신, 열정, 사랑을 회복하게 해야 한다. 둘째로는 은사를 개발하도록 강조해야 하며, 셋째로는, 성경공부를 강화함으로써 교회의 건전성, 부흥, 활성화를 가져오게 해야 하며 마지막으로는 한국교회의 최고의 미덕이요 부흥의 요소인 기도를 회복하게 하는 것이다.

이러한 적극적인 교훈과 함께 과거로부터 얻을 수 있는 소극적인 교훈으로는 첫째, 교역자들은 직업의식을 버림으로 다시 한번 순수한 열정을 가지고 사역하게 해야 하고, 둘째로는, 사역의 목표를 물질적이고 세속적인 것에서 영적인 것으로 즉, 교인수, 예산, 건물의 화려함과 크기를 추구함에서 성숙한 교회와 성도의 양육에 두며, 마지막으로는 경건 훈련을 통하여 경건을 회복함의 긴박성을 깨닫는 것이다. 침체하고 있는 한국교회가 다시 성장 동력을 갖도록 하기 위하여 교회교육의 측면에서 무엇을 어떻게 해야 하는지를 아래에서 논의하고자 한다.

1. 교회지도자의 영성회복

〈목회와 신학〉이 특집으로 펴낸 "10년 후 한국교회 설문조사 결과 분석"[28]을 보면 한국교회 목회자가 힘써야 할 것으로 "영성 회복"을 말하였다. 응답자의 60% 이상이 현재 한국교회의 문제는 도덕성의 상실과 물질주의라고 말하고 이를 극복할 수 있는 것은 영성 회복이라고 말하고 있다. 앞으로 10년 후의 한국교회는 감소할 것이라고 말한

---

28 『목회와 신학』, 2009년 7월호. 〈특집〉10년 후 한국교회 설문조사 결과 분석. 이는 목회와 신학 정기구독자, 670명, 신학교 교수 111명, 신학생 191명을 대상으로 설문조사한 것이다.

사람은 41%(성장할 것이라 대답한 사람은 32%)인데 그 첫째 이유는, 교회 지도자와 교인들의 윤리적 수준 때문이라고 대답한 것도 영성 회복의 심각성을 말하는 것인데 특히 교회가 사회구성원들이 귀를 기울여 들을만한 진리의 소리를 내지 못하고 그 소리를 삶의 실천으로 보여주지 못하기 때문이다.

이러한 윤리의 대표적인 측면은 '정직성'이다. 4-50년 전까지만 해도 신자와 불신자 간에 "누가 옳으냐?" 하는 다툼이 있을 때 신자가 "나는 예수쟁이요"라고 말하면 많은 경우에 그 다툼은 끝이 나곤 하였다. 왜냐하면, 예수쟁이는 정직하다고 사회가 인정을 하고 있었기 때문이다. 그러나 지금은 어떤가? "내가 목사요! 내가 장로요!"라고 한들 누가 인정해 주겠는가? 이는 교회지도자들의 윤리 특히 정직성이 불신을 받고 있기 때문이다. 그래서 교회가 외면을 당한다.

한국교회는 지금 '교회세습'이라는 문제로 큰 홍역을 치르고 있다. 예장합동의 총회장을 지내고 강남에 기념비적인 아름다운 돌로 건축한 웅장한 교회를 목회하다가 아들에게 교회를 세습한 김 목사님은 몇 달 전에 공개석상에서 '교회세습'을 회개하였다. 여러 교회가 이러한 세습 논란의 대상이 되었다. 그러다가 감리교에서 자녀들에 대한 세습을 금지하는 교회법을 제정하여 사회에 새로운 자극을 주기도 하였다. 이와 더불어 몇 대형교회의 재정 비리가 일반 대중매체의 중요 뉴스 시간에 보도되었다. 이러한 문제들은 교회지도자들의 영성이 실종되었음을 보여주는 것이다. 학문적인 실력이 계속 높아져 가는 것이 한국교회 현실이다. 그러나 영성은 학문적인 실력과 반비례하고 있다.

그렇다고 하여 신학자들이나 신학 교수들이 이러한 교회지도자들을 비난할 자격이 있다고는 보지 않는다. 도리어 자신들을 돌아보면서 신학교에서 목회자가 되기 위하여 공부하는 목회후보자들에게 교수들이 신학적 지식만을 가르치고 있는 것이 아닌가? 자문해봐야 한다. 목회후보자들에게 신학적인 지식과 더불어 목회자적인 마음을 길러주어야 바른 교육이요 올바른 목회자들을 양성해낼 수 있다. 한국교회의 미래를 생각한다면 신학을 가르치는 학자들이 먼저 영성을 회복할 때 영성이 살아있는 목회자들을 양성해낼 수 있다. 교회가 다시 성장하기 위해서는 교회지도자와 성도들이 영성을 회복해야 한다.

영성 회복을 통하여 소유하게 되는 열정적 영성[29]은 교회성장에 있어 가장 근본적인 요소라고 말할 수 있다. 이 영성은 헌신과 열정으로 표현된다. 교회현장을 본다면 교회지도자가 헌신과 열정을 가지면 교회가 성장을 하고, 그렇지 못하면 교회는 성장하지 못한다. 그 이유는 영성이 교회성장의 본질이기 때문이다. 이러한 영성은 무엇에서 오는가? 어떻게 하면 이러한 영성을 얻을 수가 있을까? 이러한 영성은 선천적인 것도 아니고, 그냥 주어지는 것도 아니라 교육이나 훈련을 통하여 개발하고 발달시킬 수 있다. 영성 교육의 강화를 통하여 영성은 회복될 수 있다. 곧 직업적이거나 습관적인 타성에 빠진 신앙생활을 통해서는 영성이 점차 침체하게 되지만 헌신과 열정을 회복하게 함으로써 영성 회복은 가능하게 된다.

2. 성도의 신앙교육

지도자들의 교육과 함께 생각해야 할 것이 성도들의 신앙교육이다.

29　김성곤,『다시 쓰는 두 날개로 날아오르는 건강한 교회』(서울: 도서출판 NCD, 2006, 개정 14쇄), 23.

온전하고 그리스도의 장성한 분량에 이르는 성도들로 양성하기 위해서는 몇 가지 요소들이 필요하다. 그 첫째는 성경 교육의 강화이다.

1) 성경 교육의 강화

한국교회가 성장하기 위해서는 먼저 성경 교육을 강조하여야 한다. 그 이유는 하나님의 말씀인 성경만이 사람을 근본적으로 변화시킬 수 있기 때문이다. 이는 교회가 '기본으로 돌아가는 것이다.' 기본이 잘 되어있어야 빠르게 성장한다. 교회성장의 기본은 성경 교육이다. 선교 초기 당시의 한국교회의 부흥 요인을 말할 때 흔히 1907년의 죄의 고백과 회개에서 출발한 부흥 운동을 말하지만, 이는 외적 현상이요 이러한 부흥 운동의 뿌리는 말씀 공부 곧 성경 교육이었다. 당시 한국교회 성도들의 말씀에 대한 열심과 열망으로 성경 교육은 강화되었으며 그 결과로 성경연구반이 탄생되었고, 이러한 성경 교육은 한국교인들을 말씀을 향한 열정과 헌신으로 단련시켰으며 이는 한국교회가 선교 역사의 기적을 이루는 동력이 되었다.[30] 요즘 많은 교회와 교회지도자들의 관심을 끌고 있는 제자훈련이나 셀 그룹 운동을 통하여 교회가 크게 되기도 하는데 이러한 프로그램들은 교회부흥의 동력인 성경연구 소그룹운동인 동시에 성경 교육운동이다.

모든 교회에 공통적인 것은 교회가 성장하기 위해서는 성경 교육을 통하여 교회지도자와 성도들이 영적으로 성숙해야 한다는 것이다.[31] 성경 교육이란 성경 내용을 전달하여 지식적으로 그 내용을 알고 깨닫게 하는 것이고, 알고 깨달은 것을 확신하여 믿게 하는 것이고, 그리고 확신하고 믿는 것을 생활에 적용하여 삶의 변화를 일으키는 것

---

30 한춘기, 52.
31 한춘기, 『성경교수방법론』(서울: 생명의 양식, 2008), 20.

을 목표로 하는 영적 변화와 영성 회복 운동이다. 교회가 성경 교육에 관심을 가질 때는 성도들이 복음 사역에 열정을 갖게 되고, 교회사역에 헌신하게 된다. 그러다가도 어느 사이엔가 교회가 성경 교육에 대하여 둔감해지고 소홀해지게 되면 성도들의 영성은 시들어지게 된다. 교회와 성도들이 왜 성경 교육에 소홀하게 되는가? 그렇게 되는 첫째 이유는, 먼저 성경 교육 자체의 중요성에 대한 인식이 희미해지기 때문이다. 교회가 현대화되어 갈수록 교회는 성경 자체에 관심을 가지기보다 신학적 지식의 탐구에 그리고 사회적 현상에 대한 사변적 논리에 더 많은 관심을 갖는다. 둘째는, 성경을 가르치는 교회지도자들조차 성경 지식보다 신학지식에 더 관심을 갖고 있기 때문이다. 이는 그들이 성경 중심의 교육이 아니라 신학 중심의 교육을 받은 결과이다. 그래서 교회지도자들과 성도들이 성경보다 상황의 문제들에 대한 신학적이고 사변적(思辨的) 사고를 하는 경향을 띠게 된다. 그 결과로 성경을 머리로는 이해하나 마음으로 깨달음이 없기 때문에 자연히 성경 교육을 소홀히 하게 된다.

교회성장의 실천적인 방법은 성경 교육이다. 이러한 성경 교육은 강해 설교를 통해서 이루어질 수도 있고 제자훈련을 통해서도 이루어질 수 있다. 교회지도자들이 이러한 성경 교육을 보다 효과적으로 하기 위해서는 분명한 목표를 가져야 한다. 첫째 목표는 성경 지식의 효과적인 전수(傳授)이다. 전수라는 말은 어떤 지식을 단순하게 '전달'하는 것이 아니라 '전달'과 함께 '이해'하게 하는 것이다. 둘째 목표는 성경 교육을 통하여 성경을 사모하는 마음을 갖도록 하는 것이다. 성경을 사모하는 마음은 성경 교육을 받으면 저절로 얻게 되는 것이 아니라 성경 묵상을 통하여 얻을 수 있다. 셋째 목표는 배운 성경에 순종하고자 하는 마음을 갖게 하는 것이다. 사람은 배운 것을 행동으로 옮길 때 비로소 머릿속의 지식이 자신의 것이 되기 때문이다.

사도 바울은 "모든 성경은 하나님의 감동으로 된 것으로 교훈과 책망과 바르게 함과 의로 교육하기에 유익하니"(딤후 3:16)라고 하였는데 이는 영적 성숙이나 영성 회복을 위해서는 성경 교육이 필요함을 말하는 것이다. 1970년대 초 한국교회가 양적으로 그리고 질적으로 크게 부흥할 즈음에 먼저 대학 청년들을 중심으로 성경 교육과 전도가 매우 활성화되었다. C.C.C., 네비게이토, 죠이 미션, 대학생성경읽기, I.V.F. 등을 중심으로 청년들 특히 대학생들을 대상으로 전도와 제자훈련 그리고 성경 교육이 퍼져나갔다. 이러한 성경교육과 전도 운동이 1970년대 한국교회가 성장한 원동력이 되었다. 1980년대에 와서는 국제제자훈련원의 평신도를 깨운다, 벧엘성서연구, 크로스웨이 성경교재, 프리셉트 성경연구 등과 같은 전교인을 대상으로 한 성경 교육을 통하여 영성 교육을 강조함으로써 영성 회복의 원동력이 되었다. 딘 켈리(Dean Kelly)가 신앙의 의미를 바로 가르치고 성도들에게 말씀에 대해 순종을 요구하는 교회일수록 성장한다고 강조한 것도[32] 성경 교육이 교회성장의 핵심적 요소임을 말해준다.

2) 제자훈련의 강화

교회지도자와 성도들의 영성이 회복되었을 때의 결과는 제자훈련에 대한 욕구와 전도의 열망으로 나타난다. 해방 이후 1960년대까지는 부흥회와 사경회를 통하여 성도들의 영성을 회복함으로써 교회성장을 가져왔다고 한다면, 1970년대와 1980년대는 영성 회복의 결과로서 전도훈련과 제자훈련을 강화하였고, 그것을 통하여 성도들을 삶을 복음에 대한 헌신과 열정으로 무장시킴으로 교회가 성장하였다. 그러나 1990년대 이래 이러한 전도와 제자훈련에 대한 열정이 식고 형식화됨에 따라 한국교회의 성장은 정체되기 시작하였다.

---

32 이종윤 등, 278.

이를 극복하기 위해서는 교회지도자들에게 이러한 전도훈련과 제자훈련을 이론적으로 그리고 실제적으로 교육하여야 한다. 신학 공부가 지나치게 이론에 중점을 두고 있기 때문에 교회지도자들이 교회라는 실천의 장에서 사역을 시작하면서 비로소 실천 사역의 필요성을 체감하고 다양한 목회 관계의 세미나를 찾아다님으로써 사역의 중요한 출발 시기에 많은 시간을 낭비하고 있다. 교회사역은 이론으로만 배우는 것이 아니라 실천을 통하여 체득하도록 해야 한다.

좀 더 구체적으로는 교회성장을 위하여 전도훈련과 제자훈련이 필요한데 그 이유는 이런 훈련들이 교회성장의 핵심적인 요소들이기 때문이다. 한국교회가 침체하기 시작한 1990년대뿐 아니라 현재도 지속해서 성장하고 있는 서울 서초동의 'ㅅ'교회[33]는 제자훈련을 기반으로 하여 성장하고 있다. 그 교회의 핵심사역은 제자훈련인데 이를 통하여 예수 그리스도의 제자로서의 삶을 정립시켜 나가는 훈련을 한다. 많은 교회가 교회부서 사역자들을 세우려 해도 사람이 없어 쩔쩔매는 경우가 많은 데 비하여 이 교회는 성도가 많이 모이지 않던 초창기부터 제자훈련반을 거치지 않고서는 사역자로 세움을 받을 수 없게 하였기 때문에 교회에서 사역하기 원하는 많은 사람이 자신의 차례가 돌아오기를 기다리는 현상을 보이고 있다. 이러한 현상은 매우 이상적이고 바람직하다고 할 수 있다. 하나님의 일을 감당하기 위해서는 그 사역을 감당하기에 필요한 훈련을 받아 준비된 사람이 되어야 하기 때문이다.

그러나 이러한 제자훈련을 받은 교회지도자들이 같은 내용의 제자훈련을 해도 그 결과가 자신들이 기대했던 것보다, 자신들이 들어왔

---

33 http://disciple.sarang.org/frameindex.asp?url_flag=/sub/030101_disciple.asp

던 결과보다 별로 나아지지 않는 경우가 많다. 아마도 '제자훈련'이라는 공부반의 명칭은 같이 사용한다 해도 그 내용이 이전에 하던 성경지식 전달중심의 성경공부와 차이가 없기 때문일 것이다. '제자훈련'을 한다고 하면 뭔가 새로운 것에 도전하는 느낌이 들게 하고, '성경공부'를 한다고 하면 뭔가 고리타분한 것을 반복한다는 느낌을 주는 차이만이 있기 때문일 것이다. 예수님이 제자들에게 하신 것처럼 참된 제자훈련은 사람의 삶과 인격에 변화를 가져다준다. 그 원인은 제자훈련이 사람의 심령과 가치관에 변화를 추구할 뿐 아니라 삶의 변화에 초점을 두기 때문이다.

평신도 지도자로서의 자아상을 정립하게 하고, 자신의 은사를 재발견하게 하는 제자훈련은 단순한 성경 교육이 아니라 삶 전체에 영향을 미치는 훈련이다. 예수님께서 열두 제자를 부르실 때에 "나를 따라오라 내가 너희를 사람을 낚는 어부가 되게 하리라"(마 4:19)하시고 3년간 그들과 더불어 지내시며 자신을 닮은 제자가 되게 훈련을 시키셨다. 제자훈련은 예수님을 닮은 성도가 되게 하는 것이다. 이러한 제자훈련을 수료하면 전도훈련을 통하여 복음 전도자가 되게 할 뿐 아니라 또 다른 사람을 가르치는 사람이 되게 한다. 제자훈련의 강화는 교회지도자 자신뿐 아니라 성도들에게 복음에 대한 열망을 일으킨다. 이러한 복음에 대한 열망은 헌신으로 나타나고 헌신은 교회지도자들이 교회사역에 '올인'하게 한다. 이러한 교회, 이러한 성도는 한국교회를 다시 한번 성장하게 하는 그루터기가 될 것이다.

IV. 결론

해방 이후 한국교회는 거듭되는 분열을 하면서도 교회는 부흥했다.

그러나 1990년 이후 이러한 부흥은 정점에 달하고 이제 하향곡선을 그리고 있다. 이러할 때 한국교회가 나아가야 할 길 특히 복음주의 기독교교육이 어떤 길을 가야 할 것인가? 살펴보는 것은 매우 의미 있는 일이다. 이러한 방향모색의 내용이 전혀 예상하지 못하였던 특별한 내용을 제시함으로써 사람들의 관심을 끌어내는 것일 수도 있고, 매우 평범한 것 이미 우리가 알고 있는 것들이지만 소홀하게 생각하여 지나치고만 것들을 다시 한번 강조함을 통하여 잃어버렸던 복음에 대한 열정을 회복하는 것도 매우 의미 있는 일이라 생각한다. 이 논문의 내용은 주로 후자에 속한 것들이다. 다시 말하자면, 교회교육의 관점에 있어 한국교회는 다시 성경 교육을 강화하며 제자훈련에 초점을 맞출 뿐 아니라 그들을 인도하는 교회지도자들을 양성하는 신학교는 신학적인 지식과 더불어 목회자의 마음을 길러주는 교육을 하며 본을 보여야 한다. 그 길만이 혼란을 겪고 있는 지금의 한국교회가 나아가야 할 길이다. 한국교회는 영성을 회복시키는 영성 교육을 강화하게 되면 교회는 그의 본질을 회복하게 되고 그 결과로 성도들도 그리스도인의 모습을 회복하게 될 것이다. 우리가 관심을 가져야 할 것은 영성이란 무엇이며, 영성을 어떻게 회복할 것인가에 대한 논의가 앞으로 돼야 한다. 왜냐하면, 한국교회가 다시 기본으로 돌아가 영성을 회복하며 교회와 성도들의 심령 속에 하나님의 말씀이 살아 움직이며 예수의 제자들로 한국교회가 채워지는 모습을 되찾는 것이 한국교회가 나아가야 할 길이기 때문이다. 또한 이 길이 하나님을 기쁘시게 하는 길이며, 교회가 교회 되게 하는 길이고, 성도가 성도 되게 하는 길일 뿐 아니라 한국교회가 마땅히 나아가야 할 길이기 때문이다. 그 결과로 다시 한국교회가 초대교회 때 그러하였던 것처럼 주의 은혜 가운데 놀랍도록 성장해갈 것이다.

| 참고문헌 |

곽선희. '선교신학적 접근', 95-137. 한국기독교문화연구소 편,『한국교회성장둔화 분석과 대책』. 서울: 숭실대학교 출판부, 1998.

김성곤.『다시 쓰는 두 날개로 날아오르는 건강한 교회』. 서울: 도서출판 NCD, 2006, 개정 14쇄.

김인수.『韓國近代敎育史』. 서울: 연세대학교 출판부, 1984, 4판.

『목회와 신학』. 2009년 7월호.〈특집〉10년 후 한국교회 설문조사 결과 분석.

안희열. "초기 한국교회의 부흥운동(1903-1908)과 선교학적 고찰", 140-165. 한국복음주의 신학회,『聖經과 神學』. 제44권(2007).

오성춘. '목회신학적 접근', 371-393. 한국기독교문화연구소 편,『한국교회성장둔화 분석과 대책』. 서울: 숭실대학교 출판부, 1998.

이광순. "교회성장론적 접근", 61-94. 한국기독교문화연구소 편,『한국교회성장둔화 분석과 대책』. 서울: 숭실대학교 출판부, 1998.

이원규. '종교사회학적 접근', 139-182. 한국기독교문화연구소 편,『한국교회성장둔화 분석과 대책』. 서울: 숭실대학교 출판부, 1998.

이종윤. 전호진, 나일선,『敎會成長論』. 서울: 정음출판사, 1983.

한춘기.『성경교수방법론』. 서울: 생명의 양식, 2008.

한춘기.『한국교회교육사』. 서울: 대한예수교장로회총회 출판부, 2006. 개정판.

한춘기. "한국교회의 연합교육운동의 역사와 방향모색", 79-104. 한국복음주의 신학회,『聖經과 神學』. 제57권(2011).

James E. Fisher. *Democracy and Mission Education in Korea*. NY: Columbia University Press, 1928. reprinted by Yonsei University Press, 1970.

Tobin Grant. "Recession and Religiosity Redux" in *Christianity Today*, Jan. 2, 2009.

Horace Horton Underwood. *Modern Education in Korea*. NY: International

Press, 1926. reprinted by 韓國基督敎史硏究會.

http://disciple.sarang.org/frameindex.asp?url_flag=/sub/030101_disciple.asp

www.gapck.org

www.kosis.kr

www.kmc.or.kr

www.pck.or.kr